风景道理论与规划实践丛书

美国主题型风景道
规划设计

余 青 魏 宇 王海凤 编著

中国建筑工业出版社

图书在版编目（CIP）数据

美国主题型风景道规划设计／余青，魏宇，王海凤编著．—北京：中国建筑工业出版社，2018.6

（风景道理论与规划实践丛书）

ISBN 978-7-112-22301-5

Ⅰ．①美…　Ⅱ．①余…②魏…③王…　Ⅲ．①公路景观-景观设计-研究-美国　Ⅳ．①U418.9

中国版本图书馆CIP数据核字（2018）第110828号

本书按历史型、风景型、自然型、游憩型、文化型、考古型6种类型，对美国具有代表性的15条主题型风景道规划设计进行了全面系统的分析研究和理论总结，并对每一种主题类型从发展条件、建设要素、规划设计、管理运营等方面进行了详细阐述。本书对我国发展中的风景道、生态景观、道路交通、旅游游憩等的规划、建设和管理将提供较好的借鉴和指导。

责任编辑：董苏华
责任校对：焦　乐

风景道理论与规划实践丛书
美国主题型风景道规划设计
余　青　魏　宇　王海凤　编著
*
中国建筑工业出版社出版、发行（北京海淀三里河路9号）
各地新华书店、建筑书店经销
北京锋尚制版有限公司制版
北京市密东印刷有限公司印刷
*
开本：880×1230毫米　1/16　印张：16½　字数：470千字
2018年8月第一版　2018年8月第一次印刷
定价：58.00元
ISBN 978-7-112-22301-5
（31945）

前言

PREFACE

党的十九大对生态文明建设和绿色发展高度重视，指出“必须树立和践行绿水青山就是金山银山的理念”。随着国家生态文明建设不断推进，我国正处于发展的重要战略机遇期，由增量发展向存量优化过渡，迎来了“资源大整合、区域大协同、发展大融合”的时代，“旅游+”“交通+”“生态+”等大发展，促进道路建设与生态环境、文化遗产、旅游游憩、产业扶贫等深度融合成为时代趋势。而旅游公路、生态公路、景观道路、遗产廊道、绿道等各类泛旅游风景道，因其所具有的交通、景观、游憩、生态、保护等复合功能，所遵循的生态、保护、融合及可持续发展等原则，顺应了时代发展的迫切需求，迎来了重大发展机遇。

本书通过对美国不同主题型风景道规划设计进行了系统深入研究。为当前我国风景道、旅游公路、绿色公路等规划、建设和管理提供了参考。本书基于历史、风景、自然、游憩、文化、考古六大风景道认定品质，将风景道分为历史型、风景型、自然型、游憩型、文化型和考古型六大主题类型。并选取了具有国家、区域等代表性的15条国家级风景道，从发展条件、建设要素、管理运营等几大方面，对美国主题型风景道开发与管理进行深入分析。为中国风景道规划设计提供借鉴和指导。

目 录

CONTENTS

第一部分

概论

第二部分

历史型风景道

第六部分

文化型风景道

第一部分
概论

第1章　风景道概述

风景道（Scenic Byways）是一种路旁或视域之内，拥有审美风景、自然、文化、历史、游憩和考古等价值的景观道路，它实现了道路从单一的交通功能向交通、生态、游憩和保护等复合功能的转变。风景道是美国近30年来兴起的对道路生态、资源与品质保护和建设的体系，是其百余年来注重生态环境及自然文化遗产保护与管理的延续和发展，反映了工程技术与生态环境、历史文化、景观游憩的有机结合，是生态文明的一种发展，契合了资源节约型、环境友好型社会发展的趋势，也是综合交通运输时代发展的必然，更是自驾车时代和全域旅游时代发展的必然。

1.1 风景道概念

“风景道”是一个具有多种含义的词汇，尚未有一个准确界定。美国是风景道的起源地、研发地和实践地，依据1995年颁布的国家风景道计划（National Scenic Byways Program，NSBP），风景道的英文为“Scenic Byway”，是指“具有特殊的风景、历史、游憩、文化、考古或者自然品质的公共道路”，并且这些品质是经过立法或其他官方声明认定的。此外，风景道不仅单指道路或公路本身，还包括其经过的廊道。公园道（Parkway）、风景道（Scenic Byway）、文化线路（Culture Route）、遗产廊道（Heritage Corridor）、风景公路（Scenic Highway）、风景驾车道（Scenic Drive）、风景线路（Scenic Route）、风景路（Scenic Road）、自然风景路（Natural Beauty Road）、绿道（Greenway）、历史路（Historic Road）等各类专用道路，按照NSBP制定的标准，通过官方认定后，可以成为国家风景道体系（National Scenic Byways，NSB）中的一员。

风景道的主要作用：一是顺应了交通运输体系内外部一体化的综合发展要求。从风景道路本身来讲，它所拥有的不再是单一的交通功能，而是向交通、生态、游憩和保护等复合功能的转变，强调其交通功能与外部环境、资源的协调发展，顺应了强调交通运输体系内外部一体化的综合发展趋势，对促进现代交通运输体系中生态环境与资源的保护具有深刻的意义。二是能够满足人们日益增长的户外休闲、游憩需求。风景道串联了沿线资源，具有充分拓展旅行途中的景观观赏功能，能够为旅游者提供愉悦的驾驶旅行体验，更好地满足游客在旅途中多种游憩需求。三是成为拉动区域旅游经济发展的重要引擎。风景道的建设是以道路作为发展轴线，同时辐射到其周边的旅游景区景点及住宿餐饮接待服务区，通过廊道资源的整合，形成廊道经济发展带，为途经地区带来可观的经济收益，成为拉动旅游经济发展的重要引擎。

风景道在美国有着一定的发展历史，已形成了一个独立的、蓬勃发展的研究领域，其相关研究内容涉及交通设计、遗产保护、景观设计、风景展示、旅游游憩等多方面，并取得了丰富的研究成果。其发展受益于两个方面，从供给角度看：汽车文明的繁荣；保护沿途景观资源、自然和遗产旅游资源的需要；风景道成为一类特色旅游吸引物；创造经济效益并拉动周边社区经济发展；政府、部门以及开发商的支持和参与。从需求角度看：人们将公路廊道作为一个更广阔的人的价值的混合体；近年来自驾车旅游的快速发展，强化旅游者旅行途中的景观观赏功能，将旅行成本转变为旅行收益成本，成为风景道发展的强劲推动力。

1.2 发展历程

美国是风景道的发源地、主要实践地和研发基地，根据标志性事件，可将其发展历程分为以下四个阶段。

（1）萌芽期（1700—1930年）

以绿道和公园道为代表的绿带式景观道路是风景道早期的表现形态。这期间出现了欧洲的林荫大道、景观轴线，以及美国19世纪的公园道及公园系统。它们把绿色引入城市，是具有美学、生态、游憩等多种意义的绿道和公园道，也是风景道的雏形。

（2）初步发展期（1930—1967年）

美国在1933年开始规划设计蓝岭风景道（Blue Ridge Parkway）过程中，第一次提出了风景道概念。在随后的道路建设发展中，人们开始有意识、有组织地规划设计风景道，强化和突出道路的景观特征和旅游功能。同时，一些私营从业者也鼓励道路规划者们设计有独特风景的路线，以增强道路吸引力。20世纪50年代之后，随着汽车发展和汽车服务的兴起（如汽车旅馆、服务站等），以及美国民众户外游憩增加，自驾车旅行开始盛行。为了满足自驾车游客的需求，美国对于风景道的发展给予了关注和重视。可以说风景道与汽车文明的发展有着密切的联系，汽车文明的繁荣构成了美国风景道建设与理论研究的社会背景。

此阶段，道路设计重视景观以及驾车感受的设计理念得到迅速发展，也推动了风景道的建设。但此阶段，风景道发展仅仅呈现道路短、零散分布，在局部地区获得重视并建设等特点。

（3）迅速发展期（1967—1991年）

1967年美国《风景和休闲道路法案》（Landscape and Leisure Road Act）出台，标志着风景道理念受到了美国立法层面的高度重视。美国国会于1973年专门授权联邦公路管理局针对国家风景公路体系的建立进行可行性研究，并于同年完成了国家风景公路系统可行性评估报告，对国家风景公路体系的建立进行了可行性分析。而1986年出台的《关于户外运动的总统授权报告》（the President's Commission on American Outdoors）加速了风景道在全美的迅速普及。到20世纪90年代，美国各州风景道项目蓬勃发展，在这一趋势下，美国国会授权联邦公路管理局对国家范围内的风景道现状进行全面调查研究，于1990年12月完成国家风景道研究分析报告。随后1991年出台国家风景道研究报告，主要对1990年的风景道调查进行总结。这一阶段，主要是通过全美范围内风景道研究报告的形式，全面可靠地摸清了美国风景道及风景道计划的发展现状，从而为未来国家风景道体系和国家风景道计划的建立提供科学的数据和依据。与此同时，学界也对风景道研究给予了高度关注，促进了风景道的蓬勃发展。

此阶段，风景道以强化旅行体验为主导的道路设计理念更加成熟和丰富，也影响着风景道设计理念向着综合化和多样化方向发展。风景道发展呈现出以下突出特点：一些风景道突破了原有局部地域的界限，在长度上跨越州界，乃至国界；由于美国正处于经济萎靡和衰退阶段，一些以带动地方经济复兴为出发点的风景道项目建设获得了政府的重视，如蓝岭风景道。风景道设计将一些道路几何设计、景观设计和游憩设计等新理念融入设计中，使道路成为交通、景观、文化、游憩和保护等多功能的复合体。

（4）规范发展期（1991年至今）

进入20世纪90年代，风景道进入了规范发展时期，尤其是一系列与风景道相关法案的出台为其发展提供了法律上的保障。1991年12月，美国国会正式通过了《多式联运地面运输效率法案》（Intermodal Surface Transportation Efficiency Act of 1991，简称冰茶法案*），该法案下包含了国家风景道计划。在此基础上，联邦公路管理局于1995年正式颁布国家风景道计划（NSBP）。依据NSBP的规定和标准，建立了由国家级风景道、州级风景道和地方级风景道构成的国家风景道体系（NSB），有效地指导了美国风景道走上了规范化、法制化的发展道路。此后1998

*由于法案的缩写与英文中的冰茶（ISTEA）谐音，故简称为“冰茶法案”。

年冰茶法案、2005年SAFETEA-LU法案等都包括了国家风景道计划。

此外，联邦公路管理局还通过出版系列技术指南的形式，来指导全美各地风景道的发展工作，推进和完善国家风景道体系的建设。

这一阶段，美国从立法层面对风景道发展给予支持与保障，促进了国家风景道体系的建立，并走上了法制化和规范化发展的道路。

1.3 美国国家风景道体系现状

美国是世界上最早建设并已建立了较完善的国家风景道体系的国家。1991年冰茶法案中，国家风景道计划的出台，标志着美国国家风景道体系建设走上了法制化和规范化发展的轨道。国家风景道计划是保护和促进美国风景道发展的官方推广计划，其制定的出发点是为了“致力于取得经济发展和资源保护的平衡”，以及“在联邦政府投资下，帮助美国公路景观、历史、文化、休闲娱乐和自然资源的确认和保护，并促进这些道路与众不同”。国家风景道计划为风景道提名、评选、基金资助、管理体制等重要问题制定了标准与规范，以法律形式确立了国家风景道体系在美国公路网中的重要地位，并提供了政策和资金等重要保障，有效地激发了地方政府、相关部门和非政府组织参与到国家风景道体系建设和管理中来的热情和积极性。

依据国家风景道计划中提出的评估标准，美国已经建立了由国家级风景道、州级风景道和地方级风景道构成的国家风景道体系。其中，国家级风景道由泛美风景道（All-American Road）和国家风景道（National Scenic Byway）共同组成。

依据1995年国家风景道计划的规定和标准，截至目前，美国分别于1996年、1998年、2000年、2002年、2005年和2009年分6批共评选出了31条泛美风景道和121条国家风景道（表1-1），建立了遍布50个州及特区的美国国家风景道体系（图1-1），总长度为39506公里。国家风景道体系成为美国国家道路网中的一个重要组成部分，成为国民体验国土上美丽的自然和人文景观的重要场所，成为重要的旅游吸引物和旅游目的地。与此同时，风景道在促进公路网规划、城市建设、景观设计、文化保护、生态环境和带动地方经济发展等方面的功能和作用得到了充分彰显，获得了地方政府、民众以及开发商的青睐。

美国国家风景道体系的建立是一个逐步发展和完善的过程，主要体现在规划设计理念发展、地域广度扩展、运作机制建立完善三个方面。

从规划设计理念上看，理念与原则也伴随着实践工作的开展而不断深入、丰富和完善。如初期的

美国国家风景道提名年度数量列表* 表1-1

<table>
<tr><th>批次</th><th>时间</th><th>认定的国家风景道数量</th><th>认定的泛美风景道数量</th></tr>
<tr><td>1</td><td>1996年9月</td><td>13</td><td>6</td></tr>
<tr><td>2</td><td>1998年6月</td><td>20</td><td>3</td></tr>
<tr><td>3</td><td>2000年6月</td><td>16</td><td>4</td></tr>
<tr><td>4</td><td>2002年6月</td><td>17</td><td>8</td></tr>
<tr><td>5</td><td>2005年9月</td><td>28</td><td>6</td></tr>
<tr><td>6</td><td>2009年10月</td><td>27</td><td>4</td></tr>
<tr><td colspan="2" rowspan="2">总计</td><td>121</td><td>31</td></tr>
<tr><td colspan="2">152</td></tr>
</table>

资料来源：National Scenic Byways Program Collection of America's Byways® Designated by U.S.Secretary of Transportation, 2012.

*以2012年发布的最新数据为准，风景道涉及多个州，且等级不同时，按照最新发布等级统计，时间与其一致；当等级一定时，按照首次认定时间，统计其认定时间。

图1-1 美国国家风景道体系分布现状

资料来源：Choose from the map or list below to find byways in a State.http://www.byways.org/explore/[EB/OL]. 2017.

风景道规划设计不再是提供从出发地到目的地之间的直接快捷的路径，而是在驾驶中欣赏沿路美景的最佳享受，突出强调重视道路和景观美化，以及“体验驾车乐趣”的设计理念；到中期的强调注重景观面貌和历史特征的突出和保护，增加道路休闲功能和娱乐享受，使其成为道路工程设计和景观艺术设计的结合物的设计理念。现代风景道规划设计中更加强调对道路景观、历史、生态等价值的保护，以致力于经济发展和资源保护之间的平衡；更加强调遵循“人本关怀”和“可持续”发展思想，以协调道路的景观、历史、休闲和其他要素之间的关系，使风景道成为交通、游憩、教育和遗产保护等多功能完美结合的产物，并能为使用者提供教育、生态、文化和游憩等多方面体验；更加强调促进地方政府与公众对风景道建设的重视，促进各利益主体、社区之间的沟通、协调和合作，通过社区参与和管理促进社会经济的持续繁荣（余青、胡晓冉，2007）。

从地域广度上看，早期的风景道往往是局部范围的公园道、乡村道或景观道。但随着风景道建设的蓬勃发展尤其是国家风景道体系建设的发展，在国家层面的高度重视和大力支持，使得风景道穿越了县、州甚至国界，在地域广度上无限地扩展。

从运作机制上看，风景道运作经历了从初期的市场化运作向多种运作模式共存的方向发展。早期风景道建设主要由投资商进行修建开发。其后，政府开始涉及建设大规模的国家风景道。地方政府看到风景道的经济引擎潜力后，也积极投入到地区风景道建设中。因此，到了中后期，风景道建设上呈现出市场化运作、政府运作或两者结合的多种运作机制。

1.4 美国国家级风景道分类分级

依据1995年美国国家风景道计划，可将国家级风景道按照内在品质分为6类。

依据风景道内在品质价值大小，国家级风景道又可分为泛美风景道和国家风景道两级。

1.4.1 风景道分类

根据内在品质，将国家级风景道分为：历史型、风景型、自然型、游憩型、文化型和考古型6类。对国家级风景道内在品质所占百分比的统计分析，可见：历史型风景道占比最大，共计52条，占比为34.21%；风景型风景道次之，共计40条，占比为26.32%；自然型风景道，共计32条，占比为21.05%；游憩型风景道，共计17条，占比11.18%；文化型相对较少，共计10条，占比6.58%；考古型风景道数量最少，仅有1条，占比为0.66%（图1–2）。

1.4.2 风景道分级

按照风景道内在品质价值的高低，国家级风景道分为泛美风景道和国家风景道两级。国家级风景道以国家风景道为主，占比达79.61%；而泛美风景道相对较少，占比约20.39%（图1–3）。

一、泛美风景道认定标准

泛美风景道（All–American Road）认定标准是：道路或者公路至少应该满足2个或以上的内在品质，并可以作为一个独立目的地。它能够为游客提供一种特别的旅行体验，使游客沿着公路驱车时的首要目的是旅行。这些品质是最能代表国家的，并且是独一无二的。品质的重要意义是在整个国家中具有独特性。

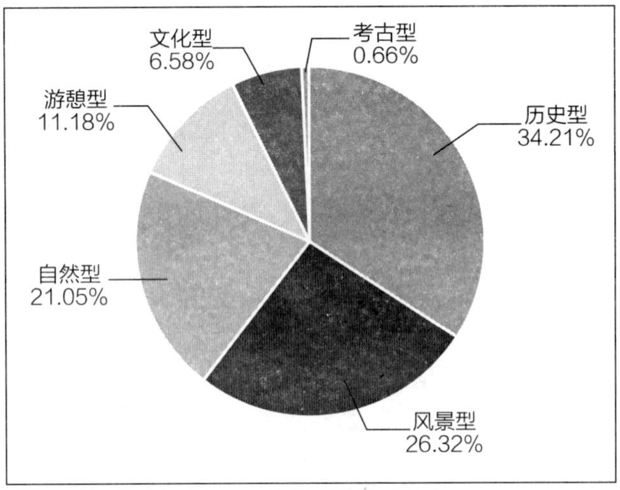

图1–2 各品质类型国家级风景道占比

资料来源：National Scenic Byways Program Collection of America's Byways® Designated by U.S.Secretary of Transportation，2012.

泛美风景道是国家级风景道中最好的风景道，其杰出的内在品质能够让国内外游客享受其中。许多泛美风景道往往连接着美国最大的城市，为相互孤立的具有重要历史意义的地区提供连接纽带。其重要的标准是品质的连续性，以及能够成为一个独立的旅游目的地。最为重要的是，由美国汽车协会或商务部下设的旅游局推动的泛美风景道项目，能够鼓励国际游客到美国一些未被人们熟识的地区旅游，游客的花费不仅对国家和地区经济作了贡献，也促进了国际交流。从长远来看，泛美风景道不可替代的内在品质能够被很好地保护和提升，同时泛美风景道的存在将会使美国的下一代也能够体验到美国最珍贵、美丽的历史遗产。

二、国家风景道认定标准

国家风景道（National Scenic Byway）认定标准是：当一条道路能代表一个地区或一个州的内在价值以及能促进旅游和经济的发展，为当地或州级政府机构所认可，其内在品质的突出性已经达到国家级水平，该道路可以提名为国家风景道。国家风景道必须至少拥有六项内在品质（风景、历史、自然、文化、休闲、考古）中的一项，其内在品质必须具有代表性、独特性以及不可替代性。品质的重要意义是在该区域中具有独特性。

国家风景道是为了保护廊道的内在品质，也是为了增加到该风景道来体验的游客数量，创造新的工作

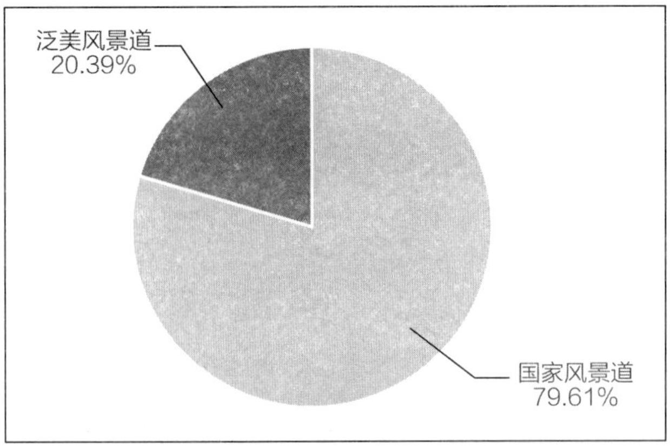

图1–3 国家级风景道各级百分比

资料来源：National Scenic Byways Program Collection of America's Byways® Designated by U.S.Secretary of Transportation，2012.

机会和刺激经济的发展。对游客来说，能够体验到美国最美的道路；对历史保护者和环保学家来说，能够保护和提升美国最具保留意义的区域和景观；对旅游业和休闲业的专家来说，可以帮助游客体验美国的田园风光。

1.5 泛美风景道时空统计分析

6批次认定的泛美风景道中，1996年认定了6条，1998年认定了3条，2000年认定了4条，2002年认定了8条，2005年认定了6条，2009年认定了4条。

空间分布上，泛美风景道呈现出以下特征（图1-4）：一是泛美风景道分布相对分散。泛美风景道分布于美国27个州，其中加利福尼亚州及弗吉尼亚州相对较多。二是绝大多数风景道位于1个州境内。已有的31条泛美风景道中，有25条风景道位于1个州境内，所占比例约77.42%。三是跨越2个州的风景道比例较小。共计只有4条风景道跨越了2个州，所占比例为12.9%，如蓝岭风景道、古人游径（Trail of the Ancients）等。四是少数风景道跨越两个以上的州。共计有3条风景道跨越了2个以上的州，所占比例为9.68%，如国家历史路（Historic National Road）、66号公路（Historic Route 66）、纳切兹部族踪迹公园道（Natchez Trace Parkway）等。

认定内在品质组合上，从内在品质项数和组合两方面分析来看，具有以下特点：

内在品质项数方面。1）绝大部分泛美风景道是由两项内在品质构成，所占比例为90.32%，共计28条；2）两项以上内在品质构成的泛美风景道较少，所占比例为6.45%，共计2条，分别是蓝岭风景道和阿拉斯加海上公路（Alaska's Marine Highway），分别拥有4项和3项内在品质；3）还有一条特殊的风景道，即切努克风景道/斯蒂芬马瑟纪念公园道（Chinook Scenic Byway/Stephen Mather Parkway），仅因其具有十分独特的风景一项品质，而被认定为风景型泛美风景道（图1-5、表1-2）。

内在品质组合方面。1）泛美风景道内在品质组合方式共有16种，其中，历史与风景品质组合是最常见方式，占比为19.35%，共计6条；2）风景与游憩品质组合，数量次之，占比为16.12%，共计5条；3）历史与文化、自然与历史、自然与风景等品质组合，占比均为12.9%，均为4条；4）历史与游憩品质组合，占比为6.45%，共计2条；5）其他品质组合类型，所占比例较小，均为3.23%，均为1条（表1-2，图1-6）。

1.6 国家风景道时空统计分析

6批次认定的国家风景道中，1996年认定了13条，1998年认定了20条，2000年认定了16条，2002年认定了17条，2005年认定了28条，2009年认定了27条，共计121条。

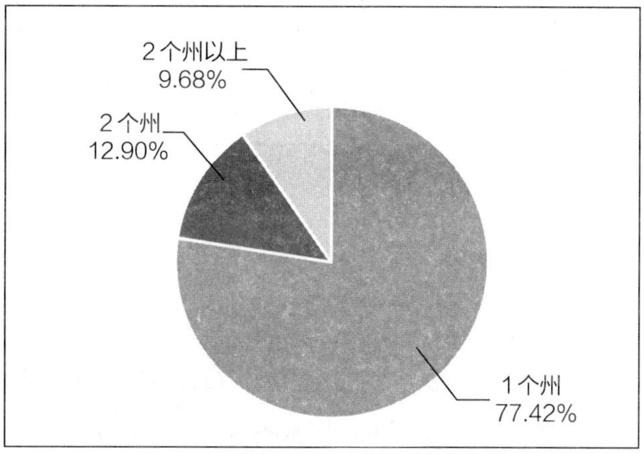

图1-4 泛美风景道分布比例

资料来源：National Scenic Byways Program Collection of America's Byways® Designated by U.S.Secretary of Transportation，2012.

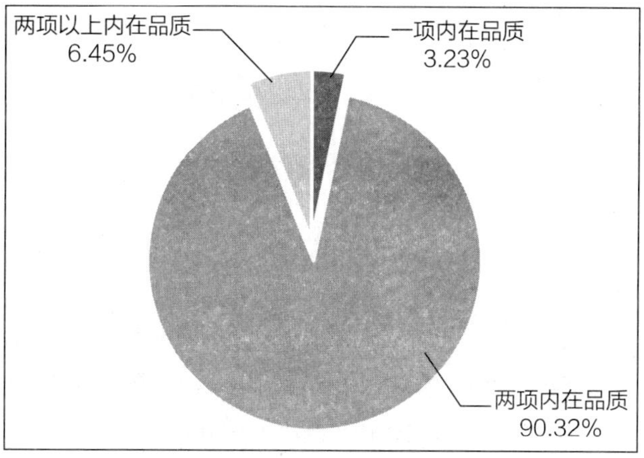

图1-5 泛美风景道品质组合百分比

资料来源：National Scenic Byways Program Collection of America's Byways® Designated by U.S.Secretary of Transportation，2012.

泛美风景道品质组合类型　　表1-2

品质组合	品质分类	H	C	S	N	R	A	条数	
一项品质	S							1	
两项品质	H&C							1	28
	H&S							6	
	H&N							2	
	H&R							2	
	C&H							3	
	C&S							1	
	C&N							1	
	S&N							1	
	S&R							2	
	N&H							2	
	N&S							3	
	N&R							1	
	R&S							3	
两项以上品质	S&C&N							1	2
	H&S&R&C							1	

H：历史品质　C：文化品质　S：风景品质　N：自然品质　R：游憩品质　A：考古品质

资料来源：National Scenic Byways Program Collection of America's Byways® Designated by U.S.Secretary of Transportation，2012.

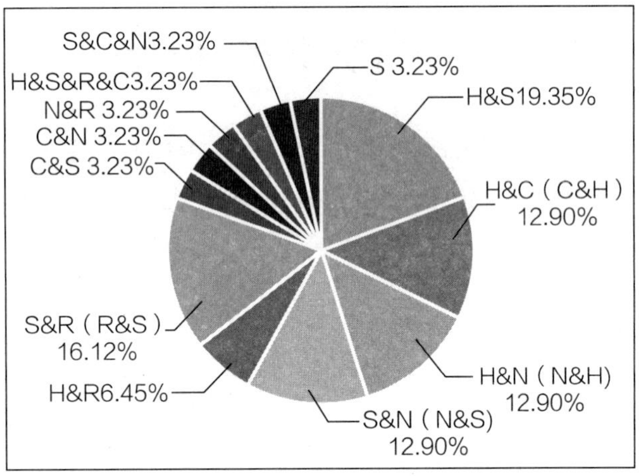

图1-6 泛美风景道品质组合百分比

H：历史品质　C：文化品质　S：风景品质　N：自然品质

R：游憩品质　A：考古品质

资料来源：National Scenic Byways Program Collection of America's Byways® Designated by U.S.Secretary of Transportation，2012.

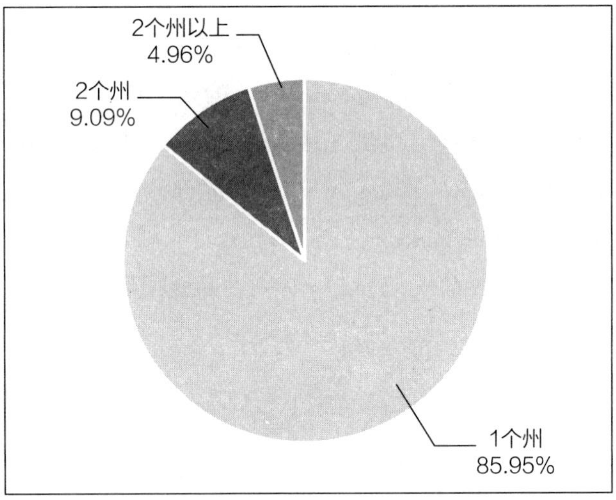

图1-7 国家风景道分布比例

资料来源：National Scenic Byways Program Collection of America's Byways® Designated by U.S.Secretary of Transportation，2012.

空间分布上，国家风景道呈现出以下特征：一是分布广泛，遍布美国36个州，其中大部分在科罗拉多州、佛罗里达州及明尼苏达州。二是绝大多数国家风景道位于1个州境内，共计104条，占比为85.95%。三是跨越2个州的国家风景道，数量相对较少，共计有11条，所占比例为9.09%，如切罗哈拉公路（Cherohala Skyway）、塔里麦纳风景驾车道（Talimena Scenic Drive）等。四是跨越2个以上州的国家风景道，数量最少，共计有6条，占比为4.96%，如大河路（Great River Road）、凯托克廷山风景道（Catoctin Mountain Scenic Byway）等（图1-7）。

品质比例上，在已有的121条国家风景道中，历史型国家风景道数量最多，共计40条，占比为33.06%；风景型国家风景道次之，共计35条，占比为28.92%；自然型和游憩型国家风景道，分别为26条和14条，占比分别为21.49%、11.57%；文化型国家风景道，共计5条，占比为4.13%；考古型国家风景道，共计1条，占比为0.83%（表1-3）。

各主题类型国家风景道数量及百分比 表1-3

类型	历史型	风景型	自然型	游憩型	文化型	考古型
数量	40	35	26	14	5	1
百分比	33.06%	28.92%	21.49%	11.57%	4.13%	0.83%

资料来源：National Scenic Byways Program Collection of America's Byways® Designated by U.S.Secretary of Transportation，2012.

第二部分

历史型
风景道

第2章　蓝岭风景道（Blue Ridge Parkway）

这是一条延绵的，具有人工景观特点的风景道，它远离商业交通和拥挤的高速公路，提供了一种安全、悠闲和愉悦的驾驶体验。它有着南部阿巴拉契亚文化、自然、风景及游憩资源。通过对其境内所承载的自然、历史和文化资源的保留和保护，促进了公众对阿巴拉契亚的理解、感知和认知。

The Parkway is an elongated, man-made feature that provides a safe leisurely recreational driving experience free from commercial traffic and the congestion of highways. It embraces Southern Appalachian cultural, natural, scenic and recreational resources and is free of stressful interruptions. It promotes public understanding, appreciation and knowledge of Appalachia by preserving and protecting the natural, historic and cultural resources contained within its boundaries.

——美国国家风景道计划对蓝岭风景道的评价

资料来源：National Scenic Byways Program Collection of America's Byways® Designated by U.S. Secretary of Transportation.

蓝岭风景道是美国最早建设的风景道，堪称世界风景道和生态文明发展的典范。其典范性：一是很好地体现了风景道在公共管理理念指导下，从立法、机构、融资、技术规范，以及产品供给等方面所采取的积极发展措施，从而促进了蓝岭风景道的发展；二是把公路建设与贫困地区社会经济发展有机结合，使道路成为"开发廊道"，成为拉动和辐射区域经济发展的"成长轴"和旅游经济产业带，从而促进社区民众脱贫致富；三是把道路从单一的交通功能向交通、生态、游憩和保护等复合功能转变，实现工程技术与生态环境、历史文化、景观游憩的有机结合。

2.1 概况与发展历程

蓝岭风景道位于美国阿巴拉契亚地区（Appalachia Region）中部（图2-1，图2-2），于20世纪30年代始建，到20世纪80年代中期才完成全部建设。它贯穿弗吉尼亚和北卡罗来纳两个州，连接着北部的雪兰多国家公园（Shenandoah National Park）和南部的大雾山国家公园［也称"大烟山国家公园"（Great Smoky Mountain National Park）］，全长755公里，包括弗吉尼亚州段和北卡罗来纳州段，沿线覆盖了142个城镇。它分别于1996年和2005年因其"基于阿巴拉契亚文化、历史、景观和游憩"四项突出的内在品质而被认定为"泛美风景道"，是国家风景道体系中唯一一条具有四项内在品质的风景道。蓝岭风景道是"美国最长的一条乡村风景道"、"美国最受喜爱的一条驾车道"，也是世界上最为独特和最受欢迎的吸引物之一，每年有超过2000万的游客来此游览，旅游收入超过20万美元，带动了沿线及周边百余个县的旅游经济发展。

2.1.1 发展背景

蓝岭风景道的开发建设与美国政府于20世纪30年代和60年代两次对阿巴拉契亚地区的大开发密不可分。阿巴拉契亚地区位于美国经济最发达的东部沿海地区与工农业相当发达的中西部地区之间，它沿着东北向西南绵延2000多公里的阿巴拉契亚山脉，从纽约州的南部一直延伸到密西西比州的北部，多山脉丘陵，山岭、河谷、高原分布其间，地形复杂，包括了13个州397个县，面积约50万平方公里，总人口达

2000多万。

“二战”后阿巴拉契亚地区仍然是全国最贫困的地区之一。富兰克林·罗斯福（Franklin Delano

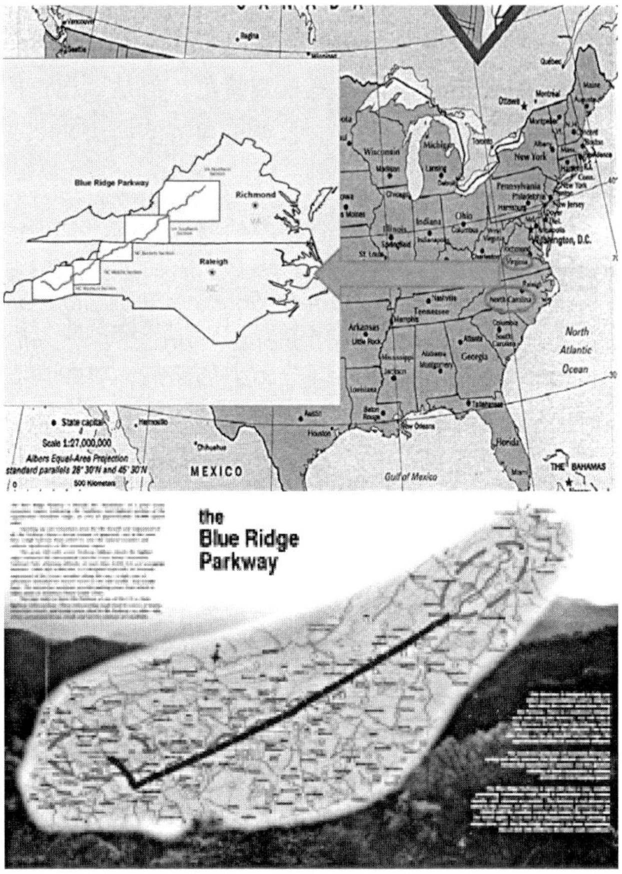

图2-1 蓝岭风景道地理区位

资料来源：Blue Ridge Parkway Association INC.Blue Ridge Parkway DIRECTORY & TRAVEL PLANNER [M]. Blue Ridge Parkway Association INC, 2010.

图2-2 蓝岭风景道美丽的春色

Roosevelt）总统将阿巴拉契亚地区选为小流域综合治理的实验场，约翰逊（Johnson）政府又把它列为“向贫困宣战”的首选目标地，这在美国政府的开发史上是绝无仅有的。为了改变贫困落后、经济萧条和长期高失业率的状况，在1960年州长联席会议上，提出了一项“特别地区发展计划”，要求联邦政府进行综合开发。1963年成立“总统阿巴拉契亚地区委员会”（The president's Appalachian Regional Committee），拟订扶持开发计划。1965年3月，约翰逊政府敦促国会制定《阿巴拉契亚地区开发法》（即89-4号公法）（Appalachian Regional Development Act）予以综合开发，并依法设立开发领导机构“阿巴拉契亚地区委员会”（Appalachian Regional Committee，简称ARC）。ARC是一个跨州的经济开发协调机构，对阿巴拉契亚发展的有利条件与主要问题，进行了分析，认为其有利条件主要有：该地区区位优越，靠近人口密集的东部各州；地域辽阔、气候宜人；拥有丰富的劳动力和自然资源，以矿藏、水源、木材和风景为四大优势资源；乡土风情独特，民风淳朴，历史文化厚重。存在的主要问题是：自然条件恶劣；基础设施落后，交通十分困难，严重地制约了该地区经济的发展；90%的县是农业县，经济结构以农业为主，规模小，效益差；工业以低技术和劳动密集型的制造业为主，煤炭、纺织、木材为支柱产业，一直是美国煤炭主产区，也被称为“纺织南部”；缺少中心城市带动经济发展，经济腹地狭小；教育落后，思想文化观念保守，劳动者素质低，人口流失严重；投资环境差。

基于上述优势和问题，20世纪30年代和60年代的两次开发都采用了建设“开发走廊”战略和“增长极”战略，取得了显著成效，具体是：

第一，建设“开发廊道”，使其成为拉动经济发展的“成长轴”。联邦政府非常重视交通运输在地区经济发展中的桥梁作用，加快交通运输等基础设施和公共设施建设。从1965年到1992年，美国三级政府投入到阿巴拉契亚地区的140亿美元开发资金中，有80亿美元用于交通运输基础设施建设，另外60亿美元主要用于社区能源、教育、文化和医疗等公共设施建设，为此，形成了巨大的公路网络，其中的蓝岭风景道是主要的“成长轴”，并显著地改善了经济面貌和投资环境。

第二，实施“增长极”战略，培植一批经济增长中心。ARC认为交通建设仅仅改善了开发区的社会经济环境，培植一批经济增长中心是开发成功的关键，为此，向增长中心投入巨额公用事业经费，用于改善中心的社会经济环境，提高居民的科学文化素质和谋生技能。

第三，采用深度开发综合利用模式，综合利用本地资源。阿巴拉契亚地区是美国煤炭主产区，以能源-电力生产和普及为突破口，以能源开发带动工业化进程和地区经济发展，同时促进橡胶塑料、机器制造、电子仪表、运输设备、金属加工、石油化工等资本和技术密集型行业的迅速发展。

第四，利用资源优势开发旅游产业，大力发展第三产业。阿巴拉契亚地区旅游资源丰富，森林覆盖率达60%，冰川湖泊星罗棋布，有着雪兰多、大雾山等国家公园，蓝岭西侧温泉群和温泉度假村。尤其是大雾山国家公园最具魅力，每年接待的游客比黄石（Yellowstone）、约塞米蒂（Yosemite）、落基山（Rocky Mountain）等三个西部著名国家公园接待游客之和还多100万人次。

第五，加强科技力量和人才队伍建设。联邦政府从财政上给予照顾，从1965年到1992年期间，专门拨款用于发展地区教育和职业培训，从而提高了人力资源的素质和水平。

综上可见，阿巴拉契亚地区二次大开发为蓝岭风景道的开发和蓝岭旅游经济产业带形成提供了宏观发展背景条件，并产生了巨大的推动和影响作用。实施“开发廊道”战略，推动了巨大公路网的建立，蓝岭风景道就是一条主要的“成长轴”并辐射周边形成了旅游经济产业带，同时也促进了客源区位的优化。此外，地区经济“增长极”培育战略带动了城镇发展，也促进了一批旅游城镇的形成，加之旅游业作为重点产业发展推进了各类旅游景区景点的发展，以及综合社会经济环境的改善。

2.1.2 发展条件

一、交通条件

春季和秋季是蓝岭风景道最美的两个季节，是最佳自驾观光游览期，能够让游客体验和感受这条线路上最震撼人心的自然景观特色。但是，在长假以及周末，蓝岭风景道上容易出现道路拥堵及交通高峰现象。

蓝岭风景道绝大部分路段的路况较好，是中间分离的双车道，速度限制为72公里/小时。由于是乡村干道公路，道路并没有专门的中央隔离带，同时，风景道也没有专门区分出来的路肩，整条风景道的路肩都比较狭窄，且路肩的修建，都靠近森林和草地的边缘。但是，这种路肩的规划建设，一方面增添了驾驶道路的美丽，另一方面也对驾驶者提出了更高的安全驾驶要求。蓝岭风景道的所有路段都进行了路面铺设，这在一定程度上保证了游客及车辆的安全行驶。蓝岭风景道另一个特点是整条风景道很少有完全的直线线形，相反，大部分道路被设计成了柔和的弯道线形。同时，由于道路所经区域的海拔落差较大，穿越的路段比通常的高速公路还要陡峭，自驾游客稍不注意，就可能会出现车速突然加快的现象。

由于风景道的覆盖范围较大，所经区域的地形地势落差较大，因此，不是所有路段的路况都是一致的。且根据天气情况以及道路桥梁的维修情况，风景道的路况也会出现一定的变化，如龙卷风或雷雨天气，某些路段会在自然力的破坏下出现塌陷、毁坏等情况。蓝岭风景道的部分路段由于路况太危险而出现过完全封闭的情况，如232.5公里处的石山观景台（Stone Mountain Overlook）到236.9公里处的艾尔贝洛斯观景台（Air Bellows Parking Overlook）路段。此外，出于保护风景道资源、提高道路安全性、保障风景道游憩性等需要，蓝岭风景道的部分路段有开放限制，如坎伯兰镇（Cumberland）的217.8公里处到1469号北卡罗来纳州州内公路的220.4公里处、1433号北卡罗来纳州州内公路的226.3公里处到21号国道的229.7公里处等。

二、资源条件

（一）资源分布

蓝岭风景道位于美国阿巴拉契亚山脉海拔最高的蓝岭山区，风景道沿着蓝岭山脉蜿蜒地伸展，最高海拔超过1828米，平均海拔在914—1219米之间。有近三分之一的路段分布在地势险峻的山岭中，部分路段出于安全因素的考虑在冬季封闭。蓝岭风景道区位优势明显，靠近人口密集的东部各州，且沿途有25条国道和州际公路与之相连，构成了巨大的交通网络，使得70%的美国人一天的车程即可抵达。

蓝岭风景道海拔落差达到1737.36米，造就了蓝岭风景道区域气候、自然景观、动植物群落的多样化。已查明植物种类多达1600余种，野生动物超过300种；自然旅游资源异常丰富，森林覆盖率高，地形复杂多变。蓝岭风景道沿途经过了4个国家林地、5个国家野生动植物保护区以及众多的州立公园，600多条河流纵横交错。

蓝岭风景道的人文旅游资源来源于阿巴拉契亚地区独特的地域文化，在这种地域文化中，家庭和社区的关系纽带非常强大，宗教信仰保守、乡村风情浓郁；这种地域文化鲜明地反映在了当地的建筑、艺术、手工艺品和人与自然的关系上，成为极具吸引力的旅游资源。

（二）资源特征

参考2003年发布的《旅游资源分类、调查与评价中华人民共和国国家标准》（简称“国标”），对蓝岭风景道沿线重要旅游资源进行了分类统计，根据资源的丰富度进行了资源评价和特征分析（表2-1、表2-2）。根据国标，旅游资源可分为8大主类、31亚类和155基本类型。重点对8大主类进行了统计分析。

蓝岭风景道沿线8大主类资源统计　　表2-1

主类	具体资源名称
A地文景观	驼背石（Humpback Rocks）、磨刀石岭（Whetstone Ridge）、烟囱岩（Chimney Rock）、崎岖圆顶（Craggy Dome）、公园道最高点（Highest Point on Parkway）、20分钟崖（Twenty Minute Cliff）、眺望洋葱山（Onion Mountain Overlook）、魔鬼山脊观景台（Devils Backbone Overlook）、罗阿诺克山（Roanoke Mountain）、土拨鼠山（Groundhog Mountain）、苦瓜山（Balsam Mountain）、黑营峡（Black Camp Gap）、索科峡（Soco Gap）、白色峡谷观景台（Whites Gap Overlook）、印第安峡谷（Indian Gap）、大峡谷观景台（Great Valley Overlook）、罗阿诺克河峡谷（Roanoke River Gorge）、风箱峡谷（Air Bellows Gap）、麦金尼峡谷（McKinney Gap）等
B水域风光	南河（South River）、泰河（Tye River）、莫律河（Maury River）、杰姆斯河（James River）、洛亚诺克河（Roanoke River）、利特尔里弗河（Little River）、史密斯河（Smith River）、丹河（Dan Rive）、纽河（New River）、沃托加河（Watauga River）、埃尔克河（Elk River）、林维尔河（Linville River）、北头河（North Toe River）、藤河（Cane River）、斯旺纳诺河（Swannanoa River）、米尔斯河（Mills River）、戴维森河（Davidson River）、塔卡塞吉河（Tuckasegee River）（以上为18条河流）、洞山湖（Cave Mtn Lake）、史密斯山湖（Smith Mountain Lake）、菲尔波特湖（Philpott Lake）、普赖斯湖（Price Lake）、沃托加湖（Watauga Lake）、南霍尔斯顿湖（South Holston Lake）、杰姆斯湖（James Lake）、塔霍马湖（Tahoma Lake）、鲁斯卡湖（Junaluska Lake）、沃特维尔湖（Waterville Lake）、沃尔夫克里克湖（Wolf Creek Lake）、贝尔溪湖（Bear Creek Lake）、雪松悬崖湖（Cedar Cliff Lake）、费尔菲尔德湖（Fairfield Lake）（以上为14个湖泊）、瀑布游径（Cascades Trail）、帐篷瀑布（Wigwam Falls）、跌水瀑布（Falling water Cascades）、林维尔瀑布（Linville Falls）等
C生物景观	乔治·华盛顿国家林地（George Washington National Forest）、杰斐逊国家林地（Jefferson National Forest）、切罗基国家林地（Cherokee National Forest）、皮斯加国家林地（Pisgah National Forest）、南塔哈拉国家林地（Nantahala National Forest）、乌鸦栖息地（Ravens Roost）、猎狐天堂（Fox Hunters Paradise）、里奇兰凤仙花（Richland Balsam）等
D天象与气候景观	金色夕阳（Golden Sunset）等

续表

主类	具体资源名称
E遗址遗迹	阿巴拉契亚游径（Appalachian Trail）、胜利山国家历史游径（Over mountain Victory National Historic Trail）、绿石游径（Greenstone Trail）、马布里磨坊（Mabry Mil）、帕克特小木屋（Puckett Cabin）、布林加尔小木屋（Bringer Cabin）、西北铁路观景台（N&W Railroad Overlook）、丹尼尔布恩踪迹（Daniel Boone's Trace）、摩西锥体纪念公园（Moses H. Cone Memorial Park）、杰弗里斯公园（E.B. Jeffries Park）、朱利安普赖斯纪念公园（Julian Price Memorial Park）、墓场（Graveyard Fields）、北卡罗来纳州矿物博物馆（Museum of North Carolina Minerals）等
F建筑与设施	阁楼山信息中心（Loft Mountain Information Center）、水獭峰游客中心（Peaks of Otter Visitor Center）、弗吉尼亚探索公园游客中心（Virginia's Explore Park Visitor Center）、岩石旋钮游客中心（Rocky Knob Visitor Center）、西北商贸局（Northwest Trading Post）、林恩湾高架桥（Linn Cove Viaduct）、高塔（Beacon Heights）等
G旅游商品	布尼商店特制篮子（Baskets in Boone's Store）、手工雕刻艺术品（Hand-carved）、肥皂（A Mound of Soap）、木制家具（Wooden furniture）、畅销书：明信片历史系列、徒步旅行和露营（Best Sellers）等
H人文活动	蓝岭音乐中心（Blue Ridge Music Center）、跳转摇滚（Jump in off Rock）、民间艺术中心（Folk Art Center）等

资料来源：参考2003年发布的《旅游资源分类、调查与评价中华人民共和国国家标准》制作；资料主要来源于美国联邦公路管理局官方网站（http://www.blueridgeparkway.org）公布的资料。

蓝岭风景道沿线类资源数量统计　　表2-2

资源类型	A地文景观	B水域风光	C生物景观	D天象与气候景观	E遗址遗迹	F建筑与设施	G旅游商品	H人文活动	总计
数量	19	36	8	1	11	7	5	3	90

资料来源：The Blue Ridge Parkway:Experience America's Favorite Drive[EB/OL]. http://www.blueridgeparkway.org/，2009.

从表2-1和表2-2可见，蓝岭风景道8大主类资源具有以下特征：

第一，从数量上看，B（水域风光）、A（地文景观）、E（遗址遗迹）、C（生物景观）和F（建筑与设施）是蓝岭风景道上主要的旅游资源，分别占资源总数的40%、21%、12%、9%和8%。在所有资源中，A、B和C三种资源尤为突出，共占资源总数的约70%，成为整个蓝岭风景道上的主旋律。其次是E类，再次是F类。

第二，蓝岭风景道上的景观以自然资源为主。一定意义上可将A、B、C合并为一种类型的资源，即自然资源。主要包括森林、河流、湖泊、瀑布、山体、峡谷、岩石单体等，不仅数量居多，资源的亚类也十分丰富，且森林、河流等资源几乎覆盖了整个阿巴拉契亚山地区。

第三，蓝岭风景道上历史文化资源较为丰富。主要体现在遗址遗迹方面，包括历史风景道、古房屋建筑遗址、铁路交通遗址以及相关历史人物建筑遗址等。

第四，建筑与设施也是风景道沿线重要的旅游资源。蓝岭风景道不同于其他自然型的景观公路，它在保护性开发资源的同时，还强调进行一些人工景观的建设，如林恩湾大桥（Lynn Bay Bridge）、多个游客信息中心等的建设。

总之，蓝岭风景道沿线资源非常丰富，类型多种多样，为其规划开发提供了较好的资源基础。

三、市场条件

蓝岭风景道在规划、建设、维护与提升过程中，重视对旅游市场的分析与定位。在对现实客源市场分析的基础上，来指导潜在客源市场的开发。据相关研究，游客对蓝岭风景道的认知，主要有以下特点：

游客对于蓝岭风景道的认同度较高，对蓝岭风景道所有评价和称赞中，影响最大且接受度最高的是“美国最长的一条乡村风景道”和“美国最受喜爱的一条驾车道”。

游客对蓝岭风景道最感兴趣的是独特的自然景观、丰富的游憩活动，以及风景道沿线通过各种建筑景观等，所呈现出来的阿巴拉契亚文化景观。

从空间分布及属性上，蓝岭风景道客源市场具有以下特点：

空间分布上：蓝岭风景道客源市场主要包括国际市场、国内其他城市市场和临近的区域市场。其中临近的区域市场，特别是蓝岭风景道的周边城市是其一级客源市场。国内远离蓝岭风景道的其他城市则为二级客源市场，也是重点开发的客源市场。三级客源市场是国际市场。

属性层面上：依据游客对蓝岭风景道突出而独特的自然景观和文化品质的偏好，客源市场主要包括文化体验、观光游览、家庭游览和商务会议等。其中文化体验游，则主要以特色鲜明、独一无二的阿巴拉契亚文化体验和学习为目的。观光游览主要以体验地方自然和风景景观为主要目的。家庭游览主要是针对风景道所在州的县市家庭而言，他们通常将其作为周末出游或者短期假期出游的目的地。商务游客是指最初以风景道的交通连接功能为主，在首次体验到蓝岭风景道的绝美风景以后，开始将注意力转移到蓝岭风景道的商务会议与游憩上的旅游者，他们是潜在的客源市场。

2.1.3 发展历程

蓝岭风景道兴建于1935年，发展经历了以下几个阶段：

（1）萌芽阶段（1906—1932年）

1906年北卡罗来纳州地质学家约瑟夫·海德·普拉（Joseph Hyde Pratt）提议沿蓝岭山脊建设一条从弗吉尼亚州的玛丽恩（Marion）到佐治亚州的塔卢拉（Tallulah）的收费风景公路，这一公路由“阿巴拉契亚公路公司”（The Appalachian highway company）于1914年开工建设，但工程建设因第一次世界大战被迫中止。这是蓝岭地区最早开始建设的风景公路，被认为是蓝岭风景道发展的起源。

（2）起步阶段（1933—1955年）

蓝岭风景道于1933年开始规划设计。1933年，罗斯福（Roosevelt）总统为推行“新政”视察阿巴拉契亚地区后，推出了一系列政策促进阿巴拉契亚地区的经济发展，其中包括对蓝岭风景道的规划建设，其最直接的目的就是通过蓝岭风景道的建设，促进就业，带动地区经济发展。景观建筑师斯坦利·L·艾博特（Stanley L. Abbott）被授权负责蓝岭风景道的规划建设。他提出了用风景道连接公园和游憩区、建设观景平台、保留阿巴拉契亚文化景观等一系列先进的规划理念，被誉为“蓝岭风景道之父”。该风景道于1935年9月11日在北卡罗来纳州的坎伯兰镇圆丘（Cumberland Knob）正式破土动工。但随着第二次世界大战的来临，蓝岭风景道的建设进程遭到阻断。

在这一阶段，蓝岭风景道的规划思想得到肯定，道路首次被当作旅游吸引物来规划设计，并体现出交通、观景、游憩、教育、娱乐等复合功能。

（3）二次建设阶段（1956—1990年）

1956年，国家公园管理局发起了一个叫作“66号使命”（66 Mission）的新规划，使蓝岭风景道的建设得以继续进行。在“66号使命”规划的指导下，蓝岭风景道沿线建设了大量营地、游客服务中心、餐饮住宿等公共服务设施，最终于1987年9月完成了蓝岭风景道的建设。

由于美国在20世纪60年代对阿巴拉契亚地区经济发展的高度重视，这一阶段蓝岭风景道的建设被赋予了“区域经济发展廊道”的重大使命，同时区域公路网络的完善也使得蓝岭风景道与周边城镇的联系更加紧密，奠定了蓝岭风景道对区域旅游业进行综合开发的基础。

（4）快速发展阶段（1991年—至今）

蓝岭风景道积极申请加入美国国家风景道体系。1996年，北卡罗来纳州段率先被认定为“泛美风景道”；时隔9年后弗吉尼亚州段于2005年被认定为“泛美风景道”（图2–3）。蓝岭风景道在规范化的轨道上获得了蓬勃发展。

蓝岭风景道作为最早建设的风景道，对美国国家

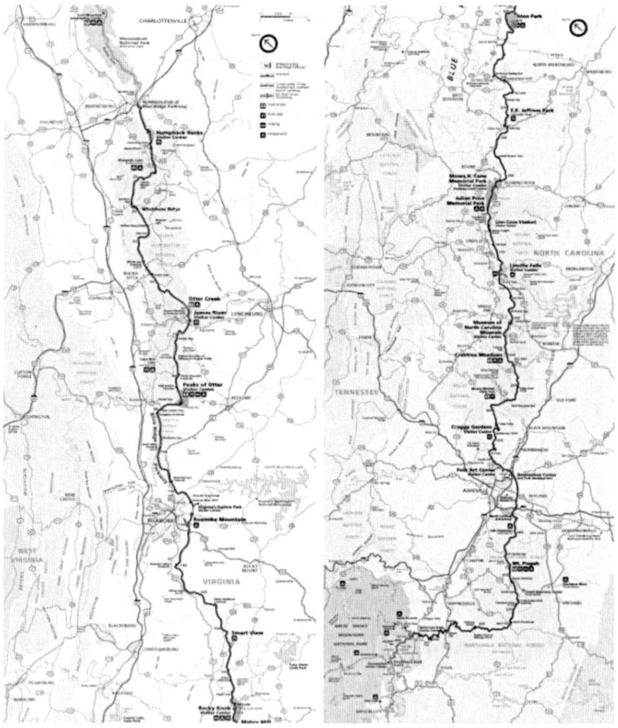

①弗吉尼亚州线路段　　②北卡罗来纳州线路段

图2-3 蓝岭风景道线路图

资料来源：The Blue Ridge Parkway:Experience America's Favorite Drive[EB/OL]. http://www.blueridgeparkway.org/，2009.

风景道体系的建设起到了引领作用；反过来，美国国家风景道体系又使蓝岭风景道获得了进一步的规范发展。

2.2 开发建设

2.2.1 愿景与目标

蓝岭风景道在多年的规划、建设与发展过程中，一直致力于道路的交通功能与景观赏析及休闲游憩功能的有机结合。其规划建设目标是要实现道路自身的旅游目的地价值，即风景道能够为游客提供一个特殊的旅游体验，使在这条道路上的自驾车游客能够放慢行驶速度，以一种放松的休闲态度来享受愉悦驾驶。同时，从长远来看，其目标是要实现蓝岭风景道的可持续发展，即取得“经济发展和资源保护的平衡发展”，并最终使蓝岭风景道逐渐朝着规范化、市场化的方向蓬勃发展。蓝岭风景道的目标制定与发展方向见表2–3。

为实现上述目标，制定了以下战略：

资源保护战略：一是为了保护蓝岭风景道突出的自然美景、独一无二的文化和景观，同时提高当地的经济活力，蓝岭风景道相关机构和委员会先后制定了一系列政策，并出台了专门的法案来加强对资源的保护；二是将风景道沿线社区居民与游客纳入风景道资源保护与提升计划中，通过社区会议、纪念活动以及教育旅游产品的推广与宣传等，促进人们对资源自主保护意识的形成和行动的落实；三是通过一些基础设施规划与建设，减少或避免游客活动对资源的破坏，实现资源的保护。

经济发展战略：通过蓝岭风景道规划、建设、维护、保护与提升等，加快风景道旅游目的地发展目标的实现，促进风景道及周边郡县和社区旅游业及相关行业的发展，实现整个旅游产业链的发展，并最终实现整个大范围区域内的经济发展。

合作伙伴战略：合作伙伴战略与风景道其他所有目标的实现都相关联。其内容主要包括：与风景道保

蓝岭风景道规划目标　　表2–3

分目标	内容
风景道维护与提升目标	确认并保护蓝岭风景道的自然品质、景观品质、文化品质、历史品质、考古品质和游憩品质；改善并提高风景道的路况，提升风景道安全性
风景道营销与推广目标	通过媒体报刊、电视网络等宣传手段，进行风景道宣传营销工作，巩固现有客源市场，扩大潜在客源市场
风景道旅游目的地发展目标	通过风景道品质保护、游憩活动设施建设和节事活动举办，实现风景道旅游目的地发展目标
风景道可持续发展目标	在风景道沿线资源保护和经济发展之间实现平衡，在风景道现有开发与未来发展之间实现平衡，使蓝岭风景道成为可持续的景观

资料来源：Blue Ridge Parkway Association INC.Blue Ridge Parkway DIRECTORY & TRAVEL PLANNER[M]. Blue Ridge Parkway Association INC，2010.

护、建设等的组织、部门以及委员会建立合作伙伴关系；在风景道管理与维护方面与国家、联邦和地方层面建立合作伙伴关系；在风景道资金获得方面与社会组织、社区团体、居民个人，以及政府层面的支持机构建立合作伙伴关系；在风景道宣传推广工作方面加强与各相关团队的合作，如，媒体、社区及风景道相关部门等。

2.2.2 建设推动因素

蓝岭风景道建设推动因素主要包括“廊道优势”战略的落实、旅游空间综合开发模式的运用、旅游主导经济发展和先进的规划设计理念等四个方面。

“廊道优势”战略的落实：“廊道优势”战略是美国国家政府提出的解决阿巴拉契亚地区贫困问题的重要战略。蓝岭风景道充分落实了这一战略构想，将风景道发展成为一条交通和旅游相结合的廊道，并依托完善的公路网络整合了整个地区的旅游资源。

旅游空间综合开发模式：蓝岭风景道将各自散布的旅游资源点串联起来，构成一个整体。实践证明对于跨区域、大范围的旅游资源开发行动，这种以轴串点、以点带面的综合开发模式是行之有效的。

旅游主导经济发展：蓝岭风景道的建设初衷是通过基础设施的建设，缓解经济危机，带动就业。实践证明蓝岭风景道的建设是一个成功的决策，它不仅在50多年的建设期达到了拉动经济的作用，而且在建成后也吸引了无数旅游者慕名到访。北卡罗来纳州著名的富人度假区就是蓝岭风景道旅游主导经济发展直接推动的结果。

先进的规划设计理念：对已有资源的充分利用；对于资源可以修饰、保留，但不能切割和毁坏；人文景观尤其是民居的外观要长期保留；景观需要长期管理和维护；尊重自然和历史原则，重视对自然和历史文化的特色开发；将美观与实用结合；一切设计应该是简洁和自然的；视平线就是边界线。这些先进理念很好地指导了蓝岭风景道的可持续发展。

2.2.3 规划设计原则

蓝岭风景道除遵循旅游目的地规划一般原则外，还遵循了自己独特的规划设计原则，具体来说：一是资源充分利用原则。蓝岭风景道沿线资源丰富，要充分利用资源并促进资源的循环利用。二是审美与实用结合原则。遵循自然美、文化美和民俗美，让游客获得最佳体验。在满足游客基本需求基础上，突出实用，而非过多规划设计。三是景观保护与管理原则。对风景道沿线的景观资源进行修饰、保留，但绝不能切割和毁坏资源。依据“景观需要管理”的理念，对景观进行管养与维护。四是尊重自然和历史原则。尊重风景道沿线原有的自然和历史风貌，建筑物要保留原有外观，彰显自然和历史文化特色。五是简洁和灵活原则。风景道规划设计要突出强调“在流动中感受大美”的简洁理念。服务设施设计中，要注重多设置建设性小、灵活性强、随机性大，以及便于流动的服务设施，如野营设施、野炊设施等。

2.2.4 建设要素

蓝岭风景道规划设计要素主要包括：道路工程设计、路侧安保设施设计、游憩服务设施规划、植物配置与建筑物规划设计、游憩产品及线路设计、品牌与营销规划等6个方面。

一、道路工程

蓝岭风景道道路工程设计主要包括道路选线、道路线形、路基路面以及桥梁构筑物等。提升是在原有路况基础上，对不符合安全要求，不符合风景道特征要求的路段进行改造或者是修复，目的是使道路行驶质量和安全质量得到全面的提升和保障。

蓝岭风景道规划、设计与建设始于1933年之前，是基于多学科专家实地考察和详细规划基础上的开发建设。风景道建设是一个漫长而逐渐完善的过程。在这一过程中充分考虑了道路与环境的敏感性和相容性问题。时至20世纪90年代申请泛美风景道时期，又再次对风景道进行了提升维修。风景道工程设计中，道路选线及路基路面是规划建设和提升改造的重要方面。

道路选线。蓝岭风景道规划设计中，对路线选择十分慎重。线路选择首先需要进行一系列野外考察；其次需要广泛征询当地居民意见和建议；最后才

图2-4 蓝岭风景道选线

图2-5 蓝岭风景道路肩

慎重选择有着独特而非凡的自然和文化景观的线路。同时，还十分强调线路选择要避免对山体和地貌的破坏，尽可能顺地势而建；要尽可能使道路线形与自然条件相契合，选择出景色优美、适宜户外游憩活动且安全的线路（图2-4）。

蓝岭风景道选线，还突出强调把风景道与周边小道、交叉道路等进行统筹规划，以形成风景道网络系统。蓝岭风景道与国家公路、州际公路等不同级别道路之间的关系是交叉还是平行等问题，对风景道选线有着十分重要的影响。因此，风景道网络系统规划，既要考虑发挥风景道作用，也要考虑风景道网络对周边交通的影响。这样既能满足旅游者多样的需求，提高户外游憩体验质量，也可以适当进行分流。

路基路面。蓝岭风景道大部分路段为柏油路面。在多次改造提升中，十分强调对原有道路路面的沿用。只有某些路段，在受到自然外力作用下，可能造成损毁时，才需要在原道路路基路面基础上，对其进行修复和维护。路面维护，主要是对容易打滑和容易影响驾驶的路基路面，进行提升改造。如，蓝岭风景道435公里处，是活动性斜坡滑坡路面，对驾驶者构成了潜在危险，因此，在该处不稳定路基抢修方案中，采用了混凝土方式加固和抢修，另外，并对路面进行耐用处理，完善排水系统，为道路安全行驶提供保障。

路肩。路肩对于保障道路安全性具有非常重要的作用。蓝岭风景道在路肩的处理上较为灵活。考虑到风景道是一条穿越山区、森林和峡谷地带的乡村道路，路面宽度受到限制，因此，在路肩设计上，一方面，用白色实线在路面上进行标注，对道路功能进行区分，以提醒驾驶员；另一方面，利用当地自然地形作为路肩，即将与道路相连接的种植有草皮的土地地段作为风景道的路肩，这一处理方式巧妙地利用了当地的植被和材料，就地取材的方式既节省了开支，也美化了路肩（图2-5）。

安全护栏。路侧护栏设置与否主要依据路堤填土高度、边坡坡度和路侧危险程度，因此，路侧护栏一般不是连续设置。风景道护栏设置，一方面要保障道路的通行性和安全性，另一方面，要兼顾风景道景观观赏性和美观性，融入环境，突出环境美化功能。

蓝岭风景道地处阿巴拉契亚山区，为了突出阿巴拉契亚文化，风景道护栏设计中，突出强调风景道路段环境要以山区风貌为背景，彰显自然和文化特色。在材料选择上，以木质和山石为主；形式上，以木栅栏和低矮的石墙为主，以充分展现文化特色和乡村风貌。

二、游憩服务设施

蓝岭风景道游憩服务设施规划建设有着举足轻重的地位。蓝岭风景道沿线游憩服务设施数量充足，类型丰富且独具特色，并朝着规模化、综合化方向发展。

（一）游憩服务设施设计

1．观景设施。主要指观景平台，其作用是供游人驻足观赏美景和休憩。一般会配套信息解说牌。蓝

图2-6 蓝岭风景道观景台

图2-7 蓝岭风景道解说牌

岭风景道修建的观景平台主要有两类，一是单独为观景而设置的独立型观景平台；二是依附于其他功能而存在的组合型观景平台。观景平台选址点取决于道路地形、路况安全性，以及视域景观品质（图2–6）。

2. 道路引导标识。道路引导标识设施主要指风景道沿线为游客正确和安全驾驶提供说明和指示的标记标识牌。蓝岭风景道路侧广告牌、站牌或者交通灯较少，普通标识牌也很少。最为常见的标识牌主要有两类，一是表明道路和路段公里数的里程桩标识牌；二是交通指示标识牌。这一设计体现了蓝岭风景道独特的设计理念，即“消除有碍观瞻的热狗店、汽油棚和广告牌等，远离现代文明，标识牌纯粹是为了休闲旅游而不是为了区域交通方便”。

蓝岭风景道专门设计了风景道门户标识牌，设置于风景道各入口处，以提示游客进入蓝岭风景道。

3. 解说设施。解说设施是为了游客能够更好地了解和欣赏风景道的自然资源、动植物特征，以及风景道品质而设置的。风景道解说设施一般包括游客中心、解说标识、解说点以及其他解说媒体等（图2–7）。由于蓝岭风景道规划设计理念上，追求“远离现代文明和纯粹旅游性”，因此，解说设施以游客中心为主，解说点以及其他解说媒体也都是围绕游客中心而建立。

游客中心。蓝岭风景道沿线的游客中心能够为游客提供丰富信息，包括风景道廊道内的景区景点、地图、旅游商业点，以及各类纪念品商店等（图2–8）。同时，游客中心还提供关于当地的鸟类、野生动物，

图2-8 蓝岭风景道上的游客中心

以及野营和远足的信息，为游客提供各种方便。

解说标识。解说标识设置不仅是为了方便游客，对于突出风景道特点，实现风景道标识品牌化也有着重要作用。解说标识往往配套了独特的风景道Logo。

其他解说媒体。其他解说媒体主要包括向导式解说和自导式解说。向导式解说主要是指人员解说、多媒体播放器的自动播放解说等。

相对于向导式解说，自导式解说更灵活自由，方式也更多种多样。主要包括游客在蓝岭风景道沿线游客服务中心，能够拿到的各类有关景区景点、民俗风

情、历史文化介绍的宣传册、地图和书籍，以及看到的各类解说标识等。

4. 野营区与野炊区。野营区既提供住宿设施，又提供休闲娱乐和游憩活动的设施与场地（图2-9）。从性质上来说，野营区是兼具旅游服务与户外游憩性质的设施，但其核心功能是提供住宿服务。蓝岭风景道野营区同样以提供住宿服务为主，休闲娱乐以及游憩活动为辅。风景道沿线野营区多分布在762米海拔以上的区域。野营区选址受地形地势及景观要素的影响较大，其规模大小也因客流及地形等因素的影响而有所差异，但在总体分布上较为均衡。野营区建造风格与当地的文化和民俗相吻合，且力图与周边环境相融合。

野炊区的核心功能就是较为集中地为游客提供野餐服务以及娱乐活动。蓝岭风景道野炊区多与游客中心和野营区配套设置。在选址上主要考虑客流量、地形地势和景观因素。野炊区内一般无太多大型的建筑设施，但通常会有一些较为简单的服务设施，如长椅、野餐桌等供游客野餐使用。这些设施对于小孩、老人或残障人士很重要。

5. 住宿设施。蓝岭风景道沿线的住宿设施具有结构简单、风格简约、与自然环境相协调的特点，主要包括汽车营地、乡村木屋、度假村和农场农庄等类型。这些设施虽然在经营方式、建筑形态、服务档次和服务内容方面有较大差异，但其相同处也十分显著，主要有以下三方面：

一是住宿设施景观与周边环境相协调。无论是汽车营地、乡村木屋，还是度假村，都强调住宿设施建筑风格要与周围自然环境相协调。乡村木屋通常位于风景道沿线视域范围内，且建筑物体量和复杂性都高

图2-9 蓝岭风景道房车营地

于汽车营地，对于景观风格的要求更胜一筹。如，乡村木屋的经典代表“月光与回忆”（Moonlight and Memories）森林小木屋（图2-10）。

二是住宿设施多样，以满足游客个性化和多元化需求。不同类型的住宿设施为游客提供不同档次的服务。一般来说，度假村的服务最为齐全，配有餐饮服务设施，同时也有厨具提供，房间中家具齐全；乡村木屋的设施相对较简单，一般不提供餐饮服务或只提供早餐；汽车营地是自助性最强的住宿设施类型，要求游客自备厨具和食物。住宿设施的差异在汽车营地中表现尤为突出。如，弗吉尼亚皇家前线（Front Royal）房车公园，就是汽车营地的典型代表。

三是以游憩体验作为住宿设施的核心吸引物。大多数住宿设施在进行广告宣传时，都会将设施附近的景区景点、提供的丰富游憩体验机会作为其最大优势，进行宣传。这也是蓝岭风景道沿线住宿设施的共同点。如皇家前线（Front Royal）房车公园，在汽车营地的中央公共服务区和外围都设计了钓鱼池、篮球场地、游戏场地等简易的户外游憩活动空间。同时，在地理位置上，它接近雪兰多国家公园、天际线驾车道（Skyline Drive）、古战场历史遗址，以及自然游径等众多的景区景点。

图2-10 蓝岭风景道上的森林小木屋

在蓝岭风景道常见的几类住宿设施（表2-4）中，度假村是游憩活动最为丰富的一类，是旅游服务接待设施的综合体。度假村由呈团组布局的多组接待服务设施单元组成，通常围绕着娱乐设施集中的核心区域展开布局，一般每一个组团都是一个自给自足的实体，在统一管理下，向游客提供一个成熟度假区应有的所有服务。此类度假村的代表是山间湖泊酒店（Mountain Lack Conservancy & Hotel）（表2-5）。

餐饮服务设施。蓝岭风景道餐饮服务设施也以简洁和乡土气息为主要特色。大型饭店、快餐店较为少见，取而代之的是野餐区和野炊区。乡村旅馆一般都

蓝岭风景道住宿类型 表2-4

相同点	代表	特点
住宿设施景观与环境协调一致	“月光与回忆”森林小木屋	• 乡村木屋，隐藏在树林中； • 位于蓝岭风景道劳里镇（Laury）的路段，距风景道不到1.6公里的区域； • 木屋结构小巧，为一层有连廊的建筑形式，只有两间卧室； • 小屋以当地木材作为主要建筑材料，整个建筑色彩都是原木的本色，在树林中显得非常低调
住宿条件多样，满足不同游客个性化需求	弗吉尼亚皇家前线房车公园	• 是蓝岭风景道规模最大的专业汽车营地之一； • 有三种住宿设施类型可供选择，分别是房车车位、帐篷和小木屋。这些住宿设施按照组团布局，依次分布在汽车营地的道路沿线； • 以公共服务和游憩设施为空间布局的核心； • 房车车位还进一步划分为有电力配套设施和无电力配套设施的营位，游客可以根据自己的偏好进行挑选
以游憩体验作为住宿设施的核心吸引物	山间湖泊酒店	• 位于蓝岭风景道弗吉尼亚州西南部的山地度假区； • 占地2600英亩； • 有152年历史的城堡建筑； • 优美的自然环境和丰富多样的游憩娱乐活动，使这里成为度假、婚礼、庆典，以及各种其他活动的绝佳场所； • 可提供多种游憩体验机会

山间湖泊酒店游憩体验　　表2-5

游憩体验	体验内容
住宿体验	提供了从单人床、小木屋到古老酒店的20余种住宿类型
节事体验	秋季美食节；婚礼、生日、纪念日等私人庆典活动；蓝岭音乐节；山地自行车赛等
演出体验	舞蹈展演；经典电影展演等
户外游憩活动体验	徒步、自行车、滑雪、槌球戏、狩猎、寻宝、野生动物观察等

资料来源：Mountain Lack Conservancy & Hotel[EB/OL]. https://www.bbb.org/western virginia/business-reviews/hotels/mountain-lake-conservancy-hotel-in-pembroke-va-9001957/.

配套餐饮设施，此外，葡萄酒庄、农场等也是乡村主题的餐饮娱乐综合设施。

餐饮服务设施主要由当地社区居民经营，充分利用农业资源和农业经济，发展乡土餐饮服务，突出地域特色。“约翰逊的果园”（Johnson's Orchard）农庄是蓝岭风景道餐饮设施中较为典型的代表。

“约翰逊的果园”是以葡萄酒为其主要经营项目的家庭农庄。它除了提供餐饮和葡萄酒零售项目外，还提供采摘等户外游憩体验机会。“约翰逊的果园”位于蓝岭山脚下，占地1214亩，拥有7500株不同品种的苹果树。农庄除了种植果树外，还经营酿酒厂和乡村旅馆。通过延伸农业产业链，促进了旅游业和餐饮业的发展，有效地增加了收入，同时也增加了旅游者的游憩体验机会。

6. 购物和娱乐设施。蓝岭风景道的购物和娱乐设施主要依托阿巴拉契亚地区丰富的文化资源和风物物产，主要有以下三方面突出特征：

购物设施通常与文化吸引物相结合，形成旅游购物体验的一部分。阿巴拉契亚地区独特的文化遗产是购物设施开发的主题。阿巴拉契亚地区的民间音乐、手工艺和绘画等都是十分有价值的艺术资源。

道格伍德手工艺店（Dogwood Crafters）就是这样一种购物设施。它位于北卡罗来纳州迪尔斯伯勒（Dillsboro）镇蓝岭山脚下。这是一个集中展示了近百余名手工艺艺术家的手工艺品的展览中心，浓缩了蓝岭地区传统和现代手工艺的精华。游客可以在这里参观游览，展品不定期进行更换，也可以购买看中的展品。展品类型多为以蓝岭文化为主题的小手工艺品和礼品，如家居饰品、手工钢笔、手绘卡片、布衣娃娃、玻璃工艺品、陶瓷、珠宝、古董等。

图2-11 蓝岭风景道旅游商品

购物设施与游客服务中心相结合，形成风景道市场营销的重要组成。游客服务中心常常设有旅游纪念品专卖区，销售蓝岭风景道主题的旅游纪念品，包括明信片、书籍、DVD、文化衫等。这些纪念品的销售成为强化游客体验的有效途径（图2-11）。

购物设施与农场和果园相结合，充分利用农业经济优势，成为地方土特产销售中心。阿巴拉契亚地区农业较为发达，蓝岭风景道沿线有着大量的农场、牧场和果园。它们依赖自身农业产业优势，发展农业旅游，同时农民生产加工的农产品也成为深受游客青睐的旅游商品。如“宁静之心”羊驼牧场就以羊绒加工品和羊绒艺术品作为主打产品，并结合牧场旅游进行销售，享有很高的声誉，而羊驼牧场也随之成为重要的旅游景点。

7. 交通连接设施

停车场。蓝岭风景道停车场的设置，在遵循道路交通和停车场规划设计一般原则的基础上，还突出强调了要综合考虑景观的观赏性、游客流量、地形地势等因素对停车场选址与建设的影响。力求做到对自然景观和整体环境的破坏与干扰最小化。一般停车场选址多位于游客服务中心和观景平台附近。

游径慢行系统。蓝岭风景道的游径数量众多，分布极广。依据游径与风景道的连接关系，可将游径分为直接相连游径和间接相连游径。直接相连游径一般位于风景道旁，以游客中心、观景平台、停车区、野餐区及野营地等作为游径入口，通向风景道路侧的旅游吸引物或游憩服务设施。间接相连游径一般远离风景道干道，通过国道、州际公路、州内公路、其他普通道路，或者专门连接边道进入游径。这类游径地处风景道周边地区，为游客提供新的户外游憩空间，丰富了风景道的旅游产品和旅游活动。

（二）游憩服务设施统计分析

经过多年发展，蓝岭风景道沿线游憩服务设施数量上已达到一定规模，且类型丰富、特征突出。通过对蓝岭风景道官网公布的规划资料进行整理，运用图表进行统计等，对其沿线游憩服务设施进行了分析与探讨。

1. 游憩服务设施的规模、类型与特征

统计发现，蓝岭风景道沿线分布着113个游客服务设施。按功能属性可分为7种类型，排列依次为（按照数量）：观景平台（40）、游客中心（18）、野炊区（17）、旅游纪念品商店（14）、野营区（13）、餐饮服务设施（7）、住宿服务设施（4），如表2–6所示。

从表中可看出，蓝岭风景道沿线游客服务设施中观景平台最多，其次为游客中心，这两者分别占总数的35.41%和15.93%，两者相加超过服务设施总数的一半；再者是野炊区、旅游纪念品商店、野营区，分别为15.04%、12.39%、11.50%，合计为38.93%；最后是餐饮服务设施和住宿服务设施，分别为6.19%和3.54%。

各类游客服务设施体现了以下特征：观景平台所占比例最大，说明在蓝岭风景道沿途停留观光是重要的游憩活动；游客中心所占比例其次，说明在穿越跨度较大的线性风景道上，信息引导、解说系统和游憩服务等功能非常重要；餐饮以野炊区、野营区等为主体，大型和固定的餐饮服务设施和住宿服务设施较少，说明了在风景道上以穿越性和动态性的游憩活动为特色，餐饮服务设施和住宿设施规划设计遵循简约性、自然性和生态性的原则；旅游商品店比例也较大，说明旅游商品服务也是蓝岭风景道沿途游憩服务设施中非常重要的方面。综上可见，蓝岭风景道游憩服务设施彰显“风景道动态中感受大美”的准则，注重观景性、灵活性小、简约性和非固定性游憩服务设施的建设。

2. 游憩服务设施的组合特征

游憩服务设施设置方式上，多采取不同类型游憩服务设施多样化组合的方式，可分为两个大类：独立设置和组合设置。观景平台多为独立设置，详见表2–7。

独立设置方式：独立设置的游憩服务设施有46个，主要包括四大亚类：观景平台、野炊区、旅游商品店、野营区。其中观景平台数量最多，为35个，说明观景平台为了满足游客频繁的赏景需求；野炊区、旅游商品店、野营区等分别为3个，说明这些类型游憩设施可以独立设置，但往往是以组合方式设置。

组合设置方式：组合设置的游憩服务设施有29个，组合方式具有多样化特征，有两项、三项、四项、五项和六项等组合，其中两项组合（如游客中

蓝岭风景道沿线游客服务设施统计　　表2–6

类型	观景平台	游客中心	野炊区	旅游纪念品商店	野营区	餐饮服务设施	住宿服务设施
数量（个）	40	18	17	14	13	7	4
百分比	35.41%	15.93%	15.04%	12.39%	11.50%	6.19%	3.54%

资料来源：根据美国蓝岭风景道官网（www.blueridgeparkway.org）发布的重要节点布局图统计整理。

沿线不同类型游憩服务设施设置方式　　表2-7

综合类型（数量） \ 节点类型			观景平台	游客中心	野炊区	旅游商品店	野营区	餐饮服务设施	住宿服务设施
独立设置		37	■						
		3			■				
		3				■			
		3					■		
组合设置	两项组合	3	■	■					
		1	■		■				
		2		■	■				
		7		■		■			
		2		■			■		
		1			■	■			
		1			■		■		
		1			■			■	
		1				■		■	
		1			■		■		
	三项组合	1	■	■	■				
		3		■	■		■		
		1			■		■	■	
	四项组合	2			■		■	■	■
	五项组合	1		■	■	■	■		■
	六项组合	1		■	■	■	■	■	■

资料来源：根据美国蓝岭风景道官网（www.blueridgeparkway.org）发布的重要节点布局图统计整理。

心与旅游商品店、游客中心与观景平台等）数量最多，为20个；次之为三项组合，为10个；而四项组合以上，仅有4处，往往为大型旅游服务中心或服务基地，如奥特峰旅游服务中心（Ott Peak Tourism Service Center）、皮斯加山旅游服务基地（Pisgah Mountain Tourism Service Base）等。

总体来看，游憩服务设施建设具有以下特点：设置方式多样化，主要分为独立设置和组合设置两大类，而组合设置比例较大；独立设置的游憩服务设施以观景平台为主；组合方式灵活多样，大部分游憩服务设施采取此方式，组合类型越多，则游憩服务设施功能越综合、服务功能越强大，一般为大型综合性的旅游服务中心或基地，但这类设施数量相对较少，一般多为两、三项的服务设施的组合，如野炊区、野营区等，体现了简约性和灵活性的原则。

3．游憩服务设施建设

从功能、设置方式、选址与规模、空间与布局、建筑风格等视角，对游憩服务设施进行总结分析（表2-8），游憩服务设施建设具有以下基本特征：

功能。游憩服务设施多具有复合功能，包括饮食服务、住宿、信息、游览、解说、观景和休憩等功能。

蓝岭风景道游憩服务设施建设特征分析　表2-8

类型	功能	类型与特征	选址与规模	布局和间距	建筑风格
游客中心	基础服务功能；信息服务功能；景观审美功能	全为组合型，融合多种服务功能，所在资源环境不同，服务内容差异大	选址受景观、交通影响，考虑地质、地形等因素；规模取决于客流量，受功能定位影响	优美景观集中、游客量大的地方，游客中心布设就相对密集，反之较小	与当地自然景观、文化背景、民俗等协调，体现在选材、外观等方面
观景平台	驻足赏景；信息解说；停留与休憩等功能	独立型，完全因为景观而设置；组合型，依附于其他功能存在	景观决定选址，考虑地形、视域等因素；流量决定规模，受地形影响	布局灵活，受景观、地形因素影响；间距长短不均	符合风景道整体规划；与当地历史、民俗及周围环境相协调
野炊区	餐饮服务功能、审美功能、娱乐功能	独立型，数量较少；组合型，多与游客中心和野营区等结合	选址主要受客流量、地形地势、景观等因素影响；规模通常较大	布局灵活；间距不等，无明显距离特征，与景观、地形有关	无太多建筑物、服务设施简单、流动性强
野营区	住宿功能；休闲娱乐功能；休憩功能	野营地无明显类别之分；规模大小因客流、地形等略有差异	选址海拔大多在762米以上，受地形地势、景观要素影响	野营区分布相对均匀；平均间距在58公里左右	风格主要受周边环境及当地文化、民俗风情等因素影响
住宿设施	住宿功能；休闲休憩功能	住宿服务设施少，但是可供选择的住宿类型较多	选址受客流量、周边景观、娱乐设施、地方经济等影响；规模差异大	4个住宿服务点基本均匀地分布在沿线，但间距不等	建筑都融入了最原始的、真实的阿巴拉契亚地区文化
餐饮服务设施	饮食服务功能；休憩功能	全为组合型，且沿线布置很少，仅有几个也附属于其他功能	主要选址在客流量大、景观优美、交通便利的重要节点附近；规模大小取决于客流量	餐饮设施的布局主要受客流量等的影响，在间距上没有体现出明显特征	与周边环境融为一体；融入真正的阿巴拉契亚文化
旅游商品店	满足基本购物需求；可进一步了解当地特色文化	独立型，结合特殊环境从事专门性经营；组合型，依托游客中心、野炊等	选址主要从客流量角度考虑；规模大小与游客需求有关	布局主要取决客流量，同时结合当地自然人文生态等；间距没有具体规律	建筑风格由当地的自然生态环境、民俗文化等决定

资料来源：根据对蓝岭风景道沿线各种类型游客服务设施的统计，结合规划设计的各项原则，依次从功能、类型与特征、选址与规模、布局和间距、建筑风格等角度对其整理。

设置方式。游憩服务设施设置方式上，分为独立设置和组合设置两大类，以组合设置比例较大。独立设置中以观景平台为主体；组合设置中，组合类型越多，越易成为大型和综合性的游憩服务中心或基地。

选址与规模。游憩服务设施的选址主要取决于景观要素，同时兼顾地形、地质、环保、技术手段等方面，往往选址在景观最好、视域最佳的区域内，游憩服务设施规模大小受地质、地形、视域、交通流量等因素影响。

空间与布局。游憩设施空间布局体现出灵活布局、因景而异、间距不等、兼顾其他因素等特征。往往利用地势高低起伏，选择客流量大且地形适于设施建设的位置。布局间距的安排一般是对风景道沿线景观观赏性、邻近城镇位置和距离、沿线交通流量、地形地势等许多因素的综合考虑，此外还需要兼顾考虑技术性、环境保护和后续经营等因素。

建筑风格。建筑风格首先要遵循风景道建筑的总体设计风格；其次融合地方文化、自然环境、风土人情等因素，形成具有阿巴拉契亚文化和自然风貌的建筑风格。

游憩服务设施建设是风景道游憩功能重要载体，在风景道建设发展中具有举足轻重的地位。对于强化游憩功能，优化游客体验，形成旅游目的地，以及促进风景道沿途社会经济发展和提高土地资源利用率等

图2-12 蓝岭风景道路侧保留的阿巴拉契亚乡土风格的传统民居转变为路侧游览点

方面具有十分重要的作用。

蓝岭风景道游憩服务设施体现了简约、灵活和机动的特征。为了体现“风景道动态中感受大美”的体验行为特征，游憩服务设施建设以简约、灵活和机动为原则（图2-12），且在设置方式上主要分为独立设置和组合设置两大类，以组合设置比例较大，组合设置类别越多的往往为大型和综合性游憩服务中心和基地。

三、景观小品与植物配置

蓝岭风景道对沿途植物配置与景观小品规划也给予了充分考量。首先从山脉结构、地形地势、植被类型等视角出发，从宏观上分析掌握蓝岭风景道整体景观空间布局，确定核心景观要素。蓝岭风景道沿线的景观进行了整体规划布局；第二是结合地形地势、海拔、气候特点、水文特征等因素，对蓝岭风景道沿线的景观空间分布与配置特征进行分析；第三是必要时通过采用景观优化和生态环境优化等手段，在一定范围内调整风景道景观空间布局和配置，力求达到最佳的审美效果，实现最佳旅游体验。

（一）景观小品

主要指建筑物景观小品，是风景道灵性、趣味性以及文化性的重要体现元素。蓝岭风景道沿线有许多反映阿巴拉契亚文化和乡村风貌的建筑物，这在一定程度上有助于风景道展示其文化品质（图2-13）。为了更好地诠释地方文化，建筑物在规划建设中，采取了以下一些措施：一是修建时，材料多就地取材；二是颜色使用上，考虑到与背景环境的融合性而多采用自然色彩；三是外形设计上，依据地势地形，因地制宜的修建，使视觉效果更具连贯性；四是某些建筑物设计上，还充分考虑了地方历史环境及发展，采取沿用旧式建筑造型和外观的方式，使得建筑物能够体现地方历史并传承历史。

（二）植物配置

蓝岭风景道蜿蜒穿行于弗吉尼亚州和北卡罗来纳州，沿着蓝岭山脉伸展，穿越延伸区域极广，区域内气候、自然景观、动植物群落等复杂多样。道路植物配置中充分利用和发挥蓝岭风景道所在区域的自然环境优势，充分使用地域内丰富多样的植物群落进行配置。

四、产品与线路

（一）蓝岭风景道旅游产品谱系分析

旅游产品谱系（Tourism Product Spectrum ,TPS）是特定区域内旅游产品类型与具体产品项目组合而成的层次性系统。蓝岭风景道是级别最高的泛美风景道，其旅游产品谱系具有典型性和示范性。

1. 数据来源与研究方法

数据来源。《蓝岭风景道旅游指南》（The Blue Ridge Parkway Directory & Travel Planner，以下简称《旅游指南》）是由蓝岭风景道协会（Blue Ridge Parkway Association）600余家组织成员共同编制并免费向公众发放的宣传指南。该指南于1949年始发并每年进行更新，2010年已发行第61版。指南内含蓝岭风景道协会所有组织成员所经营的旅游产业信息，如，

图2-13 蓝岭风景道沿线景观小品

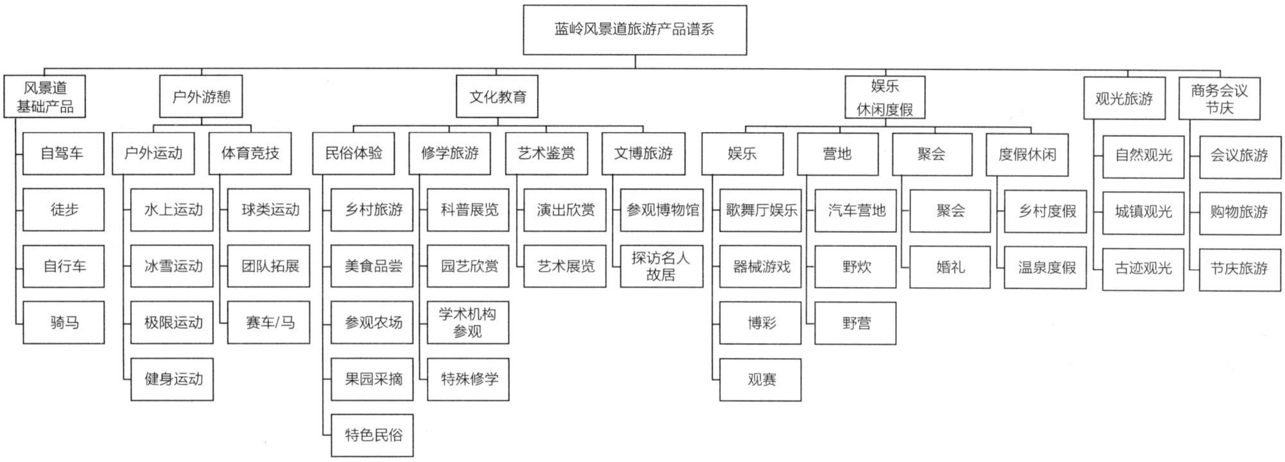

图2-14 蓝岭风景道旅游产品谱系

资料来源：Blue Ridge Parkway Association INC.Blue Ridge Parkway DIRECTORY & TRAVEL PLANNER [M]. Blue Ridge Parkway Association INC, 2010.

重要旅游吸引物、户外游憩活动、住宿设施、餐馆、商店及其他重要的旅游设施等，这些信息对于了解蓝岭风景道旅游产品、游憩活动和游憩设施开发建设状况等提供了丰富而准确的依据和数据。

本书数据来源于2010年《旅游指南》，采用词频统计方法对113个旅游接待设施以及116个县（市）内的旅游产品类型进行数据统计，共计获得了旅游产品谱系1193个数据。

研究方法——词频统计研究法。词频统计法是对文字材料信息计量的研究方法，是对文献关键词进行统计，关键词出现频次的高低，直接反映出该关键词所代表的问题关注度的高低。为了统计数据的规范性和科学性，本书对词频统计做如下假定：一是为了避免对《旅游指南》中旅游产品数量进行重复计算，对每一统计节点中重复出现旅游产品类型只计数一次；二是对于同一旅游产品采用的不同表达形式进行规范，具体是：对不同拼法或同义词进行统一；对同一类型的旅游项目和活动进行归并，如将“游泳”（swimming）和“水上漂流”（water rafting）归入“水上运动”一类。

2. 风景道旅游产品谱系构成

经过对蓝岭风景道数据资料统计分析发现，风景道旅游产品谱系构成与传统点面状旅游目的地的旅游产品谱系构成有很大差异。后者的旅游产品谱系往往拥有一个或多个引力中心，如4A级景区、世界文化遗产等，这类产品常被比喻为龙头产品、拳头产品、月亮产品等。而前者的旅游产品谱系中产品类型较为分散，没有非常突出的龙头或拳头产品。自驾车、徒步、自行车等以长距离移动为特征户外旅游产品是最重要的产品类型。

根据词频统计结果，蓝岭风景道旅游产品谱系由6类产品构成（图2–14）。

风景道和游径基础类产品。以机动车与非机动车为载体，在风景道与游径上开展的各类活动和项目，包括自驾车、徒步、自行车、骑马等，这类产品是主导产品，也是风景道旅游产品谱系与点状或面状景区景点等传统旅游产品谱系最大的差异处。

户外游憩类产品。利用蓝岭风景道旅游经济带丰富的自然资源和多样而复杂的地形状况，开发包括户外运动和体育竞技活动两大类及若干亚类的户外运动产品。

文化教育类产品。利用阿巴拉契亚独特而丰富的人文旅游资源、浓郁的乡村风情、悠久的历史文化和个性彰显的手工艺文化，开发包括民俗体验、修学旅游、艺术鉴赏和文娱旅游等四大类产品及若干亚类产品。

娱乐休闲度假类产品。利用蓝岭风景道旅游经济带丰富的休闲度假资源和温泉资源，以及靠近人口密集的东部各州的客源优势和旺盛的休闲度假需求，开发包括娱乐、休闲、度假三大类及若干亚类产品。

观光游览类产品。利用蓝岭风景道旅游经济带独特与奇绝的自然和文化旅游资源，开发包括自然、文化和历史遗迹等的观光游览产品。

商务会议节庆类产品。利用蓝岭风景道旅游经济带优越的旅游资源条件、便利的交通条件和极佳的客源条件和巨大的市场需求，开发商务、会议、节庆等各类产品。如，马布里磨坊（Mabry Mill）、蓝岭音乐中心（Blue Ridge Music Center）、阿巴拉契亚夏日节（Appalachian Summer Festival）、罗金厄姆县博览会（Rocking ham County Fair）、弗洛伊德音乐节（Floyd Fest）、弗洛伊德凡丹戈啤酒和葡萄酒节（Floyd Fandango Beer & Wine Festival）、梅尔节（Merle Fest）、山顶音乐节（Music on the Mountaintop）等。

3. 产品谱系特征

从表2-9、图2-15和图2-16可见，风景道旅游产品谱系特征主要是：

从产品谱系大类来看，以风景道和游径产品为主导产品，产品类型呈多元化，除商务会议度假类产品所占比例较小外，其他产品类型比例均匀，按照所占比例大小，依次约为：风景道和游径基础类30.85%、文化教育类18.69%、户外游憩类16.18%、娱乐休闲度假类14.92%、观光游览类11.57%、商务会议与节庆类产品7.79%。

基于词频的旅游产品大类及亚类统计　　表2-9

产品类型	频次统计	所占比例	产品亚类	频次统计	所占比例
风景道和游径基础类产品	368	30.85%	自驾车	236	19.78%
			徒步	94	7.88%
			自行车	24	2.01%
			骑马	14	1.17%
户外游憩类产品	193	16.18%	户外运动	137	11.48%
			体育竞技	56	4.69%
文化教育类产品	223	18.69%	民俗体验	79	6.62%
			文博旅游	62	5.20%
			艺术鉴赏	54	4.53%
			修学旅游	28	2.35%
娱乐休闲度假类产品	178	14.92%	营地	86	7.21%
			度假休闲	59	4.95%
			娱乐	18	1.51%
			聚会	15	1.26%
观光游览类产品	138	11.57%	自然观光	99	8.30%
			古迹观光	24	2.01%
			城镇观光	15	1.26%
商务会议节庆类产品	93	7.79%	购物旅游	61	5.11%
			节庆旅游	24	2.01%
			会议旅游	8	0.67%
总计	1193	100.00%		1193	100%

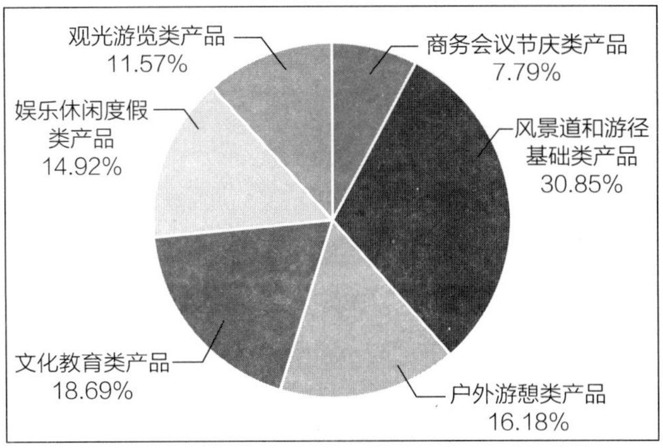

图2-15 旅游产品谱系中6类产品所占比例

资料来源：Blue Ridge Parkway Association INC.Blue Ridge Parkway DIRECTORY & TRAVEL PLANNER [M]. Blue Ridge Parkway Association INC, 2010.

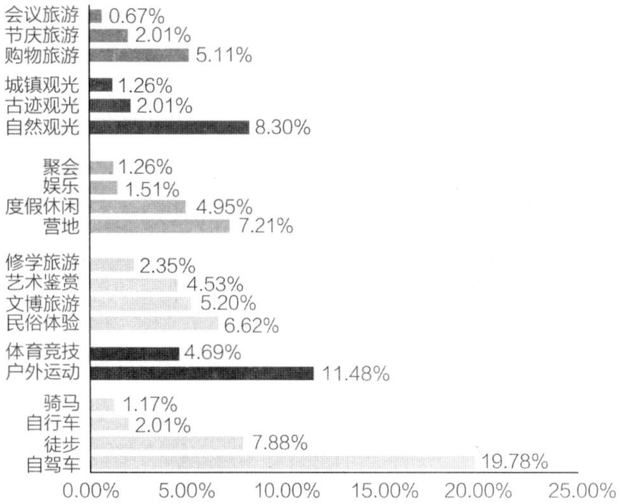

图2-16 旅游产品谱系中亚类产品所占比例

资料来源：Blue Ridge Parkway Association INC.Blue Ridge Parkway DIRECTORY & TRAVEL PLANNER [M]. Blue Ridge Parkway Association INC, 2010.

从旅游产品亚类来看，亚类产品丰富而多样，所占比例差异较大，具体是：

风景道和游径基础类产品：在大类旅游产品中，风景道和游径产品所占比例约为30.85%，其中四个亚类所占比例分别约为：自驾车19.78%、徒步7.88%、自行车2.01%、骑马1.17%。说明自驾车产品是风景道和游径产品类中的重要类型；蓝岭风景道沿线设计了数量众多的游径，为旅游者充分接触亲近自然和各景区景点创造了条件，徒步产品也深受游客青睐，同时它也是与自驾车产品相配套的产品。自行车和骑马产品相对较低，主要是蓝岭风景道地区多为山区，地形复杂崎岖，不利用此类产品的开发。

文化教育类产品：在大类旅游产品中文化教育类产品所占比例约为18.69%，其中四个亚类所占比例较为均匀，分别约为：民俗体验6.62%、文博旅游5.20%、艺术鉴赏4.53%、修学旅游2.35%。说明文化教育类产品也是风景道旅游产品谱系中重要类型，这与蓝岭风景道所在地阿巴拉契亚历史文化、民俗文化和丰富浓郁的乡村风情密不可分，也与重视文化教育类产品开发、宣传和展示密切相关。

户外游憩类产品：在大类旅游产品中户外游憩类产品所占比例约为16.18%，其中两个亚类所占比例分别约为：户外运动11.48%、体育竞技4.69%。这与蓝岭风景道沿途经过大量以森林、湖泊、河流或山脉为资源特征的国家公园和森林公园，便于开发滑雪、登山、划船等户外运动和体育竞技产品有关，也与旅游者青睐这些产品有关。

娱乐休闲度假类产品：在大类旅游产品中娱乐休闲度假类产品所占比例约为14.92%，其中四个亚类所占比例分别约为：营地产品7.21%、度假休闲产品4.95%、娱乐产品1.51%、聚会产品1.26%。这类产品所占比例相对不均，以郊野营地产品和度假产品所占比例较高，而分布于城镇周边的娱乐产品和聚会产品所占比例较低。这与蓝岭风景道地区有着丰富的温泉资源和大量温泉度假村镇有关，也说明旅游者偏好远离城市和人工环境的郊野营地产品，对娱乐产品和聚会产品等偏好较低。

观光游览类产品：在大类旅游产品中观光游览产品所占比例约为11.57%，其中三个亚类所占比例分别约为：自然观光产品8.30%、古迹观光产品2.01%、城镇观光产品1.26%。亚类产品比例悬殊，主要是因为蓝岭风景道地区以自然景观为主导且风景绚丽多姿，同时也应对了旅游者喜爱休闲放松、逃避都市生活的旅游需求。

商务会议节庆类产品：在大类旅游产品中商务会

议节庆类产品所占比例约为7.08%，总体偏小，其中三个亚类所占比例分别约为：购物旅游产品5.11%、节庆旅游产品2.01%、商务会议产品0.67%。商务会议旅游产品比例偏低，说明蓝岭风景道地区是以自然资源为主体辅以文化资源的地区，旅游产品开发中充分注重资源特色和市场需求，注重因地制宜，扬长避短，彰显主题和特色。

4．产品谱系空间分布规律

由于蓝岭风景道贯穿弗吉尼亚州和北卡罗来纳州两个州，惯例上以州界将蓝岭风景道分为南北两部分，本书依据这一惯例，采用词频统计法，对蓝岭风景道旅游产品谱系空间分布进行分析（图2-17），其规律具体如下：

一是旅游产品空间布局总体上呈“南多北少”分布特征。蓝岭风景道南部的北卡罗来纳州无论是旅游产品数量、旅游产品类型和旅游接待设施较之北部的弗吉尼亚州都明显胜出一筹，这与北卡罗来纳州旅游资源相对丰富，旅游业发展较早，重视风景道发展并较早地积极申报“泛美风景道”（北卡罗来纳州段和弗吉尼亚州段，分别于1996年和2005年被指定为“泛美风景道”）等有关。

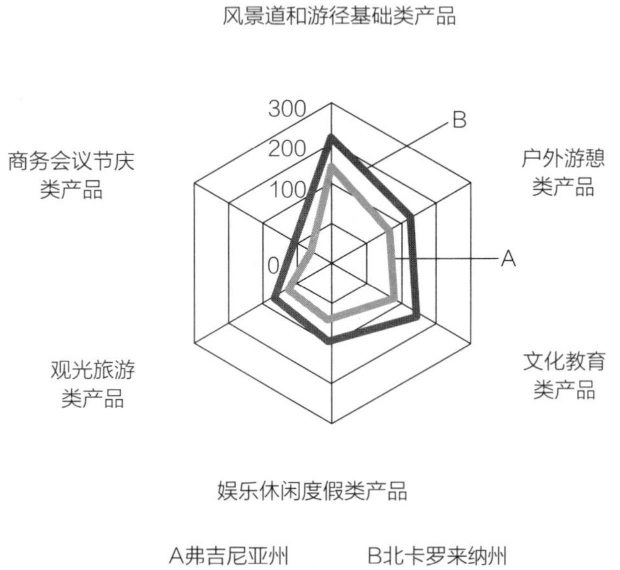

图2-17 旅游产品谱系空间分布差异比较

资料来源：Blue Ridge Parkway Association INC.Blue Ridge Parkway DIRECTORY & TRAVEL PLANNER [M]. Blue Ridge Parkway Association INC, 2010.

二是从旅游产品视角，不同类型旅游产品在空间上依据资源禀赋而集聚，且因产品体验方式不同也存在显著差异，具体是：

首先，风景道和游径基础类产品是作为线性空间旅游吸引物的风景道的主导产品，该产品以动态中感受大美为体验方式，空间分布上沿风景道及周边游径系统呈线性分布，且其他类型的旅游产品相互组合，形成旅游产品集群。户外游憩类产品也主要分布在风景道沿线及周边的自然景区，如蓝岭风景道弗吉尼亚州段沿线的自然公园。此外，户外游憩类产品往往与休闲度假产品形成组合，如该产品在蓝岭风景道北卡罗来纳州段的中北部度假区呈密集分布。

其次，文化教育类产品在空间分布呈现两种特征，一是相对均匀地分布在蓝岭风景道沿线，以游客服务中心或小型博物馆为载体，游客服务中心或小型博物馆既是旅游吸引物，也是了解本地及周边历史、社会和自然地理信息的主要渠道。二是在蓝岭风景道北卡罗来纳州段的周边城镇，历史、民俗或艺术类旅游资源富集区，呈现密集分布。这与蓝岭风景道北卡罗来纳州段是阿巴拉契亚人主要聚居区，人文景观旅游资源丰富，文化特色鲜明、乡村风情浓郁密切相关。

再次，观光类旅游产品在蓝岭风景道南部地区和北部地区呈相对均匀分布。而其中的亚类则依据旅游资源属性差异呈现出分布上的不同：蓝岭风景道弗吉尼亚州段自然景观旅游资源相对丰富，且自然公园、森林公园和野生动植物保护区广布，以自然观光亚类产品为主；而北卡罗来纳州段人文景观旅游资源相对突出，阿巴拉契亚历史文化和乡村风情丰富而浓郁，古迹观赏和城镇风貌观光两亚类产品分布广泛。

最后，娱乐休闲度假类旅游产品呈相对密集分布，具体是：娱乐产品亚类主要分布在蓝岭风景道沿线的大型主题公园、交通方便的城镇；而休闲度假产品亚类则主要分布在蓝岭风景道北卡罗来纳州段的温泉度假区、高尔夫俱乐部、滑雪度假区、乡村别墅，这里已经发展成为美国著名的富人休闲场所。而商务会议、节庆类产品因数量少，无明显的空间分布规律。

5. 产品谱系成因

蓝岭风景道旅游产品谱系成因主要有以下四方面：

一是国家战略层面对阿巴拉契亚地区的二次大开发带来的重大机遇。二次大开发实施的“开发廊道”战略，建立了巨大的公路网络，为区域发展提供了极好区位条件，同时也优化客源区位条件。这一网络将风景道从线性空间扩展为覆盖51799平方公里的旅游经济带，使得旅游者的游憩活动能够从单一的风景道，辐射到周边市、县和城镇，形成宽阔的旅游产品谱系。此外，“增长极”战略的实施，推进了城镇发展，优化了社会经济环境，旅游业作为重点产业培育，带动了各类旅游景区景点建设，为蓝岭旅游经济带发展以及带状旅游目的地形成起到了巨大的推动作用。

二是极佳的地理与交通区位，以及巨大而旺盛的客源需求条件优越。蓝岭风景道靠近美国发达且人口密集的东部各州，拥有巨大的近距离客源市场，尤其是自驾车客源市场，沿途与25条国道和州际公路相连，构成了巨大的交通网络，使得70%的美国人一天的车程即可抵达，从而促进了各类旅游产品建设和发展。

三是自然和人文旅游资源富集、品质优越且完美结合。蓝岭风景道沿途及辐射地区，自然和人文旅游资源丰富且品质高，乡村风情独特鲜明，为开发广谱性强和丰富度高的旅游产品谱系提供了极好的资源条件。此外，旅游资源空间分布上的差异也使得旅游产品谱系在空间分布呈现出异彩纷呈的特征。

四是先进的开发建设理念。蓝岭风景道旅游产品开发理念是以风景道为轴线辐射周边地区形成旅游经济产业带，从而带动地区经济发展和脱贫致富，是对风景道及其沿线辐射区域旅游资源的整合开发，而不是单一的对风景道本身的开发，这样的开发建设理念决定了蓝岭风景道旅游产品谱系较强的广谱性和较高的丰富度。

（二）线路设计

蓝岭风景道有两条旅游路线，分别是“蓝岭风景道历史文化之旅”和“蓝岭风景道自然之旅”。这两条线路连接了蓝岭风景道上最优秀的景点和观赏点，能够带领游客完整地体验蓝岭风景道独特的历史、文化、自然和风景品质。

1. 蓝岭风景道历史文化之旅——弗吉尼亚州

该线路起点为弗吉尼亚探索公园（Virginia Discovery Park），终点为蓝岭音乐中心。该线路以体验蓝岭风景道阿巴拉契亚历史文化为主题，游客在探索4个文化和民俗珍品展示中心的同时，还能够欣赏到别样的山地景观和美丽的森林景观。该线路总行程为156.8公里。

弗吉尼亚探索公园最主要的游憩活动是享受在罗阿诺克河（Roanoke River）边垂钓，或者在风景道上舒适与惬意地散步。该公园还为游客提供相关信息的游客中心和礼品店。这里的落基山游客中心不仅能够为游客提供旅游信息，同时还有古老的石头烟囱景观以及别具特色的山区家庭建筑可供游客观赏和居住。这里大片苹果园和美丽的自然环境为游客提供了露营机会。沿着风景道向283公里里程桩行驶，到达马布里磨坊。在这里游客有机会观赏到早期居民的生活环境、锯木厂、铁匠铺和水动力磨坊等。它们不仅是历史遗迹，也是风景观赏点。同时这里还是美丽的野餐区。该旅程的最后一站是蓝岭音乐中心，每年的夏季之夜和周日下午都有怀旧的传统乡村音乐会在此举行，游客可以欣赏到欧洲音乐、非洲音乐和美国现代音乐。

2. 蓝岭风景道自然之旅——北卡罗来纳州

该线路能够让游客完整地体验到蓝岭风景道最为壮观的景点和壮丽的山地风光。线路旅行总里程约为398.9公里。

蓝岭风景道自然之旅从靠近祖父山的林维尔小镇出发。该小镇位于221号国道（US 221）和181号州内公路（SR 181）的交叉口，这里是开始自然之旅的最佳地点。驾车行驶约1小时就能到达祖父山。它是美国自然环境最突出的山脉之一，享有国际生物圈保护的独特地位。在这里，游客可以观赏到47种稀有的濒危物种，以及罕见的野花。离开祖父山驾车行驶半小时，到达林维尔瀑布。这里有生动的瀑布和峡谷景观，同时，幽静的自然环境和步道也是山间远足和徒步活动的好去处。接下来到达1822年发现的林维尔溶洞，它是地理地质景观的代表。溶洞景观丰富，深受游客喜爱。在221号国道向北返回到风景道上，然后，左转上风景道沿西南方向行驶，就会看到北卡罗来纳州的矿物博物馆。在这里，游客可以参观和学习400万年前北卡罗来纳州的自然遗产景观、地质景观和矿产。离博物馆不远的地方就是克拉布特里草甸。这里是进行野餐和静静观赏蓝岭自然景观的最佳地点。继续沿着风景道行驶，就抵达米切尔山州立公园。这里是密西西比河东部的最高点，能够带给游客云雾环绕的感受，同时还能够观赏到宁静的连绵起伏的丘陵和山谷景观。

北卡罗来纳州植物园位于阿巴拉契亚山脉南部，其中包括室内和室外展品、10公里的远足步道和自行车道，以及有着100多个展览品的盆景园。皮斯加山是蓝岭风景道沿线的一个风景点，海拔1743.76米，是观赏冷山（Cold Mountain）北部以及大烟山（The Great Smoky Mountains）西部和米切尔山（Mount Mitchell）北部景观的最佳地点，可全面了解皮斯加国家林地（Piesta National Forest）的旅游产品及活动，如贝蒂摩尔校园游径（Baty Moore Campus Trails）。然后，继续向西南方向行驶，绕过小瀑布和绚烂的杜鹃花景观，可到达玻璃岩观景点，欣赏美得灼眼的蓝岭山脉景色。这里还有瀑布观景点（Looking Glass Falls），游客在此可以感受到它夏日之清凉。最后一站是韦恩斯维尔，也是蓝岭风景道自然之旅的结束之地。

五、品牌与营销

蓝岭风景道市场营销计划是在遵循联邦公路管理局（FHWA）营销工具包技术标准的基础上制定的，其特点有：

（一）营销理念

蓝岭风景道营销强调“8P原则”，即：

◆ 产品（Product）：基于蓝岭风景道资源特色，注重开发满足旅游者需求的特色风景道旅游产品；

◆ 定价（Pricing）：区分蓝岭风景道目标市场，进行合理的旅游产品定价；

◆ 营销渠道（Placing）：通过大量的营销渠道，将蓝岭风景道作为“旅游产品”营销；

◆ 包装（Packaging）：对蓝岭风景道资源进行整合、包装，打造经典和特色旅游产品，对外推介；

◆ 规划（Programming）：科学制定蓝岭风景道营销计划和方案，有计划、有步骤地进行营销，并适时进行评估和信息反馈；

◆ 社区居民（People）：充分调动蓝岭风景道沿线社区居民参与市场营销工作；

◆ 合作伙伴关系（Partnerships）：处理好与蓝岭风景道相关的各类组织的关系，尤其是与媒体之间的关系，进行合作营销。

（二）营销方式

蓝岭风景道采取了丰富多样的营销方式，主要有以下方面：

网络营销。重视网络媒体营销，建立丰富的网站进行营销，是蓝岭风景道营销非常重要的方面。与蓝岭风景道直接相关的网站主要包括：

www.blueridgeparkway.org；www.blueridgeonline.com；www.brpfoundation.org；www.blueridgefriends.org；www.virtualblueridge.com；www.blueridgeheritage.com；www.blueridgedigest.com；www.Blueridgecountry.com等多家专业网站。这些网站有的是社会团体组织创建的，有的是政府机构由创建的。例如，www.blueridgeparkway. org网站，就是由蓝岭风景道协会主办，它负责整个蓝岭风景道市场营销。此外，www.byways.org，www.bywaysonline.org，www.bywaysresourcecenter.org等网站，则是由联邦公路管理局、国家公园管理局等政府机构主办的官方网站。

蓝岭风景道网络营销除宣传营销外，还承担着很多日常运营等相关事宜工作。如蓝岭风景道协会与各会员单位（组织和个人）之间的联系与沟通工作事务等。

媒介资料营销。蓝岭风景道媒介资料，包括宣传册、旅行指南、明信片和其他的印刷材料等。蓝岭风景道将阿巴拉契亚文化融入别出心裁的设计中。同时，运用多种手段和多条渠道，对受众（游客）进行长期、反复、强化和刺激的宣传营销，力求获得受众的最终认同。

媒体合作营销。蓝岭风景道拥有大量的支持者和赞助方，通过与这些机构的合作营销，尤其是与一些平面媒体的合作，是其营销主要策略之一。媒体领域涉及商务、露营、家庭、食品、健康、会议、贸易、生活、运动／户外休闲、旅游／贸易、艺术、娱乐、体育、纪录片、新闻、旅游节目等众多方面。

社区营销。蓝岭风景道最为独特和最具有推广意义的营销方式，就是将社区居民纳入营销工作中来。

蓝岭风景道通过一系列的计划实施和举措，让沿线社区居民参与到营销工作中来。社区参与目的是增强社区居民对风景道的认同感和荣誉感，同时扩大风景道营销宣传范围。通过社区居民与游客的直接接触，灵活而互动地实现了营销。

为了实施这一营销方式，蓝岭风景道协会及其相关管理者对社区居民和旅游经营者（利益相关者）开展了各类培训工作，并且将参与培训的情况纳入年终经营资质的考核体系中。培训工作内容主要是接待能力提升，让沿线社区居民认识到蓝岭风景道对地方经济社会发展重要性的同时，还强调了旅游景点、服务设施、礼仪、服务和接待艺术等方面的培训。培训工作一方面提升了旅游经营者素质，提升旅游服务质量；另一方面，实现了为蓝岭风景道游客，提供热情而完美的人性化服务，并保障了宣传营销的高质量和准确性。

大型活动营销。蓝岭风景道开展了许多大型活动营销。最具典型性的活动营销是2010年举办的“蓝岭风景道75周年纪念”活动。为此，蓝岭风景道协会不惜余力，甚至在2009年初就开设了专门网站（www.blueridgeparkway75.org），对该纪念活动进行策划和宣传，同时，对蓝岭风景道的相关素材进行搜集整理，以进一步增加蓝岭风景道的文化内涵，完善蓝岭风景道的发展战略规划体系。此外，在蓝岭音乐中心等大型演艺中心，还不定期地举办系列大型演艺活动，起到了很好的宣传效果。

2.3 管理营运

2.3.1 管理体制

蓝岭风景道管理工作由国家、州与地方政府、

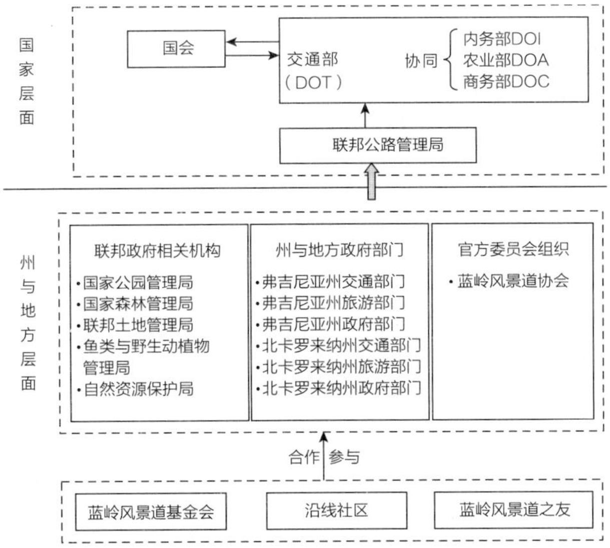

图2-18 蓝岭风景道管理组织结构

资料来源：Blue Ridge Parkway Association INC.Blue Ridge Parkway DIRECTORY & TRAVEL PLANNER[M]. Blue Ridge Parkway Association INC，2010.

非政府组织三个层面共同进行，管理组织结构如图2-18所示。

国家层面，蓝岭风景道与纳入国家风景道计划的其他风景道一样，在美国国会授权下，由交通部（DOT）协同内务部（DOI）、农业部（DOA）以及商务部（DOC）等，宏观指导蓝岭风景道发展，并指定联邦公路管理局作为其直接管理部门，对其进行直接政策指导与管理。

州与地方层面，其管理工作主要由联邦政府相关机构、州与地方政府及官方组织等共同负责，主要包括国家公园管理局、国家林地管理局、州及沿线地方政府、交通管理部门、旅游行政部门和蓝岭风景道协会等。国家公园管理局和国家林地管理局主要负责宏观层面蓝岭风景道战略制定和指导实施。由于蓝岭风景道位于阿巴拉契亚国家历史公园区域内，并且沿途经过大量的国家林地，因此，国家公园管理局和国家林地管理局在蓝岭风景道管理工作中起着很重要的作用。

国家公园管理局是蓝岭风景道最核心的管理部门之一。2009年，国家公园管理局提出了蓝岭风景道综合管理计划（General Management Plan，简称GMP）。2010年蓝岭风景道75周年庆典之际，该计划在总纲中

蓝岭风景道资金资助主要来源 表2-10

资金来源	资助内容	资助性质	资金流向
联邦政府层面直接资助（国会批准）	资金投入	公益性资助	规划设计、基础服务设施建设
州及地方政府间接资助	土地、人力、技术等投入	公益性资助	基础服务设施建设
各类组织（如民间保护联合会）、企业及个人等资助	资金、土地、人力等投入	公益性资助、营利性资助	食品供应、住宿等服务设施、基础服务设施建设、景观维护、历史遗迹维修等

资料来源：Blue Ridge Parkway Association INC.Blue Ridge Parkway DIRECTORY & TRAVEL PLANNER [M]. Blue Ridge Parkway Association INC, 2010.

提出了蓝岭风景道未来远景展望，其目的是：确定如何最好地保护风景道资源、如何为旅游者提供高质量的旅行体验、什么类型设施需要管理等。该计划期望能够指导蓝岭风景道未来20年的决策。

美国国家林地管理局于1988年建立了"风景道计划"。自此以后，已经在全美33个州的国家林地区和草原区指定了143条"国家林地风景道"，蓝岭风景道也属于"国家林地风景道"之一。

由于蓝岭风景道从北向南分别跨越了弗吉尼亚州和北卡罗来纳州，所以，两个州及沿线地方政府、交通管理部门、行政部门和旅游部门，在蓝岭风景道的管理中也有着重要作用，其中，两个州的交通管理部门、行政管理部门以及州旅游局的作用尤为突出。

在管理具体操作层面，最重要的管理机构和组织是隶属于国家公园管理局的蓝岭风景道协会。该协会是特设机构，主要负责蓝岭风景道日常运营与管理。协会集合各方力量，制定蓝岭风景道发展战略计划，与各利益相关者协调，对蓝岭风景道开发与运营等方面实施具体管理，并承担风景道营销策划、出版《旅游指南》等多种宣称材料，以及对外宣传等工作。

一些非营利性组织，也积极参与到蓝岭风景道日常管理与维护中。通过与相关政府部门合作，来支持蓝岭风景道发展。主要包括：蓝岭风景道基金会、蓝岭风景道之友、沿线社区等。

2.3.2 资金资助

一、资金来源

蓝岭风景道建设、管理与维护等，离不开资金的保障。其资金来源主要是联邦政府层面、州与地方政府层面的直接和间接的公有资金资助，以及各种组织、企业及个人层面的少量私有资金资助。公有资金的资助占绝大部分（表2-10）。2000年，蓝岭风景道首次获得国家风景道基金资助后，该基金在风景道发展中发挥了积极作用。

在规划建设之初，蓝岭风景道资金来源主要以联邦政府层面资金为主；同时州及地方政府配套了资金，提供土地、人力、技术等支持。随着蓝岭风景道的发展，部分公益性组织、企业和个人也纷纷开始对其进行资助。

（一）联邦政府资助

1933年，富兰克林·罗斯福总统提议的《国家工业复兴法案》（National Industrial Recovery Act）中，包括一项内容：成立国家公共工程管理局（Public Work Administration，简称PWA），并为该局拨款33亿美元预算，用于创造就业机会。而这33亿美元资助项目之一就是规划建设"蓝岭风景道"，将雪兰多国家公园的"天际线"驾车道向南延伸。1933年10月，公共道路管理局、国家公园管理局和国家公共工程管理局的代表们在一次会议上，通过会议决定："蓝岭风景道"规划建设项目完全由国家公共工程管理局进行资助。

随着第二次世界大战来临，该项目的资金来源和支持中止了。1956年，国家公园管理局主管康拉德·L·沃思（Conrad L. Wirth）发起了"66号使命"新计划，这一计划获得了国会充足的资金支持。在该计划资金资助下，蓝岭风景道建设得以继续，并修建了新的游客中心、野营设施和户外运动场，修复了历史建筑，建立了北卡罗来纳州矿产博物馆等。

2000年，蓝岭风景道首次获得了联邦政府国家风景道基金资助，2005年全线被评定为“泛美风景道”后，该专项基金继续对其进行资助，截止到2012年，蓝岭风景道共获得基金资助总额达4794335美元。

由于蓝岭风景道位于“蓝岭公园”内，沿途有大量的国家林地，因此，国家公园管理局、林务局等联邦机构的资金资助，也是其资金来源的重要组成部分。此外，联邦土地管理局、自然资源保护局、鱼类与野生动植物管理局等联邦机构也给予了蓝岭风景道资金资助。

（二）州及地方政府资助

蓝岭风景道规划建设之初，州及地方政府的资助主要体现在获取相关道路的土地所有权并捐赠给国家，以及提供基本的人力和必要的技术支持等方面。随着风景道的发展，州及地方政府也提供和配套相关资金用于风景道的建设、管理和维护。

（三）组织、企业及私人资助

随着蓝岭风景道的发展，游客逐渐增多，而风景道沿线相对滞后的基础服务设施建设与日益扩大的游客需求之间矛盾日益凸显。为此，部分公益性组织、企业、个人等，纷纷以“特许经营”方式，通过投入私有资金、人力或私有土地等，参与到蓝岭风景道餐饮、住宿等服务设施的建设中来。

不过，这一“特许经营”方式，也遭到了许多方面的强烈反对。反对者们认为联邦政府没有权力利用纳税人的钱来制造竞争。因此，后期，只有在远离风景道的一些地区可以进行有限的“特许经营”。同时，也允许私营企业部门在社区附近开展经营活动。

随着市场化不断深化，市场经营收益性投资，在风景道日常建设、管理与维护中所占比例越来越大。一些社区及志愿者组织、私人基金会、企业和个人等，基于不同目的，采取不同方式对蓝岭风景道进行投资，成为蓝岭风景道发展中不可或缺的资金来源。

二、国家风景道基金资助

1996年，蓝岭风景道北卡罗来纳州段被认定为“泛美风景道”，2000年，蓝岭风景道首次获得国家风景道基金资助；2005年，蓝岭风景道全线被认定为“泛美风景道”。1992—2012年间，蓝岭风景道共计有7年获得国家风景道基金资助，成为其建设与发展中重要的资金来源。

从资助额度来看，2010年获得的资助额度最多，达到3004836美元；2005年获得的资助额度最少，为94748美元，两者相差2910088美元；7年中共计获得4794335美元，资助额度呈起伏状态，平均资助额度达到684905美元。

从资助占当年全美对所有国家级风景道资助比例来看，2010年占比最大，达到7.39%左右；2005年占比最小，约0.42%，平均资助占比1.93%左右；7年间获得资助总额约占相应年间全美对所有国家级风景道资助总额的2.10%。

从空间分布看，国家风景道基金对蓝岭风景道的资助涵盖了北卡罗来纳和弗吉尼亚2个州（表2–11）。2005年前，只对北卡罗来纳州段进行资助，因只有此风景道段被认定为“泛美风景道”。2005年，蓝岭风景道全线被认定为“泛美风景道”后，对弗吉尼亚州段的资金资助居多，因为，此段风景道发展较晚，设施建设相对滞后，需要更多的资金用于开发建设。

从资金资助项目个数看，共计资助了10类项目，其中，2000年、2006年、2010年资助项目最多，为2个，占比均为20%；资助项目最少为1个，分别在2005年、2008年、2009年、2011年获得，占比均为10%。从资金资助项目类型看，主要集中在蓝岭风景道资源保护、营销、风景道设施、廊道管理、游憩通道、安全提升等6类，其中，资源保护和营销项目最多，均为3个，占比均为30%；风景道设施、廊道管理、游憩通道、安全提升相对较少，均为1个，占比均为10%。由此可以看出，蓝岭风景道比较重视道路资源保护、营销、风景道设施的建设与维护、廊道的管理、游憩通道的配套建设与提升、道路的安全提升等（表2–11）。

国家风景道基金对蓝岭风景道资助区域、项目及类型　　表2-11

年份	州	项目	项目名称（编号）	项目性质
2000	NC	2个	蓝岭风景道保护（SB-2000-NC-04） 风景道教育（SB-2000-NC-03）	廊道管理、资源保护
2005	VA	1个	弗吉尼亚州和马里兰州风景道国际营销活动（SB-2005-VA-02）	营销
2006	NC、VA	2个	风景道土地保护（SB-2006-NC-02） 蓝岭风景道：营销与促销（SB-2006-VA-01）	资源保护、营销
2008	VA	1个	弗吉尼亚州蓝岭风景道：庆祝75周年（SB-2008-VA-02）	营销
2009	VA	1个	"天际线"驾车道（SB-2009-VA-01）	游憩通道
2010	NC	2个	蓝岭风景道（北卡罗来纳州）：墓地领域观景台提升（SB-2010-NC-01） 北卡罗来纳州风景道土地保护倡议II期（SB-2010-NC-03）	风景道设施、资源保护
2011	NC	1个	蓝岭风景道（北卡罗来纳州）：历史建筑、桥梁和隧道的盘存与评估（SB-2011-NC-01）	安全提升

注：SB：风景道；NC：北卡罗来纳州；VA：弗吉尼亚州。
资料来源：National Scenic Byways Grant Totals by Year and State for 1992-2012[R]. http://www.bywaysonline.org/grants/funded/funded_report?report=award_total&format=pdf.

第3章 哥伦比亚河历史路（Historic Columbia River Highway）

该线路旅行的美好在于能够俯瞰哥伦比亚河以及包括马尔特诺马瀑布在内的五个瀑布，其他四个瀑布可通过许多连接游径抵达。春天可观赏壮观的野花景象，包含许多该区域内特有的植物。哥伦比亚河是刘易斯与克拉克探险队抵达的最后一站，也是俄勒冈州游径早期路线的一部分。

Travel to magnificent overlooks that provide view of the Columbia River and five waterfalls, including Multnomah Falls; additional waterfalls are accessible via the many adjacent trails. Throughout the spring see magnificent wildflower displays, including many endemic plants. The Columbia River formed the last leg of the Lewis and Clark Expedition and was part of the early route of the Oregon Trail.

——美国国家风景道计划对哥伦比亚河历史路的评价

资料来源：National Scenic Byways Program Collection of America's Byways® Designated by U.S. Secretary of Transportation.

哥伦比亚河历史路具有近百年的历史。作为太平洋东北地区第一条铺面道路，采用当时较高的工程标准建设，是道路工程设计方面的杰作，也是美国第一条经规划设计而完成的风景公路。它经历了初建、发展、衰落和复兴等发展历程，其公路修复与改造在思想理念、规划设计和发展措施等方面具有典型性和重要借鉴意义。

3.1 概况与发展历程

哥伦比亚河历史路于1913年至1922年建成，长约112公里，地处美国俄勒冈州（Oregon）北部，是哥伦比亚河谷风景区的组成部分，曾是太平洋西北海岸第一条现代公路，使用了建设时期较为先进的设计理念和技术手段，具有极高的工程价值和审美价值，被誉为“道路之王”（King of Roads）。哥伦比亚河历史路属于乡村集散道，历史品质和风景品质是其最为重要的特征。从历史特征来看，哥伦比亚河曾是刘易斯和克拉克探险（Lewis and Clark Expedition）路线的最后一站，也是俄勒冈州早期游径的组成部分；从风景特征来看，其沿线壮美的哥伦比亚河谷等自然景观令人称奇。1983年，该公路被列入“国家注册历史地”（National Register of Historic Places），受《国家历史保护法案》（National Historic Preservation Act，1966）的保护；1984年，美国土木工程协会（American Society of Civil Engineers）授予其“国家土木工程历史地标”（National Historic Civil Engineering Landmark）称号。1998年，美国交通部将哥伦比亚河历史路评定为美国国家风景道体系中的泛美风景道（图3-1、图3-2）。

哥伦比亚河历史路自然和历史文化资源极为丰富。沿途景观壮美，有5个大型瀑布，包括高差大于274米的马尔特诺马瀑布。风景道穿越地区绝大多数为国家林地及国家公园区，环境优美，特别是在春季，哥伦比亚峡谷（Columbia River Gorge）野花怒放，景色优美。此外，该地区还是生物基因的宝库，有50余种该区域特有的植物物种。

哥伦比亚河历史路是美国历史最为悠久的风景道之一，风景道沿线有丰富的历史文化资源，包括历史建筑（如桥梁、隧道、围墙）、历史休闲游憩区、州立公园、历史悠久的露营地及野餐地等。

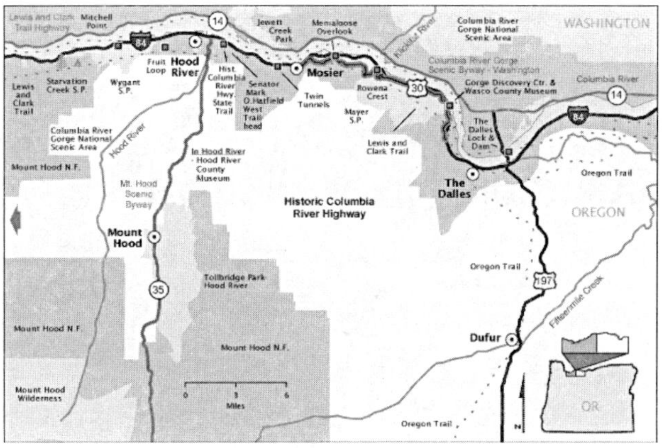

图3-1 哥伦比亚历史路（东段）（见彩图1）

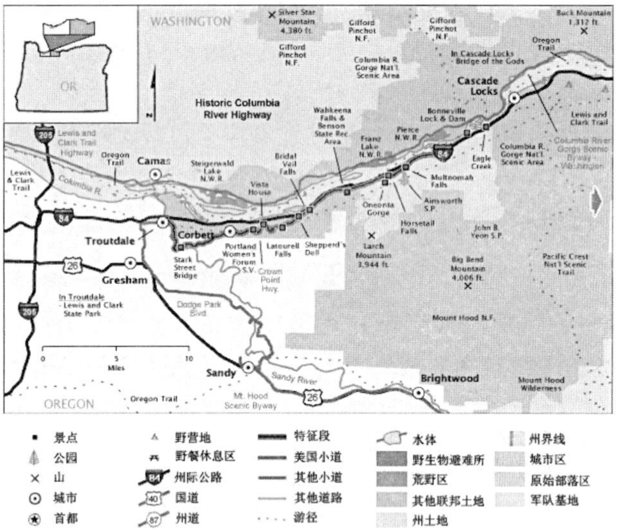

图3-2 哥伦比亚历史路（西段）（见彩图2）

资料来源：http://byways.org/explore/byways/2141/travel.htm.

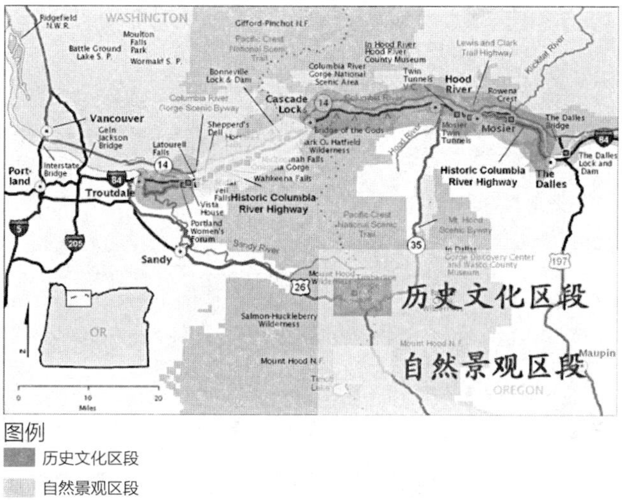

图3-3 哥伦比亚河历史路区段划分

资料来源：The Historic Columbia River Highway Master Plan [EB/OL]. http://www.columbiariverhighway.com/，2006.

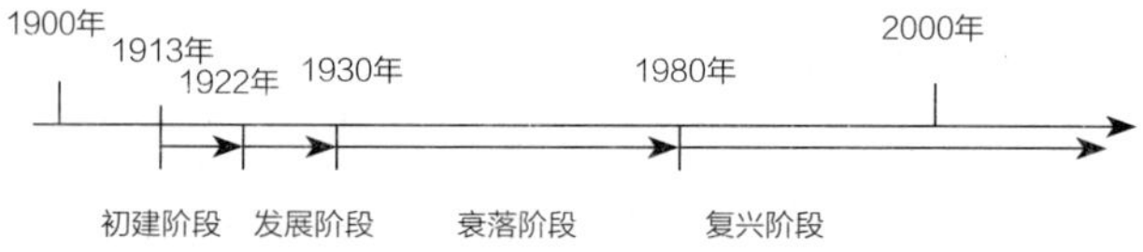

图3-4 哥伦比亚河历史路发展历史示意图

资料来源：The Historic Columbia River Highway Master Plan [EB/OL]. http://www.columbiariverhighway.com/，2006.

根据景观属性，该风景道可以分为自然景观区段与历史文化区段两大部分。按地理位置，又可以分为三段：第一段为历史文化段，从风景道起始城市特劳特代尔（Trout Dale）到维斯塔豪斯（Vista House）；第二段为自然景观段，从莱特瑞尔瀑布（Latourell Fall）到伊格尔溪（Eagle Creek）；第三段为人工景观及历史文化景观段，从喀斯喀特洛克斯（Cascade Locks）到风景道终点城市达尔斯（Dalles）（图3-3）。

依据公路利用状况及重要事件时间点，哥伦比亚河历史路发展历程大致分为4个阶段（图3-4）：

（1）初建时期（1913—1922年）

19世纪后期，随着汽车文明的出现，对道路的需求日渐凸显。“哥伦比亚河历史路之父”萨缪尔·希尔（Samuel C.Hill）联合山姆兰卡斯特（Sam Lancaster）提出了在哥伦比亚河地区建造一条穿越河谷的风景公路的想法。1913年，在萨缪尔的倡导下，俄勒冈州公路委员会（Oregon Department of Transportation）得以成立。哥伦比亚河历史路的规划设计师们曾赶赴欧洲，学习先进的理念和技术，对道路提出了一些在当时看来极具挑战性的标准——如坡度不得高于5%，曲线半径（Radius Curve）不得低于30.5米；在长1.6公里的路段中做到路面升高约183.0米；在无砂浆条件下砌筑挡墙，完成沥青混凝土铺面以及建设木质双轨栏杆等。此外，特别强调道路对环境破坏最小化，沿途尽可能多地保留风景。1922年，道路建设正式完工，公路全长120.0公里，其中包括建设3座隧道，18座桥梁和2座人行天桥。

（2）繁荣时期（1923—1930年）

哥伦比亚河历史路正式通车后，经历了十年左右的繁荣期。由于从规划时期开始，该公路就定位为风景和商业公路，因而成为波特兰（Portland）和俄勒冈州东部之间重要的区域交通路线，被称为“道路之王”。道路沿线建设了许多游憩区、餐饮、住宿场所，吸引了无数观赏游览的旅游者，极大地促进了沿线区域社会经济飞速发展。

（3）衰落时期（1931—1980年）

20世纪30年代，大型交通工具开始通行于哥伦比亚河历史路，设计师开始考虑提升道路级别。1935年至1938年，达姆（Dam）和卡斯卡德（Cascade）之间的路段重新选址，原有路段被废弃（日后成为游径）。由于交通技术的进步和交通工具的发展，道路的通行能力日趋下降。20世纪50年代，水力坡度路线（Water Grade Route）从双车道改为四车道，对原有的道路带来了破坏。而84号州际公路的兴建则加速了哥伦比亚河历史路的废弃。新修道路对旧路造成了破坏，很多古老的建筑物年久失修，旧路沿线日渐萧条。

（4）复兴时期（20世纪80年代以后）

到了20世纪80年代，经过了近半个世纪衰落之后，哥伦比亚河历史路的通行能力降低，部分路段已趋废弃，道路修复与改造提升迫在眉睫。随着环境保护意识兴起，人们开始思考对道路进行修复与改造。哥伦比亚河历史路位于哥伦比亚河峡谷国家风景区（Columbia River Gorge National Scenic Area，CRGNSA）之内，跨越了包括马尔特诺马县（Multnomah County）、胡德县（Hood County）等行政区，涉及国家林地局、联邦公路管理局西部联邦土地公路分局、俄勒冈州交通部、哥伦比亚河历史路咨询委员会、俄勒冈州公园和游憩部门、哥伦比亚河谷之友，以及周边社区等众多组织和机构。在俄勒冈交通部门主导下，多部门和多利益主体共同协作下，哥伦比亚河历史路获得重生。

1981年，国家公园管理局对道路重新进行资源调查。1982年，胡德河桥梁遭到损坏，促使人们采取行动拯救整条公路。1983年12月，哥伦比亚河历史路被选为“国家注册局历史地”。1987年，俄勒冈交通部门制定了《哥伦比亚河历史路研究报告》（The Historic Columbia River Highway Study Report）。1996年制定并于2010年修订了《哥伦比亚河历史路总体规划》（The Historic Columbia River Highway Master Plan），以指导道路的开发建设。为此，哥伦比亚河历史路焕发出勃勃生机。

3.2 基本条件

作为一条风景、历史价值极为突出，并具有乡村集散道功能的景观公路，哥伦比亚河历史路的修复与改造提升工程所要解决的核心问题是：如何在现代技术要求下，实现通行功能的安全、历史资源的保护，以及道路及其沿线历史文化风貌的再现。

3.2.1 交通分析

哥伦比亚河历史路位于美国西北部，俄勒冈州北部，西起特劳特代尔，东至达尔斯，全长112.7公里。在特劳特代尔与胡德河城附近分别与另一条国家风景道——胡德山风景道（Mt. Hood Scenic Byway）相接。哥伦比亚河历史路与美国84号州际公路并行，东部与美国197号高速公路相接，南部有26号高速公路及俄勒冈州35号公路，西部濒临5号州际公路及205号州际公路，北部与华盛顿州14号公路相对。

作为一条历史道路，哥伦比亚河历史路交通状况较为特殊，分为机动车段和非机动车段两大类。机动车段发挥着乡村集散道的功能，严禁加宽。而非机动车段，则是那些由于年久失修而废弃，难以继续通行机动车的路段。这些路段，被改造成为游径，发挥非机动车道的功能和作用。交通分析中，除了对交通流量的分析之外，还强调对道路原有设施的统计和调查，如里程碑、护栏等交通设施，以及历史建筑等。

3.2.2 品质分析

哥伦比亚河历史路以历史、风景和游憩等三类品质为特色（表3-1）。

（1）历史品质

作为国家注册历史地一员，哥伦比亚河历史路及其沿线自身就是珍贵的历史文化资源，受到《国家历史法案》保护。包括遗留下来的、具有某历史时期工程设计技术印记的遗址遗迹，如道路的平面线形、交叉口、立体设计，以及路侧沟槽、里程

哥伦比亚河历史路品质分析　　表3-1

品质	释义	具体要素
历史文化品质	包括建筑物和一些其他特定历史时期人类活动的遗址。这些历史特征被详细记录，标注和解释说明，并教育和引导观赏者对历史的鉴赏	• 国家注册历史地 • 国家土木工程历史地标 • 历史建筑（如桥梁、隧道、围墙） • 历史休闲游憩区 • 历史悠久的露营地、野餐地
风景品质	风风景特征引人入胜且独具特色，能够提供一个愉悦且最难忘怀的视觉体验	• 哥伦比亚河峡谷国家风景区与风景旅游廊道 • 5个大型瀑布 • 国家森林地及国家公园 • 哥伦比亚峡谷生物物种区
游憩品质	作为旅游目的地，提供了户外游憩活动，这些活动与自然和文化要素相关。游憩资源为户外运动爱好者提供了全年的游憩活动机会	• 哥伦比亚河峡谷国家游憩区 • 伊格尔溪游憩区 • 哥伦比亚河历史路游径 • 徒步、冲浪、骑行、观景、野生动物观察、垂钓、跑步等活动

资料来源：The Historic Columbia River Highway Master Plan [EB/OL]. http://www.columbiariverhighway.com/，2006.

碑、护栏、石墙、隧道以及桥梁等。此外，作为克拉克探险线路所经之地，哥伦比亚河历史路具有极为悠久的历史，是记录人类发展史的重要凭据，有着重要的历史价值。

（2）风景品质

作为哥伦比亚河峡谷国家风景区的一个重要观景区和风景旅游廊道，自然风光壮丽而恢宏，具有极高的风景价值和审美价值。沿途景观壮美，途径5个大型瀑布，包括马尔特诺马瀑布、莱特瑞尔瀑布（Latourell Falls）、夏佩德树林小谷地（Shepperd's Dell）、瓦克拿瀑布（Wahkeena Falls），以及马尾瀑布（Horsetail Falls）。为了保护其风景品质，哥伦比亚河历史路采用了与哥伦比亚河峡谷国家风景区相一致的管理制度和规范。对道路沿途的景观尺寸、高度、形状、颜色、反射率、安置等方面都给予了严格要求和限制，以确保这些景观符合国家公园管理标准。

（3）游憩品质

前往哥伦比亚河历史路的游客中，45%游客主要目的是游览观光，为此，该公路沿线提供了丰富多样的游憩活动和场所。游憩活动有徒步、冲浪、骑行、观景、野生动物观察、垂钓、跑步等；游憩场所包括哥伦比亚河峡谷国家风景区、伊格尔溪游憩区和哥伦比亚河历史路州立游径（Historic Columbia River Highway State Trail）等。

3.2.3 市场分析

哥伦比亚河历史路是美国太平洋东北地区第一条铺面道路，是美国第一条经规划设计的风景公路，也是历史上推动社会经济发展的重要廊道。它既是地区历史变迁的依据，也是带动周围社区繁荣发展的重要凭证，在美国道路发展史上具有重要意义，且已经成为历史文化遗产旅游目的地，其旅游客源市场较为广泛。

空间区域看。从空间区域上，客源市场可分为三级：一是该历史路所在的俄勒冈州，这一部分市场也是最稳固最主要的一级市场；二是美国境内其他州的国内游客，由俄勒冈州为圆心，向外辐射形成二级客源市场；三是世界范围内对美国历史文化或者道路文化感兴趣的自驾游客。

市场属性看。依据属性，客源市场可分为三类，分别为：美国历史文化怀旧市场、道路工程技术群体市场，以及自驾车旅游市场。

首先，哥伦比亚河历史路经历几度兴衰，在美国公路史上，永远有着不可取代的地位，具有重要的历史价值。因此，对美国历史文化怀有深厚感情的群体是该路稳定的客源市场。

其次，哥伦比亚河历史路曾是太平洋西北海岸第一条现代公路。在建设时期，使用了那个时代较为先进的设计理念和技术手段，具有极高的工程价值和审美价值，被誉为“道路之王”。因此，世界各地对道路工程技术感兴趣的群体也是重要的客源市场之一，他们以参观考察为目的。

最后，哥伦比亚河历史路作为美国境内一条著名的泛美风景道，具有较高的休闲游憩与审美价值。哥伦比亚河历史路丰富的历史文化遗产、多样的游憩资源，以及宜人的户外游憩环境，为游客提供了大量的户外休闲游憩机会。户外休闲运动爱好者尤其是自驾车旅行者，也是其重要的客源市场。

3.3 开发建设

3.3.1 目标与形象定位

2006年，由俄勒冈州运输部（Oregon Department of Transportation）发布的《哥伦比亚河历史路管理计划》（Historic Columbia River Highway Master Plan）中提及，哥伦比亚河历史路修复和改造提升的总目标是风景公路的重生，并成为永久的旅游吸引物，带动社区发展。针对不同路段，又有所差异。总体目标下又分为五个分目标（图3-5）。

作为美国太平洋西海岸的第一条现代公路，以及第一条规划设计的风景公路，哥伦比亚河历史路形象定位为“道路之王”，以突出资源特色及历史意义，其修复与改造提升意义在于重现道路之王当年的风采。

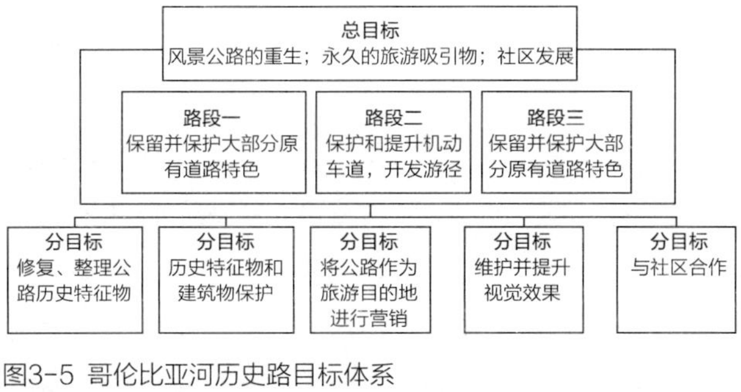

图3-5 哥伦比亚河历史路目标体系

资料来源：The Historic Columbia River Highway Master Plan [EB/OL]. http://www.columbiariverhighway.com/，2006.

3.3.2 规划设计理念

哥伦比亚河历史路的规划与设计强调了资源原真性、历史文化遗产保护性、道路设计灵活性、彰显风景公路特色等理念。

原真性。强调促进风景和历史品质的保护和提升，不以破坏道路本身为代价，呈现道路历史时期的风貌，为旅游者提供真实的体验环境。20世纪初，作为美国第一条按照规划建设的风景公路，在设计过程中借鉴了当时较为先进的、来自欧洲的理念与手法，100余年之后，很多当年的工程设计如今仍在沿用，成为道路工程价值和审美价值的重要体现。此外，道路在近一个世纪发展历程中，带动了沿线社区的社会经济发展，并遗留下许多宝贵的历史文化资源。因此，道路要求严格按照1924年的记录、照片等信息，进行全面的修复与改造，以实现道路的重生。

保护性。强调尊重历史文化及自然资源本底，尽可能完整地保存和维护资源本底。经过近一个世纪的发展，哥伦比亚河历史路本身及其沿线的自然风景，以及其他具有历史文化意义的路侧特征物，是不可多得的物质及非物质遗产。哥伦比亚河历史路修复与改造提升，应该将道路视为资源的一部分，充分保护历史文化特色，再现其20世纪20年代的风貌，以实现历史文脉的延续。

道路灵活性设计。强调依据现有的国家标准规范体系，结合场地实地情况，因地制宜地进行灵活性设计。哥伦比亚河历史路修复与改造提升，尤其强调对美国道路设计《绿皮书》中关于乡村集散道的相关标准及规定的灵活性应用，以保证道路在安全、畅通等功能前提下，实现不同交通方式之间的连接。与此同时，兼顾美学、历史、文化等价值，以实现各种游憩活动有机组合，为游客提供丰富的游览、观光、游憩机会。

彰显风景公路特色。哥伦比亚河历史路以其珍贵的历史价值以及壮观的自然河谷风光，吸引着大量旅游者。该道路的设计从选线、解说标识、沿线景观整治等多个角度，彰显风景公路特色与个性，为旅游者带来非凡的、无以替代的体验。

3.3.3 建设要素

建设要素包括道路工程设计，路侧交通设施和游憩服务设施三大类，以及若干亚类。

一、道路工程

哥伦比亚河历史路是最早进行规划和设计的公路，时至今日，依然发挥着乡村集散道的功能和作用。20世纪80年代开始实施的“提升与改造计划”，其核心目标就是实现道路的重生。通过灵活运用现有的规范与标准，成功地实现了道路与自然和人文环境的完美融合。

哥伦比亚河历史路基于道路灵活性设计理念，在原有历史路基础上，对道路工程进行提升、改造与修复，主要体现在道路选线、路基路面、道路平面几何设计、桥梁等结构物、道路景观设计等五个方面。

道路选线。在规划初期就将其作为风景道路进行设计，沿着哥伦比亚河谷而行，选线自然，与河道相邻而建，途径5处瀑布以及哥伦比亚河峡谷国家风景区。开放的景观，为驾驶人员营造了开阔的视域，使其在驾驶中一览沿途美丽的河谷风光。

路基路面。哥伦比亚河历史路的修复与改造提升对保护性要求极大。路基路面修复工程，强调严禁对道路进行大型破坏性工程，在实现道路安全通行功能的前提下，力求在使用现代建材的同时，尽可能地保护原有道路设施，恢复其历史时期风貌。部分年久失修难以恢复机动车通行的路段，只进行路面修复，而原本的机动车道改造转化为游径，以发挥其游憩功能。

道路平面几何设计。哥伦比亚河历史路在20世纪初的初建时期，其工程标准设定路宽不超过7.3米，转弯半径不超过30.5米，最大坡度不超过5%，在保证道路安全前提下，彰显沿岸美丽的滨水及峡谷风景。道路修复与改造提升中，道路平面几何设计，强调为维护道路珍贵的历史价值，要求严格限定工程指标，严禁对道路进行加宽，保留其原有的平面设计，继续发挥乡村集散道的功能。

桥梁等结构物。哥伦比亚河历史路沿途地理条件较为复杂，因处于峡谷地区，多河流、峡谷，因此，

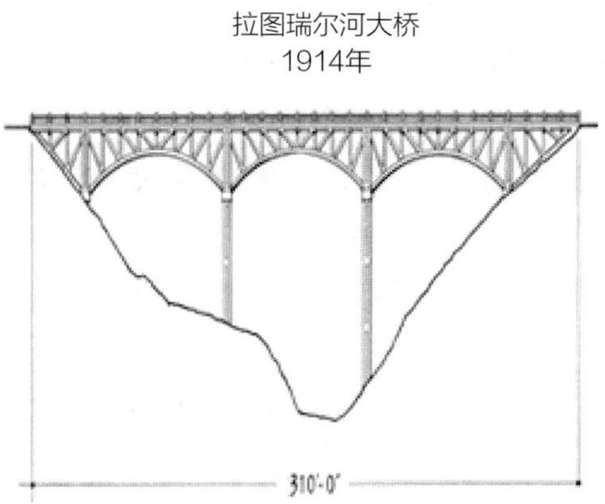

图3-6 哥伦比亚河历史路桥梁设计

桥梁众多。道路修复与改造提升，要求对已有桥梁，仍以保护为主，重新修复栏杆（图3–6），以提升道路的安全功能，同时使其自身也成为景观。

道路景观设计。哥伦比亚河历史路沿途尤其注重美学特征的保留，对沿线的观景房、游客中心等建筑立面进行整体修复，统一风格和特色，同时在路旁设有多处建筑小品，烘托道路固有的历史氛围；通过“三线”埋地，进行景观整治，以完整呈现峡谷的历史性景观。

哥伦比亚河历史路路侧交通安全设施主要包括边缘石、填土坡、挡土墙、护栏、照明设施、行车道标识和视觉缓冲等。

边缘石。作为一条乡村集散道，哥伦比亚河历史路位于河谷地区，所在地区人口相对稀疏；道路多沿山而建，路侧峡谷较深，边缘石能够有效保障道路安全性。初建时期，边缘石主要作用在于确保道路通行安全。在修复时期，强调：边缘石设计风格的统一，

包括选材、形状、色彩等设计需要充分考虑到景观效果和历史时期的设计风格；其大小规格在保障道路安全前提下，尽量为使用者提供宽阔的视域范围；选用当地石材，最终呈现出道路历史时期的风貌。

填土坡。填土坡设计有助于减少削面和填土的视觉影响，同时增强道路的安全性。哥伦比亚河历史路所经区域常见陡峭的山地、纵深较大的峡谷等地形地貌。道路改造提升工程中，填土坡的设计重在减少路边山地对驾驶人员视域的冲击，以增强道路的安全性。

挡土墙。挡土墙一般用于加固填土坡。哥伦比亚河历史路的挡土墙包括普通式挡土墙及隔仓式挡土墙（图3–7），其设计与修复强调实现安全和美观双重功能，设计原则是安全性提升，设计风格与周边环境融合，提供安全的通行环境与和谐视觉效果。

护栏。哥伦比亚河历史路护栏的修复是同类工程项目的典范。采用白漆钢背木质护栏代替现有的钢护栏。一方面符合美国各州交通运输协会的标准，另一方面，白漆以及木质的外表，再现了20世纪初的原貌，烘托了道路的历史文化氛围（图3–8）。

照明设施。对原有的照明设施进行改造升级。改造升级后成为美国第一处安装现代照明系统的乡村隧道，提升了道路通行效率，保障了使用者的安全（图3–9）。

行车道标识。哥伦比亚河历史路行车道标识包括指向标识、路线标记、规则性标识和警示标识。指向标识又包括了路线名称、距离、服务以及景点；路线标记凸显了风景道本身的个性；规则性标识主要涉及交通法律法规；警示标识则提醒人们注意车道及其周围环境中可能对游客产生的危害。

视觉缓冲。视觉缓冲主要用于减少现有（或拟建）特征物的影响。哥伦比亚河历史路视觉缓冲设计，主要是通过维护墙壁等特征物的表面，以呈现当地石材的特点，模仿景观的自然形态，避免造成视觉上的冲突。

二、游憩服务设施

哥伦比亚河历史路廊道内游憩活动非常丰富，可分为陆上、岸上、水上三大游憩区、6类游憩娱乐活

图3–7 哥伦比亚河历史路挡土墙设计（上图为隔仓式；下图为普通式）

图3–8 护栏修复前后对比（上图为修复前；下图为修复后）

图3-9 牙岩隧道照明设施修复前后（上图为修复前；下图为修复后）

图3-10 哥伦比亚河历史路观景房

图3-11 风景道上的观景台

动，包括露营、徒步、骑自行车、水上运动（如风帆冲浪、划船等），为游客提供了丰富的选择。其中尤以水上运动-风帆冲浪运动最为著名，被称为“世界风帆冲浪运动之都”（The Windsurfing Capital of the World）。为了满足游客丰富的游憩娱乐活动需要，风景道沿途配备了完善的游憩服务设施，为游客游览、娱乐、休闲提供了舒适场所与便利服务。如观景设施、道路引导标识、解说设施、服务区与营地、住宿与餐饮设施、加油站与汽修设施以及交通连接设施等等。

（一）观景设施。哥伦比亚河历史路沿线有着丰富而美丽的自然景观资源，因此，为了给游客提供观景设施，道路沿途设置了大量的观景平台以及观景房，便于游客观赏峡谷地区风光（图3-10、图3-11）。

（二）道路引导标识。风景道道路引导标识是为旅游者提供道路指引和信息指示的牌示设施，是旅游者顺利完成旅行，提高旅游体验的必要设施。其在城市段与非城市段表达方式有所不同，包括了风景道交通标识系统和风景道特色引导标识系统两大类。

在风景道非城市段，多使用风景道特色引导标识，设计有独特的标识，以彰显风景道特色，提升道路个性，强化人们对风景道的认同感（图3-12）；而在风景道城市段，则多与交通标识整合，风景道标识多设置于风景道机动车路段交叉口，以及机动车路段、游径与州际公路等相交会的入口处，以便于旅游者出入交叉口时能够快速、准确地识别风景道，明确目的地。

（三）解说设施。哥伦比亚河历史路解说系统包括自导式和媒介式两大类。自导式解说系统主要包括景点解说牌，对景观、资源进行解说和阐释，在哥伦

图3-12　哥伦比亚河历史路标识牌

比亚河历史路沿线共设有39处（表3-2）；而媒介式解说系统主要指的是游客信息中心、博物馆及展览馆等媒介解说设施（表3-3、表3-4）。

自导式解说设施。自导式解说设施以解说标识为主。作为以自驾游为主要市场的风景公路，哥伦比亚河历史路解说系统突出了主题标识和解说标识的设计。此外，还专门设计了独特的Logo标识，以彰显该公路特色和个性，强化游客对道路的认同感。

哥伦比亚河历史路解说标识系统具有五大特点。一是风格统一，反映主题。风景道解说标识有着统一的主题风格。其中，通过每块解说牌上配套的风景道Logo标识，既强化了游客对风景道的整体认知，也反映了主题；二是目的明确，类型多样。解说标识具有教育（游客从解说牌示上所获得的信息）、情感（游客在阅读完解说牌示后的感觉）和行为（游客在阅读完解说牌示后，所采取的行动）三大类功能，即保护环境敏感区域资源、服务游客和协助风景道管理工作的进行。解说标识类型多样，包括了全景标识牌、景点标识牌、指路标识牌、警告标识牌、服务标识牌等五大类，有效地引导了游客游览活动，提供了快捷便利的服务与及时、安全的指导，保障游客旅行的愉悦、舒适、安全及便利；三是内容简明，图文并茂。标识牌内容经过专业机构设计，应用图文并茂的手段，用最简洁、最通俗的文字、图形或符号传递最丰富的信息；四是材料自然，艺术设计。解说标识多采用自然生态的制作材料，力求巧妙与环境融为一体。标识牌造型和色彩，富有艺术性，融于环境且美观大方；五是专业制作、系统性强。解说标识牌由专门机构、专业人员统一制作，统一安装。各解说牌既有自己的独特性，相互之间又彼此联系，和谐完整。

自导式解说系统　　表3-2

名称	内容及说明
风景道Logo	风景道Logo，广泛配置于风景道沿线大多数解说标识牌中
全景标识牌	包括风景道全景标识牌及沿线景点全景标识牌，用来说明风景道或沿线某一景点的全貌、景区内的旅游线路、主要景点及其简介，为游客提供宏观、全面的游览信息
景点标识牌	景点标识牌，一般设置在景点入口处，对景点进行介绍、说明
指路标识牌	为游客在景区游览指明方向，或标注游客所处位置
警告标识牌	为保证游客安全，在地势险峻或易发生危险地点设置的标识，以提醒和保证游客在游览过程中的安全
服务标识牌	为游客提供服务信息

资料来源：The Historic Columbia River Highway Master Plan [EB/OL]. http://www.columbiariverhighway.com/，2006.

媒介式解说设施。媒介式解说设施以游客信息中心、博物馆及展览馆为主。

游客信息中心。哥伦比亚河历史路游客信息中心不仅数量较多，且分为全年使用型和夏季使用型两类（表3-3）。两类游客信息中心的使用，很好地满足了夏季旅游旺季的需求，同时，在淡季也节约了成本。

哥伦比亚河历史路沿线游客中心　表3-3

使用时间	位置
全年	特劳特代尔
	马尔特诺马瀑布
	峡谷探索中心（Gorge Discovery Center）
夏季	皇冠顶观景房（Vista House at Crown Point）
	隧道游客站点（Twin Tunnels Visitor Station）
	胡德河商会（Hood River Chamber of Commerce）
	达尔斯商会（The Dalles Chamber of Commerce）

资料来源：The Historic Columbia River Highway Master Plan [EB/OL]. http://www.columbiariverhighway.com/，2006.

哥伦比亚河历史路沿线博物馆及展览馆一览表　　表3-4

名称	位置	主题
哈洛之家和铁路仓库（Harlow House and Rail Depot）	特劳特代尔	1900年代乡村房屋以及手工艺品
喀斯喀特洛克斯历史博物馆	喀斯喀特洛克斯河港水上公园	带桨小船
胡德河县博物馆（Hood River County Museum）	喀斯喀特洛克斯河港水上公园	大量早期工具及手工艺品
峡谷遗产博物馆（Gorge Heritage Museum）	宾格（Binger）	峡谷历史遗产展示
达尔斯堡历史博物馆（Fort Dalles Historic Museum）	达尔斯	19世纪60年代达尔斯驻军展览及手工艺品
沃斯科县历史博物馆（Waco County Historic Museum）	达尔斯	现场历史展示
原沃斯科县法院（Original Waco County Courthouse）	达尔斯	木结构双层建筑，曾是美国最大县政府所在地
玛丽山博物馆（Mary Hill Museum）	达尔斯	美术作品，罗丹雕塑，艺术作品

资料来源：Oregon Department of Transportation, The Historic Columbia River Highway[EB/OL]. http://www.oregon.gov/ODOT/HWY/HCRH/，2016.

博物馆及展览馆。哥伦比亚河历史路沿线共有10余处博物馆及展览馆（表3-4），向游客展示了该地区丰富的历史文化资源。博物馆及展览馆多为道路沿线各历史时期的建筑，设计风格与环境、道路等特征保持一致。

（四）服务区与营地。哥伦比亚河历史路沿线服务区主要与游径起始点、观景设施、野餐区等组合配套设计，为游客提供游憩服务。此外，哥伦比亚河历史路廊道内规划建设了一批营地设施，这些设施多数设置在州立公园内，供游客露营，例如安斯沃思州立公园（Ainsworth State Park）、德舒特州立公园（Deschutes State Park）、美玛鲁斯州立公园（Memaloose State Park）、比恩托州立公园（Viento State Park）。同时，还建设有专门的营地，包括伊格尔溪露营地（Eagle Creek Campground）、韦斯露营地（Wyeth Campground）等。

（五）住宿与餐饮设施。沿用了部分历史上的原有设施，同时，新建了部分住宿与餐饮设施，但对新建进行严格限制，并严格控制改建活动，以保留哥伦比亚河历史路沿线特色文化的统一性。因此，风景公路沿线有古建筑改造的餐馆、酒店，也有简易的小木屋及露营区、野餐野营区。

（六）加油站与汽修设施。哥伦比亚河历史路的加油站与汽车维修及租赁设施，多分布于毗邻城市地区，以及服务区内。充分利用和整合位于城市附近区域的加油站等设施，便于提供加油服务。如波特兰、特劳特代尔、喀斯喀特洛克斯、胡德里弗（Hood River）和达尔斯等加油站，一般独立设置的汽车维修及租赁设施较少。

（七）交通连接设施。哥伦比亚河历史路的滨水型交通连接设施，规划建设非常成功，具有典型性。交通连接设施主要由外部交通接驳系统、风景道廊道内交通接驳系统、入口及停车场以及慢行游径系统等构成。

外部交通接驳系统。运用综合交通理念，规划建设非常便捷和发达的外部交通连接系统，实现了哥伦比亚河历史路与周围交通的无缝对接。风景道起始于特劳特代尔，附近有波特兰国际机场，沿机场路可以直达风景道。此外，城市还有轻轨交通，直接抵达风景道游览（图3-13）。哥伦比亚河历史路周边道路网

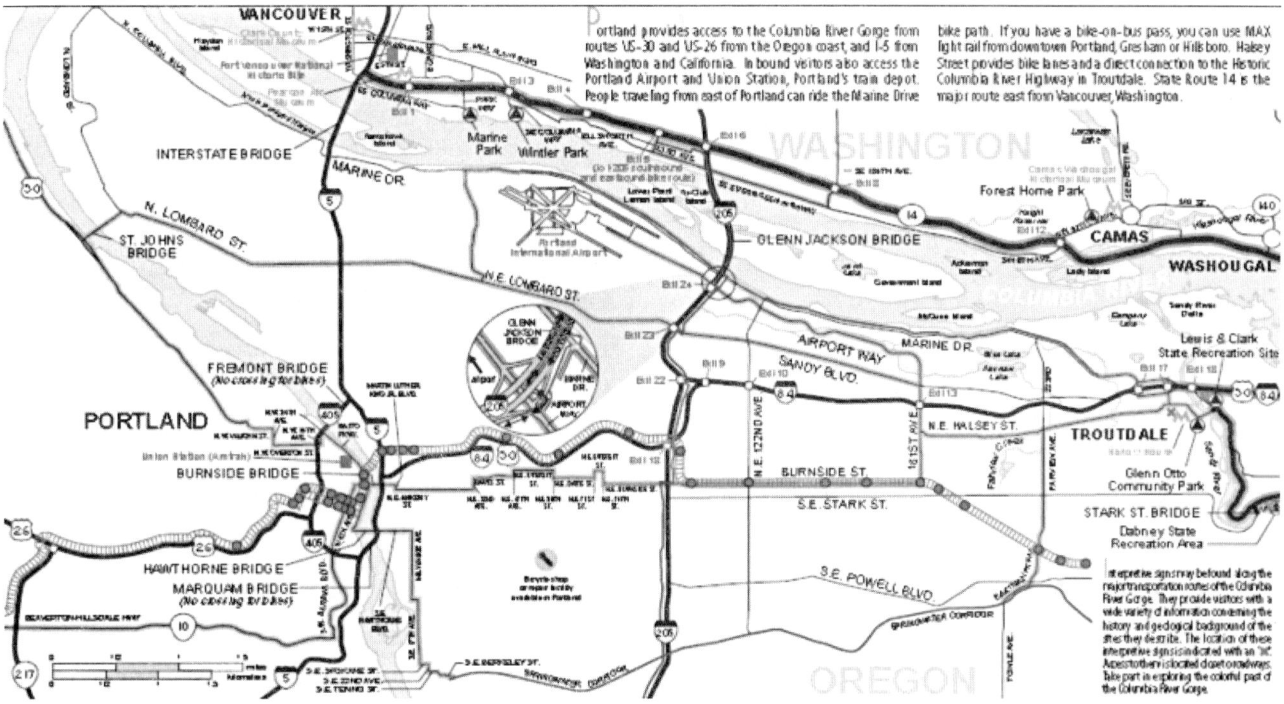

图3-13 哥伦比亚河历史风景道起点地图

资料来源：The Historic Columbia River Highway Master Plan [EB/OL]. http://www.columbiariverhighway.com/, 2006.

发达，风景道与周围公路网有良好的连接，如图所示，风景道沿线有很多出入口，保障游客能够从多个方向进入风景道游览。

风景道廊道内交通接驳系统。作为滨水型风景道，涉及陆域、岸带和水域三个区域，因此，要通过多样化、立体化的综合交通接驳系统，才能实现风景道廊道内陆域、岸带和水域三个界面之间的转换与换乘（图3-14）。

廊道内综合交通系统包括了风景道、陆上游径系统（即徒步游径和自行车游径）、水上游轮等三部分。通过交通接驳系统的规划建设，陆上、岸上及水上三种交通方式之间，实现了零换乘和无缝衔接。游客能够便利地进行不同交通方式之间的换乘，在线性旅游目的地上穿梭游览。

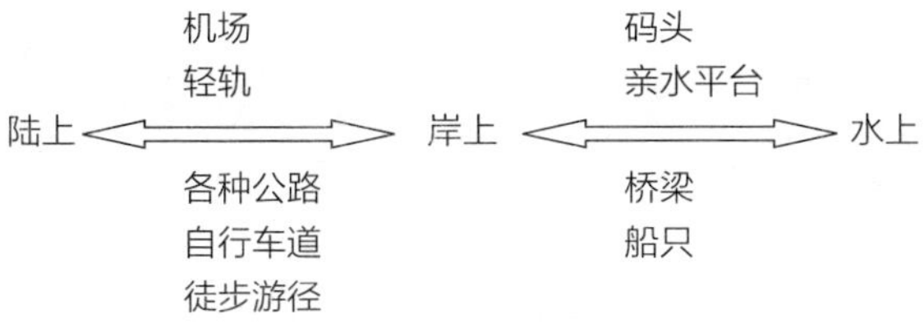

图3-14 哥伦比亚河历史路廊道内交通换乘图

资料来源：The Historic Columbia River Highway Master Plan [EB/OL]. http://www.columbiariverhighway.com/, 2006.

游客从风景道周边的多个出入口（如64号出入口，69号出入口等）进入风景道后（图3-15），可沿驾车风景道游览；在驾车风景道与游径相交处（风景道进入游径的入口处），设有停车场等相关服务设施；在哥伦比亚河各支流靠近风景道的重要节点（图3-16），也设有停车场及水上游憩活动服务设施（如租赁区等），以方便游客进行水陆换乘，进行不同方式的游览。

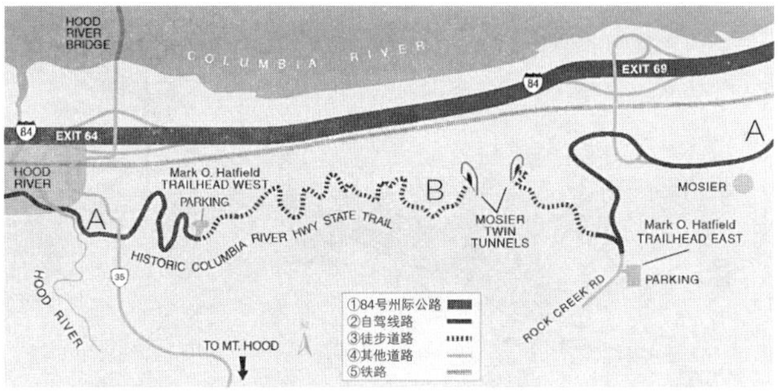

图3-15 隧道地区交通组织图

（其中实线A为驾车风景道，虚线B为徒步游径）

资料来源：The Historic Columbia River Highway Master Plan [EB/OL]. http://www.columbiariverhighway.com/, 2006.

入口及停车场。哥伦比亚河历史路入口及停车场设计强调凸显该道路的品质内涵，以及风景道主题和个性。设计整体上较为简约，提供关于路线地图、特点、服务方向和停车场等信息（图3-17）。

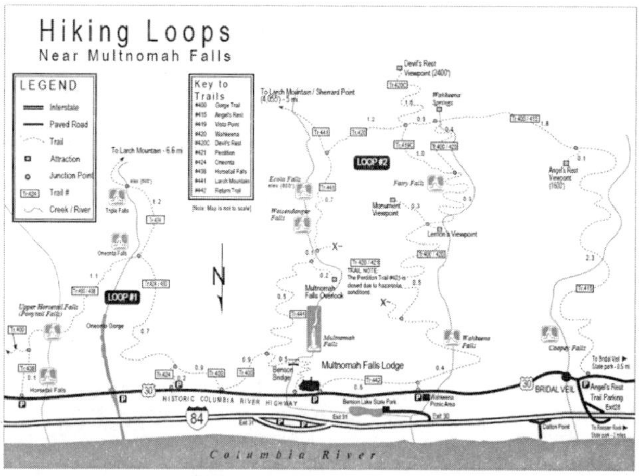

图3-16 马尔特诺马瀑布周边的风景道及游径

资料来源：The Historic Columbia River Highway Master Plan [EB/OL]. http://www.columbiariverhighway.com/, 2006.

图3-17 风景道旁的小型停车场

游径系统。修建游径主要是因为哥伦比亚河历史路衰落以后，交通量日渐减少，许多路段由于年久失修，难以恢复机动车通行功能，为此，将这些路段改造为游径，专供行人和自行车使用，以避免老旧道路的交通安全隐患，并在维护历史道路原真性的同时，满足旅游者需求。道路沿线游径主要为徒步者和骑行者提供服务，分布在公路改造路段和公路沿线地区。徒步游径主要分布在自然景观较好的景点及景区附近，骑行游径主要在交通流量较小的公路沿线（图3-18）。

三、景观小品与植物配置

（一）景观小品

风景道沿线最大限度地保留了历史建筑风貌，对部分建筑进行功能改造，将其转变为服务设施。第一，要充分尊重原有建筑形式，保留建筑原貌，进行修缮与维护，向游客展示风景道的历史与文化。此外，新建的建筑采用历史建筑的风格，在建筑高度、形式、材质上与旧有建筑保持一致，保证建筑风格的一致性；第二，在保留建筑形式的基础上，对其进行内部功能的转换，成为游客中心、信息中心、工艺品店等游憩服务设施，方便游客游览；第三，建筑内外通过图文并茂的解说标识系统向游客解说建筑的历史与文化，并通过旧照片与现状对比的方式，让游客体味时空的变迁和历史的沧桑（图3-19）。

哥伦比亚河历史路在历史上曾是克拉克探险活动途径地区，该地区拥有丰富的社区文化和历史，因此，道路沿线设置了许多能够凸显土著文化的图腾柱

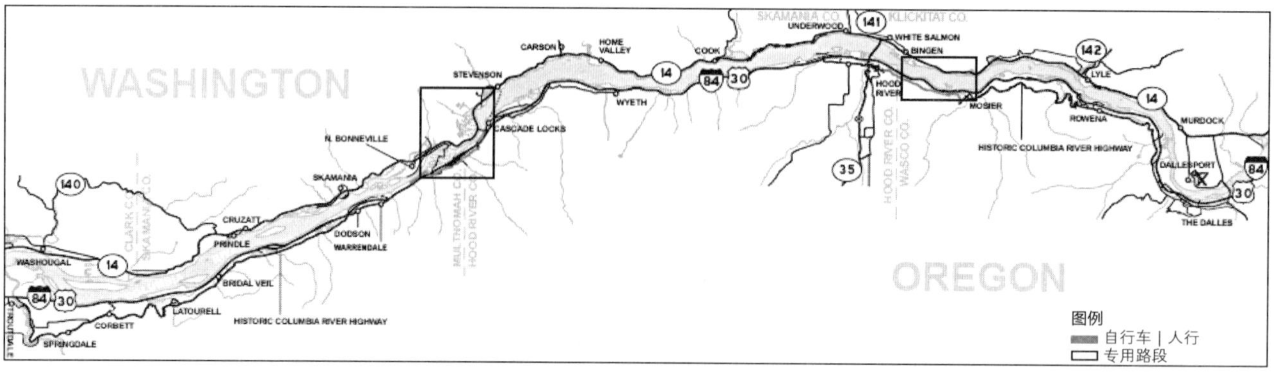

图3-18 哥伦比亚河历史路自行车/人行专用路段（方框标出）

资料来源：Oregon Department of Transportation, The Historic Columbia River Highway [EB/OL]. http://www.oregon.gov/ODOT/HWY/HCRH/, 2016.

图3-19 哥伦比亚河历史路的历史建筑

图3-20 哥伦比亚河历史路沿线景观小品

资料来源：Oregon Department of Transportation, The Historic Columbia River Highway[EB/OL]. http://www.oregon.gov/ODOT/HWY/HCRH/，2016.

等景观小品（图3-20）。与此同时，哥伦比亚河历史路沿途尤其注意美学特征的保留，对沿线的观景房、游客中心等建筑立面进行整体修复，统一风格和特色，烘托道路固有的历史氛围，并完整呈现峡谷的历史性景观。

（二）植物配置

强调自然生态，突出地带性植物群落，彰显滨水特色。风景道沿线大部分地区为国家林地公园，植被茂密，自然生态环境良好。沿线植物配置注重因地制宜，人工种植的植物以本土植物为主，在保证良好的植被覆盖率的基础上，与原有的自然植被和谐地融为一体，充分展示风景道周边地区原生态的自然环境。同时，在植物配置中，注重群植相同树种的群体组合，以展示群体美和“成林”之趣。

此外，在不同的路段有着不同的侧重点，如在自然景观区段：其一，强调保护本地区的环境与生物多样性。保护滨水地带具有地带性特征的植物群落，包括有丰富乡土植物和野生动植物栖息的荒废地、湿地、自然河川、低洼地等生态脆弱地带；其二，保护乡土树种，稳定区域性植物群落组成；少发展人工草地，多保留野生花草与杂草。在历史文化区段：植物配置在遵循上述原则和方法的基础上，注意保护树龄长、历史悠久的树木，为风景道渲染浓厚的历史氛围。

强调植物配置手法艺术化，景观化。景观设计以植物为主景，在选择植物种类，确定数量，安排位置和采取方式上都运用了恰当的措施，做到了主次分明。结合不同形态特征的植物，运用高低、姿态、叶形叶色、花形花色的对比手法，表现出一定的艺术构思，衬托出美的植物景观；树丛组合注重不同植物种类相互间的协调，同时还考虑了植物在不同的生长阶段和季节的变化，注意避免因此产生的不平衡生长状况；在植物的高地起伏和形态韵律上，注重道路两旁纵向的立体轮廓线和空间的变换，做到高低搭配，有起有伏，产生节奏韵律，避免布局呆板；在植物层次和背景上，以乔木、灌木、花卉、地被植物等进行多层次配置，不同花色花期的植物相间分层配置，使植物景观丰富多彩。背景树高大，栽植密度大，形成绿色屏障，与前景有较大的色调和色度上的差异，加强衬托效果。

（三）景观小品、植物绿化和水景河岸协调融合

强调景观小品、植物绿化和水景河岸的协调融合。景观设计过程中，通过景观小品亮化、植物绿化设计和水景设计之间的互相协调，呈现高低错落，明暗相间的景观，增强河岸的纵深感，凸显滨水型风景道独特的艺术美，使整个河岸空间活起

来，充满生气。

哥伦比亚河历史路岸线设计给人以亲切的感觉，具有很好的亲和力和吸引力。岸线设计充分保留了哥伦比亚河原始曲折起伏的形态，展现了河道自然肌理。此外，水边植物选用耐水喜湿、姿态优美、色泽鲜明的乔木和灌木构成主景，同花草、岩石结合装饰驳岸（护坡）。在有景可映的水面，不再栽植水生植物，以扩大空间感，将远山、近景等组成一幅"水中画"。

四、产品与线路

（一）产品设计

哥伦比亚河历史路廊道范围内游憩活动非常丰富，旅游产品以自驾观光游览产品、历史文化产品及户外运动产品等三大类产品为主。

自驾观光游览产品。风景道穿越的绝大多数地区为国家林地及国家公园区，沿途瀑布众多、景色壮美，尤其在春季，哥伦比亚峡谷野花怒放，因此，利用该廊道内独特的自然风景资源，开发了品位极高的自驾观光游览产品。

历史文化产品。作为克拉克探险线路所经之地，哥伦比亚河历史路有着极高的历史文化品质，被评为"国家注册历史地"以及"国家土木工程历史地标"。因此，依托丰富的历史文化资源，开发了丰富的历史文化产品。此外，还规划建设有多个主题博物馆及美术馆，如哥伦比亚峡谷探索中心（Columbia Gorge Discovery Center）、峡谷遗产博物馆（Gorge Heritage Museum）、怀特萨曼华盛顿美术馆（White Salmon Washington Art Galleries），以及胡德河俄勒冈州美术馆（Hood River Oregon Art Galleries）等，向游客展示了俄勒冈州以及哥伦比亚河历史路廊道内的悠久历史文化。

户外运动产品。依托哥伦比亚河历史路廊道内丰富的游憩资源，开发了露营、徒步、骑自行车、水上运动（如风帆冲浪、划船等）等户外游憩运动产品（表3-5）。水上活动有风帆冲浪、划船、垂钓、漂流等，其中尤以水上风帆冲浪运动（图3-21）最为著名，哥伦比亚支流胡德河建有著名的冲浪运动地，被称为"世界风帆冲浪运动之都"，设有专业训练项目，并免费提供必要设备，每年都吸引了大量游客。

（二）线路设计

依托丰富的旅游资源及产品，设计四条各具特色的游览线路，包括大自然体验之旅、历史探秘之旅、名胜古迹之旅、美食体验之旅等。旅行里程和时间长短不一，旅行时间为1—2天。

1. 哥伦比亚河西行之旅。该路线使游客重走刘易斯和克拉克当年的探险路线。线路起点为达尔斯（属俄勒冈州），终点为波特兰，跨越俄勒冈州西部（该线路总里程约150.5公里）。

2. 哥伦比亚河两岸之旅。线路起点为波特兰，终点为达尔斯。从哥伦比亚河历史路的一端穿越到另一端，两岸有着令人惊叹的景观，壮观的瀑布，和灿烂的历史文化（该线路总里程约313.8公里）。

3. 哥伦比亚河历史探索之旅。该线路起点为图特达尔，终点为波特兰。沿着风景道的西部和东部最令人赞叹的路段开展自驾或徒步旅行，去探索历史宝藏（该线路总里程为约170.0公里）。

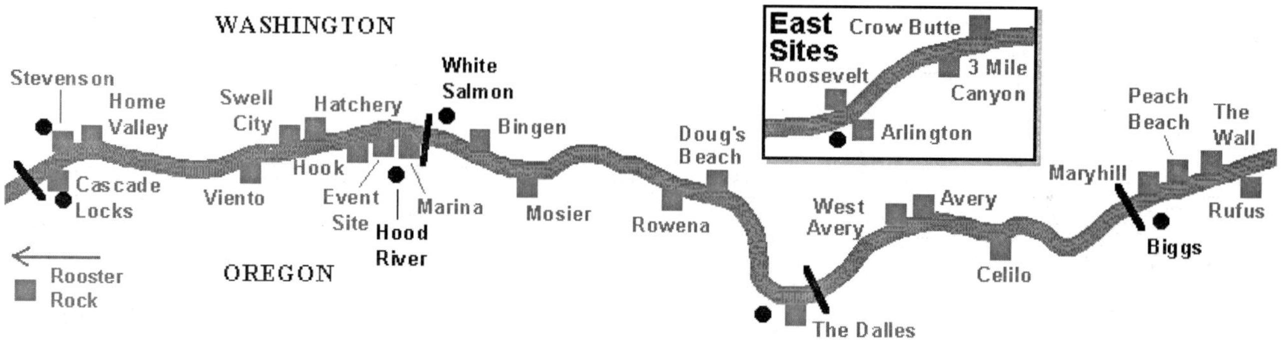

图3-21 风帆冲浪点线路图

资料来源：The Historic Columbia River Highway Master Plan [EB/OL]. http://www.columbiariverhighway.com/, 2006.

哥伦比亚河历史路户外游憩活动　　表3-5

活动		地点
露营		安斯沃思州立公园 德舒特河州立公园 伊格尔溪露营地 美玛鲁斯州立公园 恩托州立公园 惠氏公司营地
徒步	俄勒冈州	天使游憩徒步游径（Angels Rest Hike） 伊格尔溪游径（Eagle Creek Trail） 峡谷游径400-安斯沃思（Gorge Trail 400 - Ainsworth） 峡谷游径400-天使游憩（Gorge Trail 400 - Angels Rest） 赫尔曼溪游径（Herman Creek Trail） 豪斯特尔和波尼特尔瀑布（Horsetail and Ponytail Falls） 拉彻山（Larch Mountain） 拉图瑞尔瀑布 马尔特诺马瀑布 内史密斯景点（Nesmith Point） 太平洋山脊步道（Pacific Crest Trail） 莱克尔溪游径（Ruckel Creek Trail） 塔纳比尤特（Tanner Butte） 沃克莱拉瀑布（Wahclella Falls） 瓦克拿瀑布
	华盛顿州	奥格斯伯格游径（Augspurger Trail） 巴尔弗克利基塔特自行车环线（Balfour Klickitat Loop Hike） 凯瑟琳河（Catherine Creek） 道格山（Dog Mountain） 圣克劳德市（Saint Cloud） 萨姆斯沃克自然游径（Sams Walker Nature Trail）
	俄勒冈州立公园	俄勒冈州州立公园徒步游径（Oregon State Parks with Hiking Trails） 哥伦比亚河历史路州立游径
	华盛顿州立公园	华盛顿州立公园西南地区（Washington State parks Southwest Region）
骑自行车		哥伦比亚河历史路州立游径 哥伦比亚峡谷美国国家安全局山地自行车游径（Columbia River Gorge NSA Mountain Biking Trails）
水上运动	风帆冲浪	胡德河 喀斯喀特洛克斯 怀特萨蒙 玛丽山
	划船	—
	垂钓	—
	漂流	—

资料来源：The Historic Columbia River Highway Master Plan [EB/OL]. http://www.columbiariverhighway.com/，2006.

4. 休闲徒步游。该线路起点为波特兰（俄勒冈州），终点为波特兰（俄勒冈州）。沿着该线路可徒步观赏哥伦比亚河历史路及附近的名胜古迹，然后返回到波特兰享受令人赞叹的美食（该线路总里程为143.2公里）。

五、品牌与营销

哥伦比亚河历史路自然、文化、历史资源极为丰富且品质极高，在开发丰富旅游产品的同时，以多样化营销手段和方式，吸引了更多的民众来欣赏高品质的国家资源。据《哥伦比亚河历史路总体规划》，市场营销战略是大力巩固相对稳定的周边市场、积极拓展并推进潜在的客源市场。通过营销继续推进哥伦比亚河历史路“道路之王”的形象，塑造美国历史文化自驾观光体验的泛美风景道品牌形象。鉴于哥伦比亚河历史路已具有的较高知名度，营销活动主要基于以下两个方面：

一是联合营销。通过河谷旅游者协会（Gorge Visitors Association）与俄勒冈州旅游委员会（Oregon Tourism Commission）的合作，以俄勒冈州旅游办公室制定的整体营销规划作为参考及执行的依据，将哥伦比亚河历史路作为线性旅游目的地进行营销，并通过联合集资的方式寻求资金以进行市场营销活动。

二是媒体营销。更新并重新印刷宣传册子和河谷自行车地图，进行平面媒体营销。与此同时，强化互联网营销，把营销范围从本地扩展到全美乃至全世界，尤其突出强调了要大力拓展户外游憩产品市场范围。此外，还要十分重视宣传好、利用好、管理好哥伦比亚河历史路的相关宣传网站，充分发挥网络旅游信息在宣传营销中的积极作用。

3.4 管理营运

3.4.1 管理体制

哥伦比亚河历史路位于俄勒冈州境内，由国家、州与地方、非营利组织三个层面共同进行管理。管理组织结构如图3-22所示。

国家层面，哥伦比亚河历史路与纳入国家风景道计划的其他风景道一样，即在美国国会授权下，由交通部协同内务部农业部以及商务部宏观指导风景道的发展，联邦公路管理局是其隶属管理部门，对其进行直接政策指导与管理。

此外，联邦相关部门机构，如美国林务局以及联邦土地管理局，也参与到哥伦比亚河历史路的管理工作之中。如美国林务局与州和地方政府相关部门共同负责路侧以及路权之外游客设施的开发与管理，联邦公路管理局西部联邦土地公路分向则与州交通部门共同负责该公路工程设施的修复以及维护工作。

州与地方层面，由州与地方政府相关部门和组织对其进行管理与维护等。

哥伦比亚河历史路位于哥伦比亚河峡谷风景区之内，跨越了马尔特诺马县、胡德里弗等行政区，由俄勒冈州交通局、俄勒冈州公园和游憩部门，以及各行政区管理部门共同管理，如负责游客设施的开发与管理等。

哥伦比亚河历史路咨询委员会于1987年依据俄勒冈州立法而建立，负责该风景道的开发建设与管理维护。

非营利组织方面，与许多风景道类似，哥伦比亚河历史路规划建设和管理维护，都得到了如州环境保护组织、哥伦比亚峡谷之友（Friends of the Columbia Gorge），以及周边社区等非营利组织的支持，通过与政府部门有效合作，为风景道发展提供人力、财力和政策等方面的积极支持。

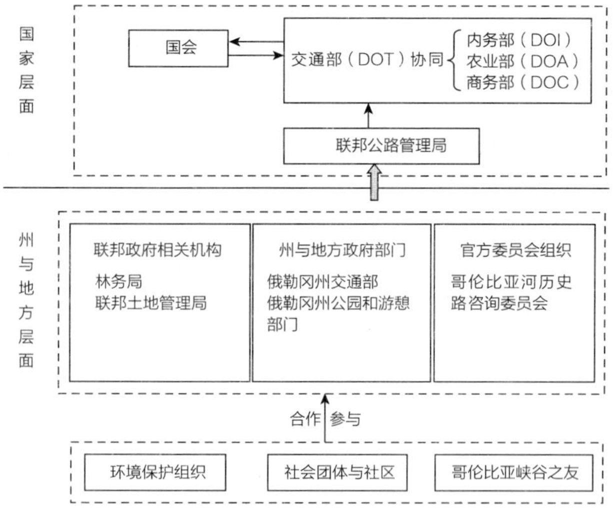

图3-22 哥伦比亚河历史路管理组织结构图

资料来源：The Historic Columbia River Highway Master Plan [EB/OL]. http://www.columbiariver highway.com/，2006.

3.4.2 资金资助

一、资金来源

哥伦比亚河历史路规划、建设、管理与维护等，都需要大量的资金资助，其资金主要来源于以下三个层面：

一是联邦政府层面资金。哥伦比亚河历史路作为国家风景道，能够申请获得国家风景道基金的资助，这部分资金由国会直接拨款。此外，由于哥伦比亚河历史路廊道内有着大量的、价值极高的历史游径，还能够获得联邦政府层面的国家游径基金资助。

二是俄勒冈州政府项目基金。哥伦比亚河历史路作为俄勒冈州一条具有重要意义与影响力的风景道，得到了俄勒冈州政府及辖区内地方政府的重视，获得了众多州级项目支持，如俄勒冈州交通部门资金（用于交通设施改善、森林公路维护等）、历史保护基金、经济发展和旅游基金、风景道维护基金等。

三是私有资金。哥伦比亚河历史路作为俄勒冈州滨水岸边的公路，其管理与维护工作赢得了大量私人基金的资助，如英特尔基金（Intel Fund）、耐克基金（Nike Fund）等，另外还得到了非营利性组织以及社会公众的私有资金支持。

哥伦比亚河历史路资金优先用于历史特征物的修复、州立游径项目、桥梁建造和道路铺面维修等方面。其中，对历史特征物的修复，主要是指用于修复和保护路线、沟槽、下水道、矮墙、护栏、挡土墙、桥梁、历史建筑物等和加强石墙修理、护栏油漆，以及标识放置等的维护。

二、国家风景道基金资助

1998年，哥伦比亚河历史路成为“泛美风景道”后，于1999年首次获得国家风景道基金资助。1999—2012年间，哥伦比亚河历史路共计有6年获得国家风景道基金资助，成为其建设与发展中非常重要的资金来源。

从资助额度来看，2008年获得资助额度最多，达到664276美元；1999年获得资助额度最少，为36600美元，两者相差627676美元；6年中共计获得1676266美元，资助额度呈波动起伏状态，平均资助额度约279377.7美元。

从资助占当年全美对所有国家级风景道资助比例来看，2008年占比最大，占1.72%左右；1999年占比最小，约0.11%，平均资助占比0.79%左右；6年间获得资助总额约占相应年间全美对所有国家级风景道资助总额的0.82%。

从资金资助项目数看，共计资助了6个项目，获得资助的6年中，各获得1个；从资金资助项目类型看，主要集中在哥伦比亚河历史路解说信息、安全提升、风景道设施、资源保护四类。其中，解说信息和安全提升项目相对较多，均为2个，占比均约为33.3%；风景道设施、资源保护项目相对较少，各1个，占比均约为16.7%。由此可以看出，哥伦比亚河历史路比较重视道路解说、安全的提升、风景道设施的建设与维护、资源保护等（表3-6）。

国家风景道基金对哥伦比亚河历史路资助区域、项目及类型　表3-6

年份	州	项目	项目名称（编号）	项目性质
1999	OR	1个	哥伦比亚河历史路解说（SB-1999-OR-08）	解说信息
2004	OR	1个	哥伦比亚河历史路入口、排水、路面、观景台提升（SB-2004-OR-51）	安全提升
2007	OR	1个	哥伦比亚河历史路寻路项目（SB-2007-OR-04）	解说信息
2008	OR	1个	哥伦比亚河历史路护栏置换（SB-2008-OR-05）	安全提升
2011	OR	1个	哥伦比亚河历史路东段门户区标识和休憩区提升（SB-2011-OR-06）	风景道设施
2012	OR	1个	哥伦比亚河历史路莱特瑞尔瀑布进入口恢复（SB-2012-OR-01）	资源保护

注：SB：风景道；OR：俄勒冈州。
资料来源：National Scenic Byways Grant Totals by Year and State for 1992-2012[R]. http://www.bywaysonline.org/grants/funded/funded_report?report=award_total&format=pdf.

3.5 借鉴与启示

哥伦比亚河历史路是美国规划与设计的第一条风景公路，经历了发展、衰落和复兴的历程，其成功的修复与改造提升经验对中国干线公路的升级改造有着极好的借鉴与启示：

一是重视道路灵活性设计。哥伦比亚河历史路成功修复与改造提升的关键是重视道路灵活性设计。哥伦比亚河历史路所要解决的首要问题是如何在现有技术要求下，再现历史文化风貌。为此，要求道路设计在遵循现有相关技术标准、规范的基础上，因地制宜地依据场地现状，灵活地运用现有标准，使改建后的道路在满足安全通行需求前提下，彰显历史文化特色和风貌，并将工程设施对环境的影响降至最低，使道路与其人文、自然环境融为一体。此外，在兼顾美学、历史、文化等价值的同时，最大化实现游憩价值，为游客提供丰富的游憩机会和体验。

二是强调道路及沿线历史文化资源的原真性和保护性。在哥伦比亚河历史路修复与改造提升中，其主旨是最大程度上保护现有资源，尽可能保留或恢复道路的历史风貌。为此，突出强调了历史文化资源的管理与保护，从历史文化保护角度进行修复改造。首先，按照资源特征的不同，采用景观序列法，分段进行规划与设计，突出不同路段的特色；其次，道路工程设计中，对路线选择、平面交叉口、横纵断面等几何要素的改动幅度降到最低，要求以保证安全功能为基础，避免加宽、改动道路选线等行为，尽可能保留道路旧有风貌，再现其历史时期的场地特色；再次，道路路侧游憩设施，强调设计上与道路整体历史风貌相符，功能上满足旅游者需求。

三是重视多学科领域与多利益主体的合作协作。哥伦比亚河历史路的成功修复，是道路学、历史学、景观学、建筑学、旅游学等多学科领域专家，以及多部门、多利益主体合作的结果。俄勒冈州交通部主导了道路修复与改造提升工作，并联合联邦公路局西部联邦土地公路分局共同负责该公路工程设施的修复以及维护工作；而哥伦比亚河历史路咨询委员会、哥伦比亚河谷之友、俄勒冈州公园和游憩部门、美国森林局等部门，则共同负责路侧以及路权之外游客设施的开发与管理；国家公园和游憩部门承担了大量历史、文化资源的调查和记录工作；哥伦比亚河历史路咨询委员会，作为非官方组织，则承担了大量的协调工作。

哥伦比亚河历史路是道路通过成功修复与改造提升，获得重生的杰出典范，为中国干线公路升级改造提供了一种新的发展方向。美国公路上的历史文明虽远远不及中国，但美国在当代公路文化上的规划建设与管理经营，大大领先于中国。为此，我们应该学习借鉴美国在当代公路文化建设上的先进经验，将其作为实现中国干线公路未来更高社会价值的工具手段，去充分发掘与表现公路文化和景观，促进干线公路交通、景观、游憩和保护等多重功能地有机结合，从综合性和一体化角度，向着包括土地、环境、景观、游憩、能源等更加综合、更加协调和可持续的方向发展。

第4章　66号历史路（Historic Route 66）

66号历史路穿过沙漠、深谷、针叶林、雪山以及开放性空间。沿湖以及穿过杨树林能够开展远足、自行车以及露营等活动，感受夜空中数不完的星星。66号历史路穿越过去以及现有的土著文化、森林、国家纪念地，以及最大的峡谷。它是美国历史的活化与再现，在那里，风景之美令你窒息，历史更是纷繁交错。

The remaining threads of Rt 66 weave through deserts, deep canyons, pine forests, snow-capped mountains and open spaces. Hike, bike and camp along lakes and among aspen trees. Experience skies filled with too many stars to count. Rt 66 is the gateway to native cultures past and present, forests and national monuments, and even the grandest canyon of all. It is a living piece of American's past where scenic beauty takes your breath away and history is at every intersection.

——美国国家风景道计划对66号历史路的评价

资料来源：National Scenic Byways Program Collection of America's Byways® Designated by U.S. Secretary of Transportation.

作为一条具有较大影响力的历史型风景道，66号历史路廊道内具有十分丰富的资源，历史及文化品质尤为突出，同时也展现了一定的自然、风景与游憩品质。该历史路于1938年正式完工，横跨三个时区，穿越八个州，被誉为美国的“母亲之路”（The Mother Road），其不同路段于2000年、2002年以及2005年分三批次入选国家级风景道，成为美国国家风景道体系中的重要一员。该风景道留存着美国20世纪初的文化与历史，几经兴衰，但仍在美国公路史上，有着不可取代的地位，同时，该风景道也是美国境内颇受旅游者青睐的、具有历史文化底蕴，以及优美自然景观的线性旅游目的地。

4.1 概况与发展历程

1926年，美国66号历史路正式获得官方命名，隶属于美国公路系统；1927年，开始兴建；1938年，宣告完工，被誉为美国的“母亲之路”。公路全长3939公里，其中2269公里路段被评为国家级风景道。横跨三个时区、八个州，包括伊利诺伊州、密苏里州、堪萨斯州、俄克拉荷马州、得克萨斯州、新墨西哥州、亚利桑那州以及加利福尼亚州（图4-1）。其中，经过亚利桑那州的路段被评为“泛美风景道”；经过伊利诺伊州、俄克拉荷马州、新墨西哥州的路段被评为“国家风景道”。研究66号历史路长达60多年的学者迈克尔·华利斯说：“66号历史路之于美利坚民族，

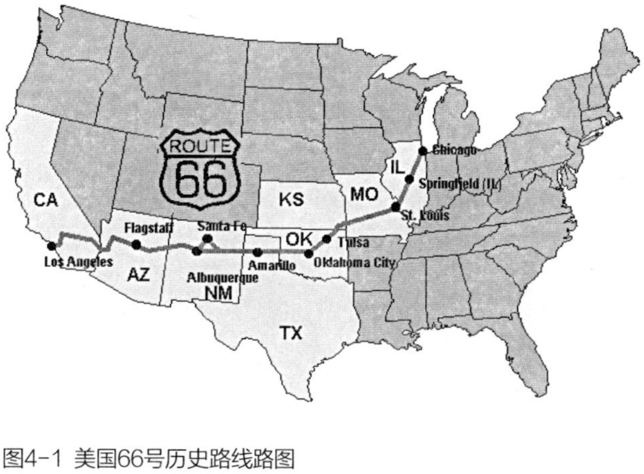

图4-1 美国66号历史路线路图

资料来源：http://www.byways.org/explore/byways/2489/stories/63753

好比一面明镜，它象征着伟大的美国人民一路走来的艰辛历程。”

66号历史路连接并缩短了当时美国中西部到西岸的路程；它穿越了美国中西部地区地势相对平坦的内陆平原、中部的密西西比河、密苏里河流域、中部面积广阔的大平原（Great Plains）等，沿途美国中西部风光尽览无余。

66号历史路曾隶属于美国公路系统，始建于1926年11月，经过11年的建设，于1938年宣告完工。在近百年的发展历程中，66号历史路经过了萌芽、兴起、衰落和复兴等发展阶段（图4-2），经历了从被移除到重新回归地图之上的历程。目前，该风景道所经8个州的道路路面已经得以修复，“66号历史路联盟”（National Historic Route 66 Federation）发起了认养公路项目（Adopt-A-Hundred Program），并采取了相应的维护行动。

（1）初建阶段（19世纪初至1926年）

1857年，来自军队的爱德华·F·比尔中尉（Lieutenant Edward F. Beale）建设了比尔马车路（Beale Wagon Road）；1880年，大西洋和太平洋铁路向西延伸建设，道路沿线逐渐发展形成很多社区；但直到19世纪末，66号历史路仍是一条走马车的土路，政府出于交通运输的需要，花费大笔资金将断断续续的道路连接起来了，以打通美国东西部，缩短东西部运输时间。因此，66号历史路最初兴建的目标只是简单地发挥道路运输功能。俄克拉荷马州塔尔萨市（Tulsa）商人塞勒斯·艾弗里（Cyrus Avery），最后决定用“66”这个更容易记忆的重复的两位数为该公路命名。1926年，该公路被官方正式命名为“66号历史路”。

（2）兴盛阶段（1926年至20世纪中叶）

在66号历史路建设完成后的50年间，其在运输、军事、经济、就业、旅游、精神象征等多个方面发挥了重要作用。在运输方面，66号历史路曾是通往美国西部的主要通道；在军事方面，66号历史路在第二次世界大战期间承担着运送军备的重要任务；在经济方面，沿途乡镇相继发展起来，开设了众多小型商店（Mom-and-pop-business），给旅客提供加油、餐饮、购物等服务。同时，66号历史路依托其运输能力成为商贸的物流大道；在就业方面，66号历史路在经济大萧条时期的修建工程为美国提供了上万个就业岗位，成为众多工人维持生计的救命草；在旅游方面，由于66号历史路跨越了画布沙漠（Painted Desert）、大峡谷（Grand Canyon），以及流星陨石坑（Meteor Crater）等众多著名景点，在二战后的50年代，它从以运送物资为主的公路，转变成为美国人由东部到加州度假的主要干道；在精神象征方面，66号历史路在中西部大干旱时期，成为穷困潦倒的农民逃亡至西部的救命线，因此，被美国人看作当年追寻美梦的康庄大道。

（3）衰落阶段（20世纪中叶至20世纪80年代末）

第二次世界大战期间美国第34任总统艾森豪威尔（Eisenhower）积极推行的《州际公路法案》（Interstate Highway Act）于1956年获得通过，美国开始大力建设宽度大（四车道）、线路直的州际公路网络，以为民众提供更加快速、便捷的交通网络。而依地势环境而建、行驶时间较长的66号历史路不再受旅客青睐，开始由盛转衰，逐渐沦为地方公路、私人车道，交通流量也大量减少，有些路段甚至濒临废弃。到了1985年，66号历史路从美国公路地图上被移除，2007年6月12日，66号历史路被列入了美国11个濒临消失的历史地标之一。

（4）复兴阶段（20世纪80年代末至今）

66号历史路虽经历了兴衰，但其在美国公路史上，有着永不可取代的地位。因此，在为之工作的人们心中，最重要的就是将66号历史路留存下来，发挥其在历史、文化、景观等方面的独特性，成为能够代表美国的标志性道路。1990年，亚利桑那州和密苏里州共同成立了“66号历史路联盟”。密苏里州宣布此路为“州历史路”（State Historic Route），并且设立了

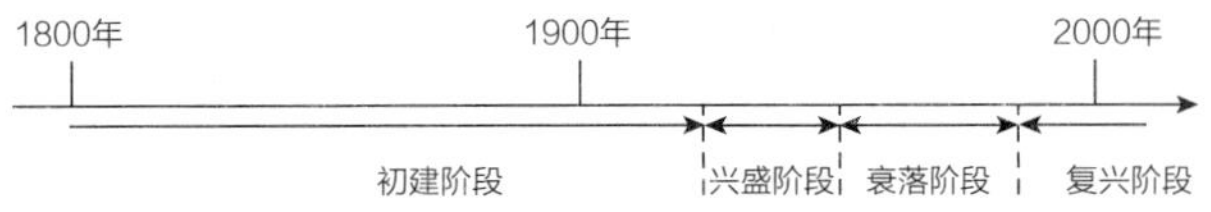

图4-2 66号历史路发展历程示意图

资料来源：http://www.byways.org/explore/byways/2489/stories/63753.

“66号历史路”路牌。在多地“66号历史路联盟”的努力下，原本已经从地图上消失了的66号历史路，又重新以“66号历史路”之名回归到地图上，其不同路段分别于2000年、2002年、2005年分三批次入选为国家级风景道。

4.2 基本条件

4.2.1 交通分析

一、车行道安全情况及公路分类

66号历史路是乡村集散道，由双向下4米宽的行车道与2.4米宽的碎石路肩组成。在城市路段，66号历史路则由双向下4米宽的车行道和1.4—2.4米宽的路肩组成。其中，有一些城市的66号历史路段，由1.2—3.7米的行车道组成。

所有不属于动脉线路的乡村州际公路都属于乡村集散系统，66号历史路也隶属于乡村集散道系统。它不仅要服务于各州内交通运输，而且，也要服务于国内及整个区域的交通运输。66号历史路交通量小于交通动脉线路，同时，车速较动脉线路有所减缓。

二、交通服务水平

66号历史路交通分析，以服务水平（Level of Service，LOC）为主要标准，设计人员使用OD调查法，获得了车行道一定时间内（通常是一天）的交通量，与道路原有容量进行比较，获得比值。按此标准，可基本将公路分为A至F六个等级（表4-1），与此对应道路通行及安全级别逐渐降低。66号历史路经过社区的路段，由于社区活动与道路交通活动的混合，所受限制较多，一般为C级水平。余下大部分路段多达到A级水平，提供了较为自由、安全的驾驶环境。

4.2.2 品质分析

品质评价分析一般分为两个层次：一是对风景道沿线品质的调查。品质调查是进行资源评价的前期工作，收集现有资料，对沿线资源进行分析整理及归类评价；二是确定关键资源，并简要阐述风景道资源所具备的内在品质。

一、品质分析

66号历史路廊道拥有历史、文化、考古、自然、风景及游憩六种独特的品质，其中历史与文化品质尤为突出。

历史与文化品质。66号历史路沿线有着丰富的历史及文化资源。该风景道穿越美国中西部，沿线分布着许多印第安土著部落，现存九个印第安部落保护区，每一个部落的历史及文化都有其独特性，并蕴含着充满活力的遗产。道路沿线保存了大量具有地方民族特色的历史文化，从土著人的古玩到现代趣味物品。这些珍贵的历史和传统文化，多以节庆活动、展览、建筑实体等形式得以保存，成为沿线重要的吸引物。此外，由于66号历史路在美国西进运动中具有重要的意义，在美国社会发展中有着不可替代的地位。公路沿线保留了大量的有着历史特征的遗址遗迹，包括桥梁、建筑物、景观小品等，是国家和道路发展的

66号历史路交通服务水平情况　　表4-1

流量/容量比	服务水平	交通情况
0—0.20	A	交通量自由流动
0.21—0.40	B	交通量流动具有机动性，轻微受阻
0.41—0.70	C	稳定的交通流，速度减缓，机动性受限
0.71—0.79	D	稳定的交通流量，具有一定的机动性、明显受限
0.81—0.95	E	接近容量，速度较低但相对统一
>0.96	F	交通流量达到或接近容量，速度明显减慢

资料来源：ADOT.Historic Route 66 Corridor Management Plan[EB/OL]．2005.

重要见证。

考古品质。考古资源包括历史上或史前人类活动所留下的遗址遗迹，可以用于调查和解说。通过对遗迹、史前古器物（Artifacts）、建筑残留物（Structural Remains），以及其他具有科学价值的考古资源利用，可以为游览者进行文化教育，并对历史进行了生动的活化展示。66号历史路廊道内的考古资源主要包括：

伍帕特基国家保护区（Wupatki National Monument）：相传，该区域的原始定居者是美国土著霍皮族（Hopi Native Americans）的祖先。在9124.5平方公里的区域保存着上百处大多建设于1100—1225年间的遗址遗迹。

核桃峡谷（Walnut Canyon）：该区域内的季节性小溪已经塑造出了约180米深的峡谷。峡谷中，裸露的石头在不同岩层中，有着不同硬度。12世纪至13世纪，这些石头被当地的土著西纳瓜人（Sinagua Native Americans）用来建设崖碑。

霍莫洛维遗址州立公园（Homolovi Ruins State Park）：位于小科罗拉多河（Little Colorado River）的霍莫洛维遗址州立公园，是由阿纳萨齐人（Anasazi）遗留下的众多遗址组成的史前考古景点，系亚利桑那州第一个州立考古公园。在每年的6月和7月，有专门的考古工作人员在这里开展特殊的展览和项目。

自然品质。66号历史路自然特征在众多风景道中也是比较突出的。从石化红木（Petrified Redwood）到热带丛林（Deep Woods），无不展现了其高品质的自然特质。此外，风景道穿越亚利桑那州，沿途连绵不断地展示着一个又一个的自然奇观，包括画布沙漠、化石森林国家公园（Petrified Forest National Park）、流星陨石坑、凯巴布国家林地（Kaibab National Forest）、大峡谷国家公园及沙漠山（Desert Mountains）等。

风景品质。66号历史路所经路段的风景特征不尽相同，其优美的景观被广泛认同。廊道经过多处重要的风景区，包括科科尼诺国家林地（Coconino National Forest）、圣塔菲国家林地（Santa Fe National Forest）、锡沃拉国家林地（Cibola National Forest）等。公路沿途经过了平顶山、沙漠、高原等多种自然景观，起伏变化的地势，复杂多样的地貌，营造了丰富、连续及和谐的视觉体验。

游憩品质。66号历史路穿越西南地区众多风景区，每一风景区都提供了众多的游憩活动。此外，沿线的国家及州立公园，以及一些私人拥有的自然奇观，如流星陨石坑和大峡谷洞穴（Grand Canyon Cacerns）等，都为游客提供了丰富的户外运动及游憩机会。同时，66号历史路沿线还推出两条夏季运动线路，即：66号历史路年度“趣味赛跑”（Annual Route 66 Fun Run）和“母亲之路”年度骑行运动（Annual Mother Road Ride/Rally），前者对所有的法定交通工具开放，包括公共汽车、自行车、房车、旅行车等，而后者则主要是专门针对摩托车开放。在伍帕特基国家保护区内，有着自导式游径，供游客游览观赏考古遗址。科罗拉多大峡谷是世界著名的自然奇观，也是最大的户外游憩场所之一，同时，提供了约10公里长的可供游客观赏风景的游径。与此同时，科罗拉多大峡谷区还以自然和文化景观为基础，开发了包括滑雪、划船、垂钓和徒步等项目在内的多样化的游憩活动，但这些活动多具有季节性。

二、品质评价

亚利桑那州交通部（ADOT）对66号历史路沿线的核心资源进行了定性评价，即对沿线核心资源的内在品质进行评估，具体如表4-2所示。

4.2.3 市场分析

66号历史路是美国的母亲之路，也是巨线型旅游目的地，有着广泛的客源市场。

从空间区域上，66号历史路客源市场包括三方面：一是公路所穿越的美国八州，即伊利诺伊州、密苏里州、堪萨斯州、俄克拉荷马州、得克萨斯州、新墨西哥州、亚利桑那州，以及加利福尼亚州的客源市场。这一市场也是最稳定最主要的客源市场；二是美国国内客源市场；三是世界范围内，对美国历史感兴趣的游客。

66号历史路内在品质评价表 表4-2

内在品质（Intrinsic Quality）	文化C	历史H	考古A	游憩R	自然N	风景S
化石森林国家公园			√	√	√	√
画布沙漠			√	√	√	√
霍尔布鲁克古老西部庆典（Holbrook Old West Celebration）	√					
66号历史路购物大街（Rt 66 Main-Street Shopping）	√					√
土著部落艺术展“Gathering of Eagles” Native American art show	√					
古老炮台纪念碑（Old Fort Monument）		√				
流星陨石坑				√	√	√
温斯洛遗产节（Winslow Heritage）	√	√				
年度车展（Annual Just Cruis'n Car Show）	√					
霍皮族保护区（Hopi Reservation）	√	√	√	√	√	√
凯巴布及科科尼诺国家林地			√	√	√	√
古老游径博物馆（Old Trail Museum）		√				
圣弗朗西斯科峰群（San Francisco Peaks）				√	√	√
华拉派保护区（Hualapai Reservation）	√	√	√	√	√	√
多资源历史街区（Multiple Resource Historic Districts）		√				
国家历史乡村风景道（Historic National Back Country Byway-BLM）		√		√		√
比尔温泉（Beale Springs）		√			√	
发电所游客中心（Powerhouse Visitor Center）		√				
赖尔登州立公园（Riordan State Park）	√	√				
大峡谷铁路（Grand Canyon Railway）		√		√		
白马湖（White Horse Lake）				√	√	√
鬼城群（Several ghost towns）	√	√				
哈瓦苏野生动植物保护区（Havasu Wildlife Refuge）				√	√	√

资料来源：ADOT.Historic Route 66 Corridor Management Plan[EB/OL]. 2005.

从属性上，66号历史路客源市场，主要为历史文化怀旧客源市场和自驾车客源市场两大类。对于怀旧客源市场，美国66号历史路之所以能够复兴，是因为其在地图上被移除后，仍有大量美国人对于这条历史道路念念不忘，怀念它曾经带给美国民众的点点滴滴。他们是66号历史路稳定的客源市场；而自驾车客源市场，主要是被风景道优美的自然景观和深厚的历史文化底蕴所吸引，在这条路上寻觅西部的传奇故事，并感受其独特的西部风景。

为了开发客源市场，国家公园管理局在对66号历史路进行了市场调查的基础上，针对来自周边城市不同性别、不同年龄段的人群，对66号历史路的认知，设计了66号历史路的新形象，将其形象定位为：新旧时代的交替，东西部文化的合璧，历史与未来的碰撞，传统食物与新式美食的交锋，传统与变迁的结合。

4.3 开发建设

4.3.1 目标与形象定位

2005年，亚利桑那州交通运输部环境提升小组（Arizona Department of Transportation Environmental & Enhancement Group）发布了《66号历史路廊道管理计划》（Historic Route 66 Corridor Management Plan）（简称《计划》）。依据道路灵活设计、综合关联性、廊道复合性、多学科团队融合、多利益主体参与等理念，《计划》提出一个总体目标和五个分目标，与此同时，还提出相应的具体策略，以助目标的实现（表4-3）。

4.3.2 设计理念

66号历史路规划建设，主要遵循了以下四大理念：

一是综合最优化。综合敏感设计（Context Sensitive Design）是美国交通政策和规划领域所强调的理念。认为道路在规划、设计和建设过程中，会对环境和社区造成较大影响。因此，应将环境和社区作为考虑的主要因素，实现道路与环境、社区和谐共存及综合最优化，以实现可持续发展。

66号历史路总目标与分目标及策略 表4-3

总目标	提升道路所特有的内在品质，为旅游者提供丰富愉悦的体验，同时连接沿线社区，促进廊道地区社会及经济发展
分目标	**策略**
1. 保护并提升廊道沿线目前已发现以及潜在的资源	1-1由州级部门人员、政府官员和公众等共同组成66号历史路咨询委员会，以监督整个规划实施，以及未来项目建设； 1-2继续加强公路沿线资源管理部门之间的联系，解决土地管理问题； 1-3与当地居民和国家公园管理局合作，确定66号历史路沿线的历史资源； 1-4通过国家遗产区域认定，以提升社区资源
2. 与66号历史路社区利益相关者合作，将社区作为为游客提供游憩机会的旅游目的地进行营销宣传	2-1继续开发和鼓励廊道沿线利益相关者之间的合作； 2-2制定市场营销战略（包括目标和资源保护需求）； 2-3建立合作关系，获取改进市场营销战略和目标的资金； 2-4与市政府合作以确保市场资源
3. 以66号历史路不同主题的标识系统建设为契机，开发综合性寻路及公路标识项目，并使其能够与州、地方道路、场地和环境相符合	3-1组织先遣队，召开研讨会，确定并探索提升旅游寻路技术； 3-2遵循可参照的标识规则，对州际公路、一般州内廊道，以及地方街区的寻路标识的监管设置进行评估； 3-3建立专门组织，确保各州境内的66号历史路标识，以及标识在整个廊道内能够使用； 3-4提升游客寻路机会； 3-5在各州与66号历史路之间，建立统一的标识主题
4. 维护并提升现有解说和教育设施，使游客能够获得欣赏和体验公路廊道及沿线独特自然、文化和历史特色的机会	4-1建立重要地区和事件的廊道登记管理机制； 4-2确定并保留一份能够支持廊道资产所有者修复历史建筑物的人员和组织名单； 4-3确定自主修复及维护历史地标和解说设施的方法
5. 设计并建设新的解说场地、观景设施及休息区，提升旅游者对风景道的观赏和体验	5-1建立专门组织，确定、创建和维护新的解说中心，同时为其寻求资金支持； 5-2对每一个提议的场地进行可行性研究

资料来源：亚利桑那州交通部官方网站[EB/OL]. http://www.adotscenicroads.com/PDF/cmp_route_66.pdf

二是原真性保护。“原真性”理念，强调在遵循保护自然和历史资源，将美观与实用相结合的原则下，尽量保留现有景观资源，不能切割和毁坏景观资源。历史、文化及遗产的活化展现，是66号历史路规划建设的重要内容。要尽量完好地保持公路原有自然和文化景观的本色，呈现其历史的真实风貌。66号历史路保护工作还体现在立法层面上。1999年，美国政府通过了《66号路廊道保护法案》（the Route 66 Corridor Preservation Act），该法案预备拟利用1000万美元执行“66号廊道保护项目”（the Route 66 Corridor Preservation Program），保护公路重要的有形资源以及无形文化遗产。

三是历史文化“三化”，即“主题化”、“活化”和“场景化”。66号历史路是不同时期美国精神的集中体现，公路应以历史文化为主题，恢复场地和环境的历史风貌，营造历史文化氛围。并通过道路沿线系列化节庆活动的举办，以动态、活化的方式，鲜活展现历史和文化，丰富旅游者体验。

四是多利益主体参与。66号历史路穿越了8个州，跨越了广阔的区域，涉及众多部门、单位和个人。因此，各州政府部门、非政府管理机构、非营利组织，以及社区公众的共同参与、协作合作，加上多学科团队参与，才能实现66号历史路的可持续发展。

4.3.3 建设要素

一、道路工程

66号历史路道路工程设计的首要目的是通过科学的调查和论证，确定道路交通服务能力，进而通过工程设计保证道路安全，实现连接和通行功能。在原有历史道路基础上，灵活运用现有道路规划建设标准，对道路工程进行提升、改造与修复，主要体现在道路选线、路面及桥梁构筑物三个方面。由于66号历史路运营时间较长，且部分地段濒于废弃，需要改造提升的项目较多。

道路选线。由于66号历史路全长3939公里，沿途地形地貌复杂，穿越众多城市、村镇，涉及的公众利益复杂，很难像今天的美国州际公路一样通过“走直线”的方式来缩减工程量，提升行驶速度。为此，道路选线设计，强调与自然地形地貌相协调。强调要为进入景观最美地段和历史文化区域，提供便利的通道和路线。因此，道路多采取“流线型”设计，使道路线形与周边的山川、河流等自然环境相联系及相融合。66号历史路行驶路程较长，但富有美感的线形设计，使得66号历史路几乎每一段都有着良好的画面感。为此，它成为众多美国西部题材影视作品的拍摄地。这也为66号历史路在衰落之后能够依靠自身特色复兴奠定了基础。

道路路面。路面是确保道路安全性的重要方面。为保护道路历史风貌，66号历史路大多数路段都保持着历史时期的铺面状况，严禁进行大规模改造。路面由66号历史路联盟机构组织人员定期进行维护，以保障道路安全通行。“66号历史路联盟”还发起了认养公路、路面整修活动。该活动由众多义工参与。若出现路面毁坏需要维修时，需及时向联盟报告，以进行施工维修。与此同时，在一群热心人士的奔走之下，风景道所经八个州的政府联合整修了其负责区域范围内毁损的路面。

桥梁构筑物。作为历史文化型风景道，66号历史路沿线桥梁，多为历史时期桥梁的遗存，设计手法较为古老。部分桥梁交通功能减弱，出于安全考虑，不再作为机动车通行的设施，但尽可能地保留原貌，作为旅游吸引物，以供旅游者参观游览，彰显道路的历史文化特征。

66号历史路为了提高安全，对路肩及边沟、填土坡、安全护栏等不断进行维护与改造提升。

路肩及边沟。66号历史路建设历史较长，是乡村、县域之间互相连接的通道，属于乡村集散道，有着一定坡度的斜面，以便于排出路面和路肩上的降水。

填土坡。填土坡设计有助于减少削面和填土的视觉影响，同时增强道路的安全性。66号历史路沿途常见陡峭的山地、纵深较大的峡谷等地形地貌，道路修建工程往往会对周围山体及地面造成较大影响，填土坡的设计重在减少路边山体对驾驶人员视域的影响，以增强道路安全性。

安全护栏。护栏设计可以在提高道路安全性的同时充分发挥美观性。66号历史路沿线护栏的设计突出了乡村特色，在安全前提下，多选用木材制作，以与附近地区建筑物的特性相协调，显示了当地人文景观特色，使得道路景观更加生动。

二、游憩服务设施

66号历史路游憩服务设施较为完善，沿线提供了观景设施，道路引导标识，解说设施，服务区与营地，住宿和餐饮设施，加油站、汽车维修及租赁，以及救援安全设施等等。为自驾车游客便捷、安全游览提供了全方位的服务与保障。

（一）观景设施。66号历史路沿线有着丰富的自然景观资源，由于地势相对平坦，因此，66号历史路沿线观景平台较少为俯瞰式，而是多与廊道内的国家公园、国家林地公园等突出的观景点相结合，以为游客提供停驻游览的机会。一般观景设施都与停车场相配套建设，旨在为旅游者提供便利停留。

（二）道路引导标识。道路引导标识是为旅游者顺利完成旅行，获得旅游体验，而提供的必要的道路引导标识。具有帮助游客识别风景道路线、确认自己的目的地和相关位置信息、确立风景道主题形象等三个方面功能。

66号历史路的引导标识包括指向标识、路线标识、规则性标识以及警示标识等（图4–3）。指向标识展示线路名称、距离、服务设施以及景区景点的指向。路线标识则凸显了风景道自身的个性。规则性标识主要涉及交通法律法规。而警示标识则提醒人们注意车道及周围环境中可能产生的危害。引导标识在风格上突出了66号历史路的历史文化特征。其Logo为历史时期的“盾牌”符号，盾牌正中央为66编号标识。主要设置于66号历史路的出入口、与其他公路交界处，沿线城镇出入口等节点。

（三）解说设施。风景道解说设施涉及游客中心、解说标识和博物馆展览馆等基本类型，以突出历史文化解说，使游客深入了解公路丰厚的历史文化。

游客中心。游客中心一般设在66号历史路入口处，以及沿途景区景点。游客中心为游客提供有关66号历史路信息的小册子、地图、书籍及旅行指南等。

解说标识。解说标识（解说牌）属于自导式解说，主要是通过解说牌对旅游吸引物及景区景点等进行解说（图4–4）。66号历史路的解说牌独具文化特

图4–3 66号历史路引导标志

图4–4 66号历史路解说牌

色，往往以66号历史路经典的画面为牌示的背景，以图文并茂的形式进行解说。

博物馆及展览馆。为了更好地展示自然和文化资源，66号历史路沿线设有多处博物馆及展示馆。该类设施多以道路发展历程以及社区文化为主要展示内容，设计风格简约，与周围环境及道路文化相融。

（四）服务区与营地。66号历史路在沿途的重要城镇，如亚利桑那州的温斯洛城（Winslow），以及沿线各州都设有服务区。服务区内一般设有厕所、停车场以及观景台等。此外，公路沿线还保留着历史上早期服务区，这些服务区或是继续提供服务，或是作为历史景观加以保留。此外，在66号历史路沿线的多个州立公园内，往往都规划建设有一定数量的营地设施。营地内提供房车、住宿和餐饮服务等。此外，沿线一些营地，往往采取依托遗址场地处而新建营地的方式。

（五）住宿和餐饮设施。在66号历史路沿线的部分住宿和餐饮设施，往往沿用历史时期的一些原有设施。如建于1926年的老客栈餐厅，建于1939年的蓝燕汽车旅馆（Blue Swallow Motel），此外，还有快餐馆、酒吧、咖啡馆等。这些住宿和餐饮设施兼有旅游吸引物和接待服务设施的功能，保留着66号历史路的特色文化，深受游客青睐。尤其是那些曾因汽车工业兴起而红极一时的公路沿线的大量汽车旅馆，至今仍在发挥重要作用。

（六）加油站、汽车维修及租赁。66号历史路沿途有着多处加油站，历史上的部分加油站至今仍旧发挥着原有作用，而部分加油站由于年代久远，日渐荒废，却成为彰显道路文化的景观。加油站与汽车维修站往往配套建设。66号历史路的汽车租赁服务点，多设在沿线休息区、机场，以及大中型城市（如芝加哥等）附近区域，以便于外来游客租赁汽车并提供维修服务。

（七）救援安全设施。66号历史路联盟负责公路管理协调工作，针对道路上出现的紧急情况，在短时间内，提供救援安全帮助和服务，保障游客安全。

（八）游径慢行系统。66号历史路沿线有众多的历史游径，构成了慢行系统。66号历史路与游径的入口连接处，往往设计有简约化的入口场地段，提供停车场、解说牌，以及引导标识等设施，以为游客提供有关路线、方向、服务点等信息。长距离游径的主要节点往往设置在沿线社区城镇，提供包括餐饮、住宿、自行车租赁等服务。

三、景观小品与植物配置

66号历史路在景观设计中突出强调了提升和强化道路沿线景观的历史文化特征，强化旅游者对道路的认同感。

景观小品。66号历史路沿线建设有众多以汽车文化为主题的景观小品，突出其历史文化特征。部分路段的建筑物也彰显着与66号历史路发展历史的紧密关联，一些建筑物还保留着原有功能，仍可为游客提供服务。而有些建筑物已经失去了原有功能，成为人们追忆往昔的载体。对于道路沿线的历史建筑物，规划设计人员对其进行了景观整治，非常强调凸显66号历史路的历史文化特色与氛围，以丰富游客的视觉美感，同时增强其历史文化体验。

植物配置。66号历史路植物配置强调遵从自然，保护具有地带性特征的植物群落。注重对有着丰富的乡土植物，以及野生动植物栖息的荒废地、湿地、自然河川、低洼地等生态系统的保护。同时，也非常强调对道路沿线国家公园、国家林地公园等的保护。

四、产品与线路

（一）产品设计

66号历史路充分利用廊道内独特而丰富的资源，面向客源市场，形成了多元化的旅游产品体系，但最为突出的是自驾观光游览产品、户外运动产品和节庆文化活动，其中节庆文化活动开发尤为成功。

自驾观光游览产品。66号历史路跨越8个州，沿线自然及历史景观资源丰富，包括游径博物馆、鬼城、画布沙漠、化石森林国家公园、流星陨石坑、凯巴布国家林地、大峡谷国家公园、沙漠山等等，其途经平原、山脉、沙漠、高原等多种自然景观。起伏变化的地形地貌，营造了丰富、持续及和谐的视觉体验。因此，独特的景观催生了66号历史路备受游客青睐的自驾观光游览产品。

户外运动产品。66号历史路为双车道公路，来往车辆较少。因此，为游客提供了驾车兜风、尽情狂飙的场所，目前66号历史路有部分路段专供游客兜风。公路的交通条件及环境氛围，也为“暴走族”提供了户外运动机会。与此同时，公路穿越西部地区众多风景区，能够为游客提供大量户外游憩机会，包括滑雪、划船、垂钓和徒步等，但这些活动多具有季节性。

节庆文化活动。遵循文化主题化和活化原则，66号历史路开发了丰富的节庆文化活动，使旅游者获得了丰富的游憩经历及遗产文化和历史文化体验。按照事件性质，将66号历史路廊道内的节庆文化活动划分为休闲事件、文化庆典、文艺/娱乐事件、商贸及会展、体育赛事等5种类型（表4-4）。

（二）节庆文化活动分析

66号历史路节庆文化活动多达137个。节庆文化活动设计，注重从整体着眼，实现节庆文化活动的综合效益；并遵循原真性、主题性、线性和公众参与性等四个理念。节庆文化活动的设计，主要围绕自然和文化资源，并呈现出以下时空分布特征：从空间分布来看，在级别较高的路段（如俄克拉荷马州和伊利诺伊州），文化、历史和游憩资源较为丰富，提供了更多举办节庆文化活动的机会。从时间分布来看，旅游旺季举行的节庆文化活动较多。举办时间主要集中于5—9月，即在旅游者出行较频繁的夏、秋两季开展，期间活动具有数量多、种类丰富的特点。从节期来看，以短期为主，其影响力度和范围都很有限。从总体来看，66号历史路节庆文化活动类型各异、举办地级别各异、数量众多；休闲事件居多；公众参与度较高；吸纳非营利组织，打造品牌活动。

（三）线路设计

66号历史路有着四条较为经典的游览线路，线路突出了各自特色，旅行里程和时间长短不一，里程一般为300—700公里。

1. 66号历史路自驾观光游（亚利桑那州段）。该自驾线路起点为托波克（Topock），终点为化石森林国家公园及画布沙漠。该路段是66号历史路沿线历

66号历史路沿线节庆文化活动基本类型及特征　　表4-4

分类名称	主要类型	典型节庆活动
休闲活动	游戏和趣味体育； 娱乐事件； 巡游、观赏自然风景	俄克拉荷马州观鹰节（Eagle Watch） 俄克拉荷马州南瓜节（Pumpkin Festival） 观雪日（Snow Days） 儿童风筝节（Kids and Kites Festival） 林肯徒步旅行节（Abraham Lincoln Walking Tours） 品味芝加哥（Taste of Chicago） 66号历史路“趣味赛跑”（Historic Rollte 66 Fun Run）
文化庆典	节日； 狂欢节； 宗教事件； 大型展演； 历史纪念活动	伊利诺伊州林肯诞生日（Lincoln's Birthday Celebration） 加利福尼亚州（墨西哥）“5月5日”节（Cinco De Mayo Celebration）
文艺/娱乐活动	音乐会； 授奖仪式； 文艺展览； 其他表演	布鲁斯音乐节（Blues Festival） “66号历史路回声”艺术摄影展（Echos of Route 66） 俄克拉荷马州埃尔里诺遗产和艺术节（El Reno Heritage & Arts Festival）
商贸及会展	展览会；展销会； 博览会；会议； 广告促销；募捐 / 筹资活动	芝加哥摩托车秀和博览会（Chicago Motorcycle Show Expo） 俄克拉荷马州克雷格县自由商贸会（Craig County Free Fair）
体育赛事	职业比赛； 业余竞赛	66号历史路三项全能运动（Route 66 Sprint Triathlon） 俄克拉荷马州66号历史路马拉松比赛（Route 66 Marathon）

资料来源：ADOT.Historic Route 66 Corridor Management Plan [EB/OL]. 2005.

史文化及自然景观资源价值最突出，也最为丰富的路段（该线路里程约为746.6公里）。

2. 66号历史路：地标性建筑观光留念之旅（俄克拉荷马州段）。该线路起点为里本路（Ribbon Road），终点为桑德丘陵古玩店（Sand Hills Curiosity Shop），沿线有多处地标性历史建筑，是摄影的好去处。该路段拥有适合各年龄段旅行爱好者的住宿设施及景区景点。因该路段标识系统完善，加之，沿线的38个社区居民做自愿导航大使的积极性较高，可进入性较强（该线路总里程为593.9公里）。

3. 66号历史路历史文化之旅（墨西哥州段）。该线路起点为托马斯·科芬的“路侧景点”（Thomas Coffin's Roadside Attraction），终点为埃尔兰乔（El Rancho Motel）汽车旅馆。该路段沿线拥有大量奇特而有趣的地方文化，游客能够体验到该区域独特的公路历史文化（该线路总行程约为510.7公里）。

4. 66号历史路梦幻之旅（伊利诺伊州段）。该线路起点为芝加哥，终点为古链石桥（The Old Chain of Rocks Bridge）。该线路穿越整个伊利诺伊州，每一个停留点都展现了66号历史路上著名的历史遗产（该线路总里程约为477.5公里）。

五、品牌与营销

66号历史路历史文化底蕴深厚，知名度高，影响力大。在市场营销中持续树立和推介“母亲之路”形象，并塑造美国西部历史文化自驾观光体验的品牌形象。营销活动主要有以下三方面：

（一）节庆文化活动营销。成功的节庆文化活动，既是旅游产品，也是促销手段。66号历史路非常重视节庆文化活动，文化庆典、文艺/娱乐事件、商贸及会展、体育赛事、娱乐事件，休闲活动等丰富多样。公路沿线穿越的八个州对节庆文化活动营销进行了统筹协调，由相关部门及利益主体进行合作营销，以提升66号历史路的知名度与美誉度。

（二）网络营销。互联网是一个信息化的营销平台，它可以强有力的支持网络营销，也可支持传统的营销手段，进而大大提高营销效率。同时，网络传播可将营销范围从本地扩展到全美国乃至全世界，扩大了旅游产品销售的市场范围。66号历史路非常注重网络营销，强调要宣传好、利用好和管理好66号历史路的相关宣传网站，如美国风景道官方网站、66号历史路维基百科网站（http://byways.org/explore/byways、http://en.wikipedia.org/wiki/U.S._Route_66）等，以充分发挥窗口作用，向外界宣传报道66号历史路的最新资讯，充分发挥网络信息在宣传营销中的积极作用。

（三）文化影视作品营销。66号历史路充分利用文化影视作品营销，是其营销非常突出的方面。如曾经著名的电视剧《66号公路》、约翰·斯坦贝克的小说《愤怒的葡萄》、动画电影《汽车总动员》等作品均以66号历史路为背景，展示了美国自由精神和该风景道的风光与历史。66号历史路充分利用了文化影视作品进行营销，勾起游客对66号历史路的记忆，也激起他们再次游览66号历史路的兴趣，获得了非常显著的营销成效。

4.4 管理营运

4.4.1 管理体制

66号历史路跨越8个州，其管理工作由国家、区域、州与地方政府、非营利组织等四个层面共同进行，管理组织结构，如图4-5所示。

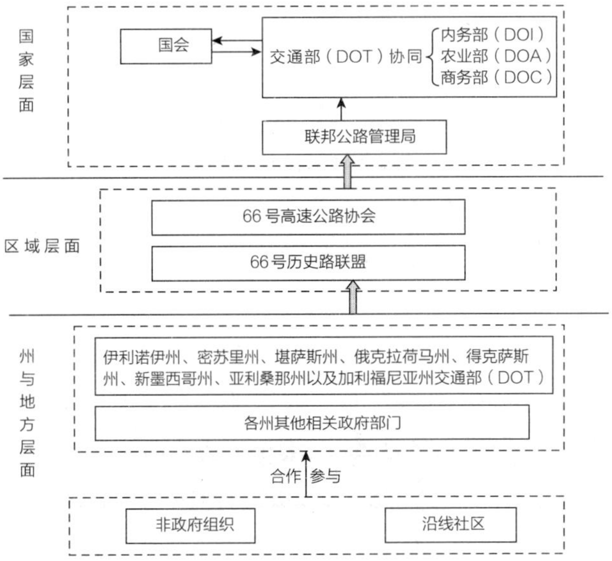

图4-5 66号历史路管理组织结构

资料来源：①ADOT.Historic Route 66 Corridor Management Plan[EB/OL]. 2005；②易圣涛.美国公路之母——66号公路[J]. 公路交通技术，2007，23（9）：131—132.

国家层面，在美国国会授权下，由交通部协同内务部、农业部以及商务部宏观指导风景道的发展，并指定联邦公路管理局对其进行直接政策指导与管理。

区域层面，作为美国西部著名的母亲之路，66号历史路在区域层面上先后成立了美国“66号高速公路协会”以及“66号历史路联盟”。

66号历史路初步建设时期，就成立了“66号高速公路协会”，并由该协会牵头开展了大量工作。联邦公路系统正式成立之后，艾弗里（Avery）呼吁建立美国66号历史路协会，来推进公路的发展。1927年，在俄克拉荷马州的塔尔萨市，协会正式成立。1928年，此协会组织了第一次公开活动：从洛杉矶到纽约市的一次徒步竞赛，这次竞赛的路径覆盖了从洛杉矶到芝加哥段的66号历史路。“66号高速公路协会”共履行了48年的组织管理使命，于1976年解散。

“66号历史路联盟”，于1990年，在亚利桑那州和密苏里州分别成立，并唤起了美国人对它的记忆。在各地“66号历史路联盟”努力下，原本已经消失于地图的66号公路，又重新以“66号历史路”之名回到地图上。66号历史路开发与保护主要得益于各个州“66号历史路联盟”的工作。作为区域层面组织，各个州的“66号历史路联盟”，担负起了大多数的规划与管理工作，成为实现道路可持续发展的中坚力量。它主导了公路总体规划的制定以及日常管理、各部门之间沟通协调等工作。如“66号历史路联盟”发动认养公路的活动，共同修复其损毁路面，由27名义工每人负责161公里路程，每年至少两次开车巡视所认领范围，若有任何路面毁坏需要修补，立即向联盟报告，以进行施工修复。

州与地方层面，66号历史路所穿越8个州的交通部门，协同其他相关政府部门对其进行管理与维护。其中，8个州的交通部门，是66号历史路非常重要的管理部门，主要负责66号历史路的维护管养，维护道路的交通功能，协助完成国家级风景道申请工作，制定用于申请的廊道管理计划等。

非营利组织等，也积极参与到66号历史路管理与维护工作中，主要包括一些非政府组织、沿线社区公众等。通过与政府部门开展有效合作，来支持66号历史路发展。

4.4.2 资金资助

一、资金来源

66号历史路的提升改造、廊道沿线各类资源保护、廊道管理与维护等工作，能够顺利进行的一个重要保障就是有足够的资金。66号历史路资金来源主要包括：专门为风景道而设立的国家风景道基金、州与地方政府项目基金，以及其他社会非营利组织与公众等的私有资金，其中，来自联邦、州与地方政府层面的资金占大部分，通过一些公共机构或者是私人组织获得的私有资金占少部分。

根据66号历史路廊道管理计划可知，该历史路作为国家级风景道，联邦公路管理局为其规划建设及管理维护提供了国家风景道基金支持。此外，66号历史路所在的州与地方政府也提供了一部分配套资金。

66号历史路作为美国的“母亲之路”，其资金筹集赢得了非营利组织及社会公众等的大力支持，以基金形式为66号历史路开发、保护、宣传、维护与管理等提供资金资助，主要用于四方面项目资助：66号历史路沿线历史文化资源的归档，以及符合优先资助的资源恢复性项目；66号历史路沿线内在品质资源调查以及符合优先资助的资源保护性项目；实施营销目标及策略，包括制作营销材料，以促销资源，为游客提供游览体验机会；游客休憩区以及解说中心建设等。

二、国家风景道基金资助

2005年，66号历史路全线成为“国家风景道”后，于2006年，首次获得国家风景道基金资助。1999—2012年间，66号历史路共计有6年获得国家风景道基金资助，是其建设与发展中非常重要的资金来源。

从资助额度来看，2006年获得资助额度最多，达到651400美元，2009年获得资助额度最少，为395600美元，两者相差255800美元；6年中共计获得3056048美元，资助额度呈平稳起伏状态，平均资助额度约509341.3美元。

从资助占当年全美对所有国家级风景道资助比例来看，2006年占比最大，约2.55%；2009年占比最小，约0.97%，平均资助占比1.50%左右；6年间获得资助总额约占相应年间全美对所有国家级风景道资助总额的1.44%。

从空间分布上看，国家风景道基金对66号历史路的资助主要集中在亚利桑那州、加利福尼亚州、伊利诺伊州、密苏里州和新墨西哥州，资助额度不一（表4–5）。

从资金资助项目个数看，共计资助了18个项目，其中，2007年资助项目最多，达到5个，占比约为27.8%；2009年资助项目最少，为1个，占比约为5.6%；从资金资助项目类型看，主要集中在66号历史路廊道管理、解说信息、风景道设施、游憩通道、资源保护、营销6类，其中，廊道管理和解说信息项目最多，均为6个，占比均约为33.3%，其次为风景道设施和游憩通道项目，均为2个，占比均约为11.1%，资源保护、营销项目相对较少，均为1个，占比分别均约为5.6%，由此可以看出：66号历史路比较重视道路廊道管理、解说、风景道设施的建设与维护、资源保护、营销等（表4–5）。

国家风景道基金对66号历史路资助的区域、项目及类型　　表4–5

年份	州	项目	项目名称（编号）	项目性质
2006	IL、MO	4个	66号历史路廊道管理计划实施（SB-2006-IL-02） 66号历史路伊利诺伊州段解说项目（SB-2006-IL-11） 66号历史路廊道管理计划（SB-2006-MO-04） 66号历史路州级风景道标识（SB-2006-MO-01）	廊道管理、解说信息
2007	IL、NM	5个	66号历史路廊道管理计划实施（SB-2007-IL-09） 66号历史路伊利诺伊州段营销（SB-2007-IL-03） 66号历史路西段自行车道和人行道游径（SB-2007-NM-02） 66号历史路新墨西哥州圣罗莎（Santa Rosa）段寻路项目（SB-2007-NM-11） 阿尔伯克基（Albuquerque）门户区洛斯兰乔斯（Los Ranchos）牧场（SB-2007-NM-10）	廊道管理、营销、游憩通道、风景道设施
2008	AZ、IL	2个	66号历史路亚利桑那州段廊道管理计划修正（SB-2008-AZ-02） 66号历史路伊利诺伊州段路侧展示（SB-2008-IL-05）	廊道管理、风景道设施
2009	IL	1个	66号历史路伊利诺伊州段枢纽和标识牌体验（SB-2009-IL-05）	解说信息
2011	AZ、IL	2个	66号历史路亚利桑那州段温斯洛66号历史路广场修护（SB-2011-AZ-02） 66号历史路伊利诺伊州段解说标识（SB-2011-IL-035）	资源保护、解说信息
2012	AZ、CA、NM	4个	66号历史路金曼人行道提升（SB-2012-AZ-03） 66号历史路尼德尔斯（Needles）至巴斯托（Barstow）段廊道管理计划（SB-2012-CA-01） 66号历史路洛斯卢纳斯（Los Lunas）廊道管理计划（SB-2012-NM-01） 66号历史路阿尔伯克基寻路标识（SB-2012-NM-02）	游憩通道、廊道管理、解说信息

注：SB：风景道；AZ：亚利桑那州；CA：加利福尼亚州；IL：伊利诺伊州；MO：密苏里州；NM：新墨西哥州。
资料来源：National Scenic Byways Grant Totals by Year and State for 1992-2012[R]. http://www.bywaysonline.org/grants/funded/funded_report?report=award_total&format=pdf.

第5章　大河路（Great River Road）

首次体验密西西比河的记忆令人难以忘怀。俯瞰整条河流，能看到完整的历史层次感，并回望历史的长河。从达科他、齐佩瓦族和霍普韦尔印第安人以及早期的法国旅游者，到通过地下铁路寻求自由的非裔美国人，这条廊道都在他们的旅途中扮演了重要的角色。河水流经处，随处可见迷人的城镇和都市、历史场地和文化艺术品，大河路连接了资源、民众和历史。

Experiencing the Mississippi River for the first time is a memory few will forget. Looking out over the river, it is impossible to comprehend the complex layers of history acted out along its banks. From the Dakota, Chippewa and Hopewell Indians and early French voyagers to the African Americans seeking freedom on the Underground Railroad, this corridor has played a major role. Through its charming river towns and metropolitan cities, historic sites and cultural artifacts, the Great River Road links resources, people and history.

——美国国家风景道计划对大河路的评价

资料来源：National Scenic Byways Program Collection of America's Byways® Designated by U.S. Secretary of Transportation.

大河路廊道内具有十分丰富的资源，作为一条历史型滨水风景道，其沿线的历史品质突出，同时展现了一定的文化、自然、风景与游憩品质。该风景道跨越10个州，沿着密西西比河（Mississippi River，美国河流之父）建立，长约4800公里，沿线各段分别于2000年、2002年、2005年分三批次被遴选为国家风景道，成为美国国家风景道体系中的重要一员。大河路沿线景观壮阔，廊道内的旅游与游憩资源异常丰富，可谓名副其实的滨水旅游目的地。

5.1 概况与发展历程*

5.1.1 概况

沿着密西西比河畔的大河路（图5-1），自北向南贯通全美，是美国最长的一条风景道。依次经过明尼苏达州、威斯康星州、艾奥瓦州、伊利诺伊州、密苏里州、肯塔基州、田纳西州、阿肯色州、密西西比州和路易斯安那州10个州，总长约4800公里，其中，国家风景道的区段总长约3329.7公里。风景道蜿蜒曲折多次横穿密西西比河，途经乡村小镇、宁静的农场和古雅的村庄，是体验密西西比河奇观的旅游之路。

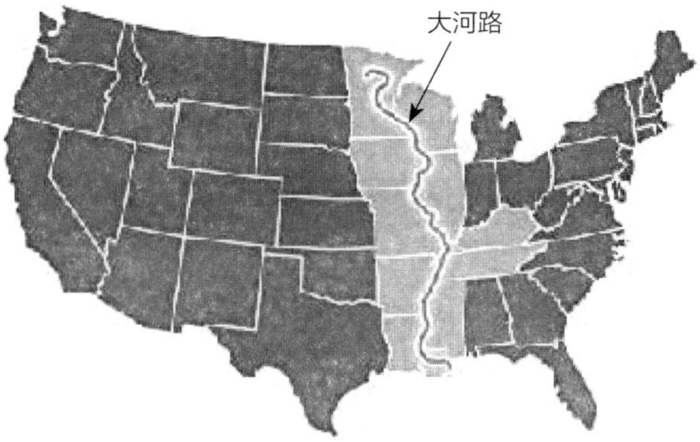

图5-1 大河路区位图

资料来源：The Iowa Mississippi River Parkway Commission. Iowa Great River Road Corridor Management Plan[R]. 2006，6.

*http://byways.org/explore/byways/2279

大河路所属的密西西比河流域，其地形属于北美洲内陆低地平原和大平原（图5–2）。区内不同地域气候差异大，冬季，路易斯安那州南部亚热带地区月平均气温为13℃（55℉），而明尼苏达州北部亚极地区则为–12℃（10℉）。夏季，路易斯安那州月平均气温为28℃（82℉），而明尼苏达州则为21℃（70℉）。流域东半部气候潮湿，冬、春季田纳西河（Tennessee River）流域、俄亥俄河（Ohio River）流域和密西西比河流域南部河流径流量大。自得克萨斯州中部至北达科他州（North Dakota）东部有一条南北延伸的半湿润气候带。西面为温带大陆性半干旱气候，沿落基山脉山脊以高山气候为主，冬季降雪在春季和初夏融化，并顺流而下。密苏里河主流发源于美国西北部地区落基山脉的黄石国家公园（Yellowstone National Park）附近。另一支流发源于加拿大与美国的边境地区，河流水量小，含沙量大，水位年变化大。密苏里河年平均流量约每秒2000立方米，初夏洪水期最大流量可达每秒22640立方米，而在冬季枯水期时，最小流量仅每秒120立方米。特别是大雨之后，混浊的泥水，滚滚流入密西西比河，甚至在密苏里河口以下100多公里内，混浊的密苏里河水与清澄的密西西比河水清晰可辨。因此，对于生活在密苏里河岸的人，此时的河水既不能饮用，也不能耕耘，对于当地农业灌溉和航运都有一定影响。

图5–2 大河路地图

资料来源：Federal Highway Administration.Great River Road[EB/OL]. http://byways.org/explore/byways/2279.

密西西比河流域是国家文化和娱乐休闲的宝库。每年，仅旅游、捕鱼和休闲娱乐产业的产值可达214亿美元，为流域内各地提供了35.1万个工作岗位。不管是短途还是长途旅行，密西西比河流域都会激发旅游者去游览它全部美景的兴趣。沿途美丽的城市向游客展现了迷人的河流景观，也可以让游客购买到独特的商品，还可以为其提供地方美食、音乐、游憩体验和历史探索活动。密西西比河流域自北向南，途经明尼阿波利斯（Minneapolis）、圣保罗（St. Paul）、四城市群（the Quad Cities）、圣路易斯（St. Louis）、孟菲斯（Memphis）、巴吞鲁日（Baton Rouge），以及新奥尔良（New Orleans）等大城市，这些城市经济发达，文化繁荣。沿途不断变化的城市特征、文化风俗等，反映了民族、景观、工业、文化、艺术以及美国历史的大融合。

大河路穿越10个州，地域广阔，依据沿途景观特色变化，将其分为4段：密西西比河源头段，上游自然景观段，中游滨水都市旅游段及下游滨水游憩娱乐段（图5–3）。

密西西比河源头段：大河路明尼苏达州段（即源头至圣保罗段），河水清凉、舒缓，大河路沿线自然景色优美，有众多湖泊、沼泽与乡间低地。

上游滨水自然景观段：上游段从圣保罗至密苏里州圣路易附近的密苏里河河口。此段流经石灰岩峭壁之间，景观壮美，印第安土著文化特点突出，这一河段被当地印第安人称为“河流之父”。

中游滨水都市旅游段：自密苏里河汇入处至俄亥俄河口为中游段。该段水流湍急，泥沙含量大。该段

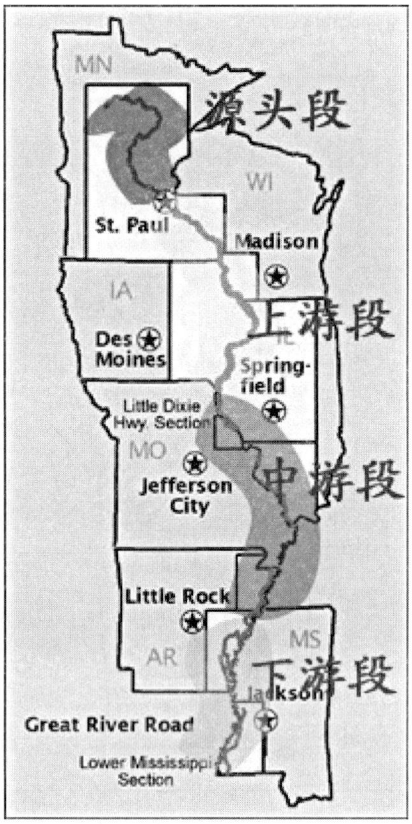

图5-3 风景道的区段划分

资料来源：Federal Highway Administration. Great River Road [EB/OL]. http://byways.org/explore/byways/2279.

沿线有很多大都市，工业发达，城市旅游繁荣。

下游滨水游憩娱乐段：俄亥俄河在伊利诺伊州的开罗河（Cairo River）汇入后，为密西西比河下游。该段河水丰满，河道宽广，两岸之间有2.4公里之距，景观壮阔，游憩娱乐活动异常丰富。

5.1.2 发展历程

密西西比河是世界第三大河，以其美丽、宏伟和多样性而著称。很多年前，无论是从水上还是陆地，人们就已经开始沿着密西西比河游览、体验这一自然和历史宝藏的壮美景观。早在1938年，罗斯福总统在任时期，就产生了修建一条贯通南北的沿河风景道的想法。为了保护各种珍贵的资源，国会决定，与其新建一条道路，不如将现有乡村道路及其他各类道路，串联整合起来，即形成现在的大河路。依据重大事件，大河路发展历程大致可以分为以下四个阶段：

一、萌芽阶段

1938年，密西西比河公园路委员会（Mississippi River Parkway Commission，MRPC）和联邦政府协商，首次提出了开发建设大河路的提议。至今，该委员会仍在帮助和协调大河路景观、历史、休闲和其他要素之间的关系。该委员会于1939—1951年间，对大河路进行了建设可行性研究。美国众议院公共土地委员会分别于1939年及1940年，举行了听证会，对密西西比河公园路（Mississippi River Parkway）可行性研究报告进行讨论。然而，公园路建设的想法很快被第二次世界大战蒙上了一层阴影而停滞不前。直到1949年，国会才批准了可行性研究经费。密西西比河公园路可行性研究最终由公共道路管理局（the Bureau of Public Roads）（联邦公路管理局的前身）于1951年完成。然而，最后得出的结论却是，应在密西西比河沿线建设一条风景道，而不是公园路。原因是建设一个完整的新公园路费用太大而无法完成。公共道路管理局提出应该认定一条风景线路来代替完全新建整条公园路的方案。该认定的风景线路应包括现存的滨河道路和部分新建的公园路。两类道路应该相互连接，形成一条连续的线路。通过对现存的滨河道路进行提升改造，使其具有公园路的品质，这一改进方法将节省大量的土地及新建公园道路成本。另一个考虑是沿河的大多数景区景点已与现有的公路、铁路、城镇及城市相连。因此，修建风景线路而不是国家公园路的决策理念被采用。

二、起步阶段

随着1954年《联邦援助公路法案》（Federal-Aid Highway Act of 1954）的出台，国会回应了公共道路管理局关于拨款用于密西西比河公园路规划的建议。公共道路管理局声明将与密西西比河沿途各州进行合作，为该“公园路”的规划建设制定具体标准，同时，为密西西比河公园路在各州范围内选定一条具体的线路。到20世纪50年代，为人熟知的绿色和白色相间的轮形大河路标识，开始出现在指定线路的各个部分。大河路规划继续贯穿于20世纪60年代。与此同时，针对大河路在各州的土地征用、风景名胜地役权，以及进入控制等方面，也编制了相关的建议性报告，如《大河路艾奥瓦州段“征地，景区安置与进入控制”的建议》（Recommendations for Land Acquisition, Scenic Easement and Control of Access for the Great River Road in the State of Iowa）。后期，1970年美国国会出台了《国家环境政策法案》，要求交通运输部门要考虑交通运输项目对环境产生的负面影响，依据运输法案，综合协调交通运输功能与环境生态保护和社区价值之间的关系，强调对道路设计中的多因素要进行统筹考虑。在法案要求保护环境的大背景下，大河路的建设更注重环保。

三、建设阶段

20世纪70年代早期，随着相关研究报告和规划工作的相继完成，大河路开发建设正式启动。虽然大多数州已经安装了大河路标识，并启动了一定数量的州基金用于沿途风景保护与道路提升，但是全面发展资金（Full-Scale Development Funds）仍未到位。1973年出台的《联邦援助公路法案》（Federal Aid Highway Act of 1973），大河路首次被纳入立法资助对象。从1973年到1982年间，国会为大河路拨款专项建设基金共计3.14亿美元，其中的大部分（2.51亿美元）直接拨款给大河路沿线各州。1976年，联邦公路管理局发行“大河路项目建设联邦指南”（Federal Guidelines），为大河路建设制定标准。该指南指出大河路线路选址应该遵循“风景视野最佳，并且能够为游客提供体验密西西比河独特景观和休闲游憩的机会”的原则；同时，还提出了大河路应该提供历史、文化，以及地质等主题的多样化体验还强调该线路选址应该能够为人口密集的城镇中心提供方便的进入通道。此外，密西西比河廊道保护要求“选择合适的线路、有效控制与发展、进行风景名胜地役权收购”。此后，各州开始在其辖区内的大河路段风景道建设。1983年大河路风景道全部完工，风景道路网也基本形成。

四、发展阶段

20世纪90年代，国家风景道计划出台，此后的2000年、2002年及2005年，大河路各段先后分三批次入选国家风景道计划，成为国家风景道体系的一员，走上了规范化发展的轨道。

5.2 基本条件

5.2.1 交通分析

周边交通网络。大河路在穿越10个州的沿途线路，周边都有着极为便利的交通网。该风景道沿途与之相连接的州际公路约20条，主要有90号、35号、94号、43号、80号等，各级公路与风景道相串联密布成网，共同构成了大河路极为便捷、密布的风景道路网。

路况条件。大河路行车道大部分为由各州交通部管理的双车道组成，如艾奥瓦州大河路段，67%路段为美国国道（US Highway），29%为乡村公路，4%为城市公路。不同种类、不同数量的车辆可以在该风景道通行，如卡车、公共服务车辆、商务车以及游览观光用车等。大河路全线全年通行。大河路除了为当地交通服务外，主要是为游客提供体验密西西比河廊道美景，了解其历史文化的交通条件。

到大河路上游览的游客，主要是为了体验历史文化，观赏自然风景。大多数游客偏好慢速行驶。在旅游旺季，大量的机动车及自行车等蜂拥而至，游客流量大。

5.2.2 品质分析

大河路因突出的历史品质而被入选国家风景道。但与此同时，它又有着较高的文化、考古、自然、风景与游憩等品质。

一、历史品质

历史品质体现在大河路沿线大量而著名的遗址遗迹中。如国家注册历史区（National Register Historic Districts）、国家注册遗迹（National Register Historic Sites）、国家河流博物馆（迪比克）（National River Museum, Dubuque）、船闸和大坝遗址（Locks and Dams Sites）、锡泰历史遗迹（Site Historical Sites）、历史公墓（Historic Cemeteries）、乡村历史博物馆（County Historical Museums）以及私人历史遗迹（Private Historic Sites）等。这些遗址遗迹都有着重大的历史教育意义，反映了大河路沿线人类活动，主要包括建筑、居住模式和其他人类活动的痕迹，向游客述说着大河路的过去。

二、文化品质

文化品质是当地风俗或者传统的证明和表现，特征元素主要包括手工艺、音乐、舞蹈、仪式、节庆、演说、特殊事件和地方建筑风格等。大河路所在的密西西比河流域文化独特、丰富而多元，如独特的部落庆典及节日、阿米什人农耕文化、沿线社区的手工艺、音乐、舞蹈、礼仪、食品和民居建筑等。

三、考古品质

考古品质主要是指历史及史前人类生命和活动的自然证据，这些证据能够被看见，并且能够被清晰地记录下来。大河路沿线分布有一定的考古资源，如象形丘国家保护地（Effigy Mounds National Monument）、托勒斯博罗丘群（Toolesboro Mounds Group）、博物馆、土葬聚落遗址等。

四、自然品质

自然特征主要体现为“人为干扰的最小化”。密西西比河及其洪泛平原哺育着400多种类的野生动物资源。北美地区40%水禽都沿着密西西比河迁徙。从明尼苏达州的沼泽起点，到三角洲地带的海岸沼地，动植物繁盛的小区域在河流沿线屡见不鲜。在这些小区域内，繁茂的自然植被、相对独立的自然环境，以及莎草、水池草及黍类等植物，为水禽提供了良好的栖居地。这里生活着数量众多的鸭、鹅、天鹅、黑额黑雁、小雪雁、绿头鸭、水鸭、黑鸭、赤颈鸭、针尾鸭、环颈鸭以及蹼鸡等。河里的动物有鲇鱼、鼓眼鱼、亚口鱼、鲤鱼、欧洲腭针鱼，以及少量的钝吻鳄、虾、蟹等。大河路沿线地质地貌与水文条件自身成为一大自然景观的同时，更为众多的动植物提供了良好的自然生境。

五、风景品质

风景品质可以提升视觉体验，这些视觉体验来自风景道廊道上视觉环境中自然和人工元素。大河路视觉环境中突出的自然及人工元素，能够为游客提供高品质的视觉享受和体验，这些突出的风景资源，包括城镇大街、独特建筑、农田村庄等，而最突出的风景资源当属密西西比河。

六、游憩品质

户外游憩活动直接依赖于廊道的游憩资源，这些资源为户外游客提供了直接与间接的游憩体验。大河路游憩活动丰富多元，主要包括：水上划船、垂钓，以及狩猎等；州、县以及市级公园；自然中心；多种类型的远足及自行车游径；原始与现代风格的露营地；野生动物；古董与艺术品；艺术表演与文化活动；晚间娱乐（赌场）等。

5.2.3 市场分析

自游自驾是大多数美国人所青睐的休闲方式。大河路是北美最古老、最长及最独特的风景道，它每年为数以百万计的游客提供了从一日到多日不等的自游自驾机会。

从空间范围看：以大河路知名度与影响力，其在世界范围内都有着广阔的客源市场。主要目标市场为三类：一是大河路穿越10个州的客源市场，是最稳固、最主要的市场；二是美国境内其他州的国内游客，以及加拿大安大略省（Ontario）的游客，这也是其重要的市场；三是对美国历史文化感兴趣的户外游憩爱好者。

从属性上看：大河路客源主要包括历史文化体验市场和户外游憩市场。首先，大河路作为知名度高、影响力大的历史型国家风景道，为游客提供了历史文化体验的绝佳机会。对美国历史文化感兴趣的群体是其较为稳定的客源市场。其次，大河路还是与密西西比河相伴的滨河型风景道。该廊道范围内，丰富多样的游憩活动资源，以及宜人的户外游憩环境，为游客提供了大量的户外游憩机会。因此，户外游憩运动爱好者，也是其重要客源市场。

5.3 开发建设

5.3.1 目标与策略

为更好地规划建设大河路风景道，2006年，艾奥瓦州密西西比河风景道委员会（The Iowa Mississippi River Parkway Commission）在制定的《大河路（艾奥瓦路段）廊道管理计划》（Iowa Great River Road

Corridor Management Plan）中提出其总目标为：大河路规划建设应该为保护及宣传密西西比河风景、自然、历史、考古、文化及游憩资源提供机会，同时，能够使密西西比河沿线各州居民持续享受品质生活，而且还能够为来自世界各地的游客提供一个独特的旅游目的地。

为此，密西西比河风景道委员会与该风景道各利益相关主体致力于完成上述目标，提出了7项具体策略：①确认、归档并保护大河路品质资源；②使风景道沿线公众意识到资源对于各州的重要性；③通过有效的解说及营销，为游客提供新的旅行体验；④对风景道沿线居民以及相关组织提供信息服务；⑤在对风景道资源敏感性保护的基础上，确认其经济发展的机遇；⑥与现有联盟，以及对风景道感兴趣的潜在组织保持合作关系，必要时，发展新的合作伙伴关系；⑦为个人及组织提供志愿服务的机会。

5.3.2 规划设计理念

大河路除遵循“综合最优化设计”总体理念外，还强调了以下五个理念：

一是历史文化保护与延续理念。大河路沿线印第安文化、工业文明和城市文明都具有典型性。因此，强调历史文化保护和延续，注重对具有历史意义并给人们留下深刻印象的场所，进行活化利用，让游客深刻体验和感受大河路丰富的历史与文化。

二是自然生态理念。大河路景色优美，湖泊、沼泽众多，突出强调原始的自然生态环境和河流生态系统多样性的保护，以为生物创造多样化的生境。因此，大河路在规划设计中注重设计遵从自然，尽量少建新的人工景观。人工景观在修建时，充分重视与自然环境的融合与协调，以实现可持续发展。

三是“四水”理念。大河路突出了“四水”理念，即亲水、赏水、戏水、玩水，为游客提供充足的亲近水域的机会。在设施和游憩活动设计方面，也突出了滨水性和亲水性。首先，在选线上，大河路尽量临水而建，很多路段都采取沿密西西比河两侧布线，以增强其滨水性与亲水性，让游客更亲近水体；其次，景观设计中突出了水体的可视性和可达性。同时，通过众多以水为主题的路侧公园及设施的规划设计，最大限度地为游客提供亲水及戏水的条件。

四是“陆域岸带水域”有机组合。大河路是历史型风景道，也是滨水型风景道。滨水型风景道有着“陆域、岸带和水域”三界，游憩活动谱系比其他风景道更为丰富多样。大河路在游憩活动规划设计中注重“陆域、岸带及水域”三界游憩活动的有机组合，让游客以多角度、多方式及立体化感知和体验滨水风景道的美景与乐趣，增强大河路的活力和感召力。

五是多利益主体参与理念。大河路穿越10个州，由国道、州际公路、州内公路、郡县公路和乡村公路等多种道路类型构成，是美国境内最长的一条历史型滨水风景道，涉及众多部门、单位、组织和民众。如何实现多利益主体合作与协作，并实现风景道可持续发展，是其规划、建设、管理、运营等需重点考虑和解决的问题。

5.3.3 建设要素

一、道路工程

大河路规划建设在20世纪70年代早期正式开始，各州在其各自辖区内展开了对大河路风景线路的规划建设，1983年大河路风景道全部完工。因此该道路的历史并不是特别长，其最初的规划目标就是建设一条风景线路，为此，道路主体需要提升改造的部分不多，在道路灵活性设计理念的指导下，主要对车行道设计标准、桥梁构筑物及路肩三个方面进行了提升改造。

车行道设计标准。大河路在道路工程设计时，就按照旅游交通特性来修正其设计标准，以提升道路工程品质。国家标准中对于乡村公路的新建以及提升被广泛应用于大河路建设中。大河路的车行道设计标准如表5-1所示。

桥梁构筑物。大河路廊道内的桥梁构筑物是重要的具有交通与景观双重价值的元素。由于大河路风景道多为沿河双侧风景道，需用数量庞大的桥梁连接，实现了对大河路不同方位、不同角度的游赏。对于已有桥梁，仍以保护为主，主要是进行桥面及相关元素的修复，或者在修复的基础上对其进行一定程度的加宽，提升安全功能。

大河路车行道设计标准* 表5-1

设计要素（Design Element）	道路分类（Roadway Classification）		
	地方公路（Local）	支路（Collector）	干道（Arterial）
设计时速（mph）（Design Speed,mph）	30	40	50
车道宽度（ft）（Lane Width,ft）	11	12	12
路肩宽度（ft）（Shoulder Width,ft）	2	4	6
人行/自行车道宽度（ft）（Pavement/Bikeway width）	4	4	6
最小停车视距（ft）（Minimum Stopping Sight Distance,ft）	200	300	400
最小水平曲率（%）（Minimum Horizontal Curvature,ft）	252	468	764
最小坡度（%）（Minimum Grade,%）	0	0	0
最大坡度（%）（Maximum Grade,%）	7	6	5
最大超高率（%）（Maximum Superelevation,%）	8	8	8

*mph，每小时英里数的简称，全称“miles per hour”；ft，英尺的简称。
资料来源：Mississippi River Corridor-Tennessee Great River Road Tennessee Corridor Management Plan[R]. 2008，11.

路肩。对于大河路路肩宽度，需要考虑机动车驾驶者及自行车骑行者需求，以及交通安全、建设及维护成本、美学与环境影响等各方面因素。在风景优美且没有观景台与路侧设施的地段，摩托车骑行者沿大河路行驶，随意停靠，这些行为在车流量较大或者停泊车辆阻碍司机视野的地段，容易造成交通事故。为此，交通警示标识及限速标识应该被评估后设置在确定安全的路肩上。

二、游憩服务设施

大河路游憩服务设施主要包括：观景设施、道路引导标识、解说设施、营地设施、餐饮住宿与汽修、交通连接设施以及水上游憩设施等。

（一）观景设施。大河路沿线观景设施主要是指观景平台与桥梁。沿线设置了一定数量的观景平台，以供游客观赏美景，选址突出亲水性。同时，沿线桥梁兼具观景功能，大河路沿线有大量桥梁连接，可实现对大河路不同方位、不同角度的游赏。

（二）道路引导标识。大河路道路引导标识，主要包括大河路风景道标识以及廊道内的目的地标识。其功能主要有三方面：风景道识别功能、目的地和相关位置信息的确认、大河路主题形象树立（图5-4）。

大河路廊道内的道路引导标识，在城市路段与非城市路段设置原则有所不同。在城市路段，交通标识系统发达，大河路道路引导标识与交通标识进行协调整合，共同实现指引交通、引导游客便利、流畅地游览风景道的作用。而在非城市路段，则更加注重体现大河路的风景道标识特色，与目的地标识配合，为游客在大河路上的游览体验提供引导作用。

（三）解说设施。为提升游客旅行体验，大河路进行了精心、完善的解说系统规划设计，其沿线解说设施丰富，主要包括游客中心、解说标识、博物馆及展览馆等。

游客中心。大河路沿途设立了大量可为游客提供全方位服务的游客中心，中心内发放与出售旅行指南与地图等印刷品，解说内容突出介绍了风景道滨水游憩活动，为滨水及水上游憩活动的开展提供租赁、餐

图5-4 大河路道路引导标识

饮、住宿、安全救援等全方位的信息。

解说标识。主要包括全景标识牌、景点标识牌、指路标识牌、警告标识牌、服务标识牌五大类。确保了游客在旅行中的快捷、便利与舒适，讲解内容主要涉及滨水景观，地质、地貌，河流成因及其演化历史等。

博物馆及展览馆。大河路，其沿线有着丰富的历史文化资源，拥有大量的国家注册历史区/地、众多的博物馆和历史建筑物遗迹等，为游客充分详尽地展示了该廊道内的历史文化。

（四）营地设施。大河路在其廊道内规划建设了一批营地设施（同时也包括一些私人营地），这些设施多数设置在沿线的州立公园内，供游客白天及过夜露营使用。此外，在密西西比河岸边与野餐区搭配建设了多处帐篷与房车营地。

（五）餐饮住宿与汽修。该风景道在突出营地等旅游设施的同时，在沿线城镇中为游客提供了全方位的餐饮、住宿设施。除了固定的餐饮酒店，沿线公园游憩区及廊道内的河流附近还规划了野餐区。大河路沿线有多个国家及州立公园，这些公园游憩区为野餐提供了最佳地点；同时，密西西比河沿岸的平坦地带也成为天然的野餐烧烤场地，并且在其中设有经设计的野餐场地，一般与垂钓等游憩区域配套建设。此外，沿线城镇还提供了包括加油站、汽车维修点等在内的汽车相关服务设施。路侧还提供了一定数量的公用电话以及休息区，但该廊道内的休息区一般在冬天关闭，并停止使用。

（六）交通连接设施

停车场。大河路沿线设置了众多停车场，选址全部靠近密西西比河，为旅游者提供了停留并享受观赏壮美滨河景观的机会。

游径慢行系统。游径慢行系统的设计，在不同的游憩段，具有不同特色。大河路在沿河不同路段分为两侧滨水风景道以及单侧滨水风景道。风景道与国道、州际公路等各级公路有良好的衔接，可实现游客便捷地换乘。自行车游径、徒步游径、滑雪游径等分别自成网络，设施完备，并备有专门的游径系统设计方案，与此同时，大河路利用滨水优势，充分规划开发滨水游径，并通过桥梁、亲水平台、码头等与陆上风景道进行良好的对接与换乘。

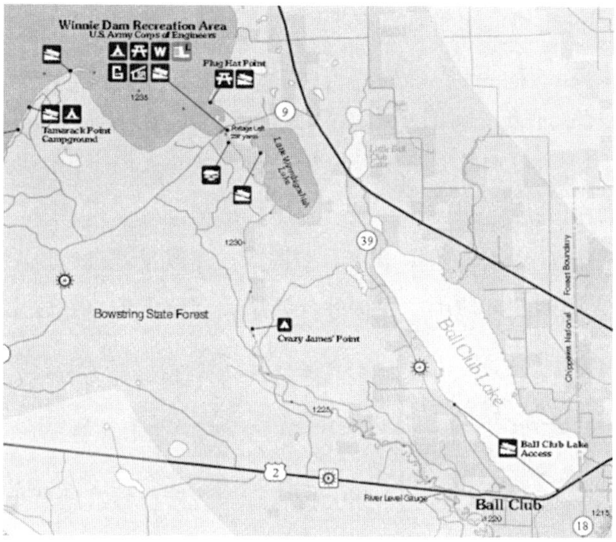

图5-5 大河路源头的水上游憩活动及服务设施

资料来源：Missisippi River water trail [EB/OL]. http://www.greatriver water trail.org/2008.

（七）水上游憩设施。大河路为游客提供了充足的水上游憩设施（图5-5），如在沿线多个露营地、州立公园及城镇，建设游艇码头，开展游艇活动；对船只靠岸点及垂钓点等进行合理分布，并进行人性化设计。

三、景观小品与植物配置

大河路在景观小品与植物配置中尤其注重滨水性。

景观小品。以滨水建筑景观小品为主，注重突出滨水性，造型上注意与水体形态与水流特征相吻合，多采用流线型设计，并追求轻盈、灵动的视觉效果；材质上多运用透明、半透明材质，以体现建筑的通透性；视觉效果上，采用凸窗设计，最大化地拓宽人们观赏水景的视野，以取得良好的视觉效果。与此同时，大河路沿线也存在着较为丰富的历史建筑，对于历史遗留建筑，进行整修提升，成为追忆往昔的凭借。这些历史建筑与历史文化道路的发展历程紧密结合，强化了旅游者对大河路的认同感，并增强了历史文化体验。

植物配置。大河路植物配置主要体现在景观植物配置、水体植物设计与岸线植物设计三方面。首先，景观植物配置。设计遵从自然生态原则，以重现原生态的自然滨水景观与湿地景观。通过植物配置营造出自然滨水氛围；其次，水体植物设计，因大河路自然景色优美，湖泊、沼泽众多，故注重水体的自然设计，尽量保持并恢复其原始的自然状态，以突出表现廊道的原生态美景；最后，岸线植物设计，风景道岸线设计采用自然护岸和生态护岸，使风景道自然地融入周围的环境中，保护并保持了大河路上的自然原生态美景。

四、产品与线路

（一）产品设计

大河路跨越10个州，覆盖地域较广。沿线地域呈现四段不同的景观特征，即密西西比河源头段，上游滨水自然美景段，中游滨水都市旅游段与下游滨水游憩娱乐段。因此，大河路产品设计根据不同景观段资源条件的特点，在历史遗产观览与户外游憩活动产品设计中体现出一定差异性（表5-2）。

大河路游憩活动产品一览表　　表5-2

廊道分段	产品设计
密西西比河源头段	• 户外运动 • 娱乐活动 • 景点观赏 • 沙滩浴场 • 历史文化遗产观览 • 特色旅行
上游滨水自然美景段	• 户外运动 • 野生动植物观光 • 历史文化观览活动（土著文化参与性活动、博物馆、艺术馆参观等）
中游滨水都市旅游段	• 休闲餐饮 • 音乐 • 购物 • 节庆活动 • 博物馆、艺术馆、纪念馆观览
下游滨水游憩娱乐段	• 垂钓等水上娱乐活动 • 游船旅行 • 户外运动 • 各种节庆活动

资料来源：Federal Highway Administration.Great River Road [EB/OL]. http://byways.org/explore/byways/2279.

密西西比河源头段。本段游憩活动产品是大河路全段最为丰富的。游憩活动以户外运动为主，其中包含大量的滨水及水上娱乐活动。

上游滨水自然美景段。该段游憩活动以游客体验原生态美景为目标，多为户外运动及野生动植物观光等，辅以一定数量的历史文化观览活动，如土著文化体验性活动、博物馆及艺术馆参观等。

中游滨水都市旅游段。该段娱乐活动体现了浓厚的都市风格，休闲餐饮、音乐、购物、节庆活动等十分丰富。风景道周边还有大量的博物馆、艺术馆、纪念馆等，凸显了本段的都市风韵和美国近现代文化特色。

下游滨水游憩娱乐段。此段风景道上设置了极为丰富的滨水、水上娱乐活动，以及其他娱乐活动，如垂钓、游船旅行、户外运动、各类节庆活动等，吸引了大量游客。

（二）线路设计

大河路沿途历史文化浓郁、自然景色优美、游憩资源丰富。据此，规划设计8条游览线路，更好地引导不同需求的游客体验大河路。8条精品路线旅行里程和时间均不一致，旅行里程最短的为24公里，最长为535公里。

1. 巴吞鲁日到新奥尔良之旅（路易斯安那州段）。该线路起点是路易斯安那州国会大楼（Louisiana State Capitol Complex），终点是法国驻扎地历史街区（French Quarter Historic District）。路易斯安那州大河路之旅主要是体验该区域内的历史故事（该线路总里程约为244.9公里）。

2. 南部财富探索之旅（密西西比州段）。该线路的起点是维克斯堡国家军事公园（Vicksburg National Military Park），终点是罗斯蒙特种植园（Rosemont Plantation）。密西西比州的这一段不到160.9公里的线路，包含了多处国家级与州级的历史景点，这条线路连接了密西西比河沿线最古老的四个定居点，在廊道的每一处停留点，都有国家注册历史区名录所列的吸引物（该线路总里程约为124公里）。

3. 北段必经之旅（明尼苏达州段）。该线路的起点是艾塔斯卡湖州立公园（Lake Itasca State Park），终点是明辛根和克莱门斯公园（Munsinger

and Clemens Park）。这一条“大河路必经之旅”始于密西西比河源头—艾塔斯卡湖，向东到大急流城（Grands Rapids），然后向南一直到圣克劳德市。沿途可体验明尼苏达州密西西比河无与伦比的自然风光（该线路总里程约为535公里）。

4. 历史与自然奇观体验之旅（田纳西州段）。该线路的起点是田纳西州的尤宁城（Union City），终点为纳什博物馆（Chucalissa and the C.H.）。该线路让游客走进密西西比河廊道沿线的重要历史社区，同时设计线路从北部进入田纳西州，可为游客提供体验该区域自然美景的机会（该线路总里程约为412.6公里）。

5. 密西西比河历史之旅（肯塔基州段）。该线路的起点为帕迪尤卡（Paducah），终点为哥伦布-贝尔蒙特州立公园（Columbus-Belmont State Park）。肯塔基州大河路引导游客体验密西西比河历史之旅（该线路旅行时间为一天，总里程为35公里）。线路走向为：帕迪尤卡—哥伦布-贝尔蒙特州立公园。

6. 莫林—诺伍之旅（伊利诺伊州段）。该线路的起点为伊利诺伊州莫林（Moline），终点为诺伍（Nauvoo）。该线路包括历史城镇、保存完好的公园以及各种博物馆，游客能够体验到有关当地的军事、土著民等的故事（该线路总里程约为185.2公里）。

7. 大河路游览体验线路（威斯康星州段）。该线路的起点为威斯康星州大河路北端点，终点为威斯康星州大河路南端点。该线路为游客提供了体验威斯康星州大河路沿线的历史、自然、风景及游憩等突出资源的机会，两日之旅将能够使游客感受到密西西比河流域轻松、舒适的生活（该线路总里程约为403.3公里）。

8. 小迪克西历史探索之旅（密苏里州段）。该线路的起点为克拉克斯维尔（Clarksville），终点为杜邦保护区（Dupont Conservation Area）。密苏里州大河路之旅主题是探索密苏里的历史区域，并在所游览的景观中体味古老的南部城镇景观（该线路旅行时间为一天，总里程为24公里）。

五、品牌与营销

大河路廊道内具有丰富的历史、文化、游憩等资源。这些资源对于国内外客源市场具有较强的吸引力。大河路制定了一定的营销规划，以进行品牌的营销推广。营销工作主要由密西西比河公园道委员会、其他旅游发展组织，以及私人企业共同完成。针对当地居民、历史爱好者、寻求自然美景的游客，以及休闲游客等主要细分市场，采用网络营销、媒体营销、节庆文化活动营销等手段进行宣传促销。

（一）促销活动

为维护大河路廊道内国家级资源品质，提升知名度，密西西比河公园道委员会策划了一系列促销活动（表5-3）。

（二）营销计划

为更好地对大河路进行宣传营销，除展开一系列促销活动外，还制定了系统的营销行动计划，以规范实施（表5-4）。

大河路促销活动 表5-3

序号	促销活动
1	与联邦公路管理局合作，以确保高效实施大河路风景道营销计划
2	各州分别与相邻的已获得国家风景道认证的州进行捆绑营销与合作
3	与各州旅游部门协作，获得高效的公共关系并促销大河路
4	确保及时兑现和满足公众的信息需求
5	为团队旅游运营商提供额外的旅行资讯
6	继续寻求国家层面对大河路的关注度，并通过国家级刊物、期刊以及书籍等平面媒体宣传风景道的重要性

资料来源：The Iowa Mississippi River Parkway Commission.Iowa Great River Road Corridor Management Plan[R]. 2006，6：24.

大河路营销行动计划 表5-4

计划性质	具体内容
近期 行动计划	• 在大河路沿线安装风景道标识牌； • 出版并分发重点突出大河路内在品质的彩色宣传册； • 开展风景道沿线志愿服务； • 在国家级刊物上发表相关文章； • 密西西比河沿线社区游客管理局发行各州的游客指南； • 与节庆事件和景点结合，进行大量的交叉促销； • 为“大河之歌”进行定位； • 精心设计各州官方游客指南
长期 发展行动	• 增强公众对与大河路以及密西西比河相关的旅行与游憩机会的认知； • 创建大河路的官方网站； • 引导商业管理者认识到与大河路相关的合作优势； • 与私人厂商合资，提供适当的产品与服务； • 加强各州密西西比河风景道委员会之间的联合营销

资料来源：The Iowa Mississippi River Parkway Commission.Iowa Great River Road Corridor Management Plan[R]. 2006，6：24-25.

5.4 管理营运

5.4.1 管理体制

大河路跨越密西西比河流域10个州，从可行性调查研究到规划建设都由国会亲自授权，其管理工作由国家、区域、州与地方政府、非营利组合等四个层面共同承担，管理组织结构，如图5-6所示。

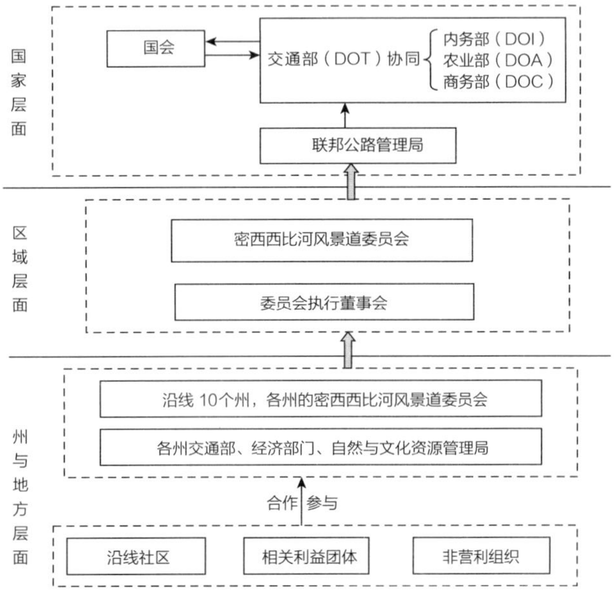

图5-6 大河路管理组织结构

资料来源：The Iowa Mississippi River Parkway Commission. Iowa Great River Road Corridor Management Plan[R]. 2006，6.

国家层面，即在美国国会的授权下，由交通部协同内务部、农业部以及商务部宏观指导风景道的发展，联邦公路管理局为直接管理部门，其进行直接政策指导与管理。

区域层面，作为美国境内最长的一条历史型滨水风景道，成立了密西西比河风景道委员会，以对大河路进行管理与维护。

密西西比河风景道委员会成立于1938年，目的是为发展建设大河路。委员会不仅在大河路早期规划中发挥重要作用，在其建设、发展及营销等中也起到主导作用。密西西比河风景道委员会总部设在明尼阿波利斯，沿线10个州及加拿大安大略省的代表，共同组成了委员会执行董事会。

州与地方层面，大河路所经每一个州都有相应的州级密西西比河风景道委员会，这些委员会均通过立法形式予以成立。

各州风景道委员会主要职责是负责保护、营销，并提升密西西比河风景、历史遗迹、游憩资源，以促进大河路沿线经济增长，为了维护大河路的国家风景道地位等。各州委员会制定了以下相关策略：强化公众意识；进行有效合作；鼓励各级政府、私人、非营利组织等采取适当行动；关注并学习维护和提升资源的成功范例（艾奥瓦州自然遗产基金会就是通过与非营利组织以及土地所有者进行有效合作，进行资源保护的典范）等。

各州风景道委员会成员主要包括：州政府相关人员，州交通部、经济部门、自然与文化资源管理局等部门代表及社区代表等。委员会成员经常参加社区群众的督查会议，以接受公众建议。另外，委员会通过赞助一系列与密西西比河相关的公共事件，来增强公众对大河路的保护与宣传意识。

一些非营利组织，也积极参与到大河路管理与维护等工作中，为实施廊道管理计划起到重要作用，这与各州委员会认为“大河路的持续性成功必须依赖于公众参与，现存伙伴关系的维持，以及新的联盟的建立是大河路成功的关键”密切相关。这些非营利组织主要包括沿线社区、相关利益团体、公众以及个人等。

5.4.2 资金资助

一、资金来源

大河路规划、建设、维护及营运等资金资助，充分体现了多利益主体之间的合作和公众积极参与理念。1973年出台的《联邦援助公路法案》，首次以法律授权方式给予大河路发展以资金支持。从1973年到1982年，国会共授予大河路3.14亿美元资金，其中，2.51亿美元直接拨款给沿线各州，用于大河路建设与发展。

1991年《冰茶法案》出台后对大河路给予了资助。1995年国家风景道计划出台，为风景道资金如何获得资助给予了明确规定，大河路作为“国家风景道”其资金来源有了稳定保障。大河路资金来源主要包括两部分：一是专门为风景道而设立的国家风景道基金；二是相关利益团体及公众等的私有资金。

二、国家风景道基金资助

1992年，大河路首次获得国家风景道基金资助；2000年被认定为“国家风景道”。1992—2012年间，大河路共计有16年获得国家风景道基金资助，成为其建设与发展中非常重要的资金来源。

从资助额度来看，2010年获得资助额度最多，达到7932237美元；1993年获得资助额度最少，为243016美元，两者相差7689221美元。16年中共计获得34133824美元，资助额度呈起伏状态，平均资助额度达到2133364美元。

从资助占当年全美对所有国家级风景道资助比例来看，2012年占比最大，达到20.16%左右；2000年占比最小，约为1.36%；平均资助占比为7.41%左右；16年间获得资助总额约占相应年间全美对所有国家级风景道资助总额的8.13%。

从空间上看，国家风景道基金对大河路跨越的10个州均有资助，但资助分布不均，主要集中在威斯康星州、艾奥瓦州、明尼苏达州、伊利诺伊州、阿肯色州（表5-5）。

从资金资助项目数看，共计资助了133个项目，其中，2006年资助项目最多，达到16个，占比约为12.0%；2002年资助项目最少，为2个，占比约为1.5%。获得资助的16年中，平均资助项目数达到8个；从资金资助项目类型看，主要集中在大河路设施、廊道管理、解说信息、游憩通道、资源保护、营销、安全提升7类，其中，风景道设施项目最多，达49个，占比约为37.0%；其次为廊道管理计划，达34个，占比约为25.6%；再者为解说信息项目，达28个，占比约为21.1%；游憩项目为12个，占比约为9%；资源保护、营销、安全提升项目较少，分别为6、3、1个，占比分别约为4.5%、2.0%、0.8%。（表5-5）。

国家风景道基金对大河路资助区域、项目及类型　　表5-5

年份	州	项目	项目名称（编号、额度）	项目性质
2007	AR、IL、IA、MN、MS、WI	12个	大河路西孟菲斯（West Memphis)门户区项目（SB-2007-AR-01、$296000）、俄亥俄河国家风景道和大河路迪法恩斯堡(Fort Defiance)设施维护（SB-2007-IL-07、$275000）、大河路候鸟观景台（SB-2007-WI-03、$247200）等	风景道设施、廊道管理、解说信息、资源保护、安全提升、游憩通道

续表

年份	州	项目	项目名称（编号、额度）	项目性质
2008	AR、IL、IA、WI	7个	大河路路易莎（Louisa)解说中心（SB-2008-IA-06、$576000）、向旅行者讲述大河路威斯康星州段的故事（SB-2008-WI-03、$86400）、大河路蒙特罗斯(Montrose)大型文体馆项目（SB-2008-IA-07、$72480 ）等	风景道设施、廊道管理、解说信息、资源保护
2009	IL、IA、MS、WI	6个	大河路密西西比州伍德维尔(Woodvile)接待欢迎中心（SB-2009-MS-02、$2200000）、大河路生态旅游游客中心（SB-2009-IA-02、$760007）、大河路伊利诺伊州段皮艾萨(Piasa)信息网站（SB-2009-IL-03、$263508）等	风景道设施、解说信息
2010	AR、IA、LA、MN、WI	7个	大河路路易斯安那州段汽船观景台解说（SB-2010-LA-02、$5182952）、大河路威斯康星州段解说中心（SB-2010-WI-03、$1694169）、大河路国家风景道艾奥瓦州段：定位中心（SB-2010-IA-10、$450000）等	风景道设施、资源保护、廊道管理、游憩通道
2011	IL、IA、LA、MN、MS、WI	8	大河路艾奥瓦州段比布兰奇（Bee Branch）河密西西比河步道（SB-2011-IA-05、$1000000）、大河路明尼苏达州段廊道管理计划和实施（SB-2011-MN-07、$560000）、大河路艾奥瓦州段利奥波德(Leopold)财产征用（SB-2011-IA-03、$365000）等	廊道管理、游憩通道、风景道设施、解说信息、资源保护
2012	AR、IA、KY、MN、MS、TN、WI	13	大河路里尔富特湖（Reelfoot Lake）游客中心（SB-2012-TN-02、$1512000）、大河路和德里福特（Driftless）区风景道游客中心（SB-2012-IA-02、$1361400）、大河路路易莎自行车道环线（SB-2012-IA-14、$1350000）等	风景道设施、游憩通道、解说信息

注：①SB：风景道；AR：阿肯色州；IA：艾奥瓦州；IL：伊利诺伊州；KY：肯塔基州；LA：路易斯安那州；MN：明尼苏达州；MO：密苏里州；MS：密西西比州；TN：田纳西州；WI：威斯康星州；

②因某些年资助项目较多，考虑表格过长，影响阅读，故对当年资助项目数超过3个以上时，取资助额度在前三名的予以列举。

资料来源：National Scenic Byways Grant Totals by Year and State for 1992-2012[R]http://www.bywaysonline.org/grants/funded/funded_report?report=award_total&format=pdf.

第三部分

风景型
风景道

第6章　北岸风景驾车道
（The North Shore Scenic Drive）

北岸风景驾车道从世界著名的德卢斯–苏必利尔双港蜿蜒至大波蒂奇，沿着世界上最大的淡水湖苏必利尔湖雄伟壮丽的岸线修建。沿着这条线路，可无比临近这一湖泊，并体验这一最美的风景。该自驾线路提供了进入8个州立公园及苏必利尔国家林地，并体验四季的户外游憩机会。

The North Shore Scenic Drive runs from the world-famous Twin Ports of Duluth-Superior to Grand Portage, following the majestic shoreline of Lake Superior, the world's largest freshwater lake. Along the route, you are never far from the lake and will experience some of the most spectacular scenery in the country. The drive provides access to eight state parks and the Superior National Forest and offers unlimited opportunities to enjoy the outdoors in all seasons.

——美国国家风景道计划对北岸风景驾车道的评价

资料来源：National Scenic Byways Program Collection of America's Byways® Designated by U.S. Secretary of Transportation.

北岸风景驾车道廊道内有着丰富的资源，作为美国风景最壮丽的自驾线路之一，该驾车道所在廊道区域范围内风景与游憩品质最为突出，但同时也展现出一定的自然、文化及历史品质。该线路以其独特的风景与游憩品质，于2002年被认定为泛美风景道。与此同时，该自驾线路提供了接近8个州立公园及苏必利尔国家林地的机会，同时提供了能够体验四季变幻的户外游憩活动。它不仅是一条风景公路，而且是明尼苏达州东北部重要的区域及国际贸易廊道。此外，在北岸风景驾车道上，能够沿世界上最大的淡水湖苏必利尔湖美丽的岸线，体验美国最壮观的风景，该驾车道是明尼苏达州最受欢迎的风景廊道之一。

6.1 概况与发展历程

6.1.1 概况

北岸风景驾车道［61号干线公路（Trunk Highway 61）］西起于明尼苏达州德卢斯（Duluth），沿苏必利尔湖（Lake Superior）岸线向东北延伸247.8公里，抵达临近加拿大边境的大波蒂奇（Grand Portage）（图6–1）。

北岸风景驾车道沿世界最大淡水湖苏必利尔湖美丽的岸线，穿越了一片未受到干扰破坏的荒野，在此能够体验到美国最壮观的风景。那里有着令人叹为观止的悬崖和美丽的苏必利尔北岸沙滩。沙滩与有着数千英亩松树、白杨及桦树林的索图斯山（Sawtooth

图6–1 北岸风景驾车道地理位置

资料来源：The Center for Changing Landscapes University of Minnesota. Gateway Designs for the North Shore Scenic Drive [R].

北岸风景驾车道沿线8个州立公园 表6-1

库克县（Cook County）	莱克县（Lake County）
坦珀伦斯河州立公园（Temperance River State Park）	鹅梅瀑布州立公园（Gooseberry Falls State Park）
喀斯喀特河州立公园（Cascade River State Park）	斯普利特岩石灯塔州立公园（Split Rock Lighthouse State Park）
乔治·H·克罗斯比神灵州立公园（George H. Crosby Manitou State Park）	贾奇·C·R·马格尼州立公园（Judge C. R. Magney StatePark）
大波蒂奇州立公园（Grand Portage State Park）	泰特格奇州立公园（Tettegouche State Park）

资料来源：North Shore Scenic Drive[EB/OL]. http://byways.org/explore/byways/11185，2017.

Mountains）相接壤。沿途的河流和小溪最终都汇入了苏必利尔湖，形成了气势磅礴的瀑布。数十条游径可使游客能够近距离感受北岸风景驾车道的自然美。风景道廊道内许多社区都规划建设有展现其文化和历史的博物馆及展览馆，同时提供了独特的购物、餐饮和住宿设施等。

沿着风景道向南行驶，游客可观赏到苏必利尔湖的壮美景观，向北行驶则可以看到一片广袤的阔叶林。廊道沿线游憩资源丰富，游客可以进行滑雪、远足、骑自行车、雪地车，以及摄影（如拍摄驼鹿、狼、黑熊和鸟儿的照片）等游憩活动。游客也可以在溪流和靠近公路的湖旁垂钓鳟鱼，或者是在廊道域内的8个州立公园里野营（表6-1）。

6.1.2 发展历程

北岸风景驾车道经历了近百年的发展。从最初的61号公路到现今完美的风景驾车道，是在民众需求及国家政策法案的支持下逐步建设完善的。

一、初建阶段

北岸风景驾车道最初被称为61号公路。1926年，在德卢斯与加拿大边境之间的61号公路被认定为61号国道（U.S. 61）的一部分，于1929年投入使用，并于1940年修缮路面。61号公路早期从霍夫兰（Hovland）至皮金河（Pigeon River）延伸进内陆，穿过大波蒂奇。

二、认定阶段

明尼苏达州61号公路从德卢斯至图哈伯斯（Two Harbors）的新的边境线公路路段修建并完工于20世纪60年代。之后，明尼苏达州把德卢斯—图哈伯斯段的管理权移交给了圣路易斯与莱克县，随后，该段路线被这两县重新指定为“61号县内公路/61号风景线路”（County 61 / Scenic 61）。在20世纪60年代，35号州际公路（I–35）建设之后，直到1991年，61号国道与35号州际公路被共同认定。同年，61号国道在德卢斯北部的路段被重新认定为明尼苏达州61号公路。

三、规范发展阶段

1991年，国家风景道计划出台。在各级政府的大力支持下，多学科团队和公众积极参与北岸风景道的建设发展中，图哈伯斯至大波蒂奇路段，于2000年被认定为泛美风景道。2002年6月，又将德卢斯运河公园（Duluth Canal Park）至图哈伯斯的61号公路乡村段，即沿苏必利尔湖海岸线的43.5公里路段，认定为泛美风景道，至此北岸风景驾车道全线成为一条完整的泛美风景道，进入了规范发展阶段。

6.2 基本条件

6.2.1 交通分析

北岸风景驾车道是一条双车道的州级公路（State Highway），为主干道。在交通高峰期，从德卢斯至图哈伯斯路段的车道是可变动的，随着向东北方向延伸，车道逐渐变窄。在周末和夏季，在图哈伯斯会出

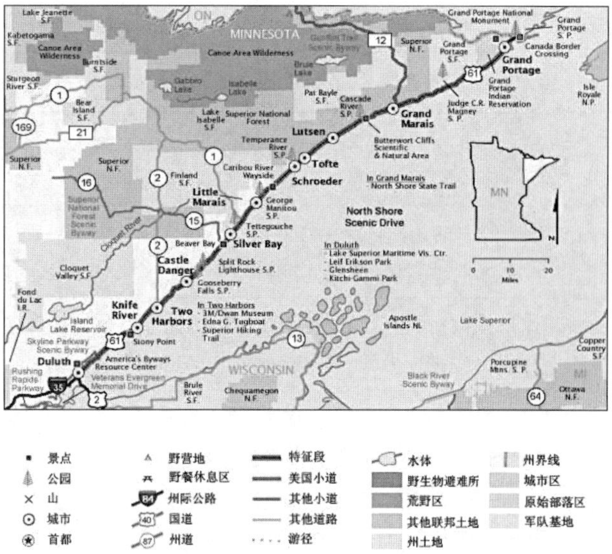

图6-2 北岸风景驾车道线路走向（见彩图3）

资料来源：The North Shore Scenic Drive All-American Road Steering Committee.North Shore Scenic Drive All-American Road Corridor Management Plan[R]. 2003，6-7.

现交通拥堵的现象。由于风景道与加拿大相接，明尼苏达州作为加拿大最大的贸易伙伴，因此，风景道上的卡车货物运输繁忙。风景道在锡尔弗溪（Silver Creek）和拉斐特悬崖（Lafayette Bluff）处有两个隧道。因风景道沿线地形地貌所带来的挑战，道路修建的成本较高（图6-2）。

交通流量。北岸风景驾车道日平均交通量不同路段有所不同，从德卢斯玫瑰花园（Duluth's Rose Garden）至布赖顿海滩（Brighton Beach）之间的路段交通流量最高，其次是图哈伯斯至锡尔弗湾（Two Harbors to Siwer Bary）路段，再者是锡尔弗湾至大马雷（Siwer Bary-Grand Marais）路段和大马雷-加拿大边境（Grand Marais to Canadian Border）路段，德卢斯-图哈伯斯（Duluth to Two Harbors）路段交通流量最低，随着北岸风景驾车道向东北延伸，交通量平稳地减少。

服务水平。服务水平指在充分考虑目前交通量的情况下，对道路服务质量的测量。根据交通量和道路地理特征，对北岸风景驾车道几个路段的服务水平进行了测量，观察到北岸风景驾车道的交通服务水平，在设施能力范围内情况还较为理想（表6-2）。

北岸风景驾车道服务水平　　表6-2

公路	起始点	终点	服务水平*
TH61	玫瑰花园	布赖顿海滩	A
TH61	布赖顿海滩	图哈伯斯	A
TH61	图哈伯斯	锡尔弗湾	A
TH61	锡尔弗贝	大马雷	A
TH61	大马雷	加拿大边境	A

*公路服务水平，分为“A—F”六个等级。

资料来源：The North Shore Scenic Drive All-American Road Steering Committee.North Shore Scenic Drive All-American Road Corridor Management Plan[R]. 2003，6:10.

6.2.2 品质分析

北岸风景驾车道廊道内具有风景、自然、游憩、历史、文化与考古六种品质，其中风景与游憩品质较为突出。

一、风景品质

北岸风景驾车道最大的亮点在于它是美国风景最壮丽的自驾线路之一，它能将苏必利尔湖、森林，以及连绵起伏的景观连接起来。可以说，北岸风景驾车道是体验北岸最美风景的首选之地。

风景道位于苏必利尔湖和山脊线之间。在廊道内能观赏到浪花拍岩景观，山脊森林覆盖景观，从苏必利尔湖高地到苏必利尔湖之间能够看到多条阶梯状下降的河流景观。在美国有许多可以提供环湖旅行的道路，然而，只有北岸风景驾车道，为游客提供了这样一种能够亲身体验世界上最大淡水湖——苏必利尔湖美景的经历。

北岸风景驾车道是一条四季风景线路。季节的变换为风景道带来了新奇与新鲜的景象。春季，融化的冰面展示了苏必利尔湖的另一面，巨大的冰山推升了北海岸；夏季，湖水为居民和游客创造了一个良好的环境，远离炎热；秋季，道路沿线层林尽染，包括红色、黄色、金色等；冬季，树叶飘落，临湖的小径可以感受到更多的美景，同时，冬季也是一个寻觅野生动物的最好季节，如，可以观赏到鹿沿着结冰的湖面行走。沿着北岸旅行，最好的经历就是漫步于德卢斯至苏必利尔（Duluth-Superior）双港入口的码头上。

德卢斯滨湖步道（Duluth Lakewalk）是其别样的风景，游客沿着湖岸步道向前，能遇到许多坐落于伦敦路（London Road）上的美丽房屋，这些房屋展现了多种不同风格、具有吸引力的建筑形态。此外，该步道连接了双港（Twin Ports）工作中心至临近湖岸线的更多的乡村地段。

二、自然品质

自然品质一般是指处于一种未受人为干扰状态的特征。这些特征包括地质、植被以及野生生物等。

地质。风景道沿线不同的地质地貌，为各类对地理感兴趣的游客提供了教育及解说的机会。苏必利尔湖位于前寒武纪岩层下折叠或凹槽部。一系列地质构造运动形成了苏必利尔湖盆地，其渐进过程大约开始于11.5亿年前寒武纪时期。当时地壳分裂，熔岩形成的洪流喷出到表面上，进而冷却和硬化，这一地质运动持续了2000万年。当熔岩流冷凝成新的地壳后，河床基岩开始逐渐下沉，并大规模向东倾斜和叠压。河床持续向下挤压，逐渐发育形成了一个壮观的盆地。在接下来的几百万年中，在风和水的不断侵蚀下，沉淀了厚厚的泥土、沙子和碎石，直到盆地成为一个低矮广阔的平原。

植被。该风景道穿越了300万英亩苏必利尔国家林地，沿着风景道的丘陵地区植物种类繁多，新老交替，既有成熟茂密的森林，又有新鲜稚嫩的新林木。种类包括杨木、桦木、枫木、云杉、香脂、冷杉和松树等。植被种类变化与新老差异为游客提供了变化多样的景观。

野生生物。廊道内野生生物资源很丰富，尤其是白尾鹿。其他能看到的野生动物还包括黑熊、松燕、土狼、红尾狐狸、灰狼、麋鹿。廊道内还有很多鸟类，如猫头鹰、松鸡、北方苍鹰、黑背啄木鸟、灰色猫头鹰等。美国鸟类保护组织（The American Bird Conservancy）于2001年认定苏必利尔国家林地区为“全美重要鸟类保护区”之一，原因是该森林区筑巢的物种数量是全美拥有繁殖鸟类最多的国家林地区。

三、游憩品质

苏必利尔湖和北岸高地（North Shore Highlands）提供了一系列独特的四季游憩体验机会，这些游憩活动是其他地方所不能比拟的。

临近德卢斯到加拿大边境的北岸风景驾车道路段，提供了成熟完善的野营地、徒步、自行车骑行、滑雪、雪地摩托、高尔夫球场、划独木舟，以及划船等设施。此外，像观鸟和垂钓等活动也极受欢迎。

德卢斯因其公园系统而闻名，列夫埃里克森公园（Leif Erikson Park）以及基奇-加弥公园（Kitchi-Gammi Park）等，都位于北岸风景驾车道沿线，提供了大量的沿湖野餐与徒步机会。

四、历史、文化与考古学品质

从图哈伯斯到加拿大边境段，历史、文化与考古品质丰富。大约一万年前，就开始有居民来到北岸地区定居。这些土著人在威斯康星州冰川的最后撤退期进入该地区。在欧洲人到达美洲之前，许多土著人居住在北岸。第一批欧洲人，如法国探险家及皮毛商人，于1620年左右登上了苏必利尔湖。在1780年，欧洲人在靠近德卢斯的圣路易斯港口建立了皮毛商贸点。北海岸的近代历史包括皮毛贸易、伐木、捕鱼、采矿以及其他多种在这里起源的活动，这些历史活动主导地方经济发展超过一个世纪。因为双港是世界上最远的内陆海港，距离大西洋有3769公里，在将货物运向德卢斯的环球航行方面有丰富的历史。最后，风景道沿线还存在着一些历史标记，提供了从另一视角来理解这一区域的历史依据。从现存的解说和文档，可以清晰地看出，北海岸的历史在这一区域是独一无二的。

6.2.3 市场分析

北岸风景驾车道为游客提供了丰富的户外游憩活动，以及观赏野生动物和宜人乡村景观的机会。2001年，德卢斯被《户外杂志》（Outside Magazine）评选为“美国最梦幻的城镇”（America’s Top Dream Towns）之一。北岸风景驾车道在这项殊荣评选中是一个很重要的因素。苏必利尔湖和户外游憩吸引物，已成为了这一地区游客最感兴趣的元素。该风景道本身已是一个旅游目的地。同时，苏必利尔湖北岸也是明尼苏达州本地游客首选的旅游目的地。

根据相关部门提供的数据可知，北岸风景驾车道及廊道区域的目标市场包括了当地游客和国际游客。这些游客分为：北岸风景驾车道一级目标市场，包括特温城（Twin City）以及明尼苏达州本地居民；二级目标市场包括生活在美国中西部地区、美国其他州乃至世界范围的游客。

6.3 开发建设

6.3.1 愿景与目标

北岸风景驾车道督导委员会（NSSD Steering Committee）[简称“AAR督导委员会”（AAR Steering Committee）]于2003年，起草了其发展愿景，即“苏必利尔湖泛美风景道督导委员会的使命是以合作的方式，提升苏必利尔湖北岸线的旅游经济效益，改善廊道内在品质，同时保护文化、社会和自然完整性”。愿景清楚地描述了北岸风景驾车道目的、价值与未来，也制订了保护道路内在品质的目标和管理战略。

北岸风景驾车道督导委员会为风景道未来的发展制定了以下策略性目标（表6-3）。

北岸风景驾车道发展策略性目标　表6-3

序号	目标
1	保护廊道内乡村风景品质以及重要的视域范围
2	保护历史地区特征以及廊道沿线社区
3	保护和提升道路沿线自然资源
4	与当地相关政府部门发展合作伙伴关系
5	强化游客对风景道及其游憩、历史与文化资源品质的认识
6	保持和提升风景道使用者游憩体验质量
7	为当地居民和一线员工创造认同感和进行培训
8	举行独特节庆活动以引起游客对风景道的关注

资料来源：The North Shore Scenic Drive All-American Road Steering Committee.North Shore Scenic Drive All-American Road Corridor Management Plan[R]. 2003，6:-7.

综上可见，北岸风景驾车道规划建设目标主要是提升廊道内在品质，为旅游者提供丰富的旅游体验，促进廊道地区社会经济的发展。

6.3.2 规划设计理念

北岸风景驾车道作为滨水型泛美风景道，其规划设计突出了以下理念：

综合最优化设计。北岸风景驾车道是一条泛美风景道，是线性旅游目的地，还是明尼苏达州一条重要的运输通道。它穿越了众多的住宅区和商业区。为此，在规划建设时，突出强调了要充分考虑：在满足游客需求与当地居民及企业者需求之间实现平衡，在交通运输、社区、环境，以及利益相关者之间实现平衡，以实施综合最优化设计。

道路灵活性设计。道路设计要遵循灵活性设计。在遵循国家标准基础上，要依据道路自身状况，考虑关联因素，进行灵活性设计，如时速设计、线形改变、路肩宽度改造等，可在保障交通安全基础上进行适当调整。

保护性开发。北岸风景驾车道沿线资源丰富、风景优美，尤其是滨水区，因此，要最大限度地保护资源，实现最少干扰，同时满足游客对美好景观的观赏与体验。尽量少建新的建筑与景观，人工景观也要最大化地与自然环境相融合。突出对水生态环境及生态系统多样性的保护，实现可持续发展。

临水与亲水性。滨水型风景道从设施到游憩活动规划设计，都要为游客提供充足的临水与亲水的机会，满足人们的亲水心理。北岸风景驾车道紧靠苏必利尔湖而建，道路选址上尽量做到临近水边，让游客近距离亲水。观景平台以及停留点等的规划设计，也更加突出了滨水性和亲水性。

6.3.3 设计要素

一、道路工程

对北岸风景驾车道进行维护和提升改造，以确保道路安全性是道路工程设计最重要的方面。明尼苏达州交通部门对从德卢斯至加拿大边境的61号公路提供了全线维护。

针对北岸风景驾车道存在的：地形极端、局部路段路况不良、路肩宽度不够、急转弯区给摩托车和自行车紧急停车造成困难，并导致经常跑入机动车道等问题，基于公路灵活性设计理念，在原有道路基础上对道路主体，尤其是对路面、线形、路肩宽度和停车点等亟待改善的方面进行了改造提升，把时速限制和道路线形改造，作为重中之重。这些项目的提升改造对于适应当前和未来的交通安全具有重要的作用。

道路选线。尽量利用原有的明尼苏达州61号公路的线路。通过降低时速，以及部分路段改线重建，使游客能够便捷地进入风景道最美的风景区，去体验美国最壮观的湖岸风景。通过全车道宽度、路肩宽度，以及路侧安全设计，在低时速基础上，改变道路线形以提供额外的空间，这样可扩大路旁休息区的范围。

道路路面。北岸风景驾车道全线维护要求重铺路面，基本的单向双车道虽然能够满足行驶需求，但要按照现代设计标准进行升级改造；扩大道路对各类交通的容量，尤其对自驾车的容量，以提升沿湖公路的安全性。将设计时速限制在每小时88.5公里（标准为每小时112.7公里）等，降低时速主要是考虑到工程的独特条件（交通运输需要、地形、土地使用、资源价值等），并且以最大的灵活性实现廊道安全与流动性、社会、经济以及环境目标之间的平衡。

桥梁构筑物。北岸风景驾车道沿苏必利尔湖而建，其桥梁构筑物具有更加突出的景观意义，强调实用性与审美的高度结合，融入周围环境，形成壮美的滨水景观桥梁构筑物。

安全护栏。北岸风景驾车道廊道区域主要位于乡村区域，廊道内的护栏是重要的安全设施，其设计突出乡村地区的特色，一些路段在保障安全性前提下选用木材制作。木质护栏能够反映附近地区建筑物的内涵及特性。此外，该风景驾车道环湖区域的护栏设计也非常重要，既要保障行人与行车安全，又不能破坏湖面、岸带风景的和谐，因此，大部分路段选择了钢制护栏，但以较为灵动的形态做到尽力与周围环境融合。

二、游憩服务设施

北岸风景驾车道游憩服务设施包括：观景设施、道路引导标识、解说设施、营地设施、食宿与购物设施、加油站、维修及租赁设施、交通连接设施和游径慢行系统等。

（一）观景设施。北岸风景驾车道作为风景品质突出的风景道，观景平台十分重要。观景平台一般与停车场配套建设，多选址在视野宽阔、路面平整的岸边地带，在保证安全的情况下，选址尽量亲水、滨水，以方便游客观赏苏必利尔湖的河流景观。

（二）道路引导标识。道路引导标识主要包括标识牌、Logo以及通道（入口）与游径开拓者标识牌等。北岸风景驾车道沿线设置了几种类型的标识牌，包括指向、解说/教育、商业和环境标识牌。首先，标识牌需统一。北岸风景驾车道督导委员会认识到统一的标识牌设计与设置对于风景道来说非常重要。明尼苏达州交通部门制定了统一的标识牌并将它们安放在北岸风景驾车道廊道内。标识牌的尺寸符合交通部门的设计指南，它们不会干扰到线路的风景；其二，新的Logo要突出色彩，便于游客识别；其三，为便于告知游客已经到达或者即将离开风景道，通道标识牌通常被安置在风景道的起点或者终点。风景道沿线上还使用了由当地政府部门负责建设的蓝色“开拓者”（Trailblazer）标识牌。

（三）解说设施。游客在北岸风景驾车道驾驶，能够观赏到自然的野生动物、苏必利尔湖的魅力风景、冰期的证据、美国本土文化，还能看到当地人伐木、采矿、钓鱼等生产活动。解说沿线各种资源是帮助游客全面理解和欣赏风景道资源的关键所在。北岸风景驾车道解说设施具有解说规划目标清晰、解说体系完整、解说方式多样等特点。北岸风景驾车道解说规划目标是创造一个可以提高旅游者旅行体验的解说系统。对这一地区的自然、文化、历史和经济要素以统一连续的方式进行解说，为旅行者提供一个有主题且易辨识的解说模式。北岸风景驾车道具有解说功能的设施主要有：博物馆与展览馆、解说公园及解说标识等。

1. 博物馆与展览馆。道路沿线的博物馆与展览馆为游客提供了解说服务，主要有三个主题领域：交通、自然资源、历史和文化。

（1）交通解说。交通博物馆和游客中心包含了不同交通类型的解说。苏必利尔湖海事博物馆（Lake Superior Maritime Museum）以及欧文漂浮博物馆（Irvin Floating Museum）有着关于航运的解说。苏必利尔湖海事游客中心是运河公园的一个焦点，可供游客探索这一地区的航运历史、船舶功能，并能够观看船只出港；火车是明尼苏达州东北部的另一个有趣的解说主题。苏必利尔湖交通博物馆（Lake Superior Museum of Transportation）为游客展示了该区域的铁路道路历史。圣路易斯县遗产和文化中心（the St. Louis County Heritage and Arts Center）可供游客进行历史活动的亲身体验，游客能够乘坐恢复到原来时期模样的历史机车及轨道车，感受其历史变幻。图哈伯斯车厂经过改造成为莱克县社会历史博物馆（Lake County Historical Society Museum），这里拥有美国修建过的最大型机车。

（2）自然资源解说。有多个博物馆和游客中心聚焦了这一区域的自然资源。杜鲁斯市大湖水族馆（The Great Lakes Aquarium）是美国唯一淡水水族馆，游客能够很好地理解淡水系统与大湖。自然资源部门管理着观赏法国河（the French River）中鱼孵卵的室内与室外自导服务，游客可从中了解冷水鱼孵卵的知识。在离岸边较远的地方，有两个环境学习中心，其中狼岭环境学习中心（Wolf Ridge Environmental Learning Center）是一个提供环境教育服务的地方；舒格洛夫解说中心（Sugarloaf Interpretive Center）位于施罗德（Schroeder）南8公里处，每月可为游客和当地居民提供自然游览观赏项目，同时提供自导式解说路径。

（3）历史、文化解说。圣路易斯县历史学会在圣路易斯县遗产和文化中心举办的展览，揭示了过去杜鲁斯真实的生活。格伦辛（Glensheen）是一座建造于1908年，同时涉足航运、采矿、木材行业的大厦，现属于明尼苏达州杜鲁斯大学（the University of Minnesota Duluth），一年四季都可以参观游览；位于双港的RJ·霍尔（RJ.Houle）信息中心，保留着历史标牌和标记。在锡尔弗湾南部，明尼苏达州历史学会保留并维护了斯普利特岩石灯塔（Split Rock Lighthouse）。远东的游客可以停留在托夫特商业捕鱼博物馆（Tofte Commercial Fishing Museum），馆里用引导标牌与解说标牌讲解了北岸捕鱼业的历史。

2. 解说公园。北岸风景驾车道沿线一共有8个州立公园，这8个州立公园有着各自不同的解说设施，发展最好的是位于北面的鹅梅瀑布州立公园。公园内有一个游客中心，安排有展览、特定的演讲和一些沿着小径的解说牌示等。

3. 解说标识。一些印有北岸风景驾车道主题与位置的石头（历史或地质标记）也有着解说功能，这些石头由明尼苏达州地质学会以及明尼苏达州历史学会负责安置。此外，一些活动和浏览地也通过设置解说标识牌来引导游客。如苏必利尔湖徒步游径协会（Lake Superior Hiking Trail Association）举办的登山活动、明尼苏达州德卢斯大学的户外活动。法瑟巴加拉的十字架教堂（Father Baraga's Cross）、约翰·拜尔格瑞斯的墓地遗址（John Beargrease's Burial Site）和帕利塞·德角（Palisade Head）等离海岸较远的区域也规划设计了解说标识。

（四）营地设施。北岸风景驾车道沿线许多地段都能够进行野营，其中最适宜以及最受欢迎的野营地点是风景道沿线的6个州立公园，包括鹅梅瀑布州立公园、斯普利特岩石灯塔州立公园、小马雷附近的泰特格奇州立公园公园、派克湖附近的坦珀伦斯河州立公园、喀斯喀特河州立公园以及贾奇·C·R·马格尼州立公园。在营地内设置野餐区，提供野餐服务。与此同时，廊道内还设置有一定数量的帐篷及房车。

（五）食宿与购物设施

1. 餐饮住宿设施。风景道沿线提供了便利的餐饮服务，包括咖啡厅、精致餐厅以及快餐服务同时，廊道内为游客提供了旅馆以及其他住宿设施，其中较为特别的是苏必利尔湖岸边的船坞，可为乘船游玩的游客提供住宿。

2. 购物设施。在北岸风景驾车道的旅行途中，规划建设了多个礼品店与精品店，出售具有北岸特色的商品与纪念品，让游客带走美好的记忆，使其北岸的旅行更加完满。

（六）加油站、维修及租赁设施。北岸风景驾车道作为明尼苏达州最美、最受欢迎的一条自驾线路，其汽车服务接待设施较为完善，包括加油站、汽车维修以及租赁。加油站一般与维修站距离较近。

（七）交通连接设施。包括停车场和路旁休息区。

1. 停车场。北岸风景驾车道设置了12个停车场，选址全部靠近湖边，为旅游者提供停留并享受壮美的苏必利尔湖的机会。

2. 路旁休息区。路旁休息区一般位于风景道沿线的州立公园内。这些休息区由明尼苏达州交通部门管理，能为游客提供厕所、自动售货机与公用电话。路旁休息点分布于奈夫里弗河、鹅梅瀑布州立公园、克罗斯河（Cross River）、浸礼河（Baptism River）以及约瑟芬山（Mt. Josephine）。

（八）游径慢行系统。北岸风景驾车道位于苏必利尔湖沿岸，拥有足够多的游径慢行设施，对于自行车骑行爱好者来说是很好的骑行道路。基奇加弥州立游径（Gitchi-Gami State Trail）是一条行人与自行车相分离的游径。该游径不仅成为通道设施，同时作为将摩托车、自行车与行人分开的设施，起到了重要的安全防护作用。

三、产品与线路

（一）产品设计

依托北岸风景驾车道独特的风景资源、游憩资源以及自然与历史文化资源，发展三大主导产品：自驾观光产品、户外游憩产品以及解说教育产品。

自驾观光产品。该产品主要依托其国家级重要的风景资源而开发。该风景道是美国风景最壮丽的自驾线路之一，沿着北岸旅行，所经线路将苏必利尔湖、森林以及连绵起伏的风景连接起来，能观赏到海浪拍打沙滩岩石的景观、沿着山脊向上形成森林覆盖山头的奇美景象以及多条从苏必利尔湖高地到苏必利尔湖喀斯喀特河下降的河流景观。因此，该线路成为体验北岸最美风景的首选之地。

户外游憩产品。该产品主要依托其独特的游憩资源而开发。苏必利尔湖和北岸高地提供了一系列独特的四季旅游体验，这些游憩活动是其他地方所不能比拟的，包括野营、徒步、自行车骑行、滑雪、雪地摩托、打高尔夫球、划独木舟，以及划船等。此外，德卢斯的公园系统以及游径系统也为游憩产品的开发提供了支持。

解说教育产品。该产品主要依托其丰富的自然与历史文化资源进行开发。该区域的自然品质主要包括地质、植被以及野生生物三个方面，能够为地质研究与动植物研究者提供很好的研究地；同时，包括皮毛贸易、伐木、捕鱼、采矿以及其他多种在北岸起源的活动，可通过博物馆、纪念馆向游客进行展示。

（二）线路设计

北岸风景驾车道具有丰富的资源条件和吸引力的游憩活动产品，据此规划设计了两条特色游览线路，线路旅行时间均为一天。

1. 自行车环湖之旅。该线路起点为德卢斯湖边步道，终点为斯普利特岩石灯塔州立公园。因壮美的湖面风景、野性的荒野以及友好的社区，已使苏必利尔湖的北岸风景驾车道成为明尼苏达州首选的自行车旅行目的地之一。德卢斯湖边步道以及基奇加弥州立游径提供了平铺流畅的自行车线路，沿途经过繁茂的森林、荒野、河流、苏必利尔湖的观景点及友好社区等。

2. 明尼苏达州北岸自驾之旅。该线路起点为苏必利尔湖海洋游客中心，终点为大波蒂奇州立公园。沿着北岸风景驾车道能够游览苏必利尔湖，从明尼苏达州德卢斯一直到加拿大边境的北部森林可净化人的心灵。

四、品牌与营销

市场营销指促销、销售和分销一个产品或者服务的过程或技术。风景道的营销是将风景道作为一个旅游产品对特定人群和目标市场进行促销。AAR（北岸风景驾车道）督导委员会的一个主要工作目标就是通过营销风景道及其内在品质，来促进风景道和旅游业的发展。明尼苏达州旅游办公室（Minnesota Office of Tourism）、北极光旅游联盟（Northern Lights Tourism Alliance）、德卢斯会议及旅游局（Duluth Convention and Visitor Bureau）以及北岸风景驾车道协会（North Shore Scenic Drive Association）等团体合作营销该线路。其制定的营销规划，主要是增加廊道的关注度，给游客提供一些建议与方法等。在吸引游客来到该区域的同时，教育人们对自然资源进行保护，同时促进廊道地区经济的增长。

北岸风景驾车道营销目标与策略 表6-4

目标	策略
目标1： 增加风景道沿线旅游人数	• 在苏必利尔湖风景道网站上展示和更新信息； • 在重要地点提供和分发风景道小册； • 利用《苏必利尔湖杂志》（Lake Superior Magazine）宣传该风景道； • 举办明尼苏达州东北部风景道峰会； • 为风景道工作的员工制定一个更加理解该线路的项目； • 创建电子通信
目标2： 对游客进行其保护风景道的教育	• 在风景道沿线安装解说标识，以教育游客对风景道进行保护； • 为当地的学校和团队开发一系列的教育活动
目标3： 在高峰时期对人们进行重新定位/增加游客的逗留时间	• 制订文字说明，鼓励游客错峰游览，及时发布在高峰时期游览人数“压力较小”的区域； • 在高峰时期引导游客，使他们到达不太拥挤的地方；
目标4： 扩展风景道沿线在淡季的使用	• 以冬季与淡季游客为目标，为他们提供独特的风景道活动

资料来源：The North Shore Scenic Drive All-American Road Steering Committee.North Shore Scenic Drive All-American Road Corridor Management Plan[R]. 2003，6:32

AAR指导委员会为北岸风景驾车道制定了四个营销目标（表6-4）和相应的策略。其中，网络营销作为其重要的营销手段，制定了四个相互关联的州与明尼苏达州苏必利尔湖区域的国家风景道网络营销计划，使市场营销取得了进一步的成功。风景道网络营销规划项目，建立了“www.superior byways.com”专题营销网站，由联邦公路管理局提供资金资助。

6.4 管理营运

6.4.1 管理体制

北岸风景驾车道作为明尼苏达州境内的泛美风景道，其管理工作主要由国家、州与地方、非营利组织等三个层面共同负责，管理组织结构，如图6-3所示。

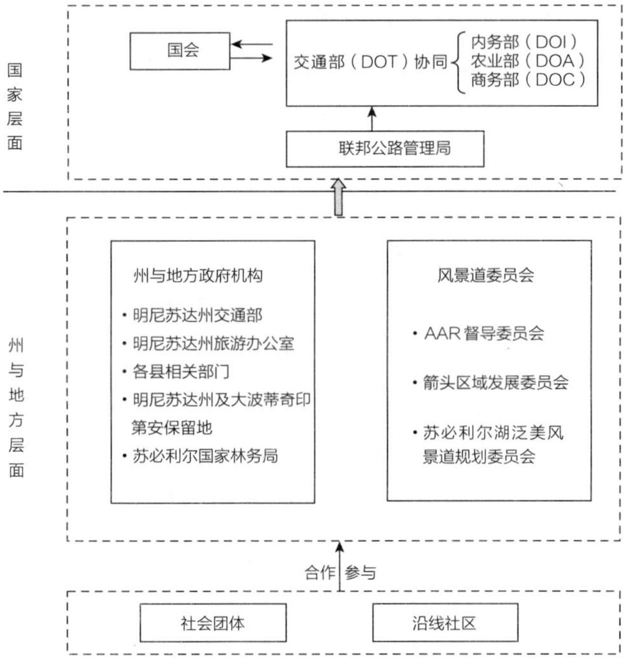

图6-3 北岸风景驾车道管理组织结构

资料来源：The North Shore Scenic Drive All-American Road Steering Committee.North Shore Scenic Drive All-American Road Corridor Management Plan[R]. 2003，6.

国家层面，北岸风景驾车道与纳入国家风景道计划的其他风景道基本保持一致，即在美国国会授权下，由交通部协同内务部、农业部以及商务部宏观指导风景道的发展，并指定联邦公路管理局对其进行直接政策指导与管理。

州与地方层面，其管理工作又由两个性质不同的团体共同负责，分别为州与地方政府相关部门、专门针对该风景道成立的委员会组织。

州与地方政府相关部门，主要包括明尼苏达州交通部（Mn/DOT）、明尼苏达州旅游办公室、库克县、莱克县以及圣路易斯县的交通与旅游相关部门、明尼苏达州及大波蒂奇印第安保留地（Grand Portage Indian Reservation）、苏必利尔国家林务局（The

Superior National Forest）、明尼苏达州自然资源部门（Minnesota Department of Natural Resources）、沿线各警察部门等。

北岸风景驾车道廊道区域主要处于乡村区域，绝大部分土地由美国农业部林务局（USDA Forest Service）协助明尼苏达州及大波蒂奇印第安保护区共同管理。

廊道内国家林地土地有多种用途，但主要是用于游憩活动以及野生动物栖息，苏必利尔国家林务局制订了土地及资源管理计划，创建了森林资源（如植被、荒野、木材、矿物、土壤、水、湿地以及游憩）管理的目标、标准与指南等。

北岸沿线8个州立公园很好地诠释了该区域丰富的自然资源，明尼苏达州自然资源部门对州立公园进行管理，并利用技术，使自然资源保护与游憩开发之间保持平衡，同时，每个州立公园还制定有具体的管理计划。

风景道沿线的公共安全与执法由明尼苏达州巡警（Minnesota State Patrol）、圣路易斯县治安官（St. Louis County Sheriff）、莱克县治安官（Lake County Sheriff）、库克县治安官（Cook County Sheriff）、大马雷区警察局（Grand Marais Police Department）、锡尔弗湾警察局（Silver Bay Police Department）、图哈伯斯警察局（Two Harbors Police Department）、德卢斯警察局（the Duluth Police Department）等共同负责。

专门针对北岸风景驾车道成立的委员会组织。分别是AAR督导委员会、阿罗思德区域发展委员会（Arrowhead Regional Development Commission）以及苏必利尔湖泛美风景道规划委员会（Lake Superior All American Road Planning Council，LSAARPC）。

AAR督导委员会是北岸风景驾车道最重要的一个委员会团体，主要由大波蒂奇印第安保护区、莱克县、圣路易斯县、库克县、明尼苏达州的交通部门代表、历史学家、商人和居民等组成。北岸风景驾车道规划的制订是由该委员会主导，阿罗思德区域发展委员会协助，来共同完成。为使风景道规划不会成为另一种束之高阁的计划，持续的公众支持和直接参与是关键所在，为此，AAR督导委员会每月至少召开一次会议，并建立了一个电子邮件列表，在列表中的人能够收到会议议程、总结及其他与风景道相关的最新信息。另，还与明尼苏达州旅游办公室合作，制订了两个战略规划会议，为公众提供描述“他们所期望的未来北岸风景驾车道和规划委员会的愿景是什么”的机会。同时，AAR督导委员会致力于协助当地相关政府部门发展土地增长管理策略，并与当地运输策略相结合。

非营利组织等方面，与很多风景道类似，一些社会团体、沿线社区、公众等也在积极参与北岸风景驾车道日常管理维护中，通过与相关政府部门合作，来支持风景道的发展。

6.4.2 资金资助

一、资金来源

北岸风景驾车道资金资助主要来自两个方面：国家风景道基金；基层政府、社会团体与公众资助。

一是国家风景道基金。北岸风景驾车道能够获得国家风景道基金资助。能获得基金支持的项目和活动主要有：廊道管理计划、州或印第安部落风景道计划、安全提升、风景道设施、游憩通道、资源保护、解说信息和营销等。

具体是：为行人或骑行者提供设施；为行人和骑行者提供安全教育活动；风景名胜地役权以及历史遗迹的收购；风景名胜区公路项目（包括提供游客中心）；相关风景区景观绿化和美化；历史资源保护；历史性交通工具的修复和运营；保护废弃的铁路通道（包括行人或自行车车道的转化和使用）；控制和移除户外广告；考古规划和研究；缓解环境以解决由于公路径流而导致的水污染，或者减少由机动车引起的野生动物死亡率，同时维持生境的连接；建立交通博物馆等。

二是基层政府、社会团体与公众资助。基层政府、社会团体与公众资助成为北岸风景驾车道资金资助中不可或缺的一部分。如苏必利尔湖泛美风景道规划委员会，十分关注如何通过公众和北岸风景驾车道基层组织来获得资金等问题。

二、国家风景道基金资助

2002年，北岸风景驾车道被认定为“泛美风景道”，当年便首次获得国家风景道基金资助。1992—2012年间，北岸风景驾车道共计有9年获得国家风景道基金资助，成为其建设与发展中非常重要的资金来源。

从资助额度来看，2008年获得资助额度最多，达到288000美元；2006年获得资助额度最少，为20480美元，两者相差267520美元；9年中共计获得707080美元，资助额度呈起伏状态，平均资助额度约78564.4美元。

从资助占当年全美对所有国家级风景道资助比例来看，2008年占比最大，约0.75%；2009年占比最小，约0.06%，平均资助占比0.25%左右；9年间获得资助总额约占相应年间全美对所有国家级风景道资助总额的0.26%。

从资金资助项目数看，共计资助了12个项目。其中，2005年、2007年、2008年资助项目最多，为2个，占比约16.7%；资助项目最少1个，分别在2002年、2003年、2004年、2006年、2009年、2011年 获得，占比约8.3%；从资金资助项目类型看，主要集中在北岸风景驾车道廊道管理、解说信息、风景道设施三类。其中，廊道管理项目最多，为7个，占比约58.3%；其次为解说信息项目，为4个，占比约33.3%；风景道设施项目相对较少，为1个，占比约8.4%。由此可以看出，北岸风景驾车道比较重视道路廊道管理、解说信息、风景道设施建设与维护等（表6-5）。

国家风景道基金对北岸风景驾车道资助区域、项目及类型　　表6-5

年份	州	项目	项目名称（编号）	项目性质
2002	MN	1个	北岸风景驾车道解说项目（东段）(SB-2002-MN-08）	解说信息
2003	MN	1个	北岸风景驾车道廊道管理计划实施（SB-2003-MN-50）	廊道管理
2004	MN	1个	北岸风景驾车道廊道管理计划实施（SB-2004-MN-51）	廊道管理
2005	MN	2个	北岸风景驾车道廊道管理计划实施（SB-2005-MN-03） 北岸风景驾车道寻路项目（SB-2005-MN-09）	廊道管理、 解说信息
2006	MN	1个	北岸风景驾车道廊道管理计划实施（SB-2006-MN-10）	廊道管理
2007	MN	2个	北岸风景驾车道廊道管理计划实施（SB-2007-MN-12） 北岸风景驾车道寻路项目（SB-2007-MN-04）	廊道管理、解说信息
2008	MN	2个	北岸风景驾车道廊道管理计划修正（SB-2008-MN-06） 北岸风景驾车道斯普利特岩石河（Spvit Rock River）路侧休憩区提升（SB-2008-MN-10）	廊道管理、风景道设施
2009	MN	1个	北岸风景驾车道廊道管理计划修正（SB-2009-MN-03）	廊道管理
2011	MN	1个	北岸风景驾车道行动数据自动化系统项目（SB-2011-MN-02）	解说信息

注：SB：风景道；MN：明尼苏达州。
资料来源：National Scenic Byways Grant Totals by Year and State for 1992-2012[R]. http://www.bywaysonline.org/grants/funded/funded_report?report=award_total&format=pdf.

第7章　熊牙公路（Beartooth Highway）

熊牙公路被已故的查尔斯·柯瑞尔特称为“美国最优美的道路”，它是北美地区最引人入胜的高山公路之一。这条公路起始于黄石公园的东北入口，终止于蒙大拿州的雷德洛奇。风景道沿途有众多壮丽的景观，从白雪皑皑的雪山到由数百个的小池塘和湖泊组成的冰蚀洼地。到冬季，风景道大多数路段成为雪地摩托行车道。

Called the "most scenic drive in America" by the late Charles Kuralt, this is one of the most spectacular alpine highways in North America. Beginning at the northeast entrance to Yellowstone Park and ending in Red Lodge, Montana, it offers a spectacular array of scenic views, from sweeping vistas of snow- covered mountains to panoramic views of hundreds of tiny ponds and lakes in glacial depressions. In the winter,the majority of byway becomes a snowmobile trail.

——美国国家风景道计划对熊牙公路的评价

资料来源：National Scenic Byways Program Collection of America's Byways® Designated by U.S.Secretary of Transportation.

熊牙公路是美国境内著名的风景型道路，又称为熊牙泛美风景道（Beartooth All-American Road）。公路穿越了山地森林、山地草原、亚高山森林以及高寒草甸四个生物带（又称生命带）。其沿线自然植被和动物物种极其丰富多样。公路穿越的地区海拔较高，所经区域的地势地貌起伏多变，造就了线形优美的独特的道路景观。这些特质赋予了熊牙公路卓越的自然及风景品质的同时，也使风景道展示了优秀的历史、考古、文化品质和游憩品质。

熊牙公路修建于1936年，是北部落基山地区十佳风景驾驶线路之一，分别于1989年和2002年被认定为国家林地风景道（National Forest Scenic Byway）和泛美风景道。

熊牙公路不仅是一条品质优良的风景型旅游公路，也是一条连接蒙大拿州和怀俄明州，以及周边城市乡镇的重要干道公路。它不仅具有旅游价值，还具有促进当地经济发展，加强周边地区交流与沟通的作用。

7.1 概况与发展历程

7.1.1 概况

熊牙公路始建于20世纪30年代，地处蒙大拿州和怀俄明州交界附近，总长度110.6公里。原是美国212号国道从蒙大拿州库克城（Cooke City）至蒙大拿州雷德洛奇（Red Lodge）的一段公路（图7-1）。其所在区域平均海拔超过3337米。沿途穿过高达3657.6米海拔的高原山地区，是一条双车道的山区公路，通往黄石国家公园的东北入口，沿线充分展示了高原气候区优美而独特的风景。联邦公路管理局于21世纪初对该风景道进行了提升改造，改善了安全和通行功能，使其成为美国最美的公路之一。

熊牙公路沿着蒙大拿—怀俄明边界线延伸，位于落基山脉的北部。这一段路均是陡峭的Z字形道路和急转弯道路，在短短19公里内，海拔高度大致从1585.0米上升到2438.4米，有着极为险峻的风景。从东向西行驶，将从熊牙公路海拔最高的区域下降进入宽广的高原区，然后下降到与熊牙公路相连接

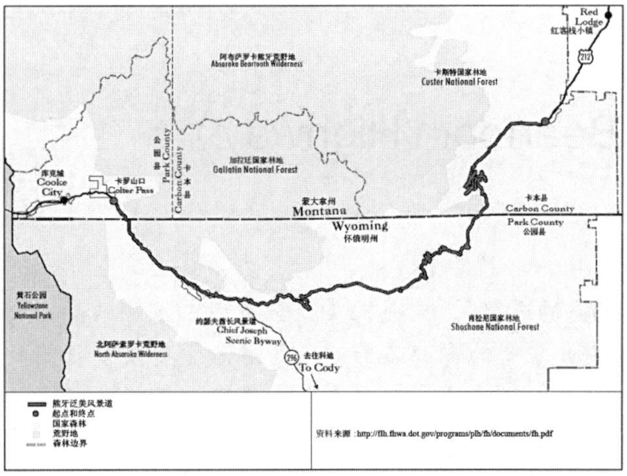

图7-1 熊牙泛美风景道线路走向

的靠近库克城的约瑟夫酋长风景道（Chief Joseph Scenic Byway），这是进入黄石国家公园的东北通道。因此，整条熊牙公路是由蒙大拿州熊牙公路和怀俄明州熊牙公路构成的。

蒙大拿州熊牙公路：位于蒙大拿州的熊牙公路是北美洲最引人入胜的阿尔卑斯高山公路（Grossglockner High Alpine Road）中的一段。该段风景道全长48.3公里，驾驶通过这一段风景道，需耗时1小时至1.5小时左右。沿途游客可观赏到白雪皑皑的高山景观、无与伦比的野生动物景象，以及成百上千的高山湖泊景观，同时，还能够参与众多的户外游憩活动。

怀俄明州熊牙公路：位于怀俄明州的熊牙公路，其每个转角处都充满了惊险与刺激。它穿越了卡斯特国家林地（Custer National Forest）和肖松尼国家林地（Shoshone National Forest），以及广阔无边的荒野区，整段道路全长62.3公里，驾车行驶需耗时为1小时或者1.5小时。沿途游客不仅有机会欣赏到壮美的风景、令人着迷的野生动物景象，还能够参与众多的户外游憩活动，以及体验“黄石的狂野一面”。

熊牙公路廊道内拥有丰富的资源，作为美国风景最美的驾驶路线之一，沿线景观美到令人窒息。它穿越了熊牙高原地区、高山地区、荒原草甸地区和森林湿地地区。多样化的自然生境孕育了丰富的动植物种类，也呈现了精彩纷呈的自然景观，如从高寒地区到平原地带植物资源，点缀其间的无数冰川湖泊景观、森林、山谷、瀑布，以及野生动植物组成的奇妙自然景观等。

7.1.2 发展历程

熊牙公路作为美国最美的风景道并不是一蹴而就的。1989年，熊牙公路被认定为“国家风景道”。其后，经过对部分路段的提升改造，改善了安全和通行能力后，于2002年被认定为“泛美风景道”。依据重大事件时间点，其发展历程可分为以下三阶段：

一、建前阶段（19世纪初—1931年）

熊牙公路所属的熊牙山（Beartooth Moutain）地区，早在1.2万年前就有土著人居住于此。19世纪初，开山者、渔民和商人来到这一区域。1863年，蒙大拿州奥尔德（Alder）山谷发现了大量矿产，吸引了大量淘金者的到来。1869—1872年间，几个有组织的黄石探险队在这一区域进行调查，发现了黄石公园并最终促使了黄石国家公园的建立。19世纪80年代，铁路的开通，为这一区域带来了大量的移民和旅游者，同时，也刺激了经济发展。这一时期的经济活动以矿产业为主。进入20世纪以后，矿产业发展受阻碍，速度减缓，于是畜牧业、测井业、旅游业和零售业开始作为矿产业的补充而获得发展。20世纪20年代，许多驾车露营者和旅游者开始涌向黄石国家公园。

早在20世纪早期，就有各种来自雷德洛奇的民间团体，极力游说联邦政府修建一条通往黄石国家公园的风景优美公路，以此来促进和拉动旅游业发展，并获得经济效益。这些行动推动了原始道路的开发建设。最初修建的道路穿越了山峰最高点，然后，沿着莱恩克里克高原（Line Creek Plateau）延伸下降到毛里斯山（Mount Maurice）的东边及雷德洛奇的南边，这条道路被称为“黑白道”（Black and White Trail）。由于这条道路沿线困难和阻碍重重，不适宜作为旅游公路，因此，需要修建一条更为便捷的道路，为自游自驾服务。在这一时期，林务局和公共道路管理局（Forest Service and the U.S. Bureau of Public Roads）对线路进行了调查和勘测，以确定从雷德洛奇到库克城新修建道路的可行性。20世纪20年代中后期，修建这样一条道路的提议得到了参议员斯科特·莱维特（Scott Leavitt）和托马斯·沃尔什（Thomas Walsh），以及国会议员伯顿·惠勒（Burton Wheeler）的支持。斯科特·莱维特参议员还专门提交了“公园通道法案”（Park Approach Act）的提案。

二、初建时期（1931—1936年）

1931年1月31日，赫伯特·克拉克·胡佛（Herbert Clark Hoover）总统签署的“公园通道法案”作为国道法案修正新增的一项内容，获得了通过。熊牙公路是唯一一条在该法案下修建完成的道路，道路投资250万美元，耗时5年完成。法案授权内务部指导和设计黄石国家公园道路，主要目标是提高黄石国家公园的旅行能力。法案同时赋予内务部部长为道路修建拨付资金的权利。

1932年至1936年熊牙公路完成了大部分工程。项目工程技术十分杰出，即使用今天的标准去衡量也是非常突出的。如道路从1219.2米下降进入罗克溪峡谷（Rock Creek Canyon）的陡峭山坡路段，进行了创造性的场地工程设计。虽然地形艰险、建设季节较短以及气候恶劣，该项目还是在原有预算框架下按时完工。该公路于1936年6月14日举行竣工典礼。

三、提升阶段（1936年—至今）

自从熊牙公路修建完成后，部分路段一直都在维护、提升及改造，至今一些路段依然在不断重建和维护中。从熊牙公路初建完成起，其公路资金管辖权问题常常成为道路维修和提升改造的阻力。面对着管辖权问题和维护的困境，国家公园管理局要求联邦公路管理局对道路进行调研考察，重审道路环境，为提升改造道路寻找潜在的资金来源，并且解决熊牙公路长期的管辖权和维护的问题。1992年成立了由几个代表机构组成的指导委员会，包括：联邦公路管理局、森林管理部门（Forest Service）、国家公园管理局、蒙大拿州交通运输部（Montana Department of Transportation）和怀俄明州交通运输部（Wyoming Department of Transportation）。1994年10月，联邦公路管理局发表了“熊牙公路财产和需求研究”（Beartooth Highway Road Inventory and Needs Study），并将从黄石国家公园到雷德洛奇的整段道路分成了7部分，提出路段1和路段4具有严重的缺陷，需要重建。

路段1长13.5公里，从黄石国家公园东北入口，穿过锡尔弗银门（Silver Gate）、库克城和蒙大拿州一直延伸到蒙大拿/怀俄明州边界线处。这一段路程始建于2003年，持续3年，到2005年结束。华盛顿联邦公路管理局的西南联邦土地公路司温哥华办公室[The FHWA Western Federal Lands Highway Division（WFLHD）office in Vancouver，Washington]负责这一段路的重建。

路段4从黄石国家公园西门开始，向东延伸29.9公里到怀俄明州—蒙大拿州边界，科罗拉多州丹佛市联邦公路局中央联邦地政公路事务所（The FHWA Central Federal Lands Highway Division office in Denver，Colorado）是这一重建项目的主要负责机构。路段4位于平均海拔超过3050米的高原，它修建于1930年初，分别于1968年和1969年进行了修复和重建，2001年再次重建路面。这段道路目前宽5.5米，比相邻的路段要窄，且其道路标准低于现有沿线道路标准。除了较窄的行车道以外，还存在着其他的不足，比如，排水不足和缺少路肩，使得这段道路需要进一步改造提升。

7.2 基本条件

7.2.1 交通分析

一、道路安全

熊牙公路初建于1931年，20世纪60年代末至70年代期间不断进行了提升与复建。熊牙公路所经地区平均海拔较高，从高原到荒野再到森林，地势变化多端。道路沿线多Z形弯道和急转弯，再加上这一区域多变且恶劣的气候环境，给道路的通行带来一定的威胁、阻碍和困难。为提高道路通行能力，熊牙公路部分路段历经了多次修复和重建。而针对某些路段存在问题，如自行车与机动车共用车道等，联邦公路管理局也一直致力于路段的修复及重建，对路面、纵线、路宽、肩宽、桥梁等进行改造提升，以扩展路侧驾驶空间，保障通行安全。

到目前为止，熊牙公路已经实现了双车道通行。

由于其连接了城镇和交通集散区，而建设成为了“乡村次干道”，也成为蒙大拿州的主要公路。

一般来说，作为次干道，由于道路干扰较少，允许有较高的车速。但因熊牙公路地处高海拔和山势险峻地区，所以，车速较低，设计标准也更接近等级较低的道路，如乡村集散公路。熊牙公路路宽5.5—10.4米不等，路肩宽度也随地形地势变化而进行因地制宜的设计与修建，如8.4米、9.0米、9.6米的路宽，以及0.6米、0.9米的路肩。最终的目的是在保障安全的前提下，将工程对所在区域的影响降至最低。

此外，熊牙公路在安全防护上也采取了相关措施。如蒙大拿州提供从212号国道到雷德洛奇，最后至蒙大拿/怀俄明州路段的全部维护工作。国家公园管理局负责熊牙公路怀俄明州段的全部维护工作，包括道路开放期间的除雪任务。冬季，黄石公园至库克市道路维护也由国家公园管理局负责。而296号州内公路（怀俄明州）路口至派勒河（Pilot Creek）的风景道段则由怀俄明州帕克县（Park County）负责。

相关测量数据表明，熊牙公路安全状况较好。20世纪末，十年以上平均事故率累计数据显示，212号国道从黄石国家公园至蒙大拿/怀俄明州界限段，以及雷德洛奇以南至蒙大拿/怀俄明州界限段，是事故发生较高的地段（各自的交通事故发生率为1.00和1.03）。但与蒙大拿州和俄怀明州乡村公路相比，其平均事故率较低。同一时期，蒙大拿乡村公路的平均事故率为1.44，怀俄明乡村主干道路的平均事故率为1.34。

一般来说，熊牙公路较宽的路段都是近年来重建或修复的，原有的5.5米宽的路段，均处于重建或拓宽的规划中。由于天气原因，熊牙公路库克市到雷德洛奇的大部分路段，在冬季关闭，此期间，道路通行的主要交通工具是机动雪橇。

二、交通流量

根据交通数据分析，预计到2025年日交通流量将会达到1972辆（数据参考《熊牙泛美风景道廊道计划》）。库克市与212号国道、296号州内公路互通交叉口之间路段交通流量最高，且最高流量出现在8月份，主要原因是这段路有来自穿越蒙大拿州雷德洛奇镇212国道的游客，以及来自怀俄明州科迪镇经由296省道西部到来的游客。

7.2.2 品质分析

熊牙公路因其卓越的风景与自然品质，而入选泛美风景道。同时，其历史、文化以及游憩品质也较高。

一、风景品质

熊牙公路大部分路段都处于高山高原地区，因此，高山风光、高原景色就成为其最独特的景观特色，尤其是积雪覆盖的山脉和绝美的派勒特峰美不胜收（图7–2）。熊牙公路独好的风景品质还体现在其穿越山地森林、山地草原、亚高山森林以及高寒草甸四个独特的生物带。山地森林带，以针叶林木为主，生长位置低于海拔2849.9米。山地草原带，主要为禾本、非禾本草本植物以及野花覆盖，海拔为3048米。亚高山森林带，以矮小乔木和灌木为特征。高寒草甸

图7–2 熊牙公路沿线高山风光、高原景色

带，海拔为3185.2米以上，包括熊牙高原。

除不同生物带所呈现的各具特色的自然景观外，公路沿途，游客还有机会看到各种野生动物嬉戏奔跑的景象，包括常见的高山羊、麋鹿、北美黑尾鹿、驼鹿，以及不常见的黑熊、灰熊和狼等。动物与植物交替出现共同构成了极美的风景景观。熊牙公路沿线修建了一定数量的观景平台，以供游客观景。其中，观景效果最好的当属克拉克斯河（Clarks Fork）观景台和克莱比尤特瞭望塔（Clay Butte Fire Lookout Tower）。在这里，游客可饱览阿布萨罗卡岭的锯齿状山峰，阿布萨罗卡的原野，以及黄石河谷的克拉克斯河。

二、自然品质

熊牙公路位于大黄石区域，包括黄石公园和周围的国家林地。大黄石区域是目前世界上最大的相对未受干扰的生态系统之一。其自然品质在植被、野生生物及地理地质等三方面得以彰显。

植物。熊牙高原因其多样的海拔、地形、地貌以及湿度条件，生长着多样的植物群落，包括了以分布于高海拔地区的高寒草甸、高山草原，到海拔较低的亚高山森林、山地森林、湿草甸和灌木草原（表7-1）。

野生生物。由于熊牙公路穿越了四个生物带，每一不同类型的栖息地都为不同类型的野生动物提供了遮蔽、食物及繁殖地，包括食肉类、有蹄类和猛禽类。沿着廊道穿越这一地区，将有机会观赏到美国其他地区所不能见到的野生动物（表7-2）。

地质地貌。熊牙地区地质结构非常复杂，是因美洲大陆板块漂移，地质构造运动断层挤压而形成的。阿布萨罗卡岭和黄石高原有火山活动遗迹。而熊牙山在形成过程中也遇到了冰川影响。这些都赋予了熊牙山地区丰富多样的地质地貌景观。例如，由于廊道及周边区域都受到过冰川影响，因此，可以看到冰川环绕山群，并形成平底的峡谷景象。峡谷边缘和小河边的冰碛石，以及阿布萨罗卡岭的尖角和锐利边缘，这些都是冰川留下的痕迹。同时，在这一区域穿行，还可以观赏到湿地生态系统，如沼泽等，这也是熊牙公路沿线最常见的景观。

三、历史、文化与考古品质

熊牙公路所属区域历史悠久，可以追溯到19世纪末。当时的菲利普·谢里丹（Phillip Sheridan）将军带领129名士兵从库克城到比林斯（Billings），试图消灭印第安部落内兹珀斯人（Nez Perce）。他们在当

熊牙公路植物　　表7-1

植被类型	分布	植被种类
高寒草甸	分布于海拔3048米以上； 雪域线以下，或荒凉地带； 陡峭的斜坡上； 裸露岩石上	低矮的草本类，以及耐寒和大风环境下的灌木
山地草原	分布于海拔3048米以下； 排水良好的土壤中	草本及禾本植物； 恩格尔曼氏云杉、冷杉、美国黑松； 森林中的山地草原
湿草甸	分布于各海拔段都可见到的溪流、湖泊、水量充足的高地等区域	依据海拔和湿度的不同，物种有所差异； 湿地和喜阴滨水植物群落
亚高山和山地森林	分布于高海拔和湿润的北坡， 以及岩石斜坡地带	亚高山、高山云杉、冷杉、美国黑松、白皮巴尔干松、恩格尔曼氏云杉、亚高山冷杉
灌木草原	分布于海拔2438.4米以下区域	草本草原； 大蒿属植物； 杜松、灌木委陵菜、白皮松、道格拉斯冷杉； 草本禾本植物

资料来源：The Beartooth All-American Road Steering Committee.Beartooth All-American Road Coorridor Management Plan[R]. 2002, January.

熊牙风景野生动物　　表7-2

类型	分布	种类
蹄类哺乳动物	山羊和大角羊分布于熊牙公路海拔较高的高原区栖息地； 驼鹿分布于湿地、河流和湖泊附近	麋鹿，北美黑尾鹿，山羊，大角羊，以及驼鹿
食肉动物	灰熊分布于廊道和大黄石区域； 山地灰狼分布于廊道附近； 山地狐分布于熊牙高原的高海拔草原区，以及南边阿布萨罗卡岭（Absaroka Range）； 北美小狼分布于怀俄明州和蒙大拿州； 山地狮，分布于怀俄明州和蒙大拿州	灰熊，黑熊，岩石山地灰狼，山地狐，山地狮、北美小狼
猛禽动物	分布于怀俄明州和蒙大拿州熊牙公路沿线的开放空间	金雕和秃鹰
鸟类	分布于滨水地区、湿地和湖泊区	鸭子，如绿头鸭、蓝翼/绿翼短颈野鸭；各种鸟类

资料来源：The Beartooth All-American Road Steering Committee.Beartooth All--American Road Coorridor Management Plan [R]. 2002, January.

地一位猎人的引导下，走了一条不同寻常的路，而这条路就是现今的熊牙公路雏形。这条路贯穿了新建的黄石国家公园及周边地区，被称为尼米普（Nee-Me-Poo）游径，全长3030.3公里，于1986年被命名为国家历史游径。到1883年，猎人范戴克（Van Dyke）改造了游径线路，创造了库克市至雷德洛奇的游径。范戴克游径在熊牙公路修建之前，是从雷德洛奇到库克市的唯一路线，如今，在熊牙公路“之”字形路段，依然可见这条游径的遗迹。

1900年代早期，像范戴克这样一批有眼力的先行者，富有前瞻性的看到雷德洛奇到黄石公园的路线的价值，并在此通道上组织修建了公路。1931年，胡佛总统签署了“公园通道法案”，为这条公路建设授权并投资。熊牙公路是这一法案唯一授权的公路，并于1936年1月12日开通。因这一历史，熊牙公路此路段入选《国家历史遗迹名录》(the National Register of Historic Places)。也正是因为这条游径从雏形到修建，到最后形成风景道，都有着一段属于它自己的历史故事，因此，在这条道路上行驶，感受到的不仅是美丽的风光，还有道路本身所承载的丰厚历史文化价值。

熊牙公路文化品质除体现于历史性的文化品质外，还体现在廊道沿线土著居民文化的展示和体验上。其中“道路使游客能够有机会欣赏到人类活动是如何为自然环境增色”这一内涵，是熊牙公路最重要的文化价值所在。可包括观赏在开阔地带自由吃草的动物，在国家林地自然栖息地里狩猎，以及在原始溪流中垂钓等。这些游憩活动及风景道沿途的活动都有着相当长的历史传统。

相对以上品质的资源，熊牙公路考古品质不高，考古遗址有限。熊牙地区严酷的自然环境，使得人类只能在夏季进行短暂活动。这一期间，宜人的气候适宜打猎，以及采集高海拔植物。功能有限的营地、资源加工场等遗址的发现，证明了人类早期活动的存在。此外，廊道中有些场地，很可能是土著居民祭神的场所。这些都可以成为风景廊道上供游人开展考古活动的资源。

四、游憩品质

熊牙公路廊道区域为游客提供了全年的、众多的休闲游憩活动机会，包括钓鱼、徒步、狩猎、机动车越野、骑马、机动雪橇、滑雪等。

熊牙公路游憩品质不仅体现在拥有丰富多彩的休闲游憩活动机会，同时，还体现在完善的户外游憩活动配套服务设施上，如，熊牙风景廊道的起止点，都建设有商业房车设施，为自驾车游客提供食物和燃料。雷德洛奇和科迪市有为房车提供全套服务的营地。娱乐导向的社区内，有小木屋、餐厅和服务站。此外，还有位于风景道廊道中间位置的“世界之巅商店”，销售汽油和旅游用品。旅游者在雷德洛奇、库克城和科迪城内，最常用的旅游交通工具是汽车、摩托车及旅游机动车。在一天之内，大多数游客可以完成熊牙公路上的自驾车旅行。

因自然场地和设备设施条件不同，这些休闲游憩活动形成了成熟型休闲游憩资源和分散型休闲游憩资源两大类。

成熟型休闲游憩资源。成熟的户外休闲游憩资源，包括国家林地内，以野营地、野餐区，以及配有停车点的游径等为主体形成的成熟型游憩点。风景道沿线分布着13个野营区，虽然它们发展都已较为成熟，但设施供给和服务能力还有限。其中，较受欢迎的一个成熟型游憩点是克莱比尤特瞭望塔。它修建于1942年，塔高2987.0米，之前作为烽火台使用，可为游客提供观景的开阔视野，能看到国家林地、熊牙山（Butte）、熊牙湖和熊牙公路。

分散型休闲游憩资源。风景道沿线的休闲游憩机会，还包括徒步、打猎、钓鱼、观看野生动物、骑自行车、骑马、越野滑雪、野外滑雪、雪地行走，以及雪地摩托等。散客来熊牙公路的主要目的，就是为了进行这些休闲游憩活动。

风景道还提供了访问阿布萨罗卡岭-熊牙荒野（Absaroka-Beartooth Wilderness），以及从东北入口进入黄石国家公园的机会。

7.2.3 市场分析

熊牙公路因其自然景观以及邻近黄石国家公园优势区位，吸引了来自美国及全世界的大量游客，也为周边社区带来了可观的经济效益。鉴于此，熊牙公路获得了联邦、州级、地方政府机构以及社区、当地居民的广泛支持。

从空间区域上：熊牙公路具有独一无二的驾驶体验，能够吸引来自美国及全世界的游客。客源市场分为三级：一级客源市场为熊牙公路所经蒙大拿州和怀俄明州，以及周边区域的游客；二级客源市场是美国国内游客；三级客源市场是国际游客。

从属性上：作为美国最美的自驾车线路，自驾车游览者是其最主要的客源市场。其次，因风景道区域内有着丰富动植物资源，以及比邻黄石国家公园的优良区位，对文博修学旅游者具有重要吸引力，也构成了其重要的客源市场；风景道沿线成熟的休闲游憩设施和良好的服务水平，也吸引了大量的度假休闲旅游者，他们也是重要的客源市场。

7.3 开发建设

7.3.1 目标与形象定位

熊牙公路的规划、设计、建设、管理及维护，是在联邦政府、州相关部门，以及地方民众的广泛支持下共同完成的。熊牙泛美风景道指导委员会（The Beartooth All-American Road Steering Committee） 在2002年1月发布的“熊牙泛美风景道廊道管理计划”（Beartooth All-American Road Corridor Management Plan）中描述了熊牙公路的价值、目的以及未来发展。

总体目标为：“熊牙公路在保护廊道资源的基础上进行管理；增强游客对廊道的风景、自然、游憩、文化、历史以及考古等品质的欣赏；发挥其作为黄石风景廊道东北部主要公路运输的作用。”为了实现总体目标，制定一系列的分目标，具体有：

资源保护目标。风景道沿线的自然、风景、历史、文化等资源是重点的管理与维护对象。为了确保风景道高品质，风景道管理工作主要通过国家林务局进行整体规划与协调，同时需要熊牙公路指导委员会配合实施资源保护工作。与此同时，也要引导印第安部落积极参与其中，共同制定资源保护战略。

道路交通提升目标。风景道所经区域，地质地貌复杂多变，为了提升道路安全性，改善通行能力，同时，强化风景道游憩功能，在交通部门的指导下，制定了道路分段评估与修复重建的工作计划，且将道路的保护与维护工作，交给风景道沿线穿越地区的相关政府部门来完成。

解说与游憩目标。为使风景道的旅行更加便利，游客能够获得更多信息及更好体验，需要实施解说与游憩目标战略，主要包括：风景道沿线建立标识标牌，进行指路和引导说明；制定宣传方案，在游客中心和休息点发放旅游指南与旅游手册；在旅游胜地或村庄建立历史文化博物馆，介绍风景道相关历史及游憩信息。通过解说达到游憩目的，在游憩中获得解说信息，以此，提高旅游体验。

旅游与经济发展目标。风景道修建的最初目的就是连通黄石国家公园，以吸引更多游客前来旅游，进而拉动周边社区经济发展。为了实现这一目标，应该将风景道沿线社区纳入风景道发展计划中，并将这些社区和村庄建设成为旅游集散地或者旅游服务设施供给地，使社区民众参与到旅游发展中来，带动当地经济发展，促进社区生产和生活水平提高。

发展合作目标。风景道改造提升、资源环境保持、管养维护、宣传推介等方面，都离不开社会各阶层的支持，以及民众的广泛参与。风景道在资金与管理上，应该促进联邦、州及地方层面的广泛合作关系；宣传推介上，要推进风景道沿线市、县、镇政府部门、社会组织团体，以及个人之间的合作协作；道路维护与管养上，制定并实施分段维护、管养，以及共同保护的合作协作机制。

7.3.2 规划设计理念

作为一条海拔较高、气候特点较为复杂的高山地区风景道，熊牙公路充分体现了工程技术与自然、社会、人类之间和谐共生。风景道在20世纪30年代初、20世纪末，以及21世纪初的改建工程，均较为成功地实现了道路与周围环境的可持续发展。

道路安全性设计。熊牙公路地处高山区，水文地质等条件非常复杂，且道路所在区域具有珍贵的野生动植物及生态环境，这为设计工作带来了很大难度，即：既要保障道路安全通行功能，又要为使用者提供优美的风景，还要尽可能减少工程建设活动对道路的破坏。鉴于此，设计人员对事故多发生路段的原因进行分析，采取了降低车速的措施，以保证道路安全。此外，在冬季，由于该地区多暴风雪，公路实行部分路段或全路段的关闭等管制措施。

道路灵活性设计。初建时期，熊牙公路被定位为乡村次干道，但是由于复杂的地质水文条件以及相对较少的交通流量，熊牙公路部分路段采用乡村集散道的设计标准。2004年，美国交通部、联邦公路局、中部联邦土地公路分局共同制定了熊牙公路4号路段的改建工作。作为乡村次干道，美国国家公路与运输协会标准（American Association of State Highway and Transportation Officials，AASHTO）中规定其路宽不能低于10.2米，路肩不能低于1.2米。主要负责部门经商讨，针对该地区特殊的生态环境条件，以交通预测量为基础，对标准进行灵活调整，针对不同路段，分别采用8.4米、9.0米、9.6米的路宽，以及0.6米、0.9米的路肩，将工程对所在区域的环境影响降至最低。

环境敏感性设计。熊牙公路是森林地区公路的典范，曾以其卓越的敏感性设计获2008年联邦公路局“杰出公路设计奖”提名（2008 FHWA Excellence in Highway Design Award），尤其是近来的改建工程充分体现了环境敏感性设计的原则。改建工程提升了初建时期所遗留下来的破损铺面、地基以及路基问题，改造了不充足的排水设施、非连续和危险的车行道几何设计，克服了水文、几何线形以及高海拔所导致的气候和建设工期的问题，以较为灵活的路宽，选线等设计降低了事故发生的可能性。

7.3.3 设计要素

一、道路工程

熊牙公路以沿线资源为基础，结合道路安全、通行状况、社区发展需求等因素，在总体目标指导下，进行规划与设计。

道路选线与线形几何设计。熊牙公路与黄石国家公园相连，穿越了大量的高山、峡谷地区。其选线注重选择经过独特、非凡的自然风景区，同时，避免对山体和地貌的破坏，尽可能顺势而建、使道路形态与自然条件契合。从道路类型来看，熊牙公路属于乡村次干道。但因生态环境限制，而遵循集散公路的设计标准。其道路横断面设计，依据道路类型、交通量预测状况等进行分段设计。同时，依据各路段的交通流量，灵活地确定路段路宽、路肩等指标，进行更加安全、宽容的横断面设计，为更多的使用者提供了使用机会，降低了事故发生概率，延长了道路使用年限。

路基路面。路基路面是确保道路安全性的重要线形工程构筑物。路基需要结合道路选线以及横断面进行设计。熊牙公路以低塌落泥浆（Low-Slump Grouting）作为主要的路基提升材料，路面使用沥青铺面，并进行耐用处理，完善排水系统，为道路安全提供保障。

桥梁构筑物。熊牙公路经过高山地区，为了避免对动植物及生境，尤其是濒临灭绝的物种的栖息地带来不利影响，道路工程师们根据地质地貌的变化，以及环境敏感度，来设置桥梁。在野生动植物活动频繁的区域，设计了桥下生物通道，以减少道路构筑物对生态系统的破坏。

由于熊牙公路大部分路段穿行高山和峡谷地区，路况复杂。因此，设计修建了众多路侧设施，主要包括边缘石、填土坡、挡土墙、安全护栏、道路标识标线以及视觉缓冲带等设施，以保证游客安全性。

边缘石。熊牙公路属于乡村集散道，且位于高山区。为此，遵循简约化设计原则，多以路面的黄色或白色线作为非机动车与机动车道的划分标准，只在使用历史较长的路段，才进行边缘石的设置。

填土坡。填土坡的设计有助于减少削面和填土的视觉影响，同时增强道路的安全性。熊牙公路位于高山地区，陡峭的山地、纵深较大的峡谷等是常见的地形地貌。道路修建工程往往会对周围山体、地面造成较大影响。填土坡设计注重减少路侧山体对驾驶人员视角的冲击，以增强道路安全性。

挡土墙。熊牙公路所属地区自然地形陡峭，环境敏感限制因素较多。挡土墙的建设有效地减少了削面和填土的视觉影响，并增加了道路的安全性和稳定性。

安全护栏。由于熊牙公路所属高山地区地形地貌的复杂性，以及路上不断增多的大型交通车辆，道路的安全性和通行性日益受到威胁。为了满足大型交通车辆的需求，并提升道路的安全性，熊牙公路在改建工程中对护栏进行了升级，并在局部路段设计中突出了乡村特色，选用木材制作，彰显了地方景观特色，使得风景更加生动。

道路标识标线。熊牙公路的道路标识标线，包括指向标识、路线标记、规则性标识，以及警示标识等方面，尤其突出了对警示标识的设置。该标识主要设置于危险路段、转弯路段等路况不明朗区域，包括减速标识、提前警告标识等，其目的是提醒游客注意道路及其周围环境，提前避免危险性，提高行驶安全。

视觉缓冲。视觉缓冲主要用于减少对现有特征物的影响。这些特征物来自风景道的视觉景观。熊牙公路主要通过维护墙面等特征物的表面，以呈现出当地石材的特点，来模仿景观的自然形态，以避免造成视觉上的冲突。

二、游憩服务设施

熊牙公路总长度110.5公里，其游览活动可在2—3小时内完成，是旅游者前往黄石公园的重要通道。沿线游憩服务设施完善，主要设置有观景设施，道路引导标识，解说设施，服务区与营地，住宿和餐饮设施，加油站、汽车维修及租赁，交通连接设施以及滑雪场等。

（一）观景设施。熊牙公路穿越区域有着极好的自然景观、风景景观，同时还有各种珍奇的野生生物可观赏，因此，在风景道沿线景观质量较好、海拔较高、视野宽阔以及路面平整的场地，设置了4处观景平台，方便游客观赏高山地区丰富多样的自然景观，提供户外观景机会，能让游客更加深切的感受熊牙公路的无限风光。

（二）道路引导标识。提供交通方向指引服务，实现安全旅行，并营造统一、独特的道路个性。熊牙公路引导标识一般放置在泛美风景道的出入口、与其他公路交界处、沿线城镇出入口等节点。这些标识系统都具有熊牙公路标识。为强化旅游者对泛美风景道的辨识，熊牙公路沿线减少了森林局、州风景道等标识牌的使用，增加了风景道标识的设置。

熊牙公路标识设计包括主题、形状、色彩以及文字等方面。熊牙公路标识以自然资源特色为设计主题，背景中渐变的山体、曲折的公路结合前景中的熊掌印、野花，方圆几何形状等，以景观透视效果凸显所在区域独特的资源禀赋；色彩选择上，采用蓝、绿色搭配，营造出温和、轻松的氛围；文字简明，说明其泛美风景道的地位。

（三）解说设施。熊牙地区的解说设施包括游客中心、解说标识和博物馆及展览馆。

1. 游客中心。为游客提供旅行手册等纸质资料和专门的讲解人员，指导游客使用设施，帮助游客加深对风景道内在品质的理解，提升游憩体验，增强公众保护资源的意识。

2. 解说标识及设计。熊牙公路解说性标识的主题以沿线的自然资源为主，解说标识的选址主要与观景平台相呼应，材料多就地取材，选择木、石等，文字及背景以灰、黄色为主，避免突兀，与周围环境融为一体。

3. 博物馆及展览馆。熊牙公路沿线社区内设有多处博物馆及展示馆，该类设施多以道路沿线社区自然和文化资源信息为主要展示内容。这些博物馆及展览馆包括，熊牙自然中心（Beartooth Nature Center）、南部平原印第安博物馆（Plains Indian Museum）、科迪武器博物馆（Cody Firearms Museum）、德雷珀自然历史博物馆（Draper Museum of Natural History）和卡本县博物馆（Carbon County Museum）等。

（四）服务区与营地。服务区设置在距雷德洛奇城32.2公里处，其中包括厕所、停车场以及观景台等。在宽阔、平坦、排水条件好的森林地区设有13处野营区和200多个野营点，便于宿营和野餐。此外，在雷德洛奇和科迪还有房车营地。

（五）住宿和餐饮设施。熊牙公路旅游者的住宿、餐饮、购物等多依托和利用周边城镇、社区以及景区景点的相关设施。

（六）加油站与汽车维修。熊牙公路的加油站主要位于沿线所经过的三个城镇，以及熊牙公路和长岛湖之间的商店。加油站设施多与维修站相邻而建，此外，风景廊道上的商业房车设施也为自驾车游客提供燃料。

（七）交通连接设施。由入口及停车场，游径慢行系统构成。

1. 入口及停车场。熊牙公路入口设计凸显该道路的品质内涵，确定了风景道的主题和个性，整体设计较为简约，一般设有风景道标识和解说设施，为游客提供关于路线地图、特点、服务设施方向和停车场信息。熊牙公路的停车场为旅游者提供驻足逗留，并享受风景道的游览机会。在高山地区，停车场追求简约化设计风格，设计注重对场地交通量、交通工具类型及接待规模、大型交通工具的转弯线路等的综合考虑。此外，针对该地气候特点，还要考虑停车场在冬季的利用问题。

图7-3 熊牙公路游径

2. 游径慢行系统。熊牙公路沿线设有国家休闲游径和国家历史游径。按资源属性，可分为休闲、历史、自然等多种类型。按游览时间分为日间、过夜和多日等类型。这些游径以起始点场地为节点与道路相连接，其设计重视起始点与道路之间连接场地的设计，具体设施包括停车场、解说牌示等。熊牙公路自行车线路设计，包括选线、节点及基础服务设施。自行车路线与公路基本重合，主要节点设置在社区城镇，配以基础设施，所提供的服务包括餐饮补给和自行车租赁和运载等（图7–3）。

（八）滑雪场。熊牙公路是西部地区绝佳的冬季游憩胜地。滑雪场内设有为游客提供的滑雪课程，出租滑雪设备，设有滑雪展览等。

三、景观小品与植物配置

（一）景观小品

熊牙公路沿线自然景观丰富，道路景观设计重点在于突出沿线自然风光。为了维护自然生态景观的原始状态，风景道沿线景观小品构筑物较少，只有少量富有当地特色的标识标牌，在引导游客的同时展示当地文化。此外，路侧建筑景观小品多选择具有当地生物特色的主题，材料则以当地木、草为主，突出风景道地区特色。

（二）植物配置

为保护风景道的生态环境，在植物配置方面主要利用沿线原有植物再进行适当配置。植物选择适应风景道区域海拔和气候的乡土植物，彰显自然和乡野特征。

四、产品与线路

（一）产品设计

熊牙公路因其独特的资源优势，形成了丰富且多元的旅游产品体系。其中自驾观光产品、户外游憩产品、节庆文化产品以及科普教育产品最为典型。

自驾观光产品。熊牙公路途径蒙大拿州和怀俄明州，沿线穿过四个生物带，地势地形变化多样，从白雪皑皑的高原到一望无际的荒原平原，风景道在连接黄石公园的同时，还穿越了森林地区、高山湖泊地区。从生物植被角度来看，风景道依次穿过山地森林区、山地草原区、亚高山森林区和高寒草甸带。植物群落丰富多样，包括了草甸、草原、森林、灌木、湿地等，不同的植被生物带展现了不同的景观特色，丰富了沿线的视觉享受和体验。此外，自然生物多样性也为这一地区野生生物在种类和数量上的繁茂提供了条件，使得自驾观光的游客不仅可以欣赏静态的自然美，还有机会捕捉到动态的生物美。

户外游憩产品。熊牙公路沿线户外游憩活动资源丰富，品质较好，为游客提供了多种户外游憩活动机会，包括钓鱼、徒步、狩猎、机动车越野、骑马、机动雪橇、滑雪等，其中，影响力最大的是滑雪运动。这一运动主要在雷德洛奇开展，同时在熊牙公路上的荒野地区，以及怀俄明州黄石国家公园的间歇性喷泉地区也可获得很多滑雪机会。熊牙公路所具有的高山、高原地理特征也为游客提供了登山活动机会，如沿着多变的蒙大拿天空景观，或者沿着平行于公路的路线，攀爬海拔高山，观赏史诗般的风景。除此之外，游客还可以在熊牙公路的部分路段进行机动车探险、山地自行车赛，或是开展徒步旅行和野餐野营活动，且都有专门的商店提供这些活动的设施设备。

节庆文化活动产品。熊牙公路靠近或穿越部分社区以及城市，如库克市、科迪市和雷德洛奇小村。这些城市或者村庄都有着各具特色的节庆文化活动。有的节庆文化活动以传承古文明为主，有的则更富有现代节日气息和特点。依托熊牙公路历史文化以及当地民俗文化，开展丰富多彩的节庆活动，是本土文化的传承和体现。这些活动不仅丰富了当地民众的生活，也成为吸引众多游客来此观光、体验、旅游的主要目的。

科普教育产品。熊牙公路沿线稀有的生物资源、地理特征以及毗邻黄石国家公园的地质景观提供了较好的科普旅游机会，同时沿线的历史文化考古资源也是开展科普教育活动的基础。这里，自然生态资源丰富，其中为数较多的生物植被和野生动物，在其他地方难以见到，甚至是濒危物种，可以说，这里仿佛是一个自然生态种类库。对各种生物感兴趣的游客，特别是学生、学者和研究者可以来此开展科普旅游活动。同样，针对熊牙公路的地理地质特点以及黄石国家公园地质景观，可以开展地质科普教育活动；针对熊牙公路的历史、考古资源，可以开展历史知识类的科普教育活动。

（二）线路设计

熊牙公路游览路线串联起当地最美的自然景观。已经发展形成了一条较完善的驾车游览线路，称为“美国最美公路探索之旅”（Exploring America’s Most Beautiful Highway）。这条旅游线路起点为蒙大拿州库克市，终点为雷德洛奇。线路旅行时间为一天，总里程为约133.6公里。该线路道路起伏、蜿蜒于高原、高山、森林、草甸之间，带领游客体验穿越四个生物带，欣赏自然美景的同时，捕捉野生动物灵动的身影，或者投身自然的怀抱，开展野营野餐，为游客带来身心放松的体验之旅。

游客从库克市开始自驾车旅行后，在212号国道上向东行驶5分钟，就可以在道路左边看到克拉克叉道口，从克拉克叉道口可以进入阿柏萨罗卡岭–熊牙荒野，同时在克拉克河小道起点处有一个休闲点，可供游客停车、休息，或者开展野餐等活动。接着向前驾车行驶25分钟，就可以看到克雷齐溪瀑布了，这里有专门的野营点供游客开展户外野营活动。继续前行，徒步走过一座古桥，游客可以感受莱克溪瀑布的壮丽美景。离莱克溪瀑布不远处就是克拉克河观景台，在这里，游客可以领略黄石大峡谷的壮美景观。

从公路的左边转到岔道上去，行驶大约2.4公里就是克莱比尤特瞭望塔，这是一处具有历史意义的景观场地。之后就是熊牙公路的“世界之巅度假胜地”，游客可以在此休息或者补充能量，也可以为汽车加油或是租借一些户外活动设备以继续旅行。之后，沿着212号国道行驶20分钟会到达西山峰顶观景台，游客在这里可360度观赏熊牙高原和山地景色。继续向东北方向行驶，下一站将是罗克溪观景休息区，道路东侧是观景点，道路西侧是野餐区域，游客既可以欣赏美丽的风景，又可以开展户外野餐活动。然后，沿着风景道行驶25分钟将到达雷德洛奇滑雪区，这里是游客进行滑雪运动的最佳地点。熊牙公路旅行的最后一站是雷德洛奇，雷德洛奇为游客提供了自然中心参观，以及其他休息娱乐活动机会。沿着这一条旅行线路驾车行驶，游客将会获得熊牙公路最美的景观体验。

五、品牌与营销

熊牙公路被称为“美国最优美的道路”。熊牙公路管理工作不仅包括对道路本身进行改造、维护与提升，以保持其作为泛美风景道的优良品质和吸引力，还包括道路的宣传营销工作。

熊牙公路开发管理工作中，市场营销是必不可少的。通过多种途径和方式开展宣传营销活动，树立和保持熊牙泛美风景道的品牌认知，从而实现扩大熊牙公路旅游吸引力，让更多美国游客来到熊牙公路旅行，同时也让更广范围内的世界民众了解熊牙公路的存在和意义。因此，市场营销不仅对风景道现有形象和市场的维持、宣传和推广有十分重要的作用，同时，也宣传了其未来更美好形象，以及拓展了潜在客源市场。

（一）营销目标与策略

熊牙公路在营销上不仅受到了当地政府或企业的财政支持，还获得了地方、州联邦政府机构和商会的支持，尤其是当地民众的支持。由于熊牙公路具有紧临黄石国家公园的优越地理位置，为市场营销的顺利开展提供了良好的条件。熊牙公路营销目标与策略如表7-3所示。

熊牙公路营销目标与策略指出了风景道营销的总体方向，但是营销操作落实还需要具体的营销方式和手段。只有在正确的营销手段的配合下才能保证营销目标的实现。

（二）营销手段

熊牙公路营销手段包括以下方面：

熊牙公路营销目标与策略　　表7-3

营销总目标	树立和保持熊牙“泛美风景道”的品牌认知的基础上，扩展熊牙公路的旅游吸引力，扩大现有旅客市场，吸引更多游客来此旅游
分目标	策略
扩大并加强对外宣传（除雷德洛奇、库克市、科迪）	• 在可能的地方设置信息亭或信息牌进行经典展示，突出黄石东北部风景点和熊牙公路[主要在比林斯、波兹曼（Bozemom）和科迪地区机场]; • 在信息展示上，利用官方认定的折叠宣传册等; • 更新并整合在国家商会及国家林地网站上的信息，同时提供国家风景道网站的链接; • 在地区的报纸和杂志上为熊牙公路做循环广告
重温并实现成功的营销主题	• 将熊牙公路作为东北黄石风景廊道的风景道进行组合营销，重点强调其独特的自然、风景、游憩、文化与历史品质; • 鼓励当地的商业机构整合熊牙公路的主题，转化成为各种商业产品，包括T恤，帽子以及其他主题产品
创造和获得更多的资金	• 向冰茶法案（TEA21）提交意见，为营销风景道申请额外的基金; • 为营销寻找额外的基金来源，如个人、私人企业以及当地政府; • 巩固与肖松尼、卡斯特和加拉廷国家林地（The Shoshone，Custer，and Gallatin National Forests）的现存伙伴关系，并与当地或国家政府机构建立新的伙伴关系，将来可能获得一定的财政支持

资料来源：The Beartooth All-American Road Steering Committee.Beartooth All--American Road Coorridor Management Plan[R]. 2002, January.

媒介营销。营销主要是通过出版和发行与熊牙公路相关的杂志、游客指南以及旅游小手册等来进行宣传促销。杂志上主要刊登风景道的故事性文章，而游客指南和旅游小手册则更多的是提供熊牙公路的旅行指导和提示信息，它们对于游客顺利且高质量地进行风景道旅行有重要作用。这些杂志、手册或指南一般在地方商会、森林服务区办公室、住宿点及周边的游客中心或者城市中心获得。除此以外，熊牙公路媒介营销还包括电视广告营销。这一宣传促销方式主要是通过雷德洛奇地方商会与专业广告机构合作，来为雷德洛奇开发一个广告市场营销方案，以电视媒体和广告的形式扩大其影响力。熊牙公路驾车及骑行体验被认为是一个主要的游憩吸引因素，因此在营销中作为主体营销对象和因素考虑。

网络营销。熊牙公路通过将道路信息、旅游信息等公布在雷德洛奇和科迪商会的网站上以方便游客查询相关的旅游信息，以吸引更多游客来熊牙公路旅游，提高游客出游概率。同时，通过网络营销平台，也扩大了熊牙公路营销范围，不仅有美国受众，更有世界受众，使得游憩产品销售的市场范围更加广阔。此外，游客还可以在肖松尼、卡斯特和加拉廷国家林地网站，国家休闲娱乐预订服务（National Recreation Reservation Service）网站，以及国家风景道计划（National Scenic Byways' Program）网站等众多网站上获得熊牙公路的信息。

7.4 管理营运

7.4.1 管理体制

熊牙公路作为蒙大拿州与怀俄明州境内的泛美风景道，其管理工作由国家、州与地方、非营利组织等三个层面共同进行，管理组织结构，如图7-4所示。

国家层面，与纳入国家风景道计划的其他风景道一致，即在美国国会授权下，由交通部协同内务部、农业部以及商务部宏观指导风景道的发展，并指定联邦公路管理局对其进行直接政策指导与管理。

州与地方层面，熊牙公路的管理工作又由联邦政府、州与地方政府相关部门和组织等共同负责，具体如下：

（一）联邦政府相关机构

联邦政府相关机构对熊牙公路开发、规划、维护、修复等进行管理，参与的管理机构主要包括黄石国家公园局、国家林地管理局和联邦公路管理局等。

黄石国家公园局。作为熊牙公路的主要管理机构之一，黄石国家公园局确保道路的开放和维护。同时，通过公共渠道，提供熊牙公路的信息。

国家林地管理局。主要对志愿者服务、专业咨询和文件撰写等进行管理，负责市场营销、开发以及资源保护等工作，并允许熊牙泛美风景道之友（FBAAR）参与到相关项目开发与规划中。

联邦公路管理局。从1990年开始，该部门参与到熊牙公路管理与维护工作中，主要是通过与其他部门达成长期合作关系，来协作修复熊牙公路。

（二）州与地方政府相关部门

州与地方政府相关部门，主要负责道路安全、道路修复、道路维护、道路宣传等管理工作，涉及的部门主要是州交通部、州与地方旅行和旅游部门等。

州交通部（Montana and Wyoming Departments of Transportation）。主要负责道路安全巡逻任务、修复、日常维护工作。如，蒙大拿州交通部提供关于道路标识、道路维护和资源保护的支持，确保纪念日及

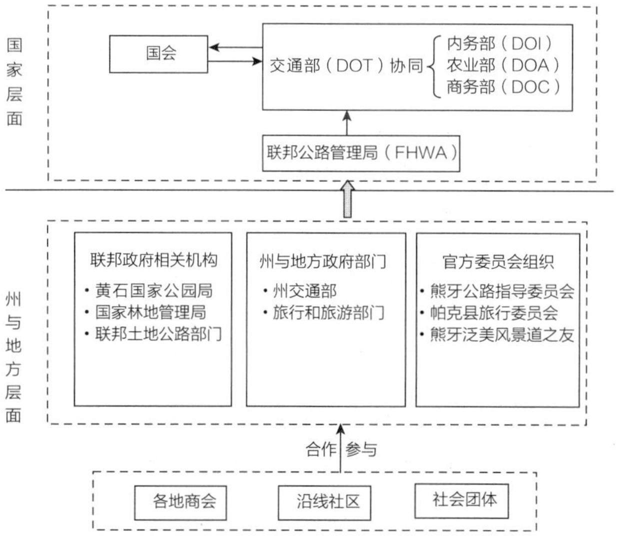

图7-4 熊牙公路管理组织结构

资料来源：The Beartooth All-American Road Steering Committee. Beartooth All-American Road Coorridor Management Plan[R]. 2002, January.

周末期间，熊牙公路开放；怀俄明州交通部则负责组织风景道协调员，进行标识设置等。

旅行和旅游部门（Travel Montana and Wyoming Travel & Tourism）。蒙大拿与怀俄明州与地方旅行和旅游部门主要负责旅游目的地宣传和营销工作。此外，也负责分析各类资金使用对旅游业发展的贡献。

（三）相关政府组织

相关政府组织，主要负责熊牙公路开发、维修、维护、解说等，参与的组织主要有熊牙公路指导委员会、熊牙泛美风景道之友、帕克县旅行委员会（Park County Travel Council）等。

熊牙公路指导委员会。该委员会与风景道协调员共同合作，负责道路维修和道路提升等工作。该委员会成立于1990年，因当时没有管理部门声明对于车行道的所有权，为解决车行道的维修、维护和扫雪等问题，成立了该委员会。该委员会成员主要由联邦公路管理局、国家公园管理局、国家林地管理局、州交通部门代表以及其他社区参与者等组成。

熊牙泛美风景道之友。参与熊牙公路开发、规划、管理等工作。具体来说主要包括：促进熊牙公路沿线组织和社区的沟通、道路建设更新、野营地经营指导、解说场地活动组织及新解说展览的设置，为旅游者提供其他游憩项目等；建立互动的熊牙公路地图；更新并维护通道社区、熊牙及黄石地理旅游、北落基山十大风景驾驶线路等信息；支持库克城在历史博物馆和旅游信息中心，建设解说场地；支持科迪和雷德洛奇在旅游信息中心建设解说场地，建立良好的熊牙公路成员关系，帮助确保长期的财务稳定；每年7月份在库克城召集熊牙泛美风景道之友年会等。

帕克县旅行委员会（Park County Travel Council）。该部门与熊牙公路之友共同编制了熊牙和东黄石风景驾驶路线手册。

非营利组织层面，与很多风景道类似，熊牙公路规划建设和日常管理维护，也得到了如商会、社会团体及周边社区等的积极参与。这些非营利组织通过与相关政府部门合作，来支持熊牙公路的发展，在人力、财力等方面提供了保障。

各地方商会。如怀俄明州科迪县国家商会（Cody Country Chamber of Commerce in Wyoming）、库克城/银门商务区（Cooke City / Silver Gate Area Chamber of Commerce），以及雷德洛奇商会（Red Lodge Chamber of Commerce）等，它们主要提供志愿者和志愿者服务以及筹集基金，是熊牙泛美风景道之友的坚强后盾。

与此同时，一些其他社会团体与公众也积极参与到熊牙公路日常管理维护中，与相关政府部门进行合作，支持风景道发展。

7.4.2 资金资助

一、资金来源

熊牙公路开发、提升及改造、廊道资源保护、廊道管理与维护工作等，能够顺利进行的重要保障是有足够的资金支持。熊牙公路作为泛美风景道，其获得资金途径较多，主要包括联邦政府层面资金、州政府层面资金和其他组织的私有资金。其中，来自联邦和州政府层面的资金，主要通过政府资助、信托基金和相关项目资助获得。

（一）联邦政府层面资金

联邦政府层面资金主要来源部门是美国交通部联邦公路管理局、美国国务院内务部、美国商务部、美国森林管理局、博物馆服务机构等。

一是美国交通部联邦公路管理局资金。主要包括国家风景道基金、森林公路资金、国有土地公路资金和道路运输项目资金。

国家风景道基金：一般政府会负担80%的款项，另外20%左右资金来自非联邦政府资金。资助资金主要用于廊道管理计划中提到的相关项目开发与建设，包括公路安全提升、风景道设施建设、与风景道相关联的文化资源保护、向公众提供旅游及解说信息等。

森林公路资金：主要用于通往森林的道路修建与维护。由州、森林服务部门和联邦公路管理局共同管理该资金，用于资助符合条件的项目，熊牙公路获得了森林公路资金的资助。

国有土地公路资金：这类项目资金也是由联邦公路管理局管理，资金资助依据项目来酌情安排。蒙大拿州利用该类资金，重新铺设了路段5的路面。

道路运输项目资金：道路运输项目提供灵活的资金，用于联邦政府资助的任何公路项目和州政府项目。主要包括国家公路系统、公共土地上的桥梁修建、交通投资项目和公交终点站及设施修建等。依据蒙大拿州法律，熊牙公路蒙大拿州段作为一条主要交通公路，有资格获得道路运输项目资金。

二是美国国务院内务部资金。主要包括土地和水资源保护资金和历史保护资金。

土地和水资源保护资金：这一资金又可细化为两个资金类型：联邦土地征收计划和国家资金计划。联邦土地征收计划的优先资助项目由联邦机构决定——国家公园管理局、土地管理局、林务局以及鱼类和野生动植物管理局，资金直接从国会拨款。国家资金计划直接提供综合资金，用于公园土地征收和游憩设施改善提升。在蒙大拿州，社区和其他政府分支机构也有资格申请该资金支持。

历史保护资金：作为国家历史保护法案的一部分，成立于1966年。该资金的一部分，可用于从国家公园管理局到州历史保护办公室的许多提案项目，但主要仍是用于自然、环境和各种历史及史前的资源调查、规划、监测和提名等活动。

三是美国商务部经济发展局资金。

美国商务部经济发展局主要为技术支持、规划和能产生新的就业机会的项目，提供发展资金。技术支持资金、资本资金和循环贷款基金，基本上在平均匹配的基础上变化，资金提供数量由数百美元到上万美元不等。

四是美国森林管理局资金。主要包括农业法案资金、挑战成本分享基金和示范基金。

农业法案资金：是一个专用的农业法案资金，主要是为社区提供一定资金，用于农村地区经济发展项目。这些社区在失业率上必须满足一定的阈值，资金通常是以一年为基础，申请时间在早春之际。

挑战成本分享基金：森林管理局在一个匹配项目基础上，提供成本分享基金，但这些项目要与当地社区在改善提升文化、自然和游憩资源的服务等方面有合作伙伴关系。

五是博物馆服务机构资金。它是独立的联邦政府下属的分支机构。于1976年通过国会法案而成立，目的是鼓励和帮助博物馆，使其管理方法和设备设施趋于现代化，以更好地保护文化、历史和科学遗产，同时，通过增加公众对博物馆的使用以减轻资金负担。该机构提供保护评估资金和项目资金，同时，也是唯一一个为支持博物馆学科发展而提供资金支持的联邦机构。

（二）州政府层面资金

州政府层面资金主要来自熊牙公路所穿越的蒙大拿州和怀俄明州。两个州各自制定了资金计划，同时还联合制定了怀俄明–蒙大拿资金计划，以作为共同的资金来源。

一是蒙大拿州计划。

社区交通改善项目：该州级项目遵从联邦法律，要求每个州获得的所有路面交通项目资金的10%，都要用于道路改善提升项目，包括历史保护在内。

蒙大拿文化信托部门资金：资金主要用于操作、支持特殊项目和保护历史的捐赠发展类活动等。符合资格的申请人主要包括地方政府实体、州立大学和美国本土印第安部落等。资金申请需提交到蒙大拿法律部门做最后评估，通常需在每年夏天之前做出申请。

资源赔偿信托资金：蒙大拿州自然资源保护部门，每两年都可从资源赔偿信托获得资金。资金由部门审查，然后提交立法批准。这些项目的资金，来自于国家采矿活动相关的开采税收。主要用于可再生性资源项目和其他再生资源性项目。申请人必须是一个政府单位，比如一个自治区，或印第安部落等。

蒙大拿州人文委员会资金：艺术和人文科学的国家捐赠，由蒙大拿州授予资金。资金主要用于实施历史和史前的调查、关于历史保留问题的公共论坛、研究、历史讲述以及其他相关主题的公开演讲等活动地开展。

蒙大拿州旅行分部资金：旅行分部是蒙大拿州商业部门的一个分部，主要负责发展和促进蒙大拿州与旅游有关的经济发展。它们的资金基本上来自蒙大拿州的基础税收。蒙大拿州旅行分部有一个旅游基础建设投资项目，能够获得与旅游相关的非营利性团体的支持，主要是为工程建设提供资金（砖和砂浆），还可为建造新的和维护旧的旅游休闲景点、历史古迹或艺术品以及为一个特定旅游项目操作的历史设备等提供配套资金。资金申请材料截止时间为每年晚春到8月1日。

二是怀俄明州计划。

当地交通改善活动资金：怀俄明州交通部在联邦交通法案下可以使用该资金。通常资助的资金范围从10万美元到20万美元，同时，要求当地负担20%的配套资金，申请的截止日期是每年的6月30日。

休闲道路资金资助：地方、州和联邦政府机构，以及私人组织可以申请该奖金，资助额度从2500美元到75000美元不等，但20%的匹配资金是必需的。

栖息地信托基金：私人土地所有者、保护机构、地方、州和联邦政府机构可以获得1000美元到20000美元不等的该基金资助，以维护或者提高水域和野生动植物河岸栖息地发展。资金类型主要包括：水保护和发展资金、旱地生境资金或者水岸环境改善资金。资金来源于怀俄明州渔猎委员会信托基金（Wyoming Game and Fish Commission's Wildlife Trust Fund）产生的利益。项目申请者，必须以资金或者某种服务形式，提供至少50%的项目成本。申请截止日期为每年1月2日。

栖息地信托基金（水生）：申请资格、要求和截止日期都与上述栖息地信托基金一致。资金范围是1000美元到10000美元，其目的是维持或者改善水域的发展以及水岸环境。

洛拉养老基金奖：对支持历史项目的个人或者组织，提供该资金支持，额度高达1500美元。申请日期为1月15日—6月15日。

当地政府拨款认证资金：以下部门有资格获得该资金：地方或者市县政府部门、怀俄明州历史保护机构和国家公园局、州公园和文化资源、州历史保护部门等。资金用以支持历史保护项目。资金范围从1000美元到2500美元，同时，要求40%的现金或者某种类型的服务匹配。该项目必须满足州级别的历史保护标准。截止日期为每年3月15日。

三是怀俄明–蒙大拿州联合计划。

艺术理事会基金：蒙大拿和怀俄明艺术理事会，可从国家艺术基金会获得该资金。资金主要用来开展文化资源规划、举办活动等。国家艺术基金会，也为艺术、建筑领域提供资金，支持地方艺术机构活动。该资金可直接向华盛顿国家历史基金会和国家艺术基金会国家办公室申请。

（三）其他组织私有资金

其他组织私有资金也是熊牙公路资金资助中的重要组成部分，主要是通过国家历史保护信托基金获得。该基金为许多类别的历史保护项目提供资金支持，但是其资金本身来源又是依靠其他信托成员获得，如由国会拨款的慈善机构和国家历史文化保护基金。国家历史保护信托基金的资助项目主要包括以下四个：

一是国家保护贷款基金。该基金主要用于振兴商业和工业中心、保护社区和农村、保护考古和海洋资源等。由信托基金提供财政、技术支持，帮助保护历史资源，提升地产发展能力。资金可为非营利性组织和低贷款利率公众机构提供贷款保护和信贷帮助，建立或扩大当地和州的周转资金及贷款，承担涉及历史建筑、场地和地区的开发项目。该基金也为建筑和场地的国家历史地标认证，提供特殊支持。

二是维护服务基金。该基金目的是提升保护领域信息和保护意识，帮助推进公众讨论，使当地团体获得所需的特殊技术项目资金，向学生介绍相关概念和工艺品，鼓励私营企业参与维护服务。但该基金申请者必须是非营利性组织、公开机构以及维护服务基金论坛项目的成员。最大奖助金额是5000美元，所有奖助金，必须在一个等额匹配基础上，且主要利用现金捐款获得。

三是约翰·法夫罗基金。这一基金成立于1994年，目的是拯救美国境内历史环境，培养公众对全美文化遗产的认知，保护和振兴国家社区的可生存能力等。截止申请日期为每年2月1日。

四是关键问题基金。该基金主要是为州与地方政府部门、非营利性组织、大学等提供资金资助，使他们能为研究或开展样板工程保护，寻求广泛的解决方案。

二、国家风景道基金资助

1993年，熊牙公路首次获得国家风景道基金资助；2002年成为“泛美风景道”。1992—2012年间，熊牙公路共计有6年获得国家风景道基金资助，为其建设与发展提供资金保障。

从资助额度来看，1993年获得资助额度最多，达到602821美元；2005年获得资助额度最少，为25000美元，两者相差577821美元；6年中共计获得973299美元，资助额度呈平稳波动起伏状态，平均资助额度达到162216.5美元。

从资助占当年全美对所有国家级风景道资助比例来看，1993年占比最大，达到6%左右；2005年占比最小，约为0.11%，平均资助占比1.24%左右；6年间获得资助总额约占相应年间全美对所有国家级风景道资助总额的0.65%。

从空间分布上看，国家风景道基金对熊牙公路的资助主要集中在蒙大拿州，资助项目达11个；对怀俄明州的资助相对较少，为1个，呈不均衡状态。

从资金资助项目数看共计资助了9个项目，其中1993年、2004年、2006年资助项目最多，均为2个，占比均约为22.2%；2005年、2007年和2012年相对较少，均获得1个，占比均约为11.1%；从资金资助项目类型看，主要集中在熊牙公路廊道管理、风景道设施、解说信息、安全提升四类。其中，廊道管理项目最多，为4个，占比约为44.4%；其次是风景道设施项目3个，占比约为33.4%；解说信息项目和安全提升项目较少，均为1个，占比均约为11.1%。由此可以看出，熊牙公路发展中比较重视对道路廊道管理、建设、解说信息和安全提升等（表7–4）。

7.5 借鉴与启示

作为一条以自然风景为核心品质的泛美风景道，熊牙公路的规划与设计以保证道路安全为基础，强调道路灵活性以及环境敏感性理念，彰显道路资源特色，并同时强调多利益主体合作，以实现道路可持续发展。

在道路工程设施设计方面，熊牙公路的设计以实现道路安全通行功能为基础，强调遵循灵活设计理念，凸显道路所在地资源特色，与其所在的环境和谐相融，呈现廊道地区独特、优美的自然风光。路侧交通设施是熊牙公路道路通行安全的重要保障，同时，又是道路使用者视域范围内的景观组成部分。因此，针对其设计以安全性能为主，同时在色彩、选材、形式、规格等方面尽量与自然环境相符，以营造视觉体验。游憩服务设施的设计是提升使用者游憩体验的主要载体，也是风景道所在廊道系统的重要组成部分。其规划与设计要考虑到游憩服务功能，同时也要考虑将建设工程和游客活动对廊道的影响降至最低。针对接待服务设施，尽可能依托城市的设施，而在乡村地区，强调简约化设计，提供基础的、必要的接待功能，降低对环境的影响，丰富游客的体验；在公共服务设施方面，依靠该地区的地形地貌、气候资源，设计包括游览、参观、户外活动，突出特色，提供与众不同的游憩体验；汽车服务设施是风景道设计要素的主体，也是风景道作为线形景观与点状景点、面状景区之间差异的重要体现，该类设施针对自驾车游客设计，尤其强调设计风格的简约以及使用的便捷。

国家风景道基金对熊牙公路资助区域、项目及类型　　表7–4

年份	州	项目	项目名称（编号）	项目性质
1993	MT	2个	熊牙公路罗克溪观景点（SB–1993–MT–01） 熊牙公路改造（SB–1993–MT–02）	风景道设施、安全提升
2004	MT	2个	熊牙公路廊道管理计划实施（SB–2004–MT–51） 熊牙公路舒弗莱（Shoofly）历史中心土地征用（SB–2004–MT–51）	廊道管理、风景道设施

续表

年份	州	项目	项目名称（编号）	项目性质
2005	MT	1个	熊牙泛美风景道廊道管理计划实施（SB-2005-MT-01）	廊道管理
2006	MT	2个	熊牙公路廊道管理计划实施（SB-2006-MT-01） 熊牙公路舒弗莱历史中心解说标识（SB-2006-MT-02）	廊道管理、 解说信息
2007	MT	1个	熊牙公路廊道管理计划实施（SB-2006-MT-01）	廊道管理
2012	WY	1个	熊牙公路泛美风景道研究（SB-2012-WY-02）	风景道设施

注：SB：风景道；MT：蒙大拿州；WY：怀俄明州。
资料来源：National Scenic Byways Grant Totals by Year and State for 1992-2012[R]. http://www.bywaysonline.org/grants/funded/funded_report?report=award_total&format=pdf.

第8章　红岩风景道（Red Rock Scenic Byway）

塞多纳红岩乡，通常被称为“没有围墙的博物馆”，红岩风景道将带你穿越这一区域。2003年，《美国周末》杂志称这条风景道为“美国最美的地方”。旅游者都赞叹于它所展示出来的魅力、多样性以及与自然亲近的感觉。这一包裹于沙漠中，已经有数千年、令人惊讶的红色岩石，充满着永恒的精神，静静地等着你来探索。

Sedona's Red Rock Country is often called a "museum without walls" ,and the Red Rock Scenic Road takes you through it. Named "the most beautiful place in America" by USA Weekend in 2003, travelers are amazed by its power, diversity, and sense of intimacy with nature. Inhabited for thousands of years, the stunning red rock formations wrapped up in high country desert are alive with a timeless spirit that captivates and inspires, as it quietly beckons you to come explore.

——美国国家风景道计划对红岩风景道的评价

资料来源：National Scenic Byways Program Collection of America's Byways® Designated by U.S. Secretary of Transportation.

红岩风景道是一条风景品质与游憩品质极高的风景廊道。其风景品质体现在廊道内独特的地质地貌所形成的红岩风景上；游憩品质体现在其丰富的游憩活动上。除此之外，红岩风景道还拥有国家林地的自然景观、考古和历史遗迹景观，以及人文景观等。红岩风景道位于亚利桑那州境内，它不仅是一条线性风景廊道，还是一条重要的干线公路，穿越并连接了塞多纳（Sedona）、奥克里克村（Oak Creek Country）、贝尔德峡谷（Verde Valley）和亚利桑那州的其他地区，有利于佛拉格斯塔夫（Flagstaff）和菲尼克斯（Phoenix）的通勤交通及商业交通的便捷通行，推动了该地区的社会经济发展。

红岩风景道于1987年被认定为“亚利桑那州风景道”，2005年被认定为“泛美风景道”。它在美国游客心中有着不可替代的地位和吸引力。

8.1 概况与发展历程

8.1.1 概况

红岩风景道始于塞多纳南端，横穿奥克里克村，止于17号州际公路，是亚利桑那州179号州内公路（SR 179）上一段长约12公里的驾驶道。

红岩风景道有着“没有墙的博物馆”和“美国最美的地方”之称，从美国民众对其评价之高，可见一斑。该风景道拥有风景、自然、历史、文化、考古、游憩等六种品质，其中，风景品质和游憩品质尤为突出，具有独特性和唯一性。

8.1.2 发展历程

红岩风景道发展较为曲折和漫长。该道路是一条交通运输干道，连接着该地区众多村庄与城镇。红岩风景道从最初修建到现在发展为一条集交通与旅游为一体的风景廊道，其发展是伴随着周边城镇的演变而逐步形成的。依据重大事件，其发展阶段可划分：

一、“奥克里克-塞多纳”形成阶段（19世纪初以前）

奥克里克-塞多纳地区从形成至今，经历了几千年的发展历史。佛德峡谷的考古证据显示：一个古老的民族，曾在这片土地定居了长达4000年。依据沿线考古遗址遗迹推知，这些居民最初不懂得陶瓷和农业，最早时期可能是从事游牧的猎人和采集者。700年左右，霍霍坎族人（Hohokam，已消失）从南部进入奥克里克-塞多纳区域，并沿佛德河（Verde River）以及它的支流定居下来。霍霍坎是农耕民族，以种植玉米、南瓜、大豆和棉花为主，过着群居生活。同一时期，西纳瓜人（Sinagua）在佛德河上游定居，并开始转向农业生产。1065年左右，森塞特火山口（Sunset Crater）喷发后的火山灰使得这一区域的土地变得肥沃且含水量充足，从而，促进了这一地区的逐渐繁荣。到1425年左右，西纳瓜人放弃了居住地并且消失不见了。此后，继承了西纳瓜人狩猎和种植特点的亚瓦佩（Yavapai）和阿帕切（Apache）部落的后人，在这一地区一直生活到19世纪初。

二、"奥克里克-塞多纳"发展阶段（19世纪后期-20世纪中期）

19世纪后期，从佛德堡（Fort Verde）到来的士兵，开始到奥克里克这一偏远地区从事钓鱼和休闲活动。1876年，约翰·吉姆·汤普森（John Jim Thompson）在奥克里克峡谷（Oak Creek Canyon）修建了第一个有记录的白人定居点。四年以后，在韦斯特福克（West Fork）和奥克里克主通道的交叉口，霍华德（C.J.Bear Howard）修建了他的小屋，并于后期将其扩大且改名为"梅休的小屋"（Mayhew's Lodge）。19世纪80年代，开始有一些其他人来这里定居，并沿着河流两岸修建了农场和大牧场。随着越来越多的人开始到这一区域来定居和休闲游憩，该区域与外部相联系的交通道路，也获得了进一步的发展。最终，促使了红岩风景道的形成。

三、红岩风景道发展阶段（20世纪中期—至今）

1902年，施内布利（T.C. Schnebly）从密苏里州（Missouri）迁移到这一区域并建立了一个邮政办公室，且以其妻子塞多纳（Sedona）的名字命名。在20世纪20年代后期至20世纪30年代早期，大公园（Big Park）（即现在的奥克里克）的一系列住宅和小牧场开始建立和发展。到1967年，这一区域逐渐规划并修建了以居住和游憩为目的的村庄。从20世纪70年代开始，村庄经历了繁荣成长和商业扩张的发展阶段。相应的，居民数量也从1988年大约2700人，增长至2000年的5200人，人口增长近两倍。

作为一条品质优良的风景廊道，红岩风景道在规划之初并不是泛美风景道，而只是州级风景道。1987年2月20日，亚利桑那州交通部认定：179号州内公路的486.8公里至498.9公里路段为红岩风景道，全长约12公里。此后，经过对风景道廊道的提升改造，到2005年，红岩风景道被认定为泛美风景道。

8.2 基本条件

8.2.1 交通分析

179号州内公路，即红岩风景道所在州内公路，是连接塞多纳到17号州际公路的一段现代公路。17号州际公路的298号出口是179号州内公路的南终点，该出口距离佛德营（Camp Verde）北部大约24公里，距离菲尼克斯北部约177公里。

1987年红岩风景道成为州级风景道后，其功能从单一的交通通勤道路扩展为旅游观赏性风景道。风景道为双车道，沥青混凝土铺面。路肩宽度，从奥克里克村南部的1.5米到北部的0.3米不等。

风景道交通流量，据调查显示：从8月到11月，在超过4个月的时间里，红岩风景道奥克里克村路段，平均每日的双向交通量在星期六达到最高，约为15400辆；星期日达到最低，约为13000辆；一周内的其他时间为中等水平，约为14500辆。

由于179号州内公路东部商业的发展，在奥克里克村北部和南部已经修建了一条1.2米宽的游径。奥克里克村内有从179号州内公路十字交叉路口直接通向度假胜地的道路，这些道路用彩色的混凝土铺路，弯曲且宽1.5米。

红岩风景道廊道内没有设计自行车道，主要是因为道路空间狭窄，交通量相对较大，同时道路弯道多，路面倾斜等，不适宜于自行车道的建设。

风景道沿线上，设置有大量的交通和信息标识牌，如限速标识牌、转车道标识牌，以及禁止停车标识牌，还有为动物专门设置的十字路预警标识牌等。

8.2.2 品质分析

红岩风景道具有风景、自然、游憩、历史、文化与考古等六种品质，其中，风景与游憩品质尤为突出。

一、风景品质

红岩风景道独特的风景品质，源于其穿越了范围大、分布广的奇特红岩景观。塞多纳红岩区域的面积接近1295平方公里，包括从科罗拉多高原（Colorado Plateau）南部边缘的巨大高地四角地区，延伸到西南地区的范围，独特的地质地貌景观是由自然的力量雕刻而成的。因此，《美国周末》杂志曾将其评选为“美国最美的地方”。

179号州内公路蜿蜒穿过被侵蚀的科罗拉多高原南部边缘的中心区域，所经区域的海拔高度从1097.3米到1280.2米不等，穿越了四个生物带，因此，道路沿线景观极富变幻。沿途穿越高高耸起的尖顶、孤峰、碎石铺地的沙砾、悬崖和绝壁等壮丽景观，如贝尔岩（Bell Rock）、法庭山（Courthouse Butte）、霍斯平顶山（Horse Mesa）、大教堂岩（Cathedral Rock）等。红岩本身由沉积作用而形成，但是这一地区同时具有火山喷发而形成的大玄武岩，比如豪斯山（House Mountain）和威尔逊山（Wilson Mountain）。

这些颜色明亮的砂岩孤峰、尖顶及悬崖是在晚古生代时期，由持续不断地的古海洋、沙漠和河流运动而形成的。在页岩之上是像城堡一样的孤峰和尖顶，它们由一系列泥岩、砂岩、灰岩混合而形成，从外观上看，就仿佛是经过精心雕刻的一样。当所有的孤峰和尖顶连接在一起的时候，就形成了大面积的、壮观的红岩景观。这些大片红岩景观的形成，一方面是由于水力和风力的作用，而促使其形成了水平方向红色与橘色相间的岩石层；另一方面是由于大约2.65亿年以前海岸线的变迁，使得沙丘一直都处于变化与形成之中。在复杂因素的共同作用下，使得这些独立的山石分崩离析，同时，气候和风的侵蚀逐渐形成了悬崖峭壁的形态。

风景道继续向北穿越了散布的奥克里克村庄。沿途可观赏到贝尔岩景观。蒙斯山荒野（Munds Mountain Wilderness）区属于国家林地。在这片面积达7000多公顷的荒野区，游客可以欣赏壮丽的风光，体验徒步旅行、骑马、观赏野生动植物，以及游览印第安废墟等。

在498.9公里处，树立有官方意义上表示风景道结束的标记，但实际上红岩景观还随着公路继续向北延伸大约5.6公里，直到塞多纳地区的89号州内公路A出口（SR 89A）处才真正结束。沿着弯曲的道路延伸到教堂附近，还可以看到三个被称为“修女们”、“麦当娜”和“孩子”（the Nuns，the Madonna and Child）的岩石尖顶，这也是主要的游客景点。

二、自然品质

红岩风景道优秀的自然品质，体现在“是自然生态特征受人类活动干扰最低的廊道”。由于风景道穿越地区大部分属于科科尼诺国家林地，因此，风景道廊道内拥有种类繁多的生物植被和野生动物。

水文。这一地区奥克里克峡谷、杰克斯峡谷（Jacks Canyon）和干涸的比弗河（Dry Beaver Creek）对水文变化有着重要的影响。这些峡谷小溪及其支流最终汇入佛德河。贝尔岩北部的河流，一般由东向西流往奥克里克峡谷；贝尔岩的南部，一般由西向东延伸流向杰克斯峡谷，最终流向湿润的比弗河（Wet Beaver Creek）。随着降雪和雨水的增加，河流侵蚀的现象经常出现。

气候。在1000—2000米高的海拔区域，红岩区气候温和，冬夏湿润多雨，春秋干燥少雨。很多地区年均降水量为431.8毫米。冬季降雨与夏季降雨的成因及特征不同。夏天的雨伴随热带空气从墨西哥海湾进入亚利桑那州，几乎每天午后都会形成风暴，并带来大量降雨，时长通常在半小时以内。而冬季降水则与太平洋向偏东移动的风暴有关。

土壤和植被。红岩风景道途经区域，大部分属于科科尼诺国家林地，穿越了四个植物带，海拔高度从1000—2000米不等。这些植物带地形的变化从环状、和缓的河谷盆地到崎岖的冲积扇底部，再到尖锐、破碎，近乎垂直的峭壁和峡谷。因此，风景道沿线的地质环境、气候、植被和土壤等差异较大。土壤肥力低中等级。植物以沙漠植物、杜松、亚利桑那柏属植物，以及各类灌木为主。

野生生物。野生动物主要有骡子鹿、土狼、小型哺乳动物，以及爬行动物等。大约有180种鸟类栖息在红岩区。此外，在红岩风景道周边还发掘出了2.75亿年前的蕨类植物化石。

三、游憩品质

红岩风景道廊道内能够开展多种多样的户外游憩活动，包括跑步、骑自行车、野餐等，或者直接进入休闲游憩区开展活动，如帐篷露营、湖泊观赏、滑雪、游径漫步等。

红岩风景道游憩品质主要体现在游憩型游径上。为了实现红岩风景道与科科尼诺国家林地，以及其他地区的连接，对游径进行了因地制宜且具有创新性的规划与建设。游径在广度、长度、高度，以及难度上均有不同变化，为旅行者提供了丰富的徒步旅行、骑行等游憩体验。峡谷游径、贝尔岩游径，以及小马游径等，是最受游客青睐的游径。当地居民及外来游客都乐于在游径上，开展各类徒步或骑行游憩活动。

除了风景摄影、徒步旅行，以及风景道骑马等游憩活动外，科科尼诺国家林地还有无数“回归乡下”的游憩活动。从红岩风景道通过沿途游径可以抵达游憩活动区，开展攀岩、越野、滑雪、访问印第安西纳瓜人遗址、观鸟、观星，以及露营等游憩活动。此外，许多公司都提供吉普车，帮助游客实现穿越偏远乡村之行。同时，该地区还可开展热气球等低空旅行。

在奥克里克村的度假胜地，也为游客提供了多种休闲游憩活动及场所，如高尔夫球、网球、游泳、野营、野餐、垂钓等。特别是在奥克里克峡谷内的科科尼诺国家林地休闲游憩场所，游憩活动更是丰富多样，峡谷已成为亚利桑那州最著名、最受欢迎的旅游目的地之一。

四、文化品质

红岩风景道文化品质主要体现在丰富的画廊、精品店、餐馆和度假胜地等方面。在179号州内公路至89号州内公路A出口的画廊区，建有诸多艺术画廊和高档商店，形成了文化与休闲相结合的旅游体验。这一地区每年都要举办众多独特的民族节庆文化活动，吸引了成千上万游客。红岩风景道突出的文化品质，除了体现于该廊道所在区域地质地貌有着上千年的历史外，还体现在闻名遐迩的土著和灵修文化上。红岩风景道沿线最受欢迎的景点为“四巨头”遗址地的梅萨机场（Airport Mesa）、贝尔岩、博因顿峡谷（Boynton Canyon）和大教堂岩（Cathedral Rock）。

五、历史与考古品质

在历史品质方面，风景道所属奥克里克-塞多纳地区，保留着独特的土著文化与历史遗址遗迹，具有极高的历史与考古价值。风景道南端依然清晰可见历史性的构筑物，如残旧的比弗黑德县路基、干涸的比弗河上的木桥。此外，还有佛德堡州立历史公园（Fort Verde State Historic Park）和杰罗姆州立历史公园（Jerome State Historic Park）等历史景点。

在考古品质方面，有一系列的国家历史遗址遗迹。西纳瓜人遗址内的蒙特苏马城堡（Montezuma Castle）和图齐古特（Tuzigoot）国家保护区，现已开发成了主要的旅游景点。西纳瓜人遗址还留存着很多岩石艺术遗产，包括石头上的石刻和象形文字（砂岩墙数字和符号画）等。

8.2.3 市场分析

红岩风景道是泛美风景道，同时，风景道所属的红岩区域是亚利桑那州第二大旅游胜地，排名仅次于大峡谷国家公园，因此，红岩风景道有着较广阔的客源市场。

从空间区域上，客源市场可以分为三层：一是亚利桑那州客源市场。是一级客源市场；二是亚利桑那州周边的游客，为二级客源市场；三是全美境内及世界范围内对红岩景观有浓厚兴趣的游客，属三级客源市场。

从属性上，主要包括自驾车游览、休闲游憩及文博修学等游客。自驾车游客为红岩风景道独特的自然景观所吸引。他们一般会选择汽车或摩托车沿着红岩风景道游览，很少会深入红岩区域内部进行游览；休闲游憩旅游者主要是风景道周边城镇和社区的居民，他们将红岩风景道作为日常生活或者周末休闲游憩和放松的景点，到这一区域进行徒步、骑行、周末度假和野营等游憩活动；文博修学旅游者以红岩区域的地质地貌特征及其形成作为研究对象，或者以红岩区域的历史考古作为研究对象，展开文博修学旅游。这类团队主要是一些对地理及历史感兴趣的学生、学者和专家等。

8.3 开发建设

8.3.1 愿景与目标

2005年，大塞多纳/红岩社区（Greater Sedona/Red Rock Community）对于红岩风景道的规划与发展做出了愿景申明："要与社区合作，以一种环境敏感的方式，对179号州内公路490公里至504.4公里路段进行提升和改造规划。其中，廊道的核心价值是人们在这里生活及生产的原因，也是人们如此关心这一区域的原因。在风景道廊道规划开发过程中，这些价值都必须得到保护，对于这一点，社区不能有任何妥协。"

愿景中提到的核心价值主要有12个，大多数都与风景道内在品质紧密关联，也涉及与廊道管理规划有关的描述性元素。这12个核心价值分别是：品质、兼容性、经济可持续发展、环境保护、交通灵活性、多种交通模式、多目的性、公共安全、区域协调性、巷道足迹、风景美和可抵达性。

为了实现上述愿景，红岩风景道制定了相应的规划目标体系，具体为：

一是社区合作。红岩风景道在开发与管理中，积极主动地将风景道沿线社区居民考虑进来，让这些居民参与到风景道廊道计划制定以及廊道保护与提升工作中来。为此，亚利桑那州交通部专门制定了基于需求的实施方案（Needs Based Implementation Plan，NBIP）。社区参与风景道廊道计划制定的方式，主要是亚利桑那州交通部召开的社区会议，或提供咨询、面板留言、网络留言等，以听取社区居民的意见，从而在风景道发展规划中，有针对性地考虑到社区居民的诉求。

二是资源保护。保护风景道沿线的自然资源、文化资源、历史和考古资源，尤其是最重要的红岩景观。资源保护不仅有利于风景道品质的维护与提高，还对周边社区居民生活环境的美化与提升起着重要的作用。风景道资源保护，不仅要从政策层面制定相关的指导方针，更要强化社区居民及游客的自主保护意识，减少人为破坏。

三是风景道维护与提升。红岩风景道不仅是一条享誉全美的旅游公路，更是一条连接周边城镇的交通干道，它对于确保交通顺畅，实现周边市县与外部沟通交流，并带动当地经济发展有着重要作用。因此，不论是从旅游还是从交通视角，都依据了"优先规划与分步设计"理念，强化对风景道的维护与提升，并符合泛美风景道的要求。

四是解说目标。红岩风景道解说目标通过建立统一的解说系统来实现。风景道沿线解说项目具有统一的主题表达方式，以确保主题的集中性、连续性和一致性。同时，解说系统的规格及标准均需符合统一标准，并在标准的制定中，需要将与周围环境的融合性考虑进去，以减少或降低对环境的破坏。此外，充分利用风景道沿线现有的特征与元素进行规划设计，并灵活利用这些元素，来讲述风景道的历史与故事。与此同时，还需要建设小规模的解说设施，如小型博物馆、游客中心的展览板等。

五是旅游与经济发展。通过对红岩风景道的市场营销，扩大其作为泛美风景道的知名度和受众市场范围，保持现有客源市场繁荣的同时，积极开发潜在客源市场。同时，要积极与联邦、州相关部门，以及非营利组织及私人等展开合作，扩大资金获得渠道，以确保旅游发展以及旅游基础设施建设顺利进行，最终实现红岩风景道区域经济与旅游业发展。通过旅游业发展，鼓励当地社区居民投身到旅游服务行业中，从事旅游商店、旅游餐饮及住宿等的建设与经营，以此带动当地旅游经济发展，提高社区居民生活水平。

8.3.2 规划设计原则

道路安全性设计原则。红岩风景道既是旅游公路，又是交通干道。处理好旅游交通与通勤交通的关系，在保障安全的前提下游览，是规划设计中必须解决的问题。为此，在道路规划设计中，增加了道路功能区划设计，采取降低车速的措施，并通过强化道路引导标识牌的设计和安放等，来提高道路的安全性。

道路灵活性设计原则。红岩风景道被认为是“最好地实现了把道路轻柔地坐落在自然环境中”的典型案例。红岩风景道规划设计及改造提升中，非常注重遵循道路灵活性计原则。

公众参与原则。红岩风景道规划建设中，重视对社区居民的生活需求，以及廊道开发对社区居民生活造成的影响等方面，进行统筹考虑。强调风景道建设和改造提升都应该得到城市委员会、州交通部以及周边社区等支持。强调在确定道路目标阶段的社区参与，对于提升廊道的内在品质，实现可持续发展具有重要意义。

生态保护原则。风景道规划建设非常强调保护廊道的自然生态环境。强调要建设野生动物通道。同时，强调要为游客提供丰富的观赏自然地貌、植物及野生动物的机会。要重视将交通特点与自然景观相融合，尽量减少噪声、废气和光污染等对沿途居民和自然环境造成的影响。

文化活化原则。红岩风景道沿线保存着部分史前遗址遗迹、早期建筑、博物馆、教堂等丰富的文化资源，通过活化使文化得以鲜活地展示和再现，在传承文化的同时，创新文化，深化旅游体验。

8.3.3 建设要素

一、道路工程

选线。红岩风景道穿越红岩区，区域内散布着造型各异、大小不同的红岩，地形地貌较为复杂。选线上，强调道路线形与自然地形相协调，同时，也突出了“能够便利地进入最壮美的景观区”的原则。道路或绕行于红岩景观之间，或穿越沙漠地带，线形既流畅又能够最好地观赏到红岩景观。

路面。红岩风景道主要为双车道，道路宽度一般为7.3米，但也依据地形条件而进行灵活设计。路面多采用彩色的混凝土铺面。

桥梁构筑物。红岩风景道穿越红岩沙漠地带，路况较简单，因此，桥梁构筑物较少。在已有的桥梁构筑物规划建设中，强调了就地取材、色彩自然、融入环境，以彰显红岩风景道自然品质。

路肩及边沟。红岩风景道在路肩设计处理上较为灵活。不同路段的路肩宽度依据道路环境而变化，宽度设置从0.3米到1.5米不等。道路行车道与边沟边坡等设施之间，留出了一定横坡斜面，以便于排出路面及路肩积水。

标识标线。红岩风景道沿线设置了大量的道路标识标线。如限速标识、转车道标识、禁止停车标识等。对野生动物通行路段，设置了警告标识，以保障各类野生动物能够安全地通行。

二、游憩服务设施

红岩风景道游憩服务设施包括：观景设施，道路引导标识，解说设施，营地设施，住宿与餐饮设施，加油站、汽车维修及租赁，交通连接设施等。

（一）观景设施。观景设施一般都修建在视野较好、较开阔的地段，其目的是让游客在某一观景点，就能充分感受和欣赏整个风景廊道或者区域的美景。由于红岩风景道与红岩景区距离较近，其景观观赏性较好，因此，整个廊道内只在路面较为平整、景观效果绝佳的地段设有少量观景平台，以吸引自驾车游客驻足欣赏红岩景观。

（二）道路引导标识。主要是指引游客去往旅游景点的寻路标识。随着道路从一个管辖区延伸至另一个管辖区，道路路线会发生一定程度改变，这些改变都会给驾驶者带来一定干扰，分散其注意力，特别是对不熟悉该区域道路环境的旅游者来说，这种道路变化会带来持续的困扰。因此，在风景道沿线需要设立一定量的引导标识牌，从而为游客指引道路方向、标明限速以及提供附近旅游目的地相关信息。为了实现主题及视线连续性和一致性，在设计上，所有的引导标识都需符合《统一道路交通管理标识统一守则》（MUTCD）和高速公路标识标准，在标识色彩以及材料选择上都实现统一。红岩风景道引导标识设计，充分利用了当地的天然材料，在色彩上，使用了更贴近自然、更符合当地环境背景的色彩。同时，在标识语言表达上，充分考虑了非英语母语游客的需求，用简易的图形图示来传递信息（图8–1）。

（三）解说设施。解说设施以游客中心和解说标识为主。

1. 游客中心。游客中心是风景道旅游的重要组成部分，它不仅为游客提供较为全面的风景廊道信息，帮助游客更好、更顺畅地开展风景道旅行，有的游客中心还附带为游客提供餐饮和休息服务。游客中心的解说主要通过宣传手册、廊道报纸、书刊以及信息展示牌等实现。红岩风景道的游客中心主要分布在风景道周边村庄和城镇内。

2. 解说标识。风景道解说标识不同于道路引导标识，道路引导标识主要提供旅游线路的走向信息，而风景道解说标识则更关注于风景道自身发展信息以及风景道周边的旅游和娱乐信息，主要包括野营、徒步、风景道的起点、游客中心和禁止停车等信息的说明和展示。解说标识一般都设置在风景道沿线的汽车停车点或观赏点，且材质的选择、颜色的搭配都充分考虑了与周围环境的融合。

（四）营地设施。营地设施是风景道沿线重要的旅游服务设施，是最受欢迎的户外游憩活动之一。营地设施是为追求户外住宿体验的游客而开发，主要功能是为游客提供野营和露营场地以及相关服务。红岩风景道的营地设施以原始露营地和帐篷营地为主。其中，距离红岩风景道最近的营地是位于查韦斯路口附近的营地群（仅供团队游客使用），也是这一带唯一的团体营地群。而在奥克里克峡谷的科科尼诺国家林地则有五个帐篷营地，其中一个是全年开放的。

（五）住宿和餐饮设施。红岩风景道穿过奥克里克村，因此，红岩风景道住宿、餐饮和购物主要集中在奥克里克村。村内中心商业区以其特色街景而闻名，这里分布着各类旅馆、饭店、零售店。沿着步行道，大量地方商铺对外开放，提供饮食、出售礼品和具有风景道的特色商品与纪念品。在画廊区，还提供了许多艺术画廊和高档商店，形成了文化和休闲的体验。值得注意的是，这些服务设施兼顾旅游吸引物和接待设施的功能。

图8–1 红岩风景道道路引导标识

对于自驾游客而言，野餐区规划建设是必不可少的项目，其主要功能是为游客提供野餐聚会场所。野餐区规划修建需考虑其分布区域的地理条件以及周边环境状况，如野餐地点是否平整、是否有足够的空间、是否环境优美等。红岩风景道的野餐区主要分布在森林公园内。

（六）交通连接设施

1. 徒步游径。最受欢迎的是179号州内公路东面的贝尔岩游径。游径1.2米宽，多为彩色路面，且直接通向旅游景区。当地居民和外来游客都乐于在这条游径上进行徒步活动。

2. 自行车与摩托车停放点。红岩风景道上，自行车与摩托车共用一条车道。在公交车服务点、公共设施区和风景点提供了自行车停放点。

3. 停车场。沿红岩风景道分布着大量的路侧停车点，它们是自驾车游客在风景道沿线停车观察和风景摄影的主要地点。

三、景观小品与植物配置

（一）建筑景观小品。红岩风景道的建筑景观小品，在一定程度上展示了风景道的内在品质。如其修建时，材料多就地取材；在颜色上，多使用自然色彩，并考虑与背景环境的融合性；在形态设计上，根据所依地势地形，因地制宜，使视觉效果更具连贯性；同时，某些景观设计还充分考虑了当地的历史环境与发展，使建筑体现历史、传承历史。

（二）植物配置。红岩风景道所在区域的地理条件以及气候特征，要求植物景观设计要考虑环境敏感性，使地形、景观自然和谐；在道路中央分离带和美化缓冲带上使用本土植物，将树木、灌木和草皮混合配置。

对于颜色与风景道环境背景相冲突的大型建筑，可使用植被来进行外观装饰。同时，要注意避免过度种植，而阻碍了驾驶者的视线，同时，还会造成个人的视线分割。

四、产品与线路

（一）产品设计

红岩风景道形成了三大游憩活动产品：自驾观光产品、户外游憩活动产品，以及节庆文化活动产品。

一是自驾观光产品。红岩风景道开发自驾观光产品有其独特的优势，这主要体现在自然资源和景观资源上。红岩风景道穿越了科科尼诺国家林地，途径了四个植物带，风景廊道的地形变化从环状平缓的河谷盆地、崎岖的冲积平原，到陡峭的崖壁和峡谷，具有富于变幻的地势地形。此外，红岩风景道所经区域不仅有丰富的自然植被资源、历史文化遗留、遗迹景观（例如蒙特苏马城堡、岩石艺术遗产等），还有最具吸引力的、罕见的红岩景观，这些都增添了红岩风景道的视觉景观效果，使自驾观光旅游产品深受旅游者的青睐。

二是户外游憩活动产品。从高雅精品时尚画展到各种户外体育活动，如攀岩、机动车越野比赛、自行车穿越等，甚至观鸟、野餐和露营，都是全年开展的活动项目。

红岩风景道不仅有可供自驾车观光游览的主干道，在道路周边还有许多通向红岩景观和森林景观地区的游径，以及专门为摩托车爱好者提供的专用车道，这一切方便了游客及居民在红岩风景道廊道区域开展户外游憩活动。

三是节庆文化活动产品。红岩风景道所在区域位于科科尼诺国家林地，临近当地居民社区——奥克里克村。这一地区的地质地貌形成于几千年前，因此，当地居民仍保留有部分古老的民俗传统，许多区域每年都要承办诸多特别的节庆活动来吸引游客。通过土著人特有的文化节庆活动得以展示。活动从3月到12月，根据不同季节以及文化需要进行安排（表8-1）。

（二）线路设计

红岩风景道上，有一条称为“红岩辉煌之旅”（Red Rock Splendor）的经典线路。线路起点为亚利桑那州国家林地/商会游客中心，终点为小马游径（Little Horse Trail）和贝尔岩游径北入口处。红岩风景道线路是以风景道廊道为轴，以周边村镇、游径以及林地为主要游憩区拓宽而设计的。沿路可体验

红岩风景道节庆文化活动　　表8-1

时间	活动
3月	塞多纳国家电影节和作坊节；圣帕特里克节
4月到5月	塞多纳艺术与雕刻展示
5月	年度最佳艺术节；社区剧院活动
6月	塞多纳音乐节；塞多纳遗产节
8月	年度木工雕刻展示
9月	奥克里克村工匠博览会；亚利桑那州印第安人生活珍藏展；石头上的爵士节
10月	年度艺术节；奥克里克村剧院活动
11月	灯光节
12月	圣诞树点灯节；假日模型火车展；红岩梦幻节（节日灯设计竞赛）
全年	塞多纳艺术中心

资料来源：DMJM HAARIS.Red Rock Scenic Road Corridor Management Plan[R]. 2005, March 4.

独特的地理景观（包括岩石和峡谷）、探索林地景观，体验各种户外游憩活动。风景道周边村庄的地方文化特色也是游客体验的另一独特收获。

线路总里程为12.1公里，虽距离较短，但是如果参加沿途的所有活动，体验整个红岩风景道的美景则需要一天时间。

游客从亚利桑那州国家林地/商会游客中心启程，在这里，可以获得宣传册、情况说明书、地图以及在红岩州立公园（Red Rock State Park）停留和游憩所需要了解的全部信息。从游客中心出来，顺着公园小道向前，就可抵达奥克里克村。

奥克里克村是塞多纳自然景色最美的景点之一，也是这个州最美的景点之一。每到周六，就有机会看到在十字路口最北端举行的小型婚礼。大多数时候，会有艺术家在这里作画，或摄影师在这里拍照。当村内小溪的水位降低时，游客可以踩着红岩石，走到在道路另一侧的红岩州立公园里。

按照旅行线路继续行驶，可到达第二站——贝尔岩观景台和游径南部。在这里游客可近距离感受贝尔岩所展示的壮美，这是游客体验贝尔岩和神秘的法庭山（Courthouse Butte）最好的地方。再继续前行，至写有小马游径和贝尔岩游径北入口处的标识牌处，是红岩风景道官方意义上的终点。

虽然已是终点，但却是这段旅途中景色最好、最不容错过的旅游观光景点。这里有蜿蜒的远足游径和自行车道，它们掩藏在美到令人窒息的红岩景观中。同时，小马游径也是当地人最喜爱的徒步游径，其长度适度，为10.5公里，游径终点也是风景道的终点。这里有著名的大教堂岩，它是由多个红岩尖顶形成的巨大岩石，无论是在正午的阳光下闪闪发光，或是在阳光下形成的剪影，都被认为是塞多纳所有的红岩形态中最美的景观之一。

五、品牌与营销

红岩风景道咨询委员会（Red Rock Scenic Byway Advisory Committee）通过申请补助资金来制定详细的营销计划，以推动对红岩风景道的宣传和营销。

（一）营销目标。在维持现有风景廊道旅游形象的同时，扩大红岩风景道的知名度，以吸引更多潜在旅客，提高客源市场占有率。有效的风景道营销，始于充分挖掘风景道的内在品质，即营销内容要紧紧围绕红岩风景道独特的、高质量的内在品质，依靠本地居民的支持来吸引游客。

（二）营销策略。风景道主要营销策略有：标牌规划营销、解说信息营销以及环境优化营销等。

1. 标识规划营销。在风景道入口处实行标识规划。标识规划指通过设计主题形象鲜明的图形、明确的寻路元素和纪念标识等，来为游客传递风景廊道的旅游信息。

2. 解说信息营销。为旅客提供更好的信息，包括解说信息、寻路信息、交通信息以及地图和多语种宣传册等，来达到宣传营销效果。

3. 环境优化营销。保护廊道的自然景观和艺术美感，维护廊道环境，清除廊道垃圾。通过建立一种美好的廊道环境形象，来达到宣传营销效果。

（三）营销手段。在营销手段的选择上，红岩风景道主要采取媒体营销、节庆活动营销以及网络营销等。

1. 媒体营销。报纸、杂志宣传、旅游指南与手册宣传是比较传统的宣传营销手段。由于报纸、杂志、指南手册等依赖于实体店的展览，因此，获得实体店及当地社区居民或者商人的支持是很重要的。此外，电视广告媒体的宣传促销也必不可少，这是一种最直接的营销方式。通过图形、声音、文字以及动画的展现，生动、形象地将风景廊道景观呈现给游客，以引起游客的广泛关注。

2. 节庆活动营销。节庆活动营销是一种依赖于当地居民的宣传营销方式。红岩风景道结合当地的文化、风俗以及传统的节日庆典等活动，组织开发多样化及参与性的节日活动，对风景道进行宣传，吸引游客的注意。节庆活动营销注意了在淡季积极开展，并积极调动周边市县、城镇广泛参与。

3. 网络营销。用互联网进行营销是非常必要的。与红岩风景道旅游信息相关的网站包括：

- http://www.arizonaguide.com；
- http://www.arizonascenicroads.com；
- http://www.sedonachamber.com等。

主要的道路信息可以在亚利桑那州旅游网站上获得，同时，该网站还提供了与风景道相关的站点链接，可以链接到塞多纳奥克里克商会（Sedona Oak Creek Chamber of Commerce）或者美国国家风景道网站上。

8.4 管理营运

8.4.1 管理体制

红岩风景道作为亚利桑那州境内泛美风景道，其管理工作主要由国家、州与地方、非营利组织等三个层面共同进行，管理组织结构如图8-2所示。

国家层面，即在美国国会的授权下，由交通部协同内务部、农业部以及商务部宏观指导风景道的发展，并指定联邦公路管理局对其进行直接政策指导与管理。

州与地方层面，其管理工作主要由州与地方政府相关部门和组织共同对风景道实施管理。

其中，亚利桑那州交通部是红岩风景道非常重要的管理部门，负责风景道维护和养护工作，并协助完成国家级风景道申请，制定廊道管理计划申请书等。

红岩风景道咨询委员会是另一重要管理部门，主要负责：为风景道规划建设提供相应的咨询建议；筹划规划建设基金；通过申请补助资金，来制定详细的营销计划，以推动红岩风景道的宣传和营销等。

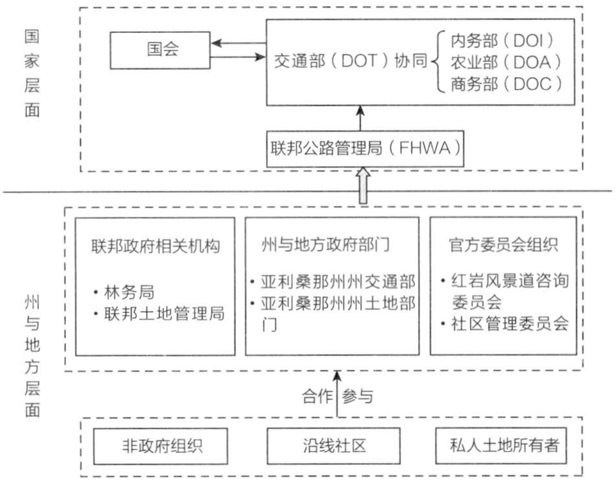

图8-2 红岩风景道管理组织机构

资料来源：DMJM HAARIS.Red Rock Scenic Road Corridor Management Plan[R]. 2005，March 4:94-96，104.

一些非营利组织，也积极参与了红岩风景道日常管理与维护等工作，主要包括非政府组织、沿线社区、公众及私人土地所有者等。其中，影响较大的是“保持塞多纳美丽”的道路环境维护组织。它是一个本地草根组织，已成功举办了一系列环境保护的活动，如组织市民沿着179号州内公路和其他道路收集垃圾等。

8.4.2 资金资助

一、资金来源

资金支持是风景道规划建设与运营维护的重要保障。红岩风景道资金主要来源于联邦政府专项基金、州与地方政府配套资金，以及基金会、社会团体与个人的私有资金等三方面。表8-2列出了联邦、州与地方政府、基金会等对红岩风景道部分规划项目的资助。

由表8-2可知，红岩风景道资金支持主要通过申请联邦政府、州与地方政府资助及社会资金获得，其中，国家风景道项目基金占整个资助资金比例最大，达到80%。因此，要特别考虑国家风景道基金的获得条件。

（一）国家风景道基金获取条件

并不是每一条风景道都能够获得国家风景道基金资助，只有当州或风景道成员在申请资金的过程中，能够很好地说明以下问题时，美国联邦公路管理局才会考虑给予其国家风景道基金资助。需要阐释说明的问题主要包括：

・风景道旅游者如何从该项目中获益；

・该项目将要诠释或是提高的是风景道故事中的哪一部分；

・该项目是怎样帮助加强风景道组织的；

・提议的项目在多大范围内，反映了优先考虑的目标、协调公共和私人关系的努力程度、风景获取进一步资金的可替代基金来源、协调所有利益相关者之间关系的努力程度，以及廊道管理计划目标。

一旦提议的项目满足上述问题，那么依据法律规定，交通部门将对以下三方面道路情况的资金申请予

红岩风景道规划建设与维护资金来源　　表8-2

资金来源	资金支持项目/计划/方案	申请说明	适用
联邦政府	国家风景道项目	• 通过TEA-21融资 • 作为自由裁量补助计划 • 2003年国会授权2650万美元	通过亚利桑那州交通部得到的亚利桑那州应用项目
	交通改善项目	• 通过TEA-21融资 • 由地面运输计划资金的10%组成 • 帮助地面工程审美、文化和环境水平的提高 • 联邦政府把资金分配给州政府，包括亚利桑那州交通部 • 使得一部分资金在有竞争力的基础上，便于地方管辖	州政府、地方政府
	交通基础设施融资和创新法案	• 由TEA-21开发，并由美国交通系统管理 • 提供联邦政府直接贷款、贷款担保和信用 • 聚焦在支持国际、国家和地区货运中转和交易及帮助保护环境的项目 • 信贷援助的额度不可超过项目总成本的33%，其他参与者（公私合营伙伴关系）要负担部分成本 • 不退还申请交纳保证金30000美元	代表重要运输走廊的各方
	娱乐滑道计划	• 由TEA-21开发，并由美国交通系统管理 • 由州政府进行管理，每年大概有45万美元的联邦资金捐助亚利桑那州 • 用于山间游径和入口处设施的保持、恢复、开发，收购道路的地役权，建设新的非机动道路 • 每一个工程项目联邦政府最大的股份不超过80%	私人组织、市、县、州，或者联邦机构
州政府	亚利桑那州交通改善计划	• 通过TEA21，资金由亚利桑那州交通部管理 • 为12个运输改善计划提供资金，包括几个涉及风景道绿化和美化的活动 • 申请人支付此项目，并通过此项目获得偿还 • 地方项目与国家项目申请最大联邦支持资金分别为0.5亿美元和1.5万美元 • 地方项目的申请人必须符合地方项目成本的5.7% • 国家项目的申请人必须符合国家项目成本的5.7%	任何一方均可提出申请，但必须由政府机构发起
	公路扩建和延长贷款计划	• 由亚利桑那州交通部管理 • 通过国家基础设施银行的赠款和贷款 • 道路必须是一个国家路线或国家的一部分，属于国家或联邦公路系统 • 项目必须列在国家或区域交通改进计划内 • 贷款最低额度为25万美元，没有指定上限 • 贷款期限为5年或更少	任何政府下属分支机构、州机构或印第安部落
地方政府	当地交通援助基金	• 资金来自彩票收益和车辆使用牌照税 • 每年全州资助总额38.4亿美元为上限 • 专门的公共交通项目和服务	城镇、区域公共交通主管部门、大都市区规划组织、军邮局
	公路用户收费债券	• 由国家交通运输部发行 • 通过各种机动车辆税费的资助，通过公路用户收入基金分配给国家公路基金，国家宪法限制这些资金用于街道和公路的目的 • 申请人支付累计债券的利息	市、县
	给予预测说明	• 推进对已获得联邦政府资助项目的资金使用 • 在资金筹集过程中，允许社区提前启动项目 • 向申请人收取预测说明费用	市、县

续表

资金来源	资金支持项目/计划/方案	申请说明	适用
地方政府	国家公园资助计划	• 滑道遗产基金 • 为了支持非机动步道收购、建设和改善 • 每年高达50万美元 • 在匹配的基础上，获得的资助 • 申请人必须提供至少该项目总成本的40%	自治市、县、州机构、联邦机构和印第安部落
基金会	天马基金会	• 总部在博因顿 • 针对野生动物保护和节约用地等问题 • 主要资助项目，在美国西南部	不接受未经请求的项目，必须与现有伙伴合作
	北极星基金会	• 总部在菲尼克斯 • 有一个非常普遍的焦点	与合资项目合作的非营利组织建立的伙伴关系
	亚利桑那社区基金会	• 总部在菲尼克斯 • 针对环境和自然资源的问题	非营利组织
	新地球基金会	• 总部在塞多纳 • 通常资助新的或小的非营利组织 • 针对教育宣传和环保的问题	非营利组织

资料来源：DMJM HAARIS.Red Rock Scenic Road Corridor Management Plan[R]. 2005, March 4:105-107.

以优先考虑，且同等对待，它们分别为：

1. 项目与已经指定为国家风景道、泛美风景道，或与风景道廊道管理计划保持一致性的公路有联系；

2. 项目在州指定的风景道沿线，且该风景道符合廊道管理计划，项目的实施能够帮助风景道成为国家风景道或者泛美风景道；

3. 项目与州风景道发展有联系。

（二）红岩风景道资金来源

红岩风景道在申请国家风景道基金资助时，主要集中于对风景道安全提升、风景道设施建设与维护、游憩通道改善、资源保护、解说信息和营销等项目。

红岩风景道资金来源中，一般联邦政府层面所承担的资金不能超过80%，但是，在某种情况下，可超过80%，如联邦土地管理机构可以将管理资金用于进入联邦领地或印第安领地的公共道路沿线项目。这一要求也适用于州、地方政府、私人部门资金资助项目。另外，还有一些第三方机构和组织等，以捐赠的形式为红岩风景道提供资金支持。

二、国家风景道基金资助

2005年，红岩风景道被认定为“泛美风景道”后，于2009年获得了国家风景道基金320000美元，占当年全美对所有国家风景道资助的0.79%，主要用于对红岩风景道的营销。

2009年以后，国家风景道基金，虽没再对其进行专门资助，但前期的宣传营销，为红岩泛美风景道塑造品牌形象和知名度，使其获得了联邦政府层面其他的资助，如交通改善项目资助、交通基础设施融资和创新法案资助、娱乐滑道计划项目的资助等，还得到了亚利桑那州层面、地方市（县）层面和基金会等的资助，为红岩风景道健康可持续发展提供资金保障。

第四部分

自然型风景道

第9章 心灵山风景道
（Trail of the Mountain Spirits Scenic Byway）

心灵山风景道在召唤。风景道沿途有矿工、农场主、印第安人、西班牙探索者以及山区土著人等留下的遗物。对于热衷于体验尚未开发景观的自然美，以及喜欢历史的游客来说，到这条风景道游览是值得的。穿越陆地分界线，体验野趣的吉拉河，走进古人的遗址，感受史前的生活气氛，聆听孤独的声音，这一切使得心灵山风景道之旅物超所值。

The Trail of the Mountain Spirits Scenic Byway beckons. Go where the spirits of miners, homesteaders, Indians, Spanish explorers, and mountain men have left their mark. Those seeking solitude and unspoiled natural beauty immersed in a rich history should drive the Byway. Crossing the Continental Divide, experiencing the wild Gila River, walking amongst the ruins of ancients to sense life before history, and hearing the sounds of solitude make the journey worth it.

——美国国家风景道计划对心灵山风景道的评价

资料来源：National Scenic Byways Program Collection of America's Byways® Designated by U.S. Secretary of Transportation.

心灵山风景道以拥有丰富的自然、风景、历史、文化、考古及游憩等品质，及具有区域重要性的独特自然品质而闻名，于2005年被认定为国家风景道。

穿越美国最大森林地——吉拉国家林地（Gila National Forest）的心灵山风景道跨越了6个生活区以及丰富的物种区，沿途有着荒凉的吉拉河（Gila River）、明布勒斯河（Mimbres River）、吉拉悬崖住所国家保护区及国家历史地标，是新墨西哥州（New Mexico）境内受游客青睐的线性旅游目的地。

9.1 概况与发展历程

9.1.1 概况

心灵山风景道起始于新墨西哥州西南部的银城（Silver City），风景道线路形成了一个环线，可进入吉拉国家林地北部，包括通往吉拉悬崖住所国家保护区（Gila Cliff Dwellings National Monument）的支线，全长152.9公里，主要穿越乡村地区，道路全线海拔约1371.6–2438.4米（图9–1）。

心灵山风景道约有一半的区域位于吉拉国家林地内。吉拉国家林地是全美最大的林地之一，四季风景优美。除阿拉斯加州外，它是拥有最多联邦土地的国家林地。“心灵之地”风景道名不虚传。风景道沿线散布的遗址遗迹，以及迷人的峡谷、河谷与山景，让游客印象深刻。

从银城向北在15号公路新墨西哥州内（NM 15）12.4公里处，陆地分界线游径（Land Boundary Trail）穿过此路，这条游径是从墨西哥边境一直延伸到加拿大的最早的国家级风景远足游径。风景道蜿蜒穿过皮诺斯阿尔图斯（Pinos Altos）金矿开采地，沿途历史建筑给人以时光倒流之感。沿着贝尔溪（Bear Creek），这里有着静谧的峡谷，河水将石头冲刷成奇妙的形状，这里是19世纪60年代金银采矿区的中心。如今，这条宁静的小溪吸引了各种鸟类以及蝴蝶。此外，风景道蜿蜒穿越盛产冷杉、黄松、杜松等的森林。站在科珀勒斯观景台（Copperas Vista），展现在

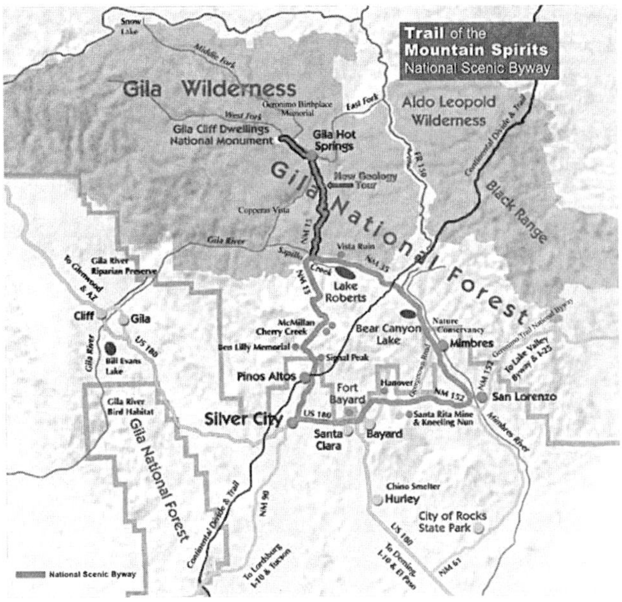

图9-1 山脉心灵风景道地理位置与线路图

资料来源：Trail of The Mountain Spirits Scenic Byway Committee. THE TRAIL OF THE MOUNTAIN SPIRITS NATIONAL SCENIC BYWAY MARKETING PLAN[R]. 2006, November:7.

眼前的是一望无垠的吉拉荒野（Gila Wildernesses）。眼前散落的玄武岩上，书写着火山的历史，这片土地就是奥尔多·利奥波德（Aldo Leopold）于1924年发现并成功维护的荒野区域。

9.1.2 发展历程

心灵山风景道及廊道地区有着悠久的历史，从史前人类、美洲原住民，到采矿业和牧业发展时期，再到现代工业化时期，经历了漫长的发展过程。历史上遗留至今的大量遗址遗迹，成为心灵山风景道廊道地区重要的历史文化资源，也奠定了风景道发展的资源基础。

该地区早在史前时代就有人类在此活动，公元前1600年，便有了阿帕奇猎人和采集者在风景道所在的萨拉多（Salado）地区活动。19世纪20年代，美国捕猎者开始探索萨拉多附近的海岬。19世纪40年代，在美墨战争期间，美国军队开始进入该地区。1848年，大量美国矿工涌入这一地区，矿工们在韦伯斯特堡（Fort Webster）地区建立了一系列小城堡，目的是保护自己，同时缓解与阿帕奇人的冲突与矛盾。1866年美国内战后，贝厄德堡（Fort Bayard ）建立，负责管理该边疆地区，并在风景道沿线兴建了大量军营。1870年在乔治城（Georgetown）附近和圣维森特山（San Vicente）周围发现了银矿，采矿业开始繁荣，由此，银城（Silver City）的城市雏形开始形成。与此同时，该地区茂密的森林，也促进了林业兴盛。为满足木材运输的需要，道路建设开始受到重视。

19世纪后期，随着心灵山风景道所在地区交通运输需求量增长，道路建设不断推进。起初，风景道主体路段始于银城，即NM 15与180号国道（US 180）交叉口，并延伸至阿尔托斯。1933年，风景道更名为“萨普里环路”（Sapillo Loop），并分为“外环”（Outer Loop）和“内环”（Inner Loop）两部分。1947年，风景道得以进一步改造提升，道路铺设为柏油路面；此后，在州公路基金、联邦森林道路计划，以及民间保护组织等资助下，交通基础设施得以进一步改造提升，线路进一步优化（表9-1）。区域间的交通联系进一步加强，为风景道后续发展奠定了交通基础。

经历了数十年发展后，心灵山风景道功能发生了变化，逐渐由传统的通勤功能向游憩功能转变。道路沿线兴建了许多旅游服务设施及休闲设施，如餐饮、住宿场所、游憩区等，吸引了众多前来观赏游览的旅游者，极大地促进了风景道沿线旅游业，以及区域社会经济发展。随着文化与游憩功能的进一步完善，该风景道于1994年被认定为“新墨西哥州风景历史道路”。相关管理部门为风景道能够入选国家风景道体系，开展了专项规划工作，对风景道标识系统等服务设施进行了完善。2000年，风景道正式更名为“心灵山游径”（The Trail of the Mountain Spirits），以彰显曾经踏上这条道路的先辈们的精神。

2005年，心灵山风景道因具有区域重要性的独特自然品质，成功遴选为国家风景道，成为国家风景道体系中的一员。风景道沿线遗址遗迹等自然与文化资源得到进一步保护。为满足国家风景道发展要求和日益增长的旅游需求，相关管理部门从风景道标识系统、商业计划、市场营销与品牌塑造、多语言信息计划等方面，对风景道进行了改造提升。风景道因其沿线遗存的不同历史时期的珍贵遗址遗迹，以及吉拉国

心灵山风景道不同路段建设发展情况　表9-1

路段	建设发展情况
NM 15（阿尔托斯至NM 15与NM 35交界处）	1947年后，由当地民间保护组织营地组建
NM 15与NM 35路段	分别于1937年、1941年和1968年，获得改造提升
NM 15支线	20世纪60年代获得提升改造
NM 35的明布勒斯峡谷（Mimbres Valley）路段	20世纪50年代获得提升
明布勒斯与NM 152交界处的路段	20世纪40年代早期建设，并于70年代中期铺设路面
NM 152	1934年开始建设，于20世纪50年代铺设路面
NM 152号西部的圣洛伦佐（San Lorenzo）至汉诺威（Hanover）路段	1924年建设，并于20世纪50年代铺设路面，且延伸至与US 180的交界处

资料来源：Trail of The Mountain Spirits Scenic Byway Committee.TRAIL OF THE MOUNTAIN SPIRITS SCENIC BYWAY CORRIDOR MANAGEMENT PLAN[R]. 2004, October.

家林地、吉拉河、明布勒斯河、国家保护区和国家历史地标等自然及人文景观，成为新墨西哥州境内备受游客青睐的旅游目的地。

9.2 基本条件

9.2.1 交通分析

主要从道路状况、线路走向、交通流量及交通安全等四个方面，对心灵山风景道的交通条件加以分析。

道路状况。心灵山风景道全长152.9公里，主要穿越乡村地区。全线基本为双车道，只有其中的US 180路段为四车道，风景道所有路段都由新墨西哥州交通部门进行维护。风景道所有路段都经过了改造提升，路况较好，能够保障游客及车辆安全和便捷通行。其中，皮诺斯阿尔图斯和吉拉悬崖住所（Gila Cliff）（NM 15）之间的路段，由于道路线形较为蜿蜒曲折，不鼓励（虽不禁止）拖曳21英尺以上的拖车行驶，但因道路线形极具挑战性，也极大地增强了游客的体验。

线路走向。该风景道主要由US 180、NM 15、NM 152和NM 35组成，包括四个路段：第一段（Ⅰ）为NM 15公路与银城境内US 180公路交会处至吉拉住所国家保护区路段；第二段（Ⅱ）为NM 35公路与NM 15公路交会路段至NM 152公路路段；第三段（Ⅲ）为NM 152公路与NM 35公路交会处至US 180路段；最后一段（Ⅳ）为US 180公路与US 152公路交会处至与NM 15公路交会路段（图9-2）。

交通流量。交通拥堵及高峰期，一般出现在暑假的周末。从全年日均流量看，风景道各路段平均日交

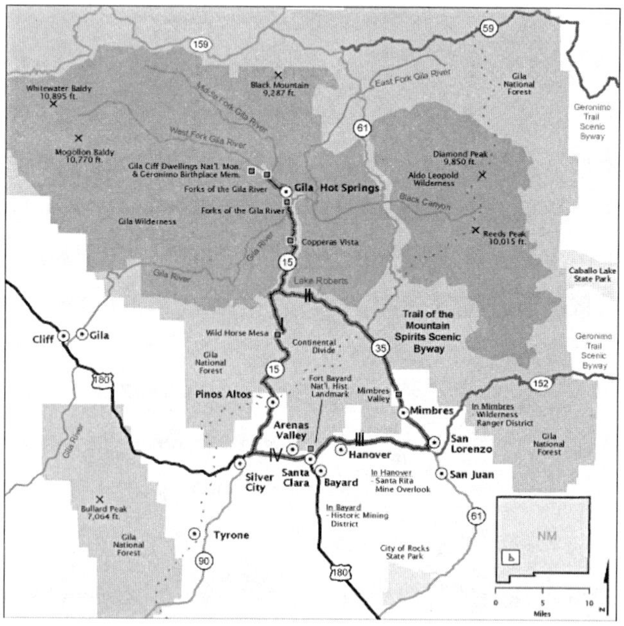

Ⅰ风景道第一段；Ⅱ风景道第二段；Ⅲ风景道第三段；Ⅳ风景道第四段；

图9-2 心灵山风景道线路分段与走向

资料来源：Trail of The Mountain Spirits Scenic Byway Committee. TRAIL OF THE MOUNTAIN SPIRITS SCENIC BYWAY CORRIDOR MANAGEMENT PLAN[R]. 2004，October.

通流量相差较大。US 180公路路段平均日交通流量最大，达到8000辆左右；NM 35公路路段平均日交通流量最小，为1050辆左右；其次是NM 15公路和NM 152公路路段，平均日交通流量在2000—3000辆之间。

交通安全。风景道不同路段出现事故频率有所不同。US 180公路出现交通事故最多，与其为国道，交通通勤功能相对突出有关。发生事故的原因主要有车辆撞击到物体、撞击到动物、翻车等，严重时会造成人员伤亡。而NM 35公路路段交通事故最少。

9.2.2 品质分析

心灵山风景道具有自然、风景、历史、文化、考古和游憩等六大品质，其中自然品质是最为突出的品质。

一、自然品质

自然品质主要包括地质、植被以及野生生物资源等方面。

地质。该风景道廊道内拥有大量地质时期形成的最古老（前寒武纪）岩石，可能形成于17亿年前。通过热量和压力作用，这些岩石成为变质岩。年代近一些的前寒武纪岩石暴露在红岩附近，后期的一些前寒武纪的沉积物和沉积沙转移到山脚下，被融化的岩石入侵，形成地平面。

植被。由于独特的海拔、坡向以及地形条件，形成了多样化的植物群落，包括：杜松林地（Piñon-Juniper Woodland）、低山针叶林（Lower Montane Coniferous Forest）、河漫滩（Floodplain Riparian）、山地河岸（Montane Riparian）、湿草甸（Wet Meadows），以及珍稀濒危植物（Rare and Threatened Plants）等。

野生生物。风景道所属的新墨西哥州西南部，脊椎动物种类的丰富性在新墨西哥州乃至全美都名列前茅，包括哺乳动物、鸟类、爬行动物，以及两栖动物等。事实上，此地属于热带以及亚热带物种分布的最北地带，即新墨西哥州西南部以及亚利桑那州东南部。突出的生物多样性，源于丰富的植被以及栖息地类型、有利的地质地貌及土壤条件，这些为野生动物提供了丰富的食物、水源，以及栖息地和大量的开放空间。

二、风景品质

风景道沿线的吉拉国家林地有着美国西南部最美丽的山地景观。风景道沿途可观赏到两个已经被认定的荒野区，即吉拉荒野区和奥尔多·利奥波德荒野区（Gila and Aldo Leopold Wildernesses）。荒野区有着崎岖的峡谷、高山以及河流。1924年，吉拉荒野区是第一个被认定的荒野区，它仍然保持着1913年罗斯福总统来访时的模样。在该荒野区，拥有新墨西哥州南部火山高原深处地质构造的多样性，游客能够在风化的古老火山堆中，看到巨大火山喷发的遗迹。

三、历史与文化品质

该风景道拥有多姿多彩的历史与文化品质，从古老的史前人类、土著人以及西班牙人后裔历史遗迹，到现代的采矿业及牧业，具体体现在以下7个方面：

一是阿帕奇历史（Apache History）。阿帕奇人家园位于风景道廊道内，有着悠久的历史和独特的文化，作为以游牧生活组成的部落，曾有着严格的社会规范和物质优势，统治领域曾跨越五个州及两个地区。

二是采矿历史（Mining History）。廊道内矿产资源丰富，沿途城镇也多是因采矿活动而逐渐发展起来的，如银城的诞生，沿途现今仍遗留有大量采矿的遗址遗迹。

三是西班牙裔美国人的历史和文化。自18世纪70年代以来，西班牙人从墨西哥迁往了明布勒斯河谷（Mimbres River Valley），后来搬到了靠近圣洛伦佐的明布勒斯河畔。在这些迁徙地上，他们种植作物、开采矿物、开展商业活动、成立自己的教会、保留自己的风俗习惯等，逐步定居下来，并形成了自己独特的历史和文化。

四是边境山人的历史。在风景道西南部，现今的吉拉国家林地内，仍保留有边境山人的痕迹，在此可寻到边境山人生活、狩猎等自给自足的历史遗迹。

五是吉拉国家林地历史。吉拉国家林地于20世纪初建立。吉拉荒野是于1924年6月由美国国家林地系统认定的第一个荒野。后历经变革，有着丰富的历史发展演变过程，游客畅游其中，可领略其深厚历史品质。

六是银城历史。数百万年前，风景道西南部地区，熔融的岩石历经沉积，形成了丰富的铜、银和金等矿产资源。19世纪初，早期的印第安人和西班牙人在这一区域开矿，并逐步定居发展起来，形成了今天的银城雏形。1871年，银城正式成县制，其后的发展随着银价的升落而有所起伏，也因此形成了银城的发展史，使其逐步发展成为一个历史底蕴较厚的城市。

七是皮诺斯阿尔图斯历史。1866年，为保护皮诺斯阿尔图斯的矿工，贝厄德堡（Fort Bayard）成立，并在19世纪70—80年代蓬勃发展起来，成为今天的皮诺斯阿尔图斯。其拥有歌剧院、教会、博物馆、古老的邮局等古建筑和丰富的历史资源。

四、考古品质

该风景道位于莫戈永山（Mogollon Mountain）东南的边缘区，是吉拉河与明布勒斯河的源头。考古学家认为在过去一万年间，有人类曾在这里定居。风景道沿线遗存的考古遗址遗迹即是佐证。考古研究发现，以狩猎和采集为生的人类，曾占领这里长达约4个世纪，为此，这里的文化也被称为“古老的文化”（Archaic culture）。但直到4世纪，他们的后裔才开始种植玉米、南瓜和豆类，并居住于村庄。其考古遗址已经得到了确认。

各类先民，至少已于5000年前，到访或定居于风景道沿线的山谷和峡谷中。目前，与这些早期人类活动相关的许多场所都已成为废墟，或者被后来的人类活动所替代。尽管如此，他们与土地之间相互作用的证据依然存在。

五、游憩品质

该风景道沿线，全年都为游客提供大量的户外游憩活动机会。廊道的大部分区域都位于吉拉国家林地内，而林地除提供了多样化的、易接近的景观外，还提供了远足、山地自行车、骑马、野生动物观赏、狩猎、小溪垂钓、露营、背包游、攀岩，以及吉普车游览等丰富的游憩活动。在部分偏远的林地，还为游客提供了“荒野体验”活动。

9.2.3 市场分析

心灵山风景道是一条较受游客青睐的线性旅游目的地。客源市场主要包括：1）风景道所属的新墨西哥州和邻近的得克萨斯州的游客及居民，尤其是新墨西哥州西南部银城、罗伯特湖（Robert Lake）、圣洛伦佐、贝厄德堡以及圣丽塔（Santa Rita）等社区居民；2）美国境内其他州的游客；3）部分国际游客，主要包括来自南美的墨西哥的游客，以及欧洲德国、英国和法国等的游客。

9.3 开发建设

9.3.1 愿景与目标

2004年，风景道委员会提出了心灵山风景道的愿景，即：管理心灵山风景道，是为了保护风景道内在品质，保护其独特的乡村遗产，以及历史、考古、风景和游憩品质等，并且强调为所有游客，包括不懂英语以及身患残疾的游客，提供游览体验的机会。此外，风景道也应该对游客进行管理，使他们的活动能够以积极的方式来带动当地的经济发展，同时，又能够维护廊道的价值。

为了实现上述愿景，风景道委员会还制定了8个目标，分别为：1）为当代以及子孙后代，保护风景道的乡村传统以及历史、考古、风景和游憩资源；2）强化对风景道沿线自然、文化以及历史特征提供相关解说及教育的机会，以促进游客对于风景道独特品质的欣赏；3）为所有游客包括残疾游客、有特殊需求的游客以及非英语母语游客，提供体验的机会；4）帮助游客认识新墨西哥州乡村风貌、独特文化，以及自然与历史保护的重要性，同时，促进乡村经济的可持续发展；5）引导社区不断地参与到风景道规划与管理中；6）与大量的公众机构、私人企业以及团体组织合作，以扩大对风景道的支持基础；7）发展完善的公路标识项目，以引导游客便利地游览风景道；8）提供风景道廊道服务信息和服务项目（包括解说标识；餐饮、住宿、服务区设施；垃圾箱、入口、游径等的位置；执法机构、媒体服务以及为旅游者提供信息服务等），以提升游客的愉悦体验。

9.3.2 规划设计原则

作为一条海拔较高的山地自然型风景道，心灵山风景道规划建设注重工程建设与自然环境和谐统一，以实现可持续发展。

道路安全性设计原则。风景道地处高山区，水文地质等条件非常复杂，这为规划设计带来了很大的挑战，既要保障道路的安全通行功能，又要能够为游客提供优美的风景，还要尽可能减少工程建设对环境的破坏。为此，风景道特别强调安全性设计，通过采取降低车速、增加夜间照明、在特殊地段加固安全防护栏等措施，来实现安全目标。与此同时，在特定时间及旅游旺季，做好限流控制，并对部分极度危险路段进行封闭。

自然生态原则。风景道自然品质突出，有着丰富的自然资源、珍贵的野生动植物和原生态环境，因此，特别强调自然生态原则。注重保护原生态自然环境，强调设计遵从自然，最小化干扰原则。强调只建设少量的新建筑与人工景观，且这些建筑与人工景观要与自然环境融为一体。此外，要保护生态环境及生态系统的多样性，以实现风景道的可持续发展。

多利益主体合作原则。风景道穿越了联邦土地较多的区域，其沿线土地，由美国农业部林务局、土地管理局、鱼类与野生动植物管理局以及国家公园管理局共同管理。同时，该风景道还穿越了银城、明布勒斯、皮诺斯阿尔图斯、吉拉温泉景区、罗伯特湖、圣洛伦佐、贝厄德以及圣丽塔等8个社区，因此，联邦机构、州及地方社区等多利益主体协调合作，对于风景道的可持续发展至关重要。

9.3.3 建设要素

一、道路工程

选线。风景道选线注重让游客体验风景最美的区域。道路穿越崎岖的峡谷、高山以及河流，沿线分布着美国西南部最秀美的山区、国家林地以及州内最重要的两条河流，串联了众多景区景点。驾驶于心灵山风景道上，游客可以观赏到吉拉奥尔多·利奥波德荒野、吉拉河与明布勒斯河，看到古老火山堆中巨大的火山喷发遗迹等，沿途风景绝佳，令人震撼。

路缘石。风景道大部分路段属于乡村集散道，仅仅在交通流量较大的路段，设置了路缘石。因位于山区，路缘石设计中追求简约和自然化，多以路面黄色或白色标线，作为机动车道与非机动车道划分的标志。

挡土墙。风景道穿越区域自然地形较为陡峭崎岖，环境敏感性限制条件较多。因此，设计中强调挡土墙建设要能够有效地减少削面和填土的视觉影响，增强道路安全性和稳定性。与此同时，挡土墙应该采取比较柔和、自然的修筑形态。

安全护栏。风景道护栏设计中强调在保障安全通行的前提下，要与景观相协调，且具有美化功能。由于风景道穿越的山区地形地质条件的复杂性，为提升道路安全，使用了升级的钢背木护栏。与此同时，因风景道穿越的区域多为乡村地区，护栏设计还突出强调了乡村特色，以彰显乡村景观肌理，以及风景道设计主题。在不同的地段，如森林、荒野以及滨河区，护栏选用不同的颜色及形态，并且在危险系数较低的区域，尽量减少护栏的设置，以降低对自然生境的干扰。

二、游憩服务设施

风景道风景、自然、历史、文化、考古、游憩资源是游客体验、驻足停留的核心吸引力，也是附近居民生活质量的一个重要组成部分。心灵山风景道廊道内土地有多种用途，可进行放牧、开采、徒步旅行、打猎、野营等多种休闲游憩活动。休闲游憩开发策略主要有：推广高品质的娱乐体验，保持风景道的独特魅力；提高现有营地、野餐区、游径、信息和解说设施等的体验质量；确保不改变自然环境和特征的基础上，对已建设设施进行维护和改造提升，同时提升游客体验。为残疾人和有特殊需求人员提供更多的设施服务；支持土地管理者努力保护沿途的休闲游憩资源。

心灵山风景道游憩服务设施包括：观景平台、道路引导标识、解说设施、住宿与餐饮设施、加油站、汽车维修及租赁、交通连接设施等。

（一）观景平台。作为自然型风景道，观景平台主要以自然形成的石台为基础，经简单设置标牌，并与停车场配套，形成供游客观赏游憩的观景平台。选址主要位于吉拉国家林地、吉拉悬崖住所国家保护区以及吉拉荒野等著名风景名胜区（图9–3）。

图9-3 心灵山风景道观景台

（二）道路引导标识。心灵山风景道作为自然型风景道，出于对自然资源干扰最小化的目的，入口场地设计简约，彰显自然特征，一般设置有方向指示、路线信息，以及停车场位置等信息。

心灵山风景道沿途设置有方向及安全标识、风景道特色标识和解说标识等三类标识，标识风格与风景道沿途的自然、文化和历史资源相协调，旨在为游客提供安全、游览和教育等方面的信息。道路引导标识设置数量合理，以保障游客最佳体验。标识设置原则主要有：标识应特色鲜明；入口场地段应集中设置标识牌；标识牌应与现有地方和国家标识及户外广告相关法规和要求相符合；标识牌应有多语种信息，以满足不同语种游客需求；标识牌设置必须获得所属管辖市县以及公路部门支持。

（三）解说设施。风景道为游客提供了欣赏山区风光、动植物及地质多样性的机会。解说这些自然资源，以及风景道丰富的历史、文化、考古品质等，目的是为了帮助游客更好地理解、欣赏和保护廊道的资源。同时解说还能够向游客传达廊道土地管理和保护的相关知识。

一是解说规划目标。风景道解说规划目标要与游客需求以及吉拉国家林地管理方向相一致，目的是通过增加游客对风景道相关知识的了解，提升游客的游览质量。同时通过解说唤起游客对风景道历史文化及自然资源的尊重及敬畏，提升游客的资源保护意识。解说规划目标具体是：重点强调风景道文化、考古、自然及历史等内在品质；针对不同游客及目标群体，推动高质量、安全及无障碍解说机会的发展；帮助游客树立廊道的积极形象；告知游客廊道资源管理活动；制作风景道解说地图。

二是解说设施。心灵山风景道解说设施包括游客中心、解说标识、解说点以及其他解说媒体。

游客中心。银城格兰特县商会游客中心（Silver City Grant County Chamber of Commerce’s Visitor Center）和美国农业部森林服务游客中心（USDA Forest Service Visitor Center），能够提供丰富的解说信息。风景道沿线的旅游商业解说信息，包括心灵峡谷小屋、罗伯特湖商店、吉拉温泉景区、明布勒斯商店等信息，以及有关当地的鸟类、野生动物、野营和远足的信息。解说中心可为英语、西班牙语以及德语等多语种旅游者提供服务。

解说标识。为风景道沿线的解说展示制定统一且独具特色的Logo；保持整个廊道解说标识设计元素和材料相一致，字体类型、大小、颜色等标识元素，应该图文并茂，并具有可读性（图9-4）；同时，标识制作的材料要与当地气候条件相适应（图9-5）。

图9-4 心灵山风景道解说标识

图9-5 适应当地气候条件的风景道解说标识

解说点。心灵山风景道沿途设置了20个值得游客游览的解说点，如表9-2所示，并给出了相应的行动建议。并确定了解说点优先级与资金来源（优先级A表示在近1—2年实施，优先级B为3—5年实施，优先级C为近5—10年实施）。

其他解说媒体。包括制作解说地图；与相应的组

心灵山风景道第一段（NM 15至吉拉悬崖住所国家保护区）解说点设置方案　表9-2

序号	解说点	目前状况	解说内容	优先级	资金来源
1	银城，西北角。US 180与 NM 15交界处（NM15, MP 0）	未设置	风景道信息	A	已经申请联邦公路管理局资金
2	皮诺斯阿尔图斯村（NM15，MP6）	未设置	突出吉拉国家林地公园，并介绍该地区丰富的采矿历史	B	已经申请联邦公路管理局资金
3	本·莉莉纪念碑（NM15，MP10）	纪念碑距离公路不远；停车位有限	历史文化与休闲游憩资源	A	已经申请联邦公路管理局资金
4	樱桃溪和麦克米伦营地（NM15，MP12）	暂未设置	自然资源（自然观鸟、河岸带植被、采矿）与历史文化	B	美国农业部森林服务基金（USDA Forest Service funding）
5	锡格纳尔峰（Signal Peak Turnoff）（NM15，MP 14）	目前为止最简约的解说	历史和风景主题（军事史、锡格纳尔峰、吉拉国家林地和墨西哥9000米高峰全景、自然、历史、野生动物，尤其是鸟类等）	A	有资格获得美国农业部林务局资助
6	希科拉尔·博克斯 Sheep Corral Box（NM15,MP16）	可供徒步旅行者和其他娱乐人士使用的停车场	火灾后生态系统恢复等相关信息	A	美国农业部森林服务资助福特基金会
7	怀尔德霍斯·梅萨（Wild Horse Mesa）（NM15，MP22）	萨普里溪的全景	廊道视域范围内的景观示意图	B	有资格获得美国农业部林务局资助
8	萨皮洛溪拉脱（NM15，NM35交界处）	相关历史；旅游信息和服务	廊道视域范围内山脉的解说	B	已经申请联邦公路管理局资金
9	克林顿·P·安德森观景台（Copperas Vista）（NM15，MP32）	荒野和消防管理主题已经进行解说	自然地质（火山创造吉拉国家林地景观）以及消防管理	A	有资格获得美国农业部林务局资助
10	吉拉温泉（NM15，MP39）	现场无解说	历史文化：农耕文化，公路建设史；阿帕奇人和他们曾使用的温泉；吉拉悬崖住所民族纪念碑的创作史；提供跨区域保护区信息与旅游信息	A	已经申请联邦公路管理局资金
11	吉拉悬崖住所国家保护区（NM15，MP42）	游客中心遗址附近有少量的考古文物解说；现场联络中心的解释信息极少，没有残疾人通道	考古文化：扩大现有的游客中心，以增加更多深入解说的材料，展示更广泛的收藏文物，展示吉拉悬崖住所国家保护区的社会和物质文化，以及阿帕奇文化等	A	已经申请国家公园服务的资金

续表

序号	解说点	目前状况	解说内容	优先级	资金来源
12	萨普里的交叉口到圣洛伦佐湖罗伯茨地区（NM 35，MP22-24）	在维斯塔遗址提供有停车位。明布勒斯考古遗址游径没有解说，交通不便，整个地区缺乏解说	考古文化、休闲游憩资源、自然历史文化	B	符合美国农业部林务局和美国国家历史保护基金
13	大陆分水岭（NM35，MP 20）	小径越过NM 35和NM 15，目前没有解说	娱乐主题：在两个标志路径过境点的路口安装解说标识牌，描述其路径、里程、娱乐刺激项目和历史。	A	符合新墨西哥州水土保持资金的资格；新墨西哥州立公园资助，美国农业部森林服务资金
14	卡顿伍德附近的明布勒斯景点（NM35，MP12）	未设置	考古和历史的主题：解说明布勒斯人的历史以及明布勒斯到帕金（Mimbres -Paquime）的历史	C	符合美国农业部森林服务基金
15	荒野游侠区站，吉拉国家林地（NM35，MP11）	目前最小的标牌	解读护林站历史和建筑；休闲主题（游径等）	C	有资格获得美国农业部森林服务和国家历史保护基金
16	桑德伯德湖（Camp Thunderbird）（NM35, MP 10）	私有，没有解说	历史主题：发展有关萨利营的历史信息	C	符合国家历史保护资金和美国农业部林务局资金
17	熊峡谷湖和坝区（MP 1.6）	目前最小的标牌	历史主题：明布勒斯谷农牧史	A	符合美国森林服务基金
18	圣洛伦佐银城：圣洛伦佐和韦伯斯特堡（NM 35 / NM152交会处的东北角）	未设置	历史主题：在早期西班牙明布勒斯谷乡村生活的农耕历史；小镇的天主教堂的历史；解读韦伯斯特堡	B	符合国家历史保护和联邦公路管理局基金
19	汉诺威/菲耶罗（NM152，MP6）	露天矿、岩层附近（MP5-6），目前没有解说	历史主题：挖掘废墟；许多采矿建筑和企业处于半遗弃状态；在汉诺威展出的圣丽塔祭坛；圣丽塔科尔布尔（Santa Rita del Cobre）堡垒；圣安东尼天主教堂在费耶罗的历史等。西班牙裔历史解读。 采矿主题：该地区是一个潜在的国家历史街区；在科尔尼矿山或圣丽塔矿区创建采矿博物馆	B	国家历史保护基金拟征地范围项目
20	白瓦特城（Fort Bayard）国家历史地标（US180，MP121）	未设置，没有解说（没有主要道路标识）	历史主题：与白瓦特城（Fort Bayard）历史学会合作，增加解说信息	A	已经申请的联邦公路管理资金

资料来源：Trail of The Mountain Spirits Scenic Byway Committee.TRAIL OF THE MOUNTAIN SPIRITS SCENIC BYWAY CORRIDOR MANAGEMENT PLAN[R]. 2004, October.

织、机构合作，举办一些节庆活动来展示风景道的历史、文化等内在品质；通过设立一些信息亭、制作DVD、设置网站等来丰富解说内容。

（四）营地。心灵山风景道廊道区域内还提供了设施完备的营地与汽车旅馆。营地设施主要分布在吉拉国家林地、吉拉悬崖住所国家保护区、吉拉荒野区等，这些区域的公共与私人营地均提供房车供游客使用。同时在原始荒野区有大量背包远足区。此外，银城、皮诺斯阿尔图斯、吉拉温泉、罗伯茨湖、明布勒斯和圣洛伦佐社区，提供了全方位服务的营地和房车公园，甚至提供有温泉的私人露营地等。其中，厄珀恩德营地（Upper End Campground）能够为残疾人士提供宿营住处。此外，廊道内所有的景区景点都设有长椅、野餐桌，供游客进行野餐使用。

（五）交通连接设施。主要指游径慢行系统与停车场。心灵山风景道主要分布在吉拉荒野地，这里的游径既为背包族提供远足步道，也为一般游客提供登山游径。在吉拉国家林地游径上可进行骑马活动，水上游径可进行皮划艇活动，游憩活动丰富多样。停车场的设置通常与游径出入口、观景平台等配套建设。因心灵山风景道是自然型风景道，出于对自然资源干扰最小化的考虑，其入口与停车场设计体现自然化风格。

（六）住宿与餐饮。风景道沿线的银城、皮诺斯阿尔图斯、吉拉温泉景区、罗伯特湖、明布勒斯以及圣洛伦佐等地为游客提供了必要的住宿和餐饮设施，还提供了购物以及应急等服务。新墨西哥州银城和廊道沿线建有大量的咖啡馆、餐馆。银城的住宿设施较为多样化，同时在上游明布勒斯河、罗伯特湖以及吉拉温泉景区等地也建有住宿设施，能够为过夜游客提供约500个房间。

三、景观小品与植物配置

景观小品。心灵山风景道沿线建筑景观小品在一定程度上展示了风景道内在品质，如在修建时材料多就地取材；颜色上，多使用自然色彩，考虑与背景环境相融合；形态设计上，根据所依地势地形，因地制宜修建，使视觉效果更加具有连贯性；同时，某些景观的设计，还充分考虑了当地的历史环境与发展，使建筑能够展现历史、传承历史。

植物配置。心灵山风景道穿越区有着多样化的植物群落，如杜松林地、低山针叶林、河漫滩植物、山地河岸植物、湿草甸以及珍稀濒危植物。同时许多热带以及亚热带植物物种分布于新墨西哥州西南部以及亚利桑那州东南部。

四、产品与线路

（一）产品设计

心灵山风景道产品体系丰富，其最突出的产品是自驾观光游览产品、解说教育产品和节庆活动产品。

自驾观光游览产品。心灵山风景道沿线的吉拉国家林地拥有美国西南部最秀美的山区风景。游客能够看到崎岖的峡谷、高山及河流等。同时，该地区拥有新墨西哥州南部火山高原深处多样性的地质构造，游客能够在风化的古老火山堆中看到壮观的火山喷发遗迹。这些珍贵的资源有利于开发自驾观光游览产品。

解说教育产品。心灵山风景道沿线拥有突出的自然资源，包括地质、植被以及野生生物资源；同时还拥有较为丰富的历史文化与考古资源。通过对这些资源进行自然与地质相关知识的解说，还能使游客对新墨西哥州的自然地质、历史文化有进一步了解。

节庆活动产品。开发多元化的节庆活动产品（表9-3），既丰富了社区生活也吸引了旅游者。

（二）线路设计

心灵山风景道为游客提供了两条线路，一条线路连接了该风景道上重要的自然山地资源，使游客能够感受大自然的召唤；另一条线路则是对该廊道区域历史感兴趣的游客开发的博物馆之旅，同时，它也是阴雨天游览的备用线路。

1．心灵山风景道召唤之旅。该线路的起点为新墨西哥州银城，终点为新墨西哥州罗伯特湖。在该线路上旅行能够探索吉拉国家林地，在观景台上停留俯瞰连绵起伏的山脉，多样性的植物以及动物。线路旅行，总里程111公里。

2．新墨西哥州博物馆之旅。该线路一般是为“阴雨天”或者是在游客数量相对较少的旅游淡季提供多样性的旅游活动、展示新墨西哥州历史文化。其

心灵山风景道节庆活动 表9-3

节庆活动名称	时间	地点	简介
贝厄德堡日（Fort Bayard Days）	每年9月	新墨西哥州	这是一年一度的节庆活动，展示贝厄德堡的自然及历史财富，为游客提供远足、狩猎以及野生动物观赏活动
墨西哥蜂鸟节（Hummingbirds of New Mexico Festival）	每年6月	罗伯特湖区域	为游客及旅游者提供接近观赏蜂鸟的区域，同时为地质旅行者提供引导
吉拉旅游自行车比赛（Tour de Gila Bicycle Race）	每年4月下旬及5月上旬	新墨西哥州银城，吉拉国家林地	吉拉旅游自行车比赛将风景道作为春季节庆赛事的一部分。目前已成为一项颇有名气的国际性比赛
嘉年华（Fiesta de la Olla）	每年7月	新墨西哥州银城	嘉年华共举办3天活动，包括来自举世闻名的陶瓷家之手的陶瓷展，来自墨西哥的音乐家、舞蹈家的表演，以及传统的西班牙裔美国人提供的烹饪展示，吸引该区域的居民与旅游者参与
红漆祈祭祀式（Red Paint Powwow）	每年1月的第一个周末	西新墨西哥大学	该仪式主要是以唱歌、跳舞以及演奏乐器比赛的形式，展示土著人的天赋，营销廊道内的阿帕奇文化遗产

资料来源：FHWA National Scenic Byways Program.2005 National Scenic Byways Nomination[R]. 2005, March.

中，银城博物馆展示了新墨西哥州西南部历史；新墨西哥博物馆收集了新墨西哥州的历史文物，并且因其突出的明布勒斯文物收藏而闻名；明布勒斯博物馆及海关大楼展示了铁路历史文物；在石城州立公园则可以观察到迷人的地质构造以及沙漠动植物。

五、品牌与营销

依据《心灵山风景道廊道管理计划》中的营销计划，心灵山风景道构建了“473”营销体系，即四个营销目标、七个营销策略及三个营销方式。

（一）营销目标

为了招徕更多的游客并延长逗留时间，扩大旅游对地区经济的影响力。心灵山风景道提出了四个营销目标，即：

一是将风景道作为旅游目的地进行宣传营销。通过对风景道廊道资源和周边重要景点进行有机整合，将心灵山风景道作为旅游目的地进行宣传营销，在节约成本的基础上扩大品牌效应。

二是将心灵山风景道内在品质进行国内外营销。心灵山风景道拥有独特的自然品质，是展示广袤疆土的高品质的风景资源。通过一系列营销提升风景道的知名度，充分展现其自然品质。

三是强化合作伙伴关系，寻求新的伙伴关系。通过营销，强化风景道品牌认知度，提升现有合作伙伴对风景道未来发展的信心，同时，吸引更多合作伙伴加入风景道发展中来。

四是寻求资金资助，为营销提供资金保障。通过营销，扩大风景道品牌影响力，增强公众认知，以吸引更多的社会资金，投入风景道营销与发展中来。

（二）营销策略

心灵山风景道七个营销策略分别是：在风景道廊道指定地点提供信息亭；基于现实可能性，在风景道廊道酒店、宾馆等处，设置信息与解说媒介，扩大营销力度；将心灵山风景道网址链接共享到林务局、商会、新闻媒体等其他相关网站；在区域性报刊上为风景道做广告；寻求资金资助，开展国内外风景道营销；巩固传统合作伙伴关系；鼓励地方企业将风景道主题融入文创产品及其他主题性商品中。

（三）营销方式

媒体营销、网络营销及节庆活动营销是心灵山风景道采用的基本营销方式。

媒体营销。在充分利用银城格兰特商会（Silver City Grant County Chamber of Commerce）、古老西部等媒体，对风景道进行营销外，该风景道还拥有一份自己的宣传册，即“心灵山风景道”。此外，通过《银城风景旅游》(Silver City Scenic Tours)、《新墨西哥杂志》(New Mexico Magazine)等刊物，对心灵山风景道进行平面媒体营销。在银城格兰特商会游客中心、林务局游客中心、吉拉悬崖住所国家保护区游客中心，以及风景道廊道区域内酒店、宾馆等处，投放心灵山风景道宣传资料。

网络营销。充分利用心灵山风景道官网(www.tmsbyway.com)、老西部地网(www.oldwestcountry.com)、新墨西哥旅游网(www.newmexico.org)等相关网站，发布风景道最新资讯，进行营销宣传。

节庆营销。利用一些节庆活动对心灵山风景道进行营销宣传。著名的节庆活动有：每年9月，在新墨西哥州举办的贝厄德堡日(Fort Bayard Days)。该活动既展示了贝厄德堡自然及历史资源，又为游客提供了远足、狩猎及野生动物观赏等游憩机会。每年6月，在罗伯特湖举办的墨西哥蜂鸟节(Hummingbirds of New Mexico Festival)，为游客提供了接近并观赏蜂鸟活动，丰富游客体验。

9.4 管理营运

9.4.1 管理体制

心灵山风景道作为新墨西哥州境内的国家风景道，其管理工作由国家、州与地方、非营利组织等三方面共同负责，管理组织结构如图9-6所示。

国家层面，与纳入国家风景道计划的其他风景道基本保持一致，即在美国国会授权下，由交通部协同内务部、农业部以及商务部宏观指导风景道的发展，并指定联邦公路管理局对其进行直接政策指导与管理。

州与地方层面，其管理工作又由联邦政府相关机构、州与地方政府相关部门和组织对其廊道土地、廊道维护、廊道安全等共同负责。

廊道沿线土地由美国农业部林务局、联邦土地管理局、鱼类与野生动植物管理局以及国家公园管理局共同管理其财产，并拥有其土地。如吉拉国家林地由美国农业部林务局管理，已经出台相关计划，管理其森林资源，制订植被、野生动物、土壤、水利以及文化视觉等资源的发展目标及建立标准；而吉拉悬崖住所国家保护区则由国家公园管理局管理等。

廊道中所有道路的维护，由新墨西哥州交通部联合其他相关部门总体负责，其地方的具体管理维护工作由银城、吉拉温泉景区、罗伯特湖、圣洛伦佐、贝厄德以及圣丽塔等政府机构负责落实。

廊道区域的公共安全执法由格兰特县和卡特龙县(Catron County)警长办公室、新墨西哥州警方(Police of New Mexi)、银城警察署(Silver City Police Department)和吉拉国家林地执法人员(Law Enforcement Officials of Gila National Forest)等共同提供支持。

风景道规划由心灵山风景道委员会(Trail of The Mountain Spirits Scenic Byway Committee)负责组织编制。该风景道委员会主要由媒体咨询、历史学家、营销咨询、摄影及布局咨询、记者等各团体代表组成。委员会致力于廊道管理计划的实施，并且在需要发生改变时，进行及时更新；创建“风景道之友”组织；宣传营销风景道、筹集资金、举行节庆活动等。另，委员会建立了问题反馈机制，社会各个团体可将风景道发展中所遇见的任何问题，反馈给委员会，委员会

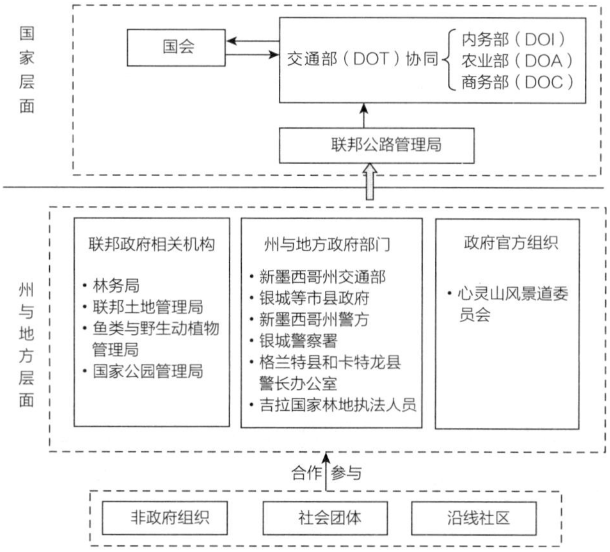

图9-6 心灵山风景道管理组织结构

资料来源：Trail of The Mountain Spirits Scenic Byway Committee. TRAIL OF THE MOUNTAIN SPIRITS SCENIC BYWAY CORRIDOR MANAGEMENT PLAN[R]. 2004, October:64-70.

将对其进行处理、改善。

一些非营利组织，也参与到心灵山风景道规划建设和日常管理维护中，如银城商会、银城博物馆、吉拉温泉景区等社会团体及周边社区等，通过与政府相关部门合作，来支持风景道的发展，提供人力、财力和政策等方面的保障。

9.4.2 资金资助

一、资金来源

作为国家风景道，心灵山风景道有资格获得各种资金支持。其资金来源主要包括：联邦政府层面基金资助；新墨西哥州层面资金资助；由公共机构、私人团体以及公众补充的私人资金资助。资助形式主要包括捐赠、信托基金以及援助项目等。

（1）联邦政府层面资金

联邦政府层面资金资助份额达到资助总额的80%，这些资金主要用于协助风景廊道规划建设，包括公路安全提升、风景道设施建设与维护、廊道资源保护等。如休憩区、道岔、路肩、观景台、解说设施、人行道与自行车设施等的提升与建设；廊道内历史、考古以及文化资源等的保护；公众旅游信息等的发展与提供等。其资金根据来源部门不同，又可分为以下四类：

一是来自美国交通运输部联邦公路管理局的资金资助。包括国家风景道基金、森林公路基金（Forest Highway Funds）、公共土地公路基金（Public Lands Highway Funding）、地表运输项目基金（Surface Transportation Program Funding）等。

二是来自美国商务部的资金资助。主要是经济发展管理局（Economic Development Administration）的基金。

三是来自美国农业部的资金资助。包括林务局资金、2002农业法案（2002Farm Bill）资助、挑战成本分享基金（Challenge Cost Share Funds）、收费示范基金（Fee Demonstration Funds）等。

四是来自美国内务部的资金资助。包括土地与水体保护基金（Land and Water Conservation Fund）、休闲游径基金资助（Recreational Trail Fund Grant）、历史保护基金（The Historic Preservation Fund）、博物馆服务机构（Institute for Museum Services）资金等。

（2）新墨西哥州项目资金资助

新墨西哥州交通部发展了州级项目，心灵山风景道可以由此获得资助，包括新墨西哥州交通部项目、新墨西哥州运输提升项目、新墨西哥州人文基金会（New Mexico Endowment for the Humanities）项目、认证的当地政府资助项目等。这些项目是为符合联邦法律规定而发展起来的，即要求每个州必须将所获得的10%地表运输项目基金，全部用于包括廊道历史保护在内的提升项目，它们可以脱离州际公路系统，但必须与交通相关，如增加对社区与交通运输环境的评估等。该项目以非机动车为主要研究对象，如步行道与自行车道项目、路侧景观美化项目及与运输相关的历史保护项目等。市、县、州以及联邦机构（不包括管理机构）等公共机构可以申请此项目。

（3）私有资金

非政府组织、私人团体以及社会公众等对心灵山风景道规划、建设、运营、维护等提供支持，并进行资金援助，虽所占比例不大，但却是其补充资金的重要来源。

二、国家风景道基金资助

2005年，心灵山风景道被认定为“国家风景道”后，当年便获得了国家风景道基金52800美元，约占当年全美对所有国家风景道资助的0.23%，主要用于对心灵山风景道的宣传营销。

2005年以后，国家风景道基金虽没有再对其进行资助，但通过宣传营销，塑造了其品牌形象和知名度。作为“国家风景道”，其还获得了联邦政府层面如商务部、农业部、内务部等的资金资助，得到了新墨西哥州层面和私有资金等的资金资助，这些资助为心灵山风景道健康可持续发展提供了资金保障。

第10章　伊利诺伊河路（Illinois River Road）

随着伊利诺伊河蜿蜒流过被冰川融水雕刻而成的地貌，河流的力量感赋予了伊利诺伊河峡谷威严与敬畏之意。风景道穿越森林、湿地、悬崖和草原等自然景观，道路沿线充满季节性的色彩及韵律变幻，从微妙的蓝色、棕色到充满活力的橙色，从低吟的鸟鸣到拖船上的大雾鸣警号角声，游客可呼吸到清新的空气，感受历史文化与自然景观之美，体验丰富多样的景色变化。

The Illinois River Valley imparts feelings of grandeur and awe at the power of the river as it winds its way through a landform carved by glacial melt water. The seasonal colors and rhythms of the Byway's forests, wetlands, bluffs, and prairies vary from subtle blue and brown to , and from muted bird calls to tugboat foghorns. Byway visitors can breathe the fresh air, feel the texture of history and nature, and experience a patchwork of landscapes.

——美国国家风景道计划对伊利诺伊河路的评价

资料来源：National Scenic Byways Program Collection of America's Byways® Designated by U.S. Secretary of Transportation.

伊利诺伊州境内旅游资源丰富，有多条风景道穿越境内。伊利诺伊河路因其突出的自然品质，于2005年被入选为国家风景道，它也是该州众多风景道中唯一一条国家风景道。

伊利诺伊河路穿越并连接了境内的七个城镇。伊利诺伊河（Illinois River）流域陡峭的悬崖、高深的河谷、葱绿的植被，以及宽阔而平静的湖面等，共同构成了一副美轮美奂的河岸风景带，每年吸引大批游客来此观光游览。

10.1 概况与发展历程

10.1.1 概况

多年来，伊利诺伊河一直都是伊利诺伊州主要的生命干道。伊利诺伊河路展示了伊利诺伊河沿岸自然纯粹的河流景观，呈现了优秀的自然、历史、考古和文化等品质，让游客能够感受到伊利诺伊河独特的文化魅力和自然生命力。风景道沿途有100多处景区景点，同时，伊利诺伊河峡谷内还有着大量独具特色的社区。悬崖、森林、湿地、河谷等，为游客提供了多样化欣赏沿岸美丽自然景观的视角。与此同时，形成于冰川时期的伊利诺伊河峡谷，使游客在现代生活的环境中通过互动式博物馆和历史古迹，能够感受和体验到其独特的历史。此外，该风景道游憩品质也十分突出。伊利诺伊河的峡谷、河谷、悬崖和平原都充斥着强烈的自然气息，众多的步道散落在乡野中，使游客有机会与自然互动，进行游憩活动。

伊利诺伊河路从东北部渥太华（Ottawa）的饥饿岩州立公园（Starved Rock State Park），向南一直延伸到靠近哈瓦那（Havana）县的伊密库尔保护区（Emiquon Preserve），穿越的主要城镇有渥太华、普林斯顿（Princeton）、东皮奥利亚（East Peoria）、皮奥利亚（Peoria）、佩金（Pekin）、坎顿（Canton）和哈瓦那县，总长度达到468.3公里。

渥太华，位于饥饿岩县（Starved Rock Country）的中心地带，坐落在伊利诺伊河与福克斯河（Fox River）的交界处。渥太华具有十分好客的传统，欢迎游客到此探险旅游，其中，渥太华公园（Ottawa Park）全年都为游客提供自然探险机会。

普林斯顿，位于80号州际公路（I-80）旁，有着许多可供游客参与的节庆活动。游客可以游览伊利诺伊的第一个“风力农场”，或者参观靠近曼利厄斯（Manlius）地区的第一个“风电高中”。

东皮奥利亚，位于伊利诺伊河与森林、高山和悬崖之间。东皮奥利亚从最初的一个工业城市成功转型为繁华的现代都市。该城市因其“国家青年运动会”和“圣诞主题灯光节”而闻名。该城市的滨河公园为游客提供了近距离观看河流及野生生物的机会。

皮奥利亚，是欧洲人第一次来到伊利诺伊州时选择的定居点。它有着丰富的历史底蕴、美丽的自然景色，以及天然的开展户外游憩活动的条件。从伊利诺伊河悬崖俯瞰、宁静的池塘垂钓、自然游径上的徒步或骑行，到野生公园的动物观赏，游客可以在这里享受无尽欢乐。

佩金，坐落于伊利诺伊州的中西部地区，位于伊利诺伊河东岸。1680年，欧洲人第一次踏足这里。佩金主要为游客提供各种游憩活动机会。

坎顿，位于美国俄亥俄州东北部，有着悠久的历史，是许多名人的故乡。坎顿公园（Canton Park）有着4144平方公里的公园和开放土地，有着丰富的游憩活动机会，非常注重社区生活品质的提高。

哈瓦那，位于伊利诺伊州中西部，属于梅森县（Mason County）县治（地方行政中心）。西临伊利诺伊河，以乡村风貌、农业社区为特色，美国65%的南瓜都出产于此。独特的农业丰收景象，使得哈瓦那成为秋季旅游的热点。游客还可以到此拜访林肯曾经居住过的地方——新塞勒姆州立公园（New Salem State Park）。爱好自然的游客也可来此，感受不同于其他地方的秋色，或探索有着上万平方公里的广袤国家野生动植物保护区。

10.1.2 发展历程

伊利诺伊河这一古老的河道，是由15000年前的冰川融化而形成的，是伊利诺伊区域主要的生命干道。伊利诺伊河路所在的区域发展历史可追溯到史前时期，依据重要事件，可划分为早期史前时期、森林时期、密西西比时期、殖民时期、西迁时期，以及19世纪晚期和20世纪早期。

一、早期史前时期（公元前1000年以前）

冰河时期后，来自亚洲的人类进入了北美地区，并且很快深入到大陆中部，并于12000年前抵达伊利诺伊。在风景道沿线发现的古印第安人（Paleo-Indian）活动的遗址，以及在临近饥饿岩（Starved Rock）的考古发现，说明了河流峡谷对早期居住在这一区域的人类的重要性。远古时期（Archaic Period，公元前8000年至公元前1000年期间），伊利诺伊河峡谷地区居民临水而居，并发明了用于加工食物、木材等的新工具。

二、伍德兰时期（公元前1000年至公元1000年）

伍德兰时期（The Woodland Period）是一段文化变迁时期，耐用陶瓷容器的发展、各种本地植物的培育、定居村庄的修建均是伍德兰时期文化发展的标志。整个中部大陆的这种文化被称为哈瓦那-霍普韦尔（Havana-Hopewell）文化。其中，哈瓦那文化产生于哈瓦那社区及其周围地区，该社区是伊利诺伊河路的南端入口，其周围发掘的遗址遗迹表明，很久以前，伊利诺伊河谷周围就有人类居住。

三、密西西比亚时期（1100年至1350年）

这一时期密西西比河流和峡谷（Mississippi River & Canyon）周围出现了许多村庄和部落，形成了密西西比文化。这一时期遗留下来的平顶式土堆景观为游客提供了观察和了解过去的机会。到1350年，兰福德（Langford）文化和奥尼昂塔时期（Oneota）文化开始在伊利诺伊河峡谷发展，并最终替代了密西西比文化。

四、殖民时期（1673年—19世纪末）

1673年开始，进入了欧洲人对伊利诺伊河乡村殖民的时期。欧洲人首先抵达勒罗切尔（Le Rocher），即现在的饥饿岩，并发现了卡斯基亚人（Kaskaskia）居住的格兰德村（Grand Village），这是伊利诺伊州最大的部落。此后，这些欧洲殖民者修建了克里夫库尔堡大教堂（Fort Creve Coeur）和圣路易斯城堡（Fort

St. Louis）等著名的教堂建筑。随后土著人开始了向西迁徙时期。

五、西迁时期（19世纪末）

在19世纪末的前20年，土著人已逐渐放弃了他们在伊利诺伊州的大部分土地，随之而来的是移民慢慢进入这一区域。伊利诺伊河成为移民从该州的南部向北迁徙的主要通道。五大湖（Great Lakes）通航能力的改善使得大量人流涌入伊利诺伊河峡谷。1823年伊利诺伊州成立了运河管理委员会来监管伊利诺伊河和芝加哥运河（Chicago Canal）的设计和施工。运河成为通往芝加哥社区的主要交通干道，运河沿线的城镇也开始繁荣起来。伊利诺伊河路网也在不断增长，现在供旅行的许多道路都有其历史踪迹可寻。

六、19世纪末至20世纪初

1852年，为确保部分河道的通航，开始运河疏浚工作。此后不久，一些低矮的大坝得以修建，用来管理河流。如今，科珀勒斯溪大坝整体结构仍然存在，游客在距其不远处便能看到其全景。1871年，国会响应了日益增长的改善交通的要求。通过初步调查，授权在伊利诺伊河和密西西比河之间修建一条运河。1892年，亨内平运河（Hennepin Canal）开始修建。现在，亨内平运河历史地区已被列入“国家历史注册地”。在20世纪30年代，伊利诺伊水道（Illinois Waterway）的发展，使航运能力获得了极大改善，同时也促进了沿河许多村庄得以复兴。

10.2 基本条件

10.2.1 交通分析

伊利诺伊河路是一条沿伊利诺伊河两岸修建的滨河风景道。其线路较长，从东北部的渥太华饥饿岩州立公园，一直延伸到西南端的哈瓦那伊密库尔保护区附近，总长度为468.3公里。它穿越了7个城市，所穿越区域的道路状况较为复杂，由包括国道、州际公路、州内公路在内的16条公路组成（如表10-1）。

伊利诺伊河风景道公路组成表　　表10-1

序号	公路级别	公路名称
1	国道	6号国道
2		24号国道
3		34号国道
4		150号国道
5	州际公路	180号州际公路
6	州内公路	伊利诺伊州9号公路
7		伊利诺伊州23号公路
8		伊利诺伊州24号公路
9		伊利诺伊州26号公路
10		伊利诺伊州29号公路
11		伊利诺伊州71号公路
12		伊利诺伊州78号公路
13		伊利诺伊州88号公路
14		伊利诺伊州116号公路
15		伊利诺伊州178号公路
16		伊利诺伊州351号公路

资料来源：Illinois Department of Transportation, Peoria Area Convention and Visitors Bureau etc.Illinois River Road:Route of the Voyageurs Corridor Management Plan:APPENDIX A: SCENIC BYWAY COUNTY MAPS AND ROUTE DESCRIPTIONS[R]. 2005.

伊利诺伊河路整体路况良好，以自驾车通行为主，部分路段有专门的非机动车道。在与其他道路相交、平行或是重合的路段，风景道形成了2车道与4车道相互交替的情况，其中，部分路面是无隔离带道路。伊利诺伊河路在滨水主干道的基础上，又规划了7条自然游径回路，增强了风景道廊道内的可游览性。

10.2.2 品质分析

从历史发展角度来看，该风景道所在区域是在史前地质活动、冰川运动的作用下形成的，其自然、地理地质景观具有独特性和不可替代性；从社会发展的角度来看，该区域在美国社会发展过程中，所遗留下来的历史和考古遗迹又具有重要的观赏性和研究价值。其出众的自然品质和历史品质共同为游客提供了独一无二的旅行体验。

一、自然品质

伊利诺伊河是一个不断变化的“母亲河”，她丰富的自然资源、迁徙的鸟儿，以及河流峡谷等奇妙的自然风光，吸引了大量游客到此观光游览。因冰川作用形成的富于变化的地貌景观，河流蜿蜒穿过有冰川融化印记的土地，使河流获得一种令人生畏的力量感。因季节变化，色彩斑斓的森林、湿地等，使得伊利诺伊峡谷呈现出缤纷炫丽的景观。伊利诺伊河的日出、饥饿岩的悬崖、富有水生生物的湿地、翡翠一般的农田、平静的森林、成群的鸟儿，共同构成了风景道独特而多样化的景观。

风景道卓越的自然品质，主要通过伊利诺伊河国家自然游径（Illinois River National Nature Trail）得以彰显。风景道廊道内，约有100余个与之相联系的自然景点，以及将这些自然景点串联起来的7条自然游径环路（表10-2，图10-1）。风景道与游径系统将廊道内的自然和人文景观串联起来，为游客观赏和感受伊利诺伊河沿岸美丽的自然风光提供了机会。

尽管，7条自然游径环路串联众多景点，能够从各个方面很好地代表风景道的自然品质，但伊利诺伊河路风景道督导委员会（Illinois River Road Scenic Byway Steering Committee）在此基础上又评选出伊利诺伊州和密歇根州运河、伊利诺伊州航运游客中心，以及东皮奥利亚滨河绿道等15个最能展示风景道自然品质的景点。

二、历史与考古品质

约一万年前，伊利诺伊河峡谷的历史伴随着古印第安人时期的历史开始。从第一个土著人到达此区域至今，伊利诺伊河峡谷见证了人类文化从迁徙的狩猎和采集时代，到数字时代的出现以及发展变迁过程。这条峡谷同时也是一条见证历史发展进程之路，人类、思想以及物品曾经沿着这条廊道迁徙。

伊利诺伊河有着将五大湖、密西西比河以及其他部族连接起来的作用。渥太华和哈瓦那之间的伊利诺

伊利诺伊河自然品质分析　　表10-2

环路名称	自然品质特点	自然品质观赏点
渥太华环路	以砂岩悬崖景观为最大特色，还有壮观的分层悬崖，以及一系列丰富的植物和动物	伊利诺伊州州立公园（Illinois State Park）、马西森州立公园（Matthiessen State Park）、布法罗岩石州立公园（Buffalo Rock State Park）、饥饿岩州立公园等
普林斯顿环路	拥有大面积开放的草地及草原景观，包括许多珍稀的、不常见的植物种类，形成了乡村草地、野花和小树林相组合的奇特景观	麦丘思沙地草原（McCune Sand Prairie）等
皮奥里亚环路	成片的草地和农田伴随着土地延伸，偶有小河和小溪穿流其间，形成独特的田园景观	野生动植物大草原州立公园和朱比利学院州立公园（Wildlife Prairie and Jubilee College State Parks）等
东皮奥里亚环路	河流以及8—11公里宽的河谷两岸的高耸悬崖。随着季节变换，悬崖展现出令人惊讶的黄色、橘色、鲑鱼色以及紫红色景象	德特韦耶公园（Detweiller Park）、罗宾逊公园（Robinson Park）、弗罗的红色谷仓村（Furrow's Red Barn Village）和沃坎达营地（Camp Wokanda）等
佩金环路	史前形成并遗留下来的森林景观	麦克诺顿堡（Fort McNaughton）、克里夫库尔堡（Fort Crevecoeur）和坦特公园（Tante Parks）等
坎顿环路	以伊利诺伊河沼泽和浅湖为主的景观。生物景观以硬木林为主，同时坎顿城和周边城镇是著名的艺术和手工艺区	班纳沼泽鱼类与野生动植物保护区（Banner Marsh Fish & Wildlife Area）、斯蓬河学院（Spoon River College Arboretum）等
哈瓦那环路	丰富的生物资源。自然资源品质主要体现在鱼类等水生生物体验上	杰克沃尔夫鱼类孵化场纪念所（Jake Wolf Memorial Fish Hatchery）、肖托夸国家野生动物保护区（Chautauqua National Wildlife Refuge）等

资料来源：Illinois Department of Transportation, Peoria Area Convention and Visitors Bureau etc.Illinois River Road:Route of the Voyageurs Corridor Management Plan[R]. 2005，2:17-23.

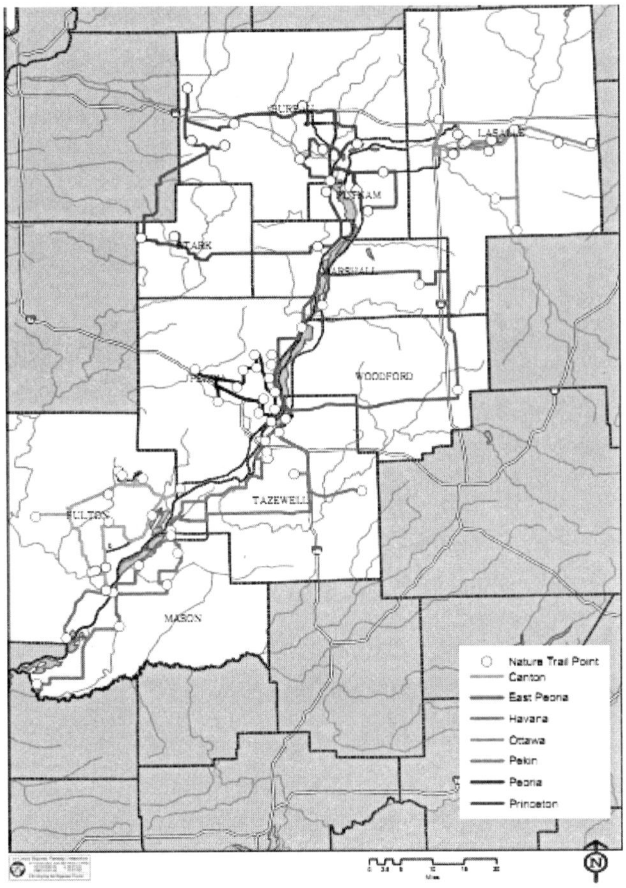

图10-1 国家游径项目

资料来源：Illinois Department of Transportation, Peoria Area Convention and Visitors Bureau etc.Illinois River Road:Route of the Voyageurs Corridor Management Plan[R]. 2005，2:15.

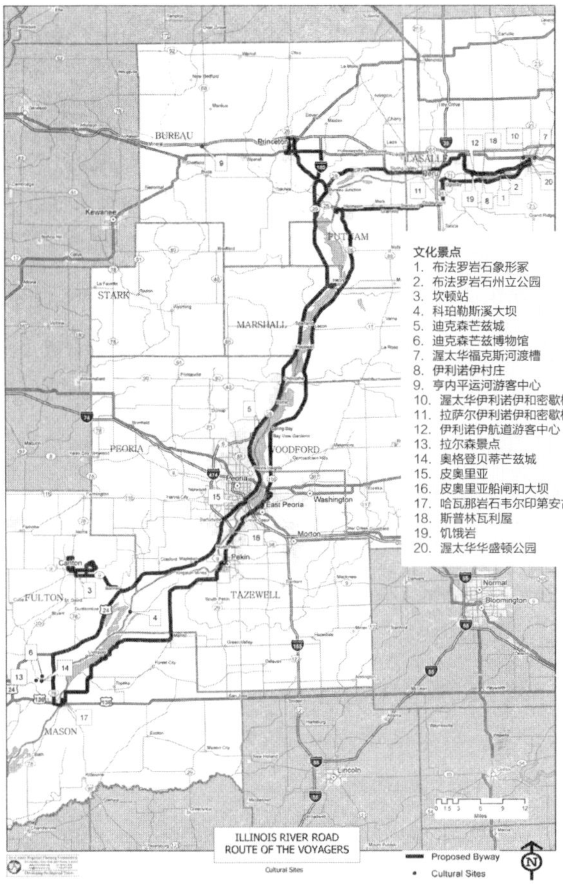

图10-2 风景道沿线历史文化景点

资料来源：Illinois Department of Transportation, Peoria Area Convention and Visitors Bureau etc.Illinois River Road:Route of the Voyageurs Corridor Management Plan[R]. 2005，2.

伊河有着特别的价值。因为这一段河流有着异常完好的历史和考古记录，一直可追溯到该峡谷地区的第一个居民以及一万年前的人类和自然的历史。这一区域的历史资料显示，从1673年一部分法国人来到这里开始，就有着各种记载的历史史料。考古学家将史前时期美洲土著文化的发展分为5个主要阶段：古印第安人时期、远古时期、伍德兰时期、密西西比时期和奥尼昂塔时期。而历史学家则将这一段历史划分为：伍德兰殖民地时期（Woodland Colonial Period）、边界时期（Frontier Period）、定居时期（Homestead Period），以及工业化早期（Early Industrial Period）四个阶段。

伊利诺伊河廊道因其漫长的发展历史，至今仍然拥有许多保存完好的历史考古资源，它们丰富多样的资源特性，使得风景道具有较高的历史与考古价值。伊利诺伊河峡谷的历史有15000年，目前被保留下来的最好的几个史前遗迹景点主要位于哈瓦那内、哈瓦那周边，以及伊利诺伊州的迪克森古墓博物馆附近。

在饥饿岩区域，游客可站在17世纪晚期法国炮台的位置上，隔着河流远眺伊利诺伊州早期原始部落中最主要的一个城镇遗址。

在靠近斯蓬河口区域的拉尔森遗址（Larson Site），有一系列展示过去人类生活场景的村落，特别是独具文化特征的平顶土堆。这些土堆是当时人类生活方式、等级和信仰的展示。

从渥太华到拉萨尔的伊利诺伊州和密歇根州运河国家遗产廊道段（Illinois and Michigan Canal National Heritage Corridor）都属于风景道的部分。游客在这一区域有机会看到运河及其部分历史遗迹，如渥太华福克斯河渡槽（Fox River Aqueduct of Ottawa），以及其他特殊历史时期修建的构筑物，如记录运河历史的粮食运输构筑物等。

风景道沿途除了一些遗存下来保存完好的历史遗址遗迹外，还有为了展示需要而修建的博物馆。这些博物馆内集中展示了这一区域考古发掘时出土的物品，包括冰河时期的动物。如猛犸和乳齿象的化石；远古时期，人类劳作的石器工具，如矛点、刀具以及石斧等。同时，这些博物馆还不定期举办一些展览，或史前土著艺术品展览，大多集中在迪克森古墓博物馆、饥饿岩州立公园、伊利诺伊河水路游客中心等，这些博物馆为游客提供了观察和了解历史的机会。

另外，风景道沿途的一些村镇曾是一些美国历史事件的见证地。如亚伯拉罕·林肯（Abraham Lincoln）在1858年竞选议员时，就曾在许多村镇停留并进行演讲。林肯在哈瓦那市的罗克韦尔印第安高地（Rockwell Indian Mound）平台上演讲、在渥太华的华盛顿公园（Washington Park）与斯蒂芬·道格拉斯（Stephen Douglas）进行辩论的这些场地也都被列入了“国家历史注册地”名录中（图10–2）。

三、风景品质

伊利诺伊河路沿途的许多区域有着优美如画的风景，尤其是几处景观特别震撼，它们共同赋予了伊利诺伊河峡谷较高的风景品质。

砂岩峡谷（Sandstone Canyons）饥饿岩州立公园。伊利诺伊河峡谷是由巨大的冰川融雪冲积而成的。不同地段的河流速度也有所差异，使得整个峡谷更显华丽多彩。河流流经的森林地区，主要以橡树和山核桃为主。整个区域，陡峭的斜坡上略微潮湿的地方都长满了各种林木。当叶子全都变成了红色、黄色和橘色的时候，可以发现这里的春天和秋天有着同样色彩斑斓的景色。

高草大草原（Tallgrass Prairie）—野生动植物大草原州立公园。机械化耕作前，伊利诺伊州的大多数地方都是数千亩的大草原栖息地。目前，很多这类栖息地都受到限制，只存在于道路沿线相对较小的区域，或者是公共游憩区内。保留下来最好的高草大草原野生地就是野生动植物大草原州立公园，它位于皮奥利亚县的西边。在这片草原中，点缀着各色野生花卉。在春天、夏天和早秋时节，草原上是花的海洋。每年野花盛开形成独特草原美景至少持续7个月之久。

河流平原（Flood plain）—班纳沼泽（Banner Marsh）。河流平原起于皮奥利亚悬崖的南部，在中部抵达伊利诺伊河路，是令人叹之的河流平原生态系统。这里有大量种类丰富的鱼类、淡水蚌类和水禽。20世纪早期，由于农业的压力以及城市的快速发展而带来的污染，使得这一地带的生态环境遭到破坏。其后，在20世纪80年代，在伊利诺伊州自然资源规划引导下，班纳沼泽的环境得到很好的治理和改善。这一切表明伊利诺伊河流平原（Illinois River Plain）的栖息地生态环境污染是可以得到减弱和治理的。约1765.6公顷的土地从之前的农业和矿产开采等用途中修复转型。目前，班纳沼泽主要由淡水沼泽和浅滩湖泊组成，有着超过200个的单体水泡。

这一区域最有特色的水生植物物种是美国莲花，夏季会盛开黄色的花朵。当地最漂亮的野生花卉是生长在沼泽中的一种粉红色花朵，花期长达整个夏季。湿地中鸟的种类也非常多样。

四、游憩品质

伊利诺伊河路有着丰富的自然资源、如画的风景，以及穿梭于自然景观中的多条游径，为游客提供了许多游憩机会，风景道的游憩品质也极高。在风景道沿岸可开展徒步、自驾、野营、骑行、雪地机动车、骑马、美食，以及游览风景道美景等丰富的游憩活动。从保留着原始风貌的地区，到乡村小屋区，以及风景道沿途不同的州立公园内，均可以开展野营活动。

风景道沿途的户外游憩活动主要沿着伊利诺伊河路进行设计。这些以公路为基础的道路，将伊利诺伊河峡谷以自然为基础的目的地串联起来。相关的七条游径环路的指南及地图，都能够帮助游客找到游览的线路。一般来说，在环路上进行的户外游憩活动，主要有参观游览博物馆、森林游径徒步、骑自行车、骑马草原观光、历史考古遗迹场地的参观学习等。

此外，依托伊利诺伊河开展的游憩活动也非常受欢迎，包括独木舟、皮划艇等。同时，在伊利诺伊河的某些河段还可开展漂流活动（图10–3）。

图10-3 伊利诺伊河漂流活动

五、文化品质

伊利诺伊河路有着在美国其他地方所没有的独特文化。风景道的文化主要通过沿线的博物馆、节庆活动、集市等进行展示。风景道沿途的村庄和城镇，因其各自不同的历史变迁，保留了各具特色的文化传统。在灯光节（Festival of Lights）、斯蓬河自驾游（The Spoon River Drive）等活动中，游客可以全面感受到当地独特的文化。

风景道沿途的许多社区至今依然还保留着一两百年前的特征。在这些小村庄，游客可以发现许多土著建筑，特别是一些具有19世纪末及20世纪初特色的建筑。许多因建筑本身，或与建筑相关联的有价值的人和事件，都被列入了“国家历史注册地”。

此外，通过访问三姐妹公园（Three Sisters Park）的历史农场、在农场里采摘新鲜作物，或者在生产平台和农贸市场购买当地产品，游客能够获得正宗的农事文化体验。

10.2.3 市场分析

伊利诺伊河路客源市场从以下两方面进行分析。

从空间区域上，可分为三个层面：一是风景道所穿越各州的居民，特别是穿越的七个主要的城镇——渥太华、普林斯顿、东皮奥利亚、皮奥利亚、佩金、坎顿和哈瓦那。它们是风景道重点和稳固的客源市场；二是美国境内其他州的民众。他们对伊利诺伊河有所了解，并期待前来游览旅行；三是世界上对美国文化和伊利诺伊河有着青睐的入境游客。

从属性上，主要包括自驾游览市场和文博修学市场。自驾游览市场以伊利诺伊河优美旖旎的自然风光和丰富的游憩活动为主要亮点，同时还包括了在七条自然游径上的游览。文博修学市场，主要是对历史考古文化和节庆民俗文化有着浓厚兴趣的客源市场。伊利诺伊河悠久的历史、丰富的考古遗址遗迹，独特而多彩的民俗文化，对游客具有巨大的吸引力。

10.3 开发建设

10.3.1 目标与形象定位

2005年，由伊利诺伊河路风景道督导委员会领导，协同当地政府组织、地方非营利性机构和社区代表，提出并发布了伊利诺伊河路的规划发展愿景，即：通过对伊利诺伊河路的修建、维护与提高，将线性公路发展成一座没有围墙的博物馆，提高人们对自然、历史和考古等内在品质的体验。同时，为游客和当地居民提供独特的娱乐和教育体验，并维持和提高当地社区的经济水平和生活质量。

在该愿景的引领下，制定了风景道发展规划目标体系，并包括了一系列的分目标，如图10-4所示。

10.3.2 规划设计理念

自然生态保护原则。伊利诺伊河路自然品质突出，沿途包括30多个州立公园、国家野生生物保护地、州立林地和野生生物管理区，以及其他公共游憩区。自然资源丰富并具有原生性，同时，也极具脆弱性。因此，风景道规划设计中，尤其注重自然生态保护，强调设计遵从自然，要尽量减少对自然环境的干扰，以保护自然生态环境及生态系统的多样性，实现可持续发展。

原真性原则。风景道廊道区域有着众多具有重要历史意义的遗址遗迹，因此，在规划设计中，强调在遵循保护自然和历史，美观与实用相结合前提下，尽量保留现有景观资源，减少对原始景观资源的切割与毁坏。该原则主要强调两点：一是强调对现有资源、现有景观的保护，最大限度地呈现伊利诺伊河廊道区域的本真面貌；二是强调开发利用中的保护性开发。对历史遗址遗迹在保护前提下，低干扰开发。

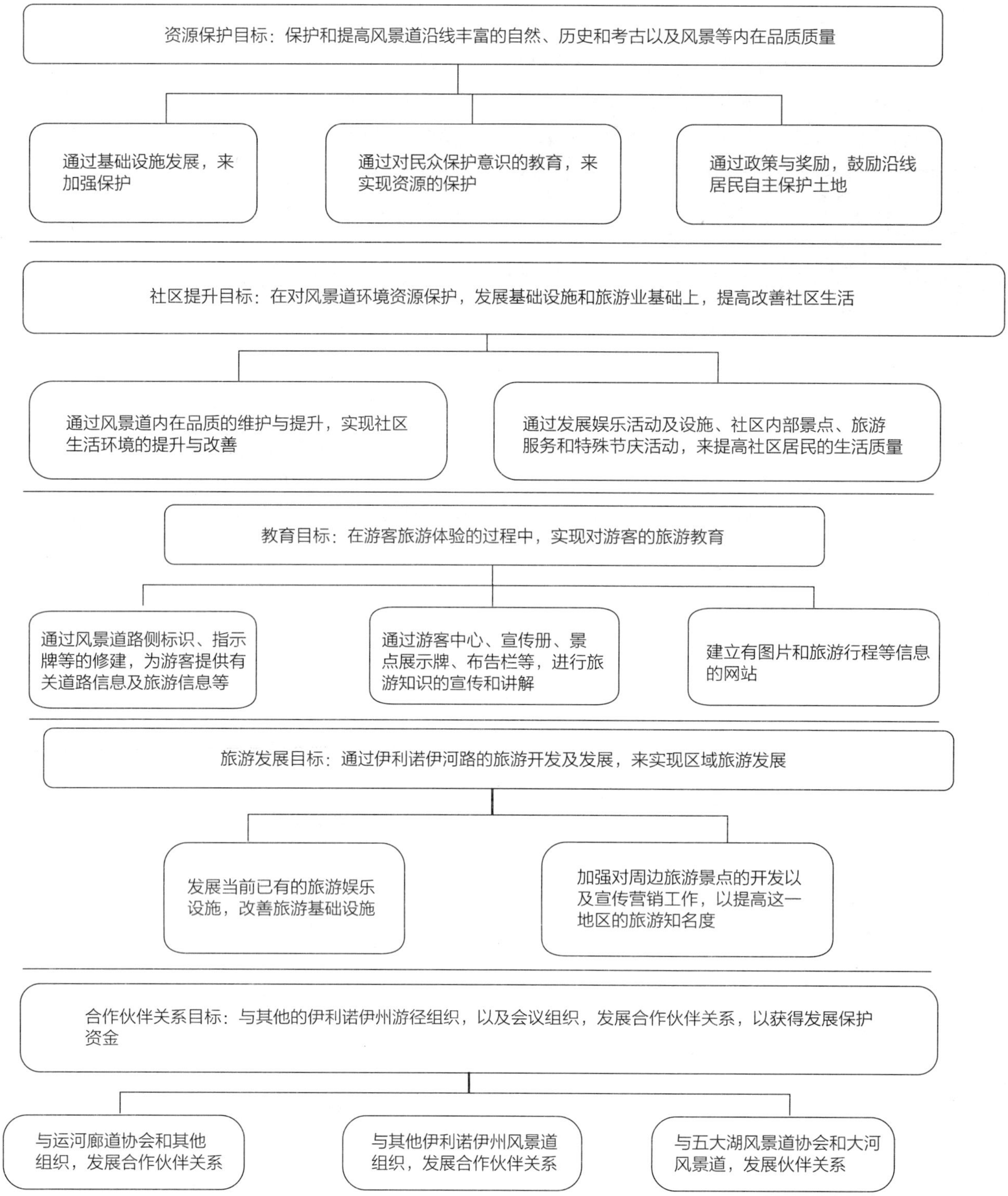

图10-4 伊利诺伊河路规划目标体系

资料来源：Illinois Department of Transportation, Peoria Area Convention and Visitors Bureau etc. Illinois River Road: Route of the Voyageurs Corridor Management Plan[R]. 2005，2: 3.

滨水与亲水原则。作为滨水型风景道，从选线到游憩活动及设施的规划设计，都要充分考虑对水体资源的利用和亲近。在距离水体较近的区域，要做到对水的“全面可及”；在距离水体较远的地方，做到视觉可达性强；在游憩活动及设施的设计上，要充分将陆、岸、水三者结合起来，实现游客与水体的互动，增加游客与水体的亲密接触。

多利益主体合作原则。风景道穿越了众多的市县，线路较长，涉及的行政部门较多，因此，风景道规划设计、开发建设、管养维护，离不开沿途市县、城镇及社区的支持与合作，需要政府部门、公共组织机构、非营利组织及个人的共同参与。

10.3.3 建设要素

一、道路工程

伊利诺伊河路部分路段沿着河流布局，部分路段穿越河道沿线的市县、城镇和乡村，还有部分路段穿越了森林和草地。虽然，风景道所经区域路况较为复杂，但整体来看，风景道路况较好。

选线。风景道在选线上，不仅考虑了行驶的安全性和可达性，还充分考虑到了道路“形态优美化”和“经过河岸保持最美风景”这两个因素。风景道在岸线形态上，采用多样化设计，将曲线元素融入水岸设计中，赋予了水岸活泼、流动的特性，使岸线最真实地再现自然水系的形态，拉近了人与自然山水的距离。同时，风景道岸线设计中对于原始河流曲折起伏的地形地势保留较为完好。

路面。依据风景道不同阶段的发展需要，路面铺设也在不断改进中。为了满足交通流量增大的需要，部分路段从原始的小容量车辆通行道，扩宽为大容量车辆通行道；对一些长年累月破损的路面进行了重新铺设；对因自然灾害导致的路面毁坏，也进行了重新修建；出于安全性设计和考虑，还对路面进行了平整等。

路肩。风景道是一条滨水型自然风景道，由于大部分路段临近河流，因此，为保障车辆的行驶安全，道路主体与道路外延（即植被和滨水地段之间）采取路肩缓冲处理方式，一方面拓宽了路面宽度，另一方面为驾驶者提供了行车缓冲空间。

安全护栏。在保障安全的前提下，护栏设计中，突出了乡村特色与风貌。安全护栏往往选用木材制作，以反映附近地区建筑物的内涵特性。而在风景道穿越的滨水区域，护栏设计考虑周全，既要考虑到对行人与行车安全的保障，又考虑不破坏水面、岸带景色的和谐。因此，在材料上，往往选择钢制护栏，同时，外观用较为灵动的形态，与水面、湿地等自然环境最大限度地融合。

二、游憩服务设施

伊利诺伊河路沿线游憩服务设施有：观景设施、道路引导设施、解说设施、休息区与营地、食宿和汽修设施、交通连接设施以及步桥、露天剧场等其他游憩服务设施。

（一）观景设施。为了改进观景设施服务，确保和提高游客体验安全，减少对资源的破坏性影响，重新修建了浮桥与观景平台，在此基础上改善游客能够欣赏到的景观效果。浮桥与观景平台的设计和修建，除了能够满足普通游客的体验需求以外，在综合敏感性设计（CSS）理念的指导下，还满足了残障人士的游览需要，即残障人士也能够使用这一设施设备。根据场地生态环境以及设施配置情况，浮桥与观景平台修建的要求是：浮桥路线能够一直从观测塔延伸到水面，最后结束于观景平台。尤其是在野生动物栖息的湿地区域，使用浮桥可以连接草原栖息地和林地栖息地，而修建的观景平台能保障游客安全地观赏这里的美景。

（二）道路引导设施。一般来说，旅游者只有在清楚其地理位置的情况下，旅行才是舒适的，而地图和标识牌就是起到这样的作用。风景道沿线上必不可少的标识牌，是为了帮助游客，尤其是刚抵达风景道的游客，确定其当前所在的位置以及指明前进方向，能够使游客更好地完成风景道旅行。风景道沿线上的道路引导设施主要包括指路标识以及旅游景区标识等。根据风景道不同的区位状况以及交通状况，道路引导设施在设计与设置上有所不同。

伊利诺伊河路沿线都有标识牌来突出显示“伊利诺伊河路”，道路引导标识以及景区标识，在整体上实现了统一性的规划与设计，标识牌均设计有风景道Logo，且标识牌在规模和设计上都具有连续性和统一性。另一方面，标识图形简单易懂，特别是有利于非英语母语游客的阅读与理解。风景道督导委员会会同伊利诺伊交通部门，在适当地点安置指路标牌以引导游客完成旅行，并使游客能够更加清晰地理解风景道的景观价值和内在价值。

（三）解说设施。伊利诺伊河路的解说设施主要由游客中心以及解说标识组成。

游客中心。游客中心是为风景道游客确定方位、提供风景道沿线景点景区的旅游信息，并将游客引向风景道沿线商店以及一些私人场地，起到重要信息的提示等作用。在自然景观优美的地方建立游客中心，一方面可吸引更多游客来此旅游，另一方面通过游客中心的信息宣传、景点景区介绍，使游客有更好的旅游体验。景致优美但还没有建立游客中心的地方，具有修建游客中心的优先权。这些地方包括：卡特林县公园（Catlin County Park）、亨内平和霍珀湖恢复地（Hennepin&Hopper Lakes Restoration）、肖埃克斯公园（Shore Acres Park）等。

解说标识。解说标识是一种典型的现场信息展示牌，它是伊利诺伊河国家自然道路（Illinois River National Natural Road）的一部分。沿着风景道设计与安置的信息牌应当使用统一的设计元素和相同的主题，确保游客获得统一连续的信息。同时，解说牌上的景点地图对于全面了解自然风景区，确定游览顺序和方向也有重要作用。对于一些特殊的游憩活动，比如观鸟或观赏植物，应当考虑修建一些信息牌将这些观赏信息罗列出来，以方便游客提前获取游览观赏信息。

（四）休息区与营地。休息区，在偏僻的自然区域里，公共休息区显得格外重要。出于对自然环境的保护，公共休息区并不是必需的建筑，但是在条件允许的情况下应当给予考虑。在一定程度上，它可以延长游客逗留时间，提高游客旅游体验。营地建立以及营地设施的提供，能够满足游客在风景廊道内露营体验的需要。营地设施形式从原始帐篷到质朴小木屋，其目的是为游客提供便捷的住宿服务。营地设施修建地点通常选在沿线的州立公园内。

（五）食宿和汽修设施。伊利诺伊河路廊道内提供了一定数量的餐饮设施和多样化的住宿过夜设施，如餐馆、酒吧、咖啡厅、旅馆以及高级酒店等。此外，在廊道沿线还设有一定数量的零售商店，供游客购物。与此同时，廊道内还提供相关的汽车服务，包括加油站、汽车维修点等。它们的修建都充分地考虑了人为活动与环境的兼容性和协调性。

（六）交通连接设施。风景道某些场地缺少足够的公共停车区，需要扩大停车位，以允许更多机动车辆停车。同时，还需要对沿线上已有停车点进行改造和转移，或者重新确定道路方向，以改善通道可进入性。要缓解风景道上的交通压力，应当将有停车点功能的停车站等设施，修建在安全通行较困难的地方，这样能够减缓交通速度，避免交通事故的出现。目前，具体需要进行改善的停车地点包括凯特琳乡村公园等10个区域。伊利诺伊河路风景廊道内的游径慢行系统发达，其自然品质的体验主要是通过伊利诺伊河国家自然游径来实现的。同时风景道廊道区域内约有100个相联系的自然景点，基于这些自然景点形成了7个独有的自然游径环路，这7个独有的自然活动环路将伊利诺伊河区域的自然资源串联在一起，使游客能够进一步观赏和感受伊利诺伊河沿岸的自然美景。

（七）其他游憩设施。出于对环境保护以及游客最大程度接近自然、感受自然的需要，在拥有溪流、泉水的分支和其他小水体的地方应考虑步桥的设计。步桥的修建将有利于游客观赏到如画的风景。风景道沿线的小村庄内一般搭建有露天剧场，这一方面是当地特色文化的展示，另一方面也能够吸引游客参加到剧场表演活动中来。在特别的节日里，当地的人们会穿上戏服，在小村庄的剧院里表演诗歌和戏剧。露天剧场的入场一般是免费的，游客只需要自备一个草坪椅子或地毯坐在色彩明丽的户外即可。露天剧场很好地拉近了游客与当地居民的关系，有利于游客融入当地的生活，体验当地最真实的文化。

三、景观小品与植物配置

景观小品。主要指建筑景观小品，是为廊道建设增加灵动性的重要元素。伊利诺伊河路沿线的建筑景观小品在一定程度上展示了风景道的自然品质。比如，在修建时，材料多就地取材；在颜色体现上多使用自然色彩，考虑与背景环境的融合。尤其是在滨河区域的建筑景观小品，更体现了其滨河的品质，如以河水中特有的生物形态做成灵动的雕塑等。这些措施方法都是CSS理念中强调的环境兼容性、保护性的体现。

植物配置。伊利诺伊州大多数地方都是广袤的草原栖息地，在成片的草原中散落着各色野生花朵，河流流经的森林以种植橡树和山核桃为主，整个区域里，陡峭的斜坡上，略微潮湿的地方都长满了各种林木。湿地的环境治理和改善，使伊利诺伊河流平原栖息地生态环境得到缓解和治理。总的来看，伊利诺伊河路沿线的生态环境非常出色，其自身绿化特征也比较明显，但是在风景道路的发展过程中，对自然景观资源的保护与提升仍然应当给予足够重视。

在风景道沿线的生态绿化方面，应当注意控制可能对景观质量产生破坏和分割影响的建筑设施建造，即减少异物干扰视觉环境，包括工厂选址的影响、电线的影响等。通常措施包括：消除冗余电线杆和电线带来的视觉景观破坏；对靠近路边的房屋和庭院进行特色化处理和维护；注意垃圾场选址问题等。总之要减少影响视觉效果的景观，同时，维持整体环境的一致性，改善和提高路边的景观特征。

四、产品与线路

1. 产品设计

该廊道可以发展的游憩活动产品主要有自驾观光产品、户外游憩活动产品、节庆文化活动产品以及历史考古旅游产品。

自驾观光产品。蜿蜒优美的伊利诺伊河、独特的峡谷风光以及丰富多样的自然植被种类，营造了丰富、持续、和谐的视觉体验。伊利诺伊河路跨越了伊利诺伊州的广袤地区，从东北向西南的河岸沿线分布着众多的村庄城镇，同时，也串联起了森林、草原和湿地景观。目前，为了全面体验伊利诺伊河路的自然景观，已经开发形成了7条各具特色的旅游环路，每一条环路都有其自身的景观特点，也都有独特的视觉享受。多样的风景以及丰富的自然色彩是自驾观光产品的吸引点所在。

户外游憩活动产品。伊利诺伊河路丰富的自然环境、历史考古资源以及游憩资源为风景道沿线开展各种游憩活动提供了机会。伊利诺伊河岸步道以及森林、草原、峡谷和村庄为游客提供了丰富多彩的游憩活动机会，包括徒步、骑行、漂流、垂钓、观鸟以及购物等等。其中，最为受欢迎的则是自行车、雪地机动、骑马和漂流。

节庆文化活动产品。伊利诺伊河路穿越多个市县、城镇，每个市县、城镇都有其自身独特的历史文化、社会底蕴以及不同文化禀赋的村庄。这些村庄常年举办的各种节庆文化活动，在丰富当地社区居民生活的同时，也成为吸引游客到此旅游的游憩活动产品。其中影响较大的节庆文化活动产品主要有斯蓬河秋季风景自驾节庆（Fall Festival of Spoon River Scenic Drive）、灯光节、啤酒节（Oktoberfest）、皮奥利亚河节庆活动（Peoria River Festival）等。

历史考古旅游产品。伊利诺伊河峡谷有着悠久的历史，当古印第安人沿着退去冰川的河流居住时，伊利诺伊河路就开始形成了。之后，伊利诺伊河路经历了史前时期、殖民时期等，见证了美国历史的发展变化。因此，风景道沿线留下了许多历史考古遗迹。依据这些历史遗迹开发出的历史考古旅游产品，以及修建的用来保护和展示历史文物的不同主题的博物馆，作为户外游憩活动既有趣味性又有教育性，可以帮助游客充分认识和了解当地的历史文化。目前，形成的旅游产品主要包括博物馆考古文物参观学习、历史遗迹（部落生活遗留下的土冢、历史名人的居住地或者历史事件发生地）参观、运河工程遗留下来的工程建造物参观等。

2. 线路设计

伊利诺伊河路沿线自然资源丰富多彩，为了全面体验美景，规划设计了“伊利诺伊河自然游径”游览线路。游线起点为伊利诺伊州和密歇根州运河国家遗产廊道，终点为迪克森古墓博物馆。沿线可体验伊利诺伊河的滨水自然风光、森林景观、草原景观和湿地景观，感受当地独特的历史文化和传统文化。在充分享受自然的同时，还可开展各种游憩活动。

该线路旅行时间为两天，两天的游览会使游客观赏到廊道沿线诸多独特的景点，为游客带来难忘的旅游体验。

五、品牌与营销

风景道营销推广工作对于扩大风景道的知名度、保持现有客源，发展潜在客源有着重要作用。

营销推广重点区域。在伊利诺伊河路营销推广工作中，将游客中心确定为风景道营销推广的重要地点。一是对于以风景道作为旅游目的地的旅游者，游客中心是他们停留、休息和进行户外游憩的场所，在这里进行宣传推广活动能够对现有旅游市场起到很好的维持作用；二是对于过路游客，该地点的营销活动能够对潜在游客起到很好的宣传和推广作用。因此，游客中心是风景道营销推广工作的重要地点。

营销手段。伊利诺伊河路营销宣传手段选取了媒体营销、网络营销以及联合营销三种基本方式。

媒体营销。即通过指南和宣传册、当地的广播电台以及特殊事件的新闻发布来进行营销。值得一提的是，在众多常规宣传方式上，伊利诺伊河路还注重设置直观的解说标识、风景道Logo标识牌，以及免费的信息通道，如户外展览等。

网络营销。在网络营销过程中，应当特别突出重要事件、重要活动以及最具影响力资源景观的宣传营销。比如，伊利诺伊河路相关网站，特别强调了鸟类、蝴蝶和蜻蜓、生态环境以及植物信息等的介绍与更新。同时，还充分注重将风景道网站链接到相关的社区合作伙伴网站来进行宣传推广。

联合营销。将旅游营销与旅游商品相结合，在开发形成旅游商品的同时，实现对风景道的宣传营销。具体操作是为风景道游客开发、下载或者售卖旅游驾驶用的CD或音频录音带。一是帮助游客在风景道沿线从一个景点去往另一个景点之间时，丰富游客的旅游经验以及对解说主体和信息的理解；二是通过制成录影带的形式，将游客的旅行经历制成一种旅行指南或行程游记，售卖给游客，既实现了旅游商品价值，也巩固了现有旅游客源市场，同时还发展了潜在的旅游市场。

10.4 管理营运

10.4.1 管理体制

伊利诺伊河路作为伊利诺伊州境内的国家风景道，其管理工作主要由国家、州与地方、非政府组织等三个层面共同进行，管理组织结构，具体如图10-5所示。

国家层面，与纳入国家风景道计划的其他风景道基本保持一致，即在美国国会授权下，由交通部协同内务部、农业部以及商务部宏观指导风景道的发展，并指定联邦公路管理局对其进行直接政策指导与管理。

州与地方层面，管理工作主要由联邦政府、州与地方政府及组织等共同负责，具体如下：

首先，联邦、州与地方政府管理工作的开展对伊利诺伊河路廊道整体维护与提高有着重要的指导和影响作用。

风景道管理工作开展的重要组成部分之一，就是风景廊道本身内在品质和价值的维护与提高。风景道内在品质依托于这一区域的风景、自然、历史、文化、考古和游憩体验。维护和提高风景道质量的措

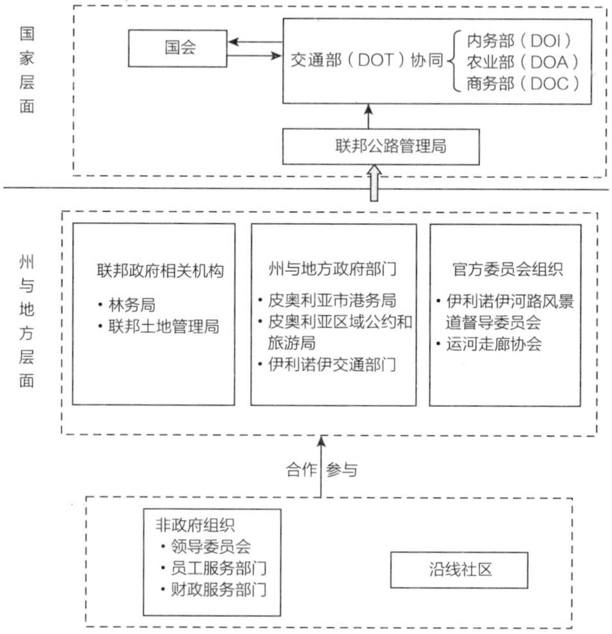

图10-5 伊利诺伊河路管理组织结构

资料来源：Illinois Department of Transportation, Peoria Area Convention and Visitors Bureau etc. Illinois River Road: Route of the Voyageurs Corridor Management Plan[R]. 2005, FEBRUARY:69-74.

施，主要依靠对道路、游客中心、标识牌、风景观赏区、宣传册、语音导览和促销的关注与改善等。而这一部分工作的实现，主要体现在对风景、自然、历史、文化、考古和游憩资源保护以及开发上。这些资源保护及开发项目大多由联邦、伊利诺伊州、市县等各级政府共同管理，其中，历史地区由地方历史文化管理部门和伊利诺伊州相关部门共同管理。

皮奥利亚港务局（Peoria Port Authority）和运河走廊协会（Canal Corridor Association）在伊利诺伊河路的管理中发挥着重要作用。皮奥利亚港务局依据伊利诺伊州法律建立，致力于伊利诺伊河路基础设施建设和经济发展，是伊利诺伊政府制定该州西部廊道经济发展策略的重要组织机构，其工作职责是负责伊利诺伊河路资金获取以及管理。运河走廊协会的目标是保护历史、自然和开放空间，同时，在伊利诺伊州和密歇根州国家运河遗产廊道——从密歇根州运河到伊利诺伊州运河段，建立了可以使游客获得教育和乐趣的游览目的地。运河廊道协会通过提升和扩大对公园、道路、景观和历史场地的保护与开放，促进当地经济发展。

其次，伊利诺伊河路风景道督导委员会在伊利诺伊河路规划管理中起着最重要作用。

伊利诺伊河路风景道督导委员会在确保风景道目标实现、内在品质保存和保护上起着关键的、持续的作用。目前，委员会组成成员是多样的，主要来自联邦和州政府机构、地方和区域旅游局、地区规划机构及经济发展团体、非营利组织等。

伊利诺伊河路风景道督导委员会监督风景道的改善提高，负责建立复查机制、活动规划，鼓励公众参与。同时，监督参与人员是否符合机构的规章要求，以使与风景道相关的大量活动，不仅符合联邦公路管理局要求，还符合伊利诺伊州交通管理部门要求。

非营利组织等方面，除上述政府组织机构的管理以外，伊利诺伊河路管理工作还得到了社会非政府组织以及当地社区等的支持。

影响较大的非政府组织是为廊道管理计划实施而服务的领导委员会、员工和财政服务部门，这些组织均为非营利组织，并通过“皮奥利亚区域保护和旅游部门”（Peoria Area Convention and Visitors Bureau，PACVB），得到了进一步发展。预期在未来，委员会可能会成立独立机构，保持独立执行董事及适当工作人员。

另外，沿线社区为风景道维护与管理工作制定了相关规划文件。如“伊利诺伊州绿色社区示范资金计划”、“哈瓦那河畔市区重建计划”等。为巩固现有成果，沿线社区内还定期举行公众会议，以深化各个旅游景点之间的合作，从多方面、多层次来推动风景道管理。

10.4.2 资金资助

一、资金来源

伊利诺伊河路风景道资金来源主要为联邦政府层面的国家风景道基金、州与地方政府层面资金及社会私有资金三个方面。

国家风景道基金。伊利诺伊河路，因是“国家风景道”，能够获得国家风景道基金资助。

州与地方政府层面资金。伊利诺伊河路还通过州与地方政府层面项目获得资金资助，主要由州与地方政府部门提供。如皮奥利亚地区工会和旅游局提供资金，来支持相关的发展活动；伊利诺伊州财政局为非营利组织、企业、自治市提供了一系列项目建设资金，对专家咨询、现场支持，帮助商业发展等提供资金支持。另外，为了增强伊利诺伊河路商业活力，伊利诺伊州财政局还提供了获得低成本、非常规资金的办法。

社会私有资金。社会私有资金也为该风景道发展提供了重要资金支持，主要来源于非营利组织、社会团体与公众等。主要支持者是两家非营利性组织：一是非营利性资金组织“皮奥利亚区域保护和旅游部门”，它是一家合作组织，在资金筹集、资金管理、报告等方面有着突出优势；二是伊利诺伊州中部的天使投资机构（Central Illinois Angels），它是一个会员制投资组织机构，由伊利诺伊州商会领导和专家组成。另外，沿线社区组织也是资金获得的渠道之一，风景道相关管理部门鼓励社区积极参与资金筹集活动。

二、国家风景道基金资助

2005年，伊利诺伊河路被认定为“国家风景道”，于2006年首次获得国家风景道基金资助。1992—2012年间，伊利诺伊河路共计有4年获得国家风景道基金资助，成为其建设与发展中资金资助的主要来源与保障。

从资助额度来看，2007年获得资助额度最多，达到253000美元；2012年获得资助额度最少，为70500美元，两者相差182500美元；4年中共计获得651020美元，资助额度呈平缓起伏状态，平均资助额度达到162755美元。

从资助占当年全美对所有国家级风景道资助比例来看，2006年占比最大，达到0.97%左右；2012年占比最小，约0.19%，平均资助占比0.55%左右；4年间获得资助总额约占相应年间全美对所有国家级风景道资助总额的0.49%。

从资金资助项目数看，共计资助了6个项目，其中，2006年、2007年获得资助项目最多，均为2个，占比均约为33.3%；2011年和2012年相对较少，均获得1个资助项目，占比均约为16.7%；从资金资助项目类型看，主要集中在伊利诺伊河路风景道解说信息、廊道管理、风景道设施方面。其中，解说信息项目最多，为3个，占比约为50.0%；其次是廊道管理项目，为2个，占比约为33.3%；风景道设施项目相对较少，为1个，占比约为16.7%。由此可以看出，伊利诺伊河路发展中比较重视对道路解说信息的建设与发布、廊道管理和风景道设施的建设与维护等（表10-3）。

国家风景道基金对伊利诺伊河路风景道资助区域、项目及类型　　表10-3

年份	州	项目	项目名称（编号）	项目性质
2006	IL	2个	伊利诺伊河路廊道管理计划实施（SB-2006-IL-03） 伊利诺伊河路解说项目实施（SB-2006-IL-12）	风景道设施、 解说信息
2007	IL	2个	伊利诺伊河路廊道管理计划实施（SB-2007-IL-10） 伊利诺伊河路解说项目实施（SB-2007-IL-04）	廊道管理、 解说信息
2011	IL	1个	伊利诺伊河路：廊道管理计划中“宜居性”和“最优战略利益”标准修订（SB-2011-IL-05）	廊道管理
2012	IL	1个	伊利诺伊河路历史和考古解说项目（SB-2012-IL-01）	解说信息

注：SB：风景道；IL：伊利诺伊州。
资料来源：National Scenic Byways Grant Totals by Year and State for 1992-2012[R]. http://www.bywaysonline.org/grants/funded/funded_report?report=award_total&format=pdf.

第五部分

游憩型风景道

第11章　佩埃特河风景道（Payette River Scenic Byway）

佩埃特河风景道蜿蜒穿过山麓、峡谷、森林以及视野开阔的山谷，拥有美丽且繁育着众多野生动物的喀斯喀特湖，沿途穿越环绕的长谷，能饱览群山。佩埃特河美景带给第一次游览的游客无限惊喜。皮划艇、漂流、野营以及垂钓，是每位游客都会体验的游憩活动。

The Payette River Scenic Byway meanders and curves through foothills, mountain valleys, canyons, forests, and wide-open valley with expansive vistas. Lake Cascade, with its beauty and wildlife, can be glimpsed around the corners of the mountains and through the "Long Valley" surrounding it, and the spectacular view of Payette Lake set among the mountains and trees is a thrill for the first time traveler. Easy access to rafting kayaking, camping and fishing make this a "must take" trip for everyone.

——美国国家风景道计划对佩埃特河风景道的评价

资料来源：National Scenic Byways Program Collection of America's Byways® Designated by U.S.Secretary of Transportation.

佩埃特河风景道有着丰富的资源。它是一条以滨水自然景观而著称的风景道，尤以佩埃特河（Payette River）的急流而闻名。佩埃特河风景道是爱达荷州（Idaho）历史最悠久的六条风景道之一，1977年就已被认定为"爱达荷州级风景道"（Idaho State Scenic Byway）。该风景道游憩品质突出，同时也展现了一定的自然、历史、文化与考古品质。因其独特的区域重要性游憩品质，于2002年被认定为国家风景道，成为美国国家风景道体系中重要的一员。

11.1 概况与发展历程

11.1.1 概况

佩埃特河风景道位于美国西北部的爱达荷州中西部地区，全长180.2km。佩埃特河风景道起于爱达荷州新梅多斯市（City of New Meadows），止于州首府博伊西县（Boise County）附近。该风景道穿越了埃达县（Ada County）、博伊西县、瓦利县（Valley County）和亚当斯县（Adams County）等4个县，以及伊格尔城（Eagle City）、霍斯舒本德市（Horseshoe Bend City）、喀斯喀特市（City of Cascade）、唐纳利市（City of Donnelly）、麦考尔市（City of McCall）以及新梅多斯市等城市。

佩埃特河风景道蜿蜒穿行于山麓、山谷、峡谷以及森林间，能够让游客观赏到壮丽的自然美景、丰富的野生动物，以及山林间的佩埃特湖，并且还能够在旅途中体验漂流、皮划艇、野营、垂钓等户外游憩活动。佩埃特河的命名缘于纪念弗朗索瓦·佩埃特（Francois Payette）。早在19世纪初，他开发了爱达荷州西南部的大部分地区。后来，人们在佩埃特河穿越的北福克（North Fork）地区修建了"北福克大桥"（North Fork Bridge），因为它的弧度优美，就像佩埃特河上的一条彩虹，因此，也被称为"彩虹桥"（Rainbow Bridge）。历经70余年，这座桥依然坚固如初，未有一丝弯曲变形，目前已被收录进美国"国家历史遗迹名录"。

佩埃特河风景道是典型的游憩滨水型风景道，可划分为两个区段，即：位于风景道两端的户外运动游

图11-1 佩埃特河风景道地理位置与区段划分

资料来源：Sage Community Resources, The Payette River Scenic Byway Corridor Management Plan[R]. 2001, September.

憩区段和中段的森林公园游憩区段（图11-1），户外运动游憩区段为游客提供了多种游憩活动，森林公园游憩区段提供了自驾观光机会。此外，风景道上也分布着一些以历史文化为主题的景区景点。

11.1.2 发展历程

佩埃特河风景道临佩埃特河而建，从古至今，佩埃特河就是爱达荷州景致优美的一条滨河带。与这条河流有关的人物和事件可追溯到几千年前，这些历史文化积淀造就了风景道独特的资源品质。

早在19世纪，佩埃特河风景道所在的爱达荷州西部区域就出现了白人定居者，他们在该地区建立了贸易站、城镇和农场。早期的先驱者之一弗朗索瓦·佩埃特开发了爱达荷州西南部的大部分地区，为此，后人以其名字命名了风景道所在地区的著名河流佩埃特河。该时期沿线地区盆地开采、林业和灌溉农业兴盛，主要城镇、景区景点逐渐形成，城镇间贸易往来活动频繁，为满足运输需求，廊道沿线地区道路交通建设获得迅猛发展，依托佩埃特河而形成的水上交通运输也得以长足发展。

1969年，佩埃特河风景道主体段：爱达荷州55号国道（从北鹰到新梅多斯的95号公路），取代了原72号国家公路和原15号国家公路，正式被指定为55号国道。在爱达荷州交通运输部门的大力支持下，55号国道加速发展，建设品质进一步提升，道路交通功能进一步完善，并成为爱达荷州重要的交通线路之一。

20世纪70年代以来，随着爱达荷州旅游业发展兴盛，佩埃特河风景道廊道区域因其优美的自然环境，以及多样的滨水景观，受到众多游客喜爱，成为自然观光、休闲游憩和冬季运动的胜地。为满足日益旺盛的旅游需求，在已有的55号国道基础上，道路配套建设了各类旅游服务设施，并进一步完善了引导及信息服务，风景道游憩功能更加完善。1977年，佩埃特河风景道被认定为“爱达荷州级风景道”（Idaho State Scenic Byway）。风景道沿线壮美的自然景观、原生态的野生动植物，以及山林间静谧的佩埃特湖备受游客欢迎，为风景道最终人选国家风景道计划奠定了基础。

进入21世纪后，佩埃特河风景道作为州级风景道和爱达荷州历史最悠久的风景道之一，发展日渐成熟。由于风景道突出的游憩品质，于2002年被遴选为国家风景道。成为国家风景道后，相关管理部门对风景道交通设施、解说系统、休闲娱乐项目等进行了规划和改造提升，开发了更多的新产品和新业态，为游客提供了漂流、皮划艇、野营、垂钓等形式多样游憩产品。旅游业发展也带动了廊道地区旅游业和社会经济发展。

11.2 基本条件

11.2.1 交通分析

线路走向。佩埃特河风景道位于爱达荷州55号州内公路（State Highway）上，东临爱达荷州21号州内公路，南端与84号州际公路、爱达荷州20号州内公路及44号州内公路相接，西部与爱达荷州52号州内公路相接，北端与新梅多斯市95号州内公路相接（图11-2）。

作为爱达荷州主要的南北公路走廊之一，佩埃特河风景道有着广泛的使用群体，包括当地居民、商人、旅行者和游憩者。为了使风景道能够满足多元化

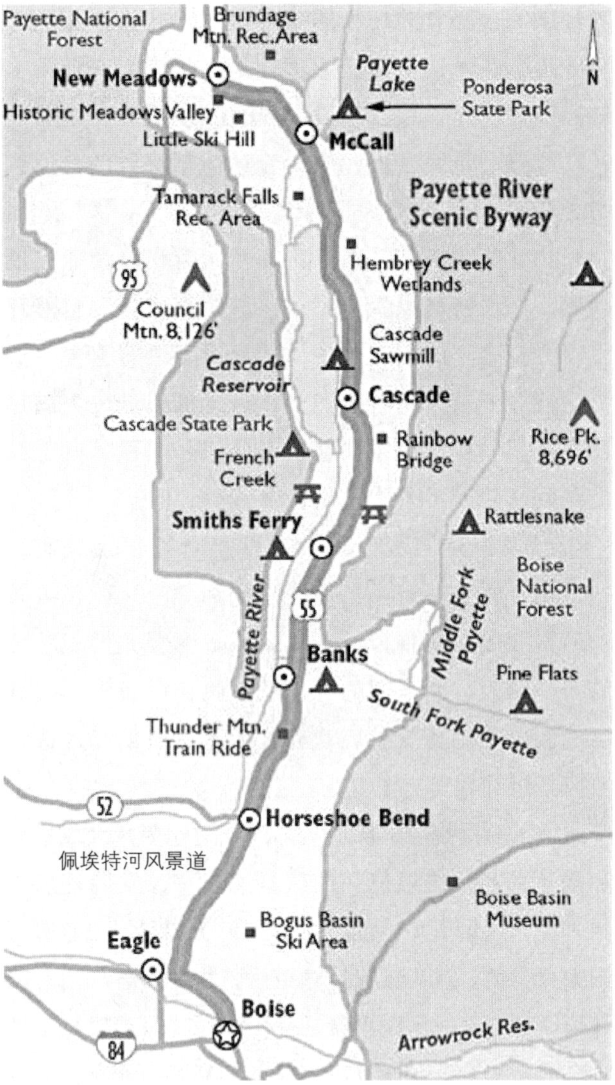

图11-2 佩埃特河风景道线路走向

资料来源：Payette River Scenic Byway[EB/OL]. http://byways.org/explore/byway/2037，2017.

使用者的混合交通需求，负责风景道规划的交通运输委员会（Transportation Subcommittee），对爱荷达州交通运输部门（Idaho Transportation Department）提供的交通流量、安全与事故等方面的大量相关数据进行了分析。这些数据为解决风景道交通流量大小、主要使用者是谁，以及安全事故常发生在哪些路段等问题提供了关键信息。被认定为国家风景道以来，佩埃特河风景道交通量保持持续增长。交通流量数据表明，交通流量最高的地区是城镇路段，在伊格尔城和麦考尔地区的55号公路和44号公路的交叉口，交通流量增幅最大。

交通安全。佩埃特河风景道委员会（Payette River Scenic Byway Subcommittee）和交通运输委员会均将风景道交通安全问题放在首位。交通运输委员会通过对多年交通安全事故多发路段相关数据进行了分析，得出了前10%的事故易发路段分布区域，并在风景道地图上进行了标注，以提醒行车者。

11.2.2 品质分析

佩埃特河风景道游憩品质突出，其自然、历史、文化与考古品质也具有一定的竞争力。

一、游憩品质

佩埃特河风景道廊道区域内有着丰富的游憩活动机会。风景道大部分路段毗邻佩埃特河，因此，提供了世界级的激浪漂流与皮划艇运动的游憩机会。夏季，河流及湖泊能够提供垂钓、划船以及游泳的机会；而山地路段则提供了徒步、远足、露营以及自行车骑行等活动。冬季，可开展高山滑雪、越野滑雪、摩托雪橇等多种活动。风景廊道内的湿地，吸引了各种鸟类（包括鱼鹰、加拿大鹅、秃头鹰）以及麋鹿等野生动物，因此，为游客提供了野生动物观赏以及狩猎等活动项目。另外，风景道还提供了进入附近其他游憩区的机会。

二、自然与风景品质

佩埃特河风景道自然与风景品质主要包括域内的河流、高山、绿谷、峡谷以及地质环境等。保护相对完好的自然环境，能够让游客充分感受到佩埃特河风景道的自然与景观之美。爱达荷州岩体是该区域内独特的地质景观，在史密斯码头社区（Community of Smith Wharf）以北的花岗岩峡谷可见。

三、历史、文化与考古品质

佩埃特河风景道廊道内有着突出的历史、文化与考古品质。美洲土著人曾经在风景道沿线生活过。考古证据表明，这些土著人曾经活跃在附近的多个区域。在近代历史上，该区域的自然资源吸引了大量的探险者、狩猎者、牧场主以及农民等涌入该地区，该区域的乡村文化就在开发自然资源的经济活动中逐渐建立起来。即使在城市化程度较高的麦考尔市以及伊格尔城，农业仍然是生产生活的重要部分（图11-3）。

图11-3 佩埃特风景道沿线农业景观

11.2.3 市场分析

佩埃特河风景道因其独特的滨水自然景观，突出的游憩品质，以及丰富的游憩活动，拥有了广阔的客源市场。

空间区域上：佩埃特河风景道客源市场可以划分为两个层次。一级客源市场为该风景道所属的爱达荷州中西部的四个县（埃达、博伊西、瓦利县、亚当斯）以及6个城市（伊格尔城、霍斯舒本德市（Horseshoe Bend City）、喀斯喀特市、唐纳利市、麦考尔市以及新梅多斯市），这是最稳固、最重要的客源市场；二级客源市场是美国境内其他州对户外游憩感兴趣的民众，这是最重要的潜在客源市场。

属性上：佩埃特河风景道客源市场可分为三类：一是对佩埃特河及其沿岸自然美景、野生动物感兴趣的游客群体；二是对漂流、皮划艇、野营、垂钓等户外游憩活动等感兴趣的游客群体；三是对美国滨河历史文化主题的景区景点感兴趣的游客群体。

11.3 开发建设

11.3.1 愿景与目标

1999年以来，佩埃特河风景道咨询委员会（Payette River Scenic Byway Advisory Council）经过多次讨论，并通过与风景道周边社区代表进行协商，于2001年出台的《佩埃特河风景道廊道管理计划》（Payette River Scenic Byway Corridor Management Plan）中，明确提出该风景道的发展愿景是：提升居住在该

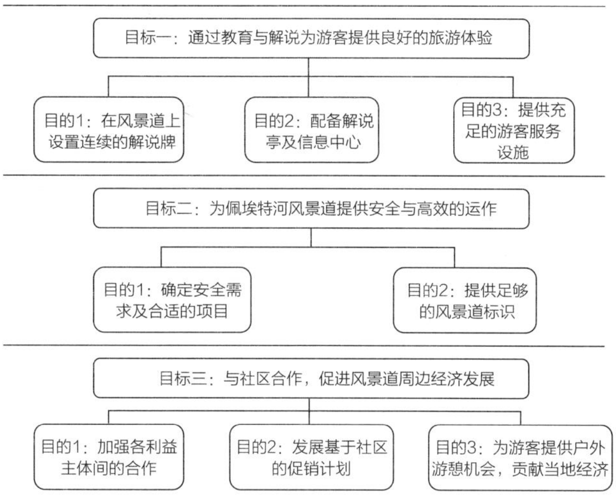

图11-4 佩埃特河风景道目标体系

资料来源：Sage Community Resources, The Payette River Scenic Byway Corridor Management Plan[R]. 2001, September:IV-2-IV-4.

廊道内的居民以及到访游客的文化、考古、历史、游憩、景观以及自然等方面的体验。同时，为完成这一愿景，制定了三大目标（图11-4）。

11.3.2 规划设计原则

佩埃特河风景道作为游憩滨水型风景道，在其规划设计中突出强调了以下原则：

安全性与可达性：安全性体现在路侧安全设施的提升，以及道路引导标识系统的完善等方面。同时，设置紧急救助系统，建立与游客人身安全密切相关的安全防护设施。建立紧急救助机制，尤其是水上安全救援机制，以充分保障游客的安全。可达性体现在构建多样化、立体化的交通方式，以便利游客进出该风景道。

丰富的游憩活动：以自然和人文资源为依托，开发陆地、岸带和水上等三界面的丰富游憩活动，强化游憩服务设施建设，以彰显风景道的游憩品质，增强风景道给游客带来的愉悦游憩体验。

临水与亲水性：作为游憩类滨水型风景道，道路选线上，要尽量临水，最大限度地利用滨水资源。亲水性主要表现在：一是对水“全面可及”，充分向水体开放；二是在距水体较远的区域，保持视觉上的通透性，让水体始终作为跨水域的意象要素存在，从而

扩大滨水区的心理界限；三是开展丰富的水上活动，为游客提供与水亲密接触的机会。

自然生态：风景道沿线有着众多的湖泊、河流，以及大面积的湿地和国家林地区，为游客展示了湿地景观与茂密的原生态森林景观等。因此，风景道规划设计应遵循自然生态原则，植物配置中要最大限度地使用地方物种，构筑物要尽量使用地方石材，并与自然形态相吻合。在开展游憩活动的同时，尽量减少对自然环境的破坏性干扰。

多利益主体参与：佩埃特河风景道穿越4个县及6个城市。风景道廊道内土地所属权多样，主要归属于美国林务局、联邦土地管理局、垦务局（Bureau of Reclamation）以及爱达荷州土地部门（the Idaho State Department of Lands），另还包括私人土地所有者。因此，在廊道规划中，要充分重视多利益主体参与，积极交流合作，并获得他们的支持。

11.3.3 设计要素

一、道路工程

佩埃特河风景道工程设计，主要体现在以下方面。

道路选线。佩埃特河风景道规划建设沿用了爱达荷州南部伊格尔城以及北部新梅多斯之间的爱达荷州55号州内公路。但基于对廊道内各类资源充分利用的考虑，需改变道路选线，因此，道路在选线上，辐射到了史密斯渡口区域（Smith's Ferry Area）以及麦考尔市区域，从而增加了更多游憩机会，带给了游客更多的愉悦体验。

道路路面。为了应对不断增长的交通流量，并提升道路的安全性，对路面进行了提升改造，主要包括：一是加宽或重铺一些重要路段路面，包括银桥（Silver Bridge）至博伊西国家林地（Boise National Forest）路段的路面，以及克利尔克里克（Clear Creek）至佩埃特河桥（Payette River Bridge）之间游憩区域路段的路面；二是增加并延长部分超车道，以及增加转弯车道，主要涉及米尔庞德（Mill Pond）、波特克里克路（Porter Creek Rd）南北段，以缓解佩埃特河风景道所面临的交通安全与流量问题。

图11-5 佩埃特风景道沿线桥梁景观

桥梁构筑物。桥梁是具有交通与景观双重意义的构筑物（图11-5），因此，对年久失修的桥梁进行修复，提高安全性及景观观赏性具有重要意义。列入修复规划的桥梁主要包括：北福克大桥、“彩虹桥”、佩埃特河桥，前两者主要是进行桥面及相关元素的修复，而后者在修复基础上对其进行了一定程度加宽。

作为游憩滨水型风景道，强化了对安全设施，如道路标识标线、安全护栏，以及照明设施等的建设。

道路标识标线。佩埃特河风景道的道路标识标线主要包括指向标识、线路标记、规则性标识以及警示标识等。指向标识展示了路线名称、距离、服务以及景点；线路标记凸显了风景道本身的个性；规则性标识主要涉及交通法律法规方面；警示标识则提醒人们注意车道及其周围环境中可能对游客产生的危害。

安全护栏。佩埃特河风景道作为一条游憩滨水型风景道，安全护栏对于提升游客户外游憩活动的安全性具有重要意义。因此，该廊道内的护栏设计以安全性为主，较之其他主题型风景道，在美观性以及与周边环境的融合度方面关注相对较少。护栏材料全部采用金属材质，主要设置在比海夫本德（Beehive Bend）、博伊西国家林地北边界，以及朗德瓦利溪桥（Round Valley Creek Bridge）上。

照明设施。虽然风景道廊道内的大部分游憩活动均为日间项目，但为了进一步保障游客安全，在路侧及游憩区都强化了照明设施的规划建设，特别是在滨河游径以及道路隧道处，更加强调了照明设施的建设，以提升道路通行效率，并保障使用者安全。

二、游憩服务设施

佩埃特河风景道游憩服务设施包括：观景平台、道路引导标识、解说设施、住宿与餐饮设施、加油站、汽车维修及租赁、交通连接设施以及高尔夫球场等。

（一）观景平台。佩埃特河风景道沿线设置了一定数量的观景平台，以供游客观赏廊道区域内的自然景观。其中，设置在喀斯喀特市区域内可供游客观赏野生动物的观景平台，可近距离观赏湖面风光。

（二）道路引导标识。佩埃特河风景道道路引导标识主要有三方面功能：帮助游客识别风景道路线；确认目的地和相关位置信息；确立风景道主题形象。在类型上主要包括出入口标识、风景道标识与目的地标识。

出入口标识。佩埃特河风景道入口主要以门户社区为载体，提供游客中心、停车场等，并通过出入口标识提供其他引导性信息，尤其是游憩区域的相关信息。

风景道标识与目的地标识。佩埃特河风景道标识全部印有新的风景道Logo，形成了一个连续且具有特色的标识系统。标识安置地点需与当地交通部门共同商议决定。同时，在风景道沿线，尤其是风景道游憩区域的交叉路口，需特别设置廊道内旅游目的地指向标识，以引导游客前往目的地。

（三）解说设施。在佩埃特河风景道规划愿景中，强调需引导游客使用解说设施，以使其了解更多景点信息。同时制定了有效保护该区域内在品质的方法，如互联风景道计划（Interconnected Plan），以解说整条风景廊道上的内在品质。该计划确保所有六种内在品质能够通过解说逐一得以展现，并有效避免重复解说。同时每一个独立的社区均有机会突出其独特的内在品质。佩埃特河解说设施类型主要分为三种：解说中心、解说亭以及解说牌。每个社区可根据具体需要、现存资源以及需解说的内在品质，选择适宜的解说设施（表11-1）。如雷山铁路（Leishan Railway）提供独特的机会，供游客观赏佩埃特河风景道的自然景观之美，同时，提供关于该区域历史与文化的解说信息。

解说中心。解说中心是风景道解说的基石，向游客解说风景道内在品质、风景道主题以及旅游信息。同时，解说中心能够为游客提供停留区域，进行短暂休息。佩埃特河风景道规划建设有五个解说中心，其中两个作为门户中心，坐落在门户社区伊格尔城以及新梅多斯市。其余三个分别位于爱达荷中部文化中心（Central Idaho Cultural Center）、唐纳利市以及环瓦利县休息区（Round Valley Rest Area）。

解说亭。解说亭既可以用在解说中心，也可独立使用。解说亭在独立使用时，通常安置在需要进行信息解说的社区以及公共游憩区内。佩埃特河风景道解说亭采用统一设计风格（三面和一个顶棚），但地方社区对其建筑材料的选取具有一定灵活性。

解说牌。解说牌用于需要解说地点或内在品质，但无须安置解说亭的情况下（图11-6）。通常，解说牌与解说亭共同使用，安置在游客中心或解说信息处。此外，解说牌也在远离风景观赏点时单独使用。例如，在麦考尔市遗址公园内，采用解说牌替代解说亭进行信息解说，以减少对佩埃特河景观视野的干扰。

佩埃特河风景道解说设施系统具有以下独特特点：一是解说系统连续地贯穿于整条风景道，为游客提供了便捷、及时的服务；二是解说目的明确，解说牌包括教育（游客从解说牌上所获得的信息）、情感（游客在阅读完解说牌后的感觉）和行为（游客在阅读完解说牌后，所采取的行动），达到了保护滨水区敏感的资源与环境、服务游客和协助风景道管理的目标；三是解说牌类型多样，包括全景牌、景点牌、指路牌、忠告牌、服务牌五大类，有效地引导了游客的游览活动，提供了快捷便利的服务，对游客进行了及时的安全指导，以保障游客愉快、舒适、安全、便利地旅行；四是制作材料选择恰当，造型设计富于艺术性。整体上，解说牌的制作材料与环境巧妙融合，造型和色彩富有艺术性，美观大方。而在不同区段，解说系统突出强调的方面有所不同，户外运动游憩区段强调风景道游憩功能的实现和游憩价值的体现，更注重解说系统的服务性和便利程度；森林公园游憩区段

佩埃特河风景道解说中心、信息亭与解说牌概况 表11-1

地点	解说方式	英里桩数	现有设施	解说方式	解说内容	计划内容
伊格尔城	门口区解说	47.144	游径与停车场	信息亭	伊格尔城景点、风景路线图等，风景道沿线的生物群落，以及鹿过境和的鹿迁徙的交通安全路线	伊格尔网站中心将有两个售货亭和两个解说牌、停车场和景观小径
				解说牌	伊格尔城的重大历史	
面包石（Bread Loaf Rock）	解说牌	58.72–59.08	观景区	解说牌	展示公路改造前的面包岩照片和讨论贝塞特河风景道地质	面包岩风景区观景平台改进，添加解说牌
霍斯舒本德市	信息亭和历史标记	64.37	城市公园、洗手间和野餐区	信息亭	霍斯舒本德景区及其景区路线图、霍斯舒本德历史、伐木在该地区的作用，以及铁路对该地区的作用等主题内容	增加两个信息解说亭。增强园林绿化，提升改造城市卫生间
班克斯海滩入口（Banks River Access）	信息亭	78.82	停车场和洗手间	信息亭	班克斯景区（加登瓦利，洛曼），休闲用途的河流，发生在1996—1997年吞噬"旧班克斯"的山体滑坡，河流和野生动物的季节性变化等信息	改进现有的USFS站点。增加两个亭子和野餐/休息区
朗德瓦利印第安人保留地	解说中心	—	N/A	室外解说牌	天气和交通	人员配备齐全的休息区与室内展品、休息室和停车场。
				室内解说牌	自然地质主题：地质（曾经是太平洋海岸的爱达荷岩基的地质学）交互式计算机模型将提供自动化解说 文化主题：印第安人以及当地居民从卡默斯到朗德瓦利的迁徙路线（即后来的佩埃特河风景道）。描述使用这条路线的各种部落，以及对卡默斯原住民的重要性进行探讨	
喀斯喀特市	解说牌	—	N/A	待定		解说牌、景区标记等
喀斯喀特市派恩伍德小屋	信息亭	114	N/A	待定		解说亭（包括解说）；安装、建造、放置门户标识

资料来源：Sage Community Resources, The Payette River Scenic Byway Corridor Management Plan[R]. 2001, September.

还特别注意解说系统对游客的教育以及森林保护功能的实现等。

（四）营地及野餐区。佩埃特河风景道沿线分布着众多公共和私人的帐篷营地与房车营地，为游客提供野餐、过夜服务。同时，这些营地还是户外运动、游憩、享受沿河风光、观赏野生动物等的极佳场所。如蜂巢湾（Beehive Bend）营地、班克斯海滩及里弗入口（Banks Beach and River Access）营地、奥特滑板营地（Otter Slide Campground）和大旋涡营地（Big Eddy Campground）等。此外，在喀斯喀特湖州立公园（Lake Cascade State Park）的湖岸边，还设置

图11-6 佩埃特风景道解说牌

了帐篷营地。在庞德罗萨州立公园（Ponderosa State Park）的北滩区域（North Beach Area）提供了营地；在佩埃特河岸北部以及麦考尔北部区域也设有一些营地设施。

风景道在突出营地设施的同时，也加强了对餐饮、住宿、购物等设施的建设。在沿线公园游憩区及廊道内的河流附近规划了野餐区。如伊格尔岛州立公园（Eagle Island State Park），霍斯舒本德公园（Horseshoe Bend Park）都提供了很好的野餐区。此外，梅多斯峡谷门户中心（Meadows Valley Gateway Center）也设有野餐区域。

此外，风景道沿线也提供了加油站、汽车维修等在内的汽车相关服务设施。在博伊西、喀斯喀特市、麦考尔、唐纳利以及新梅多斯，均为游客提供了全方位的住宿餐饮以及汽车相关服务设施。

（五）交通连接设施。佩埃特河风景道交通连接设施由停车场与游径慢行系统构成。

停车场。廊道内停车场主要与户外游憩设施以及游客服务设施配套建设。与户外游憩设施的配套建设尤为突出，如专门设立了冬季停车场，为廊道区域内开展冬季游憩活动的游客，提供停车场所。

游径慢行系统。佩埃特河上的游径系统发达，主要分为自行车道游径、步行远足游径以及雪地车游径。这些游径以风景道为中心轴，沿自驾车风景道向周围发散，形成了发达的游径网络，将整个风景道廊道区域串联贯通起来。佩埃特河风景道提供了大量的步行远足游径，最著名的远足区域开发建设在麦考尔、庞德罗萨州立公园以及佩埃特河沿岸。雪地车游径主要规划建设在国家林地中，长度百余公里。

（六）游乐设施。佩埃特河风景道游憩服务设施中最为特别的是提供了高尔夫球场。廊道区域规划建设了供游客游憩娱乐的3个不同规模的高尔夫球场；在喀斯喀特市规划了9洞的公共高尔夫球场（Cascade Public Golf Course）；在麦考尔城规划了27洞的高尔夫球场，该球场在夏季时也可作为流行的垒球比赛使用；在新梅多斯市的风景村庄北部建设的梅多斯河高尔夫球场（Meadow Creek Golf Course），它坐落于小萨蒙河（Little Salmon River）以及西部山谷的丛林之间，并配套建设了一级住宿与餐饮场所。

佩埃特河风景道为冬季来此游憩体验的游客规划建设了系列滑雪场，其中，美国黄松国家公园（Ponderosa State Park）是美国最好的北欧滑雪场之一。

三、景观小品与植物配置

佩埃特河风景道作为滨水型风景道，其路侧景观小品与植物配置尤其注重突出滨水特征，以展现廊道水文化，突出地方特色。

（一）景观小品

佩埃特河风景廊道内的建筑景观小品，主要分为三类：第一类，历史遗留下来的小型建筑物（图11-7）。它们具有历史特性，如人造景观“古老的谷仓”（Old Tate Barn），能够让人联想到“美国人曾经的生活”；第二类，为廊道建设增加灵动性的重要景观元素，尤其滨河区域的建筑景观小品，更加突出滨河品质，如以河水中特有的生物形态做成灵动的雕塑等；第三类，在游憩区内同时起到景观与游憩设施作用的建筑小品，如进行了特殊景观形态设计的休息亭与桌椅等。

（二）植物配置

滨水型风景道的植物配置，要合理选择树种，以乡土树种为主，合理地进行树木组合，使风景道游客一年四季都可欣赏到其美丽姿态。树种选择上，体现

图11-7 佩埃特风景道沿线景观小品

滨水景观特点，突出地方特色，利用当地居民喜爱的树种作为基础树种。通过植物景观设计，改善生态系统，维护自然生态系统的完整。滨水区域的绿化采用自然化设计，以符合滨水区域自然植被群落的结构。佩埃特河风景道滨水景观的植物绿化可分为水岸绿化、滨水道路绿化、滨水公园绿化等。植物配置与水边的距离有远有近，有疏有密，避免了单调呆板的行道树形式。

与此同时，植物景观是佩埃特河风景道的重要景观，其规划设计中根据地区特点，采用滨水自然植物群落的生长结构，增加植物多样性，建立层次多、结构复杂、多样的植物群落。因地制宜地进行片植、列植、混种等，并形成一定规模，促进植物群落自然化，发挥植物生态效益，提高自我维护、更新和发展能力，增强绿地稳定性和抗逆性，实现人工的低度管理和景观资源的可持续发展。特别强调的是，在水源保护地，种植了生长量大、净化水能力强的植物种类，以增加水体的自净作用。

四、产品与线路

（一）产品设计

依托佩埃特河风景道资源，打造以自驾观光产品、户外游憩产品、解说教育产品等为主的产品体系。

自驾观光产品。依托廊道内独特的自然景观资源，开发自驾观光产品。该风景道蜿蜒穿行于山脚、山谷、峡谷、森林、瀑布以及佩埃特河滨畔。自驾在佩埃特河风景道上，能够观光游览山林美景。开阔的湖面，不仅能使游客获得视觉上的满足，更能使心灵获得愉悦体验。

户外游憩产品。依托廊道内游憩资源，在佩埃特河风景道上开发了一年四季可供游客进行体验的户外游憩活动（图11-8），主要包括漂流、垂钓、露营、鸟类观赏、摩托快艇、滑冰以及各种艺术活动等。其中，尤以水上游憩活动著名。佩埃特河急速的水流，特别适合漂流运动，因此，这里的漂流运动闻名遐迩。

解说教育产品。依托廊道内的历史文化与考古资源开发解说教育产品。土著居民曾在风景道沿

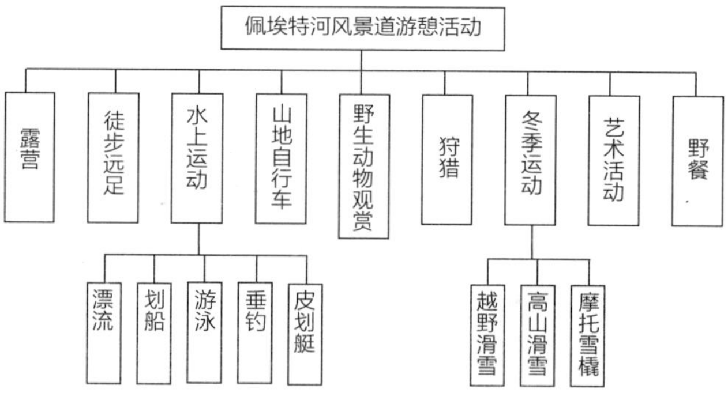

图11-8 佩埃特河风景道游憩活动谱系

资料来源：①Sage Community Resources, The Payette River Scenic Byway Corridor Management Plan[R]. 2001, September:VII-1:VII-3;②http://byways.org/explore/byways/2037.

线生活，其足迹在某些区域仍然可见。该区域乡村文化与建立在自然资源基础上的经济产业紧密相关，农业是生产生活的重要部分。因此，开发解说教育产品，能够使游客更加深刻地了解并感受该廊道区域内的远古足迹以及近代历史遗迹和乡村农业文化。

（二）线路设计

佩埃特河风景道为游客提供了一条经典的自驾观光与户外游憩体验线路，名为“佩埃特河探索之旅”。该线路起点为伊格尔历史城市（Historic Eagle），终点是布伦代奇山游憩区（Brundage Mountain Recreation Area）。游客可沿该线路体验廊道内的游憩活动与文化资源，并进行水上运动、徒步和远足，或在冬季体验越野滑雪等。

五、品牌与营销

《佩埃特河风景道廊道管理计划》中的营销计划，特别重视为期二年的短期营销计划的制定与实施。短期营销计划强调了社区支持和基础设施建设的重要性。

（一）营销目标

佩埃特河风景道短期营销计划，提出了两个营销目标：一是以社区为导向，进行营销计划的编制和实施；强调了营销中社区参与的重要性，鼓励社区要积极制定并实施有效的营销计划。二是基于营销基础设施建设的营销计划，提出了信息亭、游客服务中心等营销基础设施建设是营销工作的重点及前提。应该在

这些营销硬件设施建设和完善后，再进行相应的宣传工作。

（二）营销工具

依据佩埃特河风景道短期营销计划，以下营销工具对于宣传和推广风景道具有较好的作用。这些营销工具也可依据市场动态变化，进行增加或减少。

游客服务中心和信息亭。游客服务中心和信息亭是提供风景道内在品质、独特性质和社区发展等相关信息的基本方式。游客服务中心和信息亭可提供地图、景区景点、社区等的宣传材料。城镇里的公共休息区是建设游客服务中心和信息亭最佳区域。

网站。网站可以快速地提供并更新风景道动态的信息，能够展示风景道内在品质及相关社区的最新信息。在爱达荷州风景道官网（www.idahobyways.gov）上链接佩埃特河风景道网页，有着地图、游览线路、品质介绍、社区发展、沿途节庆活动，以及道路新建项目等信息。

宣传材料。在佩埃特河风景道的游客服务中心和信息亭等基础设施建设完成后，包括地图、指南、宣传册等宣传材料，应该配置到相应的设施中，扩大风景道受众面，促进社区旅游经济发展。

音像制品。音像制品能够更生动、形象地传递风景道内在品质和沿途社区的信息。音像制品应该与宣传材料配套制作和发放，放置在游客服务中心、信息亭、社区公共区域及文化中心。

地图。为了避免地图信息不准确的问题，佩埃特河风景道指定了专业机构来制作地图。要求地图具有准确性，能够对接国家、州和地方资源，提供最准确的沿途信息。

综合规划。佩埃特河风景道沿途有4县6城。每个县市均有各自的地方综合规划。这些综合规划为风景道廊道管理计划编制与更新提供了指导与依据。佩埃特河风景道项目建设也应该与这些综合规划充分对接。

导游。风景道导游讲解服务主要由社区管理委员会与当地商会联合提供。通过导游人员对风景道历史、文化、景观、品质的讲解服务，能够生动而鲜活地展示风景道的故事，延长游客逗留时间，促进社区经济发展。

11.4 管理营运

11.4.1 管理体制

佩埃特河风景道作为爱达荷州境内的国家风景道，其管理工作主要由国家、州与地方、社会非营利组织等三个层面共同进行，管理组织结构如图11-9所示。

国家层面，与纳入国家风景道计划的其他风景道基本保持一致，即在美国国会授权下，由交通部协同内务部、农业部以及商务部宏观指导风景道发展，并指定联邦公路管理局对其进行直接政策指导与管理。

州与地方层面，管理工作主要由联邦政府、州与地方政府相关部门和组织对其廊道土地、廊道维护、廊道规划与建设等共同负责。

佩埃特河风景道廊道内除部分私有土地外，其余土地由美国林务局、联邦土地管理局、垦务局以及爱达荷州土地部门等共同管理。

廊道中所有道路的维护由爱达荷州交通部门联合其他相关部门总体负责，具体管理维护工作由埃达、博伊西、瓦利县以及亚当斯等四个县以及伊格尔城、霍斯舒本德、喀斯喀特市、唐纳利、麦考尔以及新梅多斯等六个城市的地方政府机构负责落实。

佩埃特河风景道规划制定与日常管理主要由爱达荷州佩埃特河风景道咨询委员会直接负责。咨询委员会是在爱达荷州交通部门指导下成立，由15人组成，成员分别代表了风景道所经过地区不同县以及不同利益团体，如商人、私有土地所有者、公共土地管理者等。同时，咨询委员会根据管理工作的需要，下设了三个附属委员会：社区管理委员会（Community Management Subcommittee）、交通运输委员会以及内在品质委员会（Intrinsic Quality Subcommittee）。其中，社区管理委员会负责责任落实，监督廊道营销与促进经济发展，制定发展投资策略，创建平面及视频形式的廊道信息等；内在品质委员会确定廊道边界、内在品质以及土地使用的地图，评定内在品质并制定其提升策

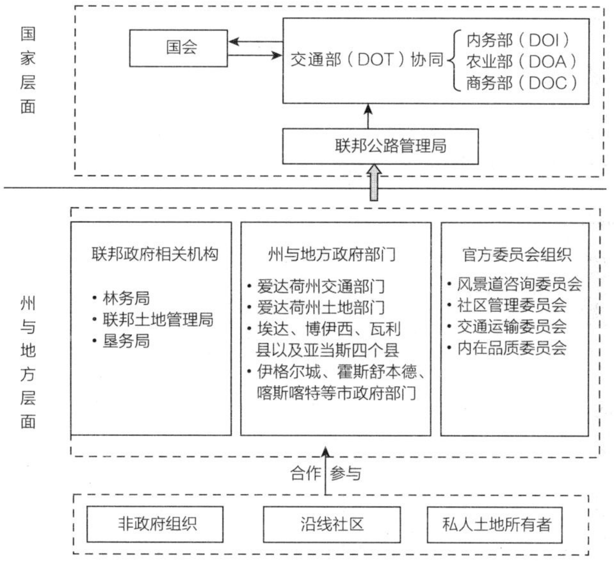

图11-9 佩埃特风景道管理组织结构

参考资料：Sage Community Resources, The Payette River Scenic Byway Corridor Management Plan[R]. 2001, September.

略，策划户外广告，制定发展解说资源计划等；交通运输委员会负责指导公路安全分析，创建在目前及将来都能够容纳多种类型交通车辆的规划，制定与内在品质相结合的公路改造设计，制定标牌发展计划等。

一些非营利组织，也积极参与到佩埃特河风景道日常管理维护中，主要是非政府组织（地方商会、民间基金会等）、沿线社区公众、私人土地所有者等，通过与相关政府部门合作，支持风景道的发展。

11.4.2 资金资助

一、资金来源

佩埃特河风景道规划设计、提升改造、沿线各种资源的开发管理与维护工作，能够顺利进行的一个重要支持就是有足够的资金保障。其资金来源主要包括：专为风景道而设立的国家风景道基金、州与地方政府项目基金以及社会私有资金三方面。其中，大部分资金来自联邦和州层面，一些公共机构或者是私人组织等私有资金占少部分。

国家风景道基金。佩埃特河风景道因具有“国家风景道”称号，可以申请国家风景道基金来提高风景道质量。资金主要被用于标识系统、绿化带以及休憩区域的建设、道路提升与改造等方面。

州与地方政府项目资金。佩埃特河风景道得到了州与地方层面政府资金支持，主要是来自爱达荷州交通部门的项目资金。这些项目资金主要用于街道景观、步行街道、廊道内休憩区域和道路照明设施的提升改造等方面。

社会私有资金。除上述政府资金资助外，关注佩埃特河风景道的非政府组织、社会团体与个人等，通过基金会、个人捐赠等形式，支持风景道运营发展。其中，较为突出的是当地历史保护组织，全权负责历史博物馆运营与维护资金的筹集。

二、国家风景道基金资助

2002年，佩埃特河风景道被认定为“国家风景道”。自2003年，开始持续获得国家风景道基金资助。1992—2012年间，佩埃特河风景道共计有6年获得国家风景道基金资助，成为其建设与发展中资金来源。

从资助额度来看，2006年获得资助额度最多，达到103766美元；2011年获得资助额度最少，为17700美元，两者相差86066美元；6年中共计获得254068美元，资助额度呈波动起伏状态，平均资助额度约42344.7美元。

从资助占当年全美对所有国家级风景道资助比例来看，2006年占比最大，约0.41%；2011年占比最小，约0.04%，平均资助占比0.15%左右；6年间获得资助总额约占相应年间全美对所有国家级风景道资助总额的0.25%。

从资金资助项目数看，共计资助了6个项目，在获得资助的6年中，均为1个；从资金资助项目类型看，主要集中在佩埃特河风景道廊道管理、风景道设施两类，其中，廊道管理项目最多，为4个，占比约66.7%；再者为风景道设施项目，为2个，占比约33.3%。由此可以看出，佩埃特河风景道比较重视道路廊道的管理、风景道基础设施的建设与维护等（表11-2）。

国家风景道基金对佩埃特河风景道资助区域、项目及类型 表11-2

年份	州	项目	项目名称（编号）	项目性质
2003	ID	1个	佩埃特河风景道廊道管理计划实施（SB-2003-ID-50）	廊道管理
2004	ID	1个	佩埃特河风景道廊道管理计划实施（SB-2004-ID-50）	廊道管理
2005	ID	1个	佩埃特河风景道廊道管理计划实施（SB-2005-ID-01）	廊道管理
2006	ID	1个	佩埃特河风景道唐纳利休憩区维护（SB-2006-ID-05）	风景道设施
2011	ID	1个	佩埃特河风景道廊道管理计划修正（SB-2011-ID-02）	廊道管理
2012	ID	1个	佩埃特河风景道扶轮社公园（Rotary Park）休憩区提升（SB-2012-ID-02）	风景道设施

注：SB：风景道；ID：爱达荷州。
资料来源：National Scenic Byways Grant Totals by Year and State for 1992-2012[R]. http://www.bywaysonline.org/grants/funded/funded_report?report=award_total&format=pdf.

第12章　凯托克廷山风景道
（Catoctin Mountain Scenic Byway）

凯托克廷山风景道是通往马里兰州中部的重要通道，其沿线具有丰富的以历史、风景和自然资源为基础的游憩娱乐活动。该线路穿越了农庄、果园、山地景观、历史复兴的城镇；从早期工业革命到南北战争时期的历史遗址；提供徒步、露营、野餐及探险等游憩体验的公园；同时，沿线还提供了停留、餐饮以及购物等绝佳地点。

The Catoctin Mountain Scenic Byway is the gateway to mid-Maryland's, historic, scenic, and natural-resource based recreation opportunities found along the Catoctin Mountains. The Route includes scenic views of farmsteads, orchards, and mountains; gateways into historic, revitalized downtowns; historic sites from early industrial history to the Civil War; and parks for hiking, camping, picnicking, and exploring; as well as wonderful places to stay, eat, and shop along the way.

——美国国家风景道计划对凯托克廷山风景道的评价

资料来源：National Scenic Byways Program Collection of America's Byways® Designated by U.S. Secretary of Transportation.

凯托克廷山风景道最为突出的品质是游憩品质，但同时也具有优秀的风景、自然、历史、文化和考古等品质。凯托克廷山风景道穿越了马里兰州的大部分区域，并延伸至宾夕法尼亚州，全长104.8公里。沿线自然风光优美，户外游憩活动丰富，使得该风景道受到自驾车游客的青睐，于2005年入选为国家风景道。

12.1 概况与发展历程

12.1.1 概况

凯托克廷山（Catoctin Mountain）位于弗吉尼亚州利斯堡（Leesburg）和马里兰州埃米茨堡（Emmitsburg）之间，宽3.2-6.4公里，是马里兰州蓝岭山脉最东的山脊。当地的美洲土著居民部落称该区域为“凯托克廷”，意为“聚集地”。丰富的土壤矿物与石英岩基岩层相结合，形成了凯托克廷地区肥沃的土地和高低起伏的景观。此外，“凯托克廷”还被称为“多鹿的地方”，“老山丘”或“斑点山”。凯托克廷山脉是巴尔的摩—华盛顿大都会地区（Baltimore—Washington Metropolitan Region）保存最为完好的自然区，包括马里兰州的坎宁安瀑布（Cunningham Falls）以及广布的步道和户外休闲系统。

从1935年起，凯托克廷休闲示范区（Catoctin Recreational Demonstration Area）由公共事业振兴署（Works Progress Administration）和民间资源保护队（Civilian Conservation Corps）共同营建。其初始修建目的是给联邦政府雇员提供休闲娱乐营地，其中戴维营（Camp David）营地后来成为总统静修的地方，不对外开放，民众不能接近。但是，凯托克廷山公园（Catoctin Mountain Park）东边的硬木林则对游客开放，游客可在公园内露营、郊游野餐、钓鱼、越野滑雪，徒步（公园提供长达40.2公里的游径），此外，更有美丽的山林风景等待着游客观赏等。

凯托克廷山风景道道路主体是15号国道，它是一条现代公路。风景道大部分位于马里兰州西北部弗雷德里克县（Frederick County），而北部路段位于宾夕法尼亚州。凯托克廷山风景道以15号国道作为分界线，将有着截然不同地形地貌的两个县分隔开来。风景道以西是蓝岭县（Blue Ridge County），由山峦、崎岖的路面和溪流组成，以东是皮德蒙特县（Piedmont County），有着崎岖的莫诺卡西河谷（Monocacy River Valley）。

凯托克廷山风景道品质在于其沿途美丽且具有强大吸引力的风景。凯托克廷山所在的弗雷德里克县拥有历史悠久的农业景观，不仅为当地居民提供了高品质的生活环境，也为游客展示了当地繁荣富足的形象。按照风景道所经区域的特色，可分为四段，每段的景观特点，如表12-1所示。

12.1.2 发展历程

凯托克廷山风景道沿线山区历史悠久，遗留下了大量美洲原住民的故事和遗迹，成为凯托克廷山风景道重要的历史文化资源，奠定了风景道发展的资源基础。风景道所属的弗雷德里克县因农业发展而兴起，弗雷德里克县的农场和种植园以种植粮食作物为主，并有少量的畜牧业。直到20世纪初，畜牧业快速发展并占据了主导地位，由此产生了独具地方特色的屠宰场、养牛和农业设备。随着农牧业发展，道路交通运输需求与日俱增，早期美国土著遗留下来的原始道路已陈旧不堪，无法满足交通运输需要。为此，19世纪上半叶，马里兰州建设了三条收费公路：坎伯兰（Cumberland）到俄亥俄河谷（OhioRiver Valley）、弗雷德里克到哈珀渡口（Harper's Ferry），以及弗雷德里克到埃米茨堡（Emmetsburg），其他既有道路也得以改善和维护。道路条件的改善，促进了区域间的经济和商贸往来，推动了城镇商业的繁荣和发展，为风景道发展奠定了社会经济基础。

19世纪中期，经历了南北战争的美国迎来了新一轮发展期，风景道所在地区社会经济也随之发生巨变。技术进步和机械化提升了社会生产效率，也促进了交通运输的新发展。交通工具方面，新的交通工具投入使用，如1896年，弗雷德里克和米德尔敦（Middletown）之间开通了电动手推车；其后，耶洛斯普林斯（Yellow Springs）、刘易斯敦（Lewistown）和卡托金芙纳丝（Catoctin Furnace）等城镇的火车站实现电气化。交通基础设施方面，道路路面及桥梁等得以改造提升。交通运输的发展使得乡村与城市的联系更加紧密，进一步加速了乡村农产品贸易发展，拓展和挖掘了乡村空间边界和资源。

随着城镇化和现代化发展不断推进，城镇居民在教育、旅游、娱乐和职业方面的需求增加，进一步加剧了人们日常生活对汽车的依赖，催生了风景道的转型发展。凯托克廷山风景道进一步向着交通、旅游、景观和生态等综合功能转型发展。2005年，凯托克廷

凯托克廷山风景道分段景观特点　　表12-1

分段	范围	景观特点
北部	宾夕法尼亚州边境到比格斯福特路（Biggs Ford Road）路段	• 主要为成片的农业景观和绵延不绝、高低起伏的山峦 • 新发展的居住区
中北部	比格福斯特路到弗雷德里克县路段	• 未开发的区域 • 以山川为背景，成片的农业景观
弗雷德里克高速路/杰弗森国家收费道路	弗雷德里克县路段和340号国道（15号国道）部分路段	• 此15号国道路段城市化程度最严重 • 是通往弗雷德里克县历史街区（Frederick Town Historic District）的直接道路
南部	340号国道与15号国道分叉处至波因特夫罗克斯城（Rock Point City）波托马克河（Potomac River）路段	• 15号国道东部。风景景观主要是舒格洛夫山（Sugarloaf Mountain）、教堂和公墓

资料来源：Lardner/Klein Landscape Architects, P.C.etc.Corridor Management Plan for the US 15 Catoctin Mountain Scenic Byway: Chapter 4: Byway Management Strategies. 2004. April: Page4-36-Page4-37.

山风景道因其突出的游憩品质，以及丰富的自然、风景、历史、文化、考古等品质，被遴选为国家风景道。为应对与日俱增的旅游需求，相关管理部门对风景道进行了系统规划和改造提升，廊道内的自然资源及人文景观得以进一步保护和开发利用，风景道服务设施进一步完善，风景道独特的山区风光、农场、山麓、流动河流、历史村庄以及建筑和工业宝藏，也成为域内地理标志和旅游吸引物，推动了凯托克廷山风景道向着区域旅游目的地发展。

12.2 基本条件

12.2.1 交通分析

线路走向与道路状况。15号国道是两个不同地理省份的分界线。在廊道西部是蓝岭县，具有重峦山脉、起伏地形以及湍急的溪流。东部是皮德蒙特，以莫诺卡西河谷的起伏地形为特征。

在15号国道上驾驶，可以感受到廊道两侧完全不同的地形地貌，颇具乐趣，成为凯托克廷山风景道沿途旅行的乐趣。15号国道是弗雷德里克县和马里兰州重要的区域交通干道。目前，道路被认定为县级的乡村主干道以及弗雷德里克城市范围内的城市高速公路。穿过15号国道部分被指定为“弗雷德里克高速公路”。在弗雷德里克县内的杰斐逊道路南边和340号国道分道口之间，15号/340号国道被认定为杰斐逊国家道路，该县内15号国道的其他部分即是凯托克廷山风景道。15号国道全线路况不一，部分路段是分隔的4车道，部分是未分隔的2车道，部分路段进行了全路段管控，另有部分则是没有或者部分管控，风景道线路走向见图12-1，各路段路况具体如表12-2所示。

交通流量。弗雷德里克县内的交通量分布不均，且道路交通量最大的地方在县城内，在靠近弗雷德里克县北边界和南边界的区域，交通量相对较小，而在

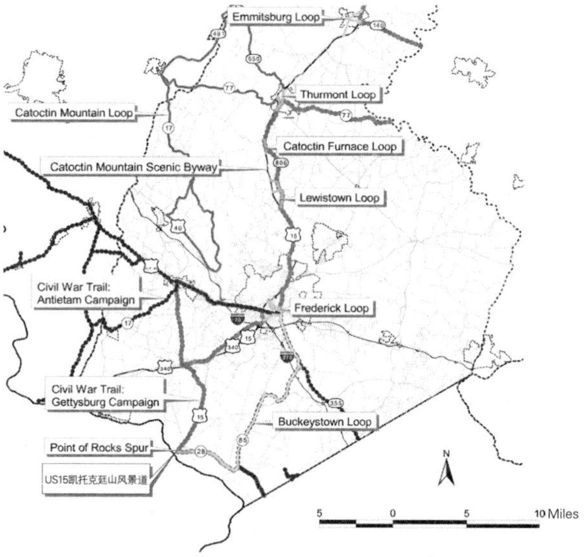

图12-1 凯托克廷山风景道线路走向（见彩图4）

资料来源：Lardner/Klein Landscape Architects, P.C.etc. Corridor Management Plan for the US 15 Catoctin Mountain Scenic Byway[R]. 2004, April.

凯托克廷山风景道各路段路况　　表12-2

线路走向	车道性质	限速（公里/时）
弗吉尼亚州—波托马克河—马里兰州波因特夫罗克斯路段	2车道	72.4-88.5
15号国道与340号国道交会点		
波因特夫罗克斯—弗雷德里克城	4车道	104.65-64.4
弗雷德里克城—西帕特里克街（West Patrick Street）	4车道	88.5
海沃德路（Hayward Road）—普赖尔路（Pryor Road）路段	4车道	88.5
瑟蒙特镇（The Town of Thurmont）路段	4车道	88.5
普赖尔路附近—教堂街北路段		
教堂街北段—宾夕法尼亚州边境路段	4车道	88.5

资料来源：Lardner/Klein Landscape Architects, P.C.etc.Corridor Management Plan for the US 15 Catoctin Mountain Scenic Byway:Chapter 4: Byway Management Strategies. 2004 April: Page4-36-Page4-37.

凯托克廷山风景道（US 15公路）各路段交通特征总览表 表12-3

交叉道路	平均日交通量（辆）	宽度/类型
28号马里兰州州内公路（MD 28）	15950	7.3米（不分离）
464号马里兰州州内公路（MD 464）	14030	7.3米（不分离）
芒特维尔路（Mountville Road）	16050	7.3米（不分离）
340号国道（US 340）	43775	14.6米（分离）
锡安山路（Mt. Zion Road）	48750	14.6米（分离）
40号国道（US 40）	93950	14.6米（分离）
罗斯蒙特大道（Rosemont Avenue）	86550	14.6米（分离）
第七街（7th Street）	74950	14.6米（分离）
海沃德路	39635	14.6米（分离）
斯图尔路（Stull Road）	31750	14.6米（分离）
鲍夫路（北段）[Baugher Road（North）]	30550	14.6米（分离）
教堂街	26450	14.6米（分离）
莫特车站路（Motters Station Road）	17650	14.6米（分离）
塞盾大道（南段）[Seton Avenue（South）]	15650	14.6米（分离）
464号马里兰州州内公路（MD 464）	14250	14.6米（分离）

资料来源：Lardner/Klein Landscape Architects, P.C.etc.Corridor Management Plan for the US 15 Catoctin Mountain Scenic Byway:Chapter 4: Byway Management Strategies. 2004 April: Page4-36-Page4-37.

南边日平均交通量最低（表12-3）。

交通安全。凯托克廷山风景道在交通安全方面进行提升改善，在原有路况基础上，对不符合道路安全要求、不符合风景道要求路段进行改造或者修复，目的是使道路的驾驶质量和安全质量得到全面的提升和保证。

凯托克廷山风景道交通安全规划中关键问题和关注点（表12-4）。

12.2.2 品质分析

凯托克廷山风景道最为突出的品质是游憩品质，也具有一定自然、历史和考古品质。

一、游憩品质

凯托克廷山风景道提供了大量的游憩活动机会。它不仅拥有以自然为基础的休闲游憩机会，还有国家和州立公园内的游径网络，提供了广泛的徒步游憩机会。弗雷德里克县有著名的自行车和历史文化旅游线路。依托这一地区的森林、高山、瀑布、河流以及公园，游客可以开展远足、山地自行车、骑马、野生动物观赏、狩猎、垂钓、露营、背包游、攀岩和水上运动等丰富的休闲游憩活动。

二、自然品质

凯托克廷山风景道，在地理上毗邻皮德蒙特高原和蓝岭山脉。这一独特的地理环境，使其有着独具特色的自然景观。马里兰州有许多土地保护计划，其中弗雷德里克县自然区域的保护，受到极高重视。这一地区，众多具有特别意义的自然区已被纳入国家公园和州立公园内。这些自然区动植物资源具有丰富性和多样性，一些地区还是马里兰州境内濒危物种的栖息地。其中，弗雷德里克县的自然保护区、莫诺卡西河

凯托克廷山风景道交通安全规划关键问题与关注点 表12-4

关键问题	关注点
改善道路特征	使得整个路线成为更像“公园路”的旅游线路，特别是针对南部风景道终点段以及凯托克廷山公园附近风景道的改善
道路安全与沿线商业发展	注意道路的掉头、左转弯车道、合并车道和由过快的速度引起的其他的问题以及弗雷德里克以北的平面交叉口、道路廊道旅游商业发展与保护等问题
不同类型出行人员及不同车型道路使用	两种不同类型的驾驶者（偶尔出行和上下班者通勤者）以及卡车对于道路的使用问题
交通流量	尤其是在中部地区交通流量的控制
指示标识	怎样沿着凯托克廷山风景道行走，以及进入交叉口的线路设计和指示
路域美化	遮蔽非风景区域的景象（工业、城市等）

资料来源：Lardner/Klein Landscape Architects, P.C.etc.Corridor Management Plan for the US 15 Catoctin Mountain Scenic Byway[R]. 2004, April.

谷，以及坎宁安瀑布（Cunningham Falls）是风景道廊道自然品质的代表。

三、历史品质

凯托克廷山风景道有着史前考古研究价值，拥有丰富的历史和考古资源。风景道引领游客参观农庄、山麓、河流、村庄等，体验这些具有独特价值的资源，更深刻地体会到这片土地在马里兰州繁荣发展中所扮演的角色。

凯托克廷山风景道所属区域经历了古老的史前文明、印第安土著文明、欧洲殖民、南北战争历史，以及第二次世界大战后发展等五个阶段。漫长的历史发展过程，使得风景道廊道沿线遗留下了众多值得参观、探索和学习的历史遗址遗迹。如在欧洲殖民时期，英美裔、德国人、瑞士人和阿尔斯特苏格兰裔定居者涌入弗雷德里克县、皮德蒙特县地区，他们带来了家园的建筑方式和风格，留下了各式各样的日耳曼和土著人住宅建筑，如希弗施塔特（Schifferstadt）石屋和花园等。

穿越凯托克廷山风景道，能够感受和体验到这条道路上封存着的有关史前文明、印第安人先辈、早期欧洲开拓者，以及当代工业资本家的厚重历史。而作为由现代化道路和高速公路组成的风景道，又能够给旅游者带来有关农场、山麓、河流、历史村庄、建筑及工业生产等地理及视觉上的旅行体验。

四、考古品质

弗雷德里克县考古发现，在凯托克廷山东面保存着大量的遗址遗迹。根据莫诺卡西河与波托马克河畔遗存的零星且少量的手工艺品，发现史前古印第安人居住与狩猎活动主要集中在河边的落叶林区。在超过一千多年的时间里，凯托克廷山山麓和莫诺卡西河谷给早期居民提供了玻璃状火山岩碎片，用于制作切割工具。中古遗址群的考据表明，人们的居住模式开始从内陆河岸转移到凯托克廷山和莫诺卡西河谷。在随后两千年的时间里，定居点的风格、分布和数量开始变化，展示了季节性迁徙的新趋势，在凯托克廷北山脚下、莫诺卡西河谷和皮德蒙特之间迁徙，以得到更多的狩猎机会，同时，收集和工具制作手段得到发展。早期的伍德兰时期，这些季节性的营地分散在莫诺卡西河谷岩石上和山脚下。在伍德兰时期后期，大型河流遗址扩大到村庄定居点，这些乡村种植了南瓜、玉米和豆类；制作了大量的陶土管、陶器、石英弹、骨工具和装饰品；建造了储藏坑和埋葬点等。收集和研究这些文物，对于了解现代人如何在北美，尤其是在马里兰州弗雷德里克县的演变非常重要。如通过分析沉降模式，可以推测当地的气候、景观和自然资源是如何影响早期居民生存的；通过石器和骨质工具等，可以用于分析早期居民的工具类型，以及他们所食野味或植物的种类；陶器碎片可以表明如何收集水，或如何储存和烹饪食物；营地结构、装饰品和装饰元素等，可表明他们存在某种社会秩序或社区的等级制度等，这些都具有极为重要的考古价值。

此外，风景道廊道内遗存下来的农庄、种植园、工厂、房屋建筑、采石场和校舍等，以及出自祖先之手的建筑和农业品，都展示出了优良的考古品质。

12.2.3 市场分析

按照属性，凯托克廷山风景道客源市场主要包括以下五类：

一是南北战争研究爱好者/文化旅游者。弗雷德里克县南北战争战场和南北战争医药博物馆，以及具有特殊地位的相关景点，如宾夕法尼亚州的葛底斯堡（Gettysburg）、马里兰州的安蒂特姆（Antietam）以及弗吉尼亚州的谢南多厄山谷（Shenandoah Valley）等吸引了大批研究爱好者。

二是自然旅游者。风景道沿线的自然风光和丰富的游憩活动，以及廊道内的国家和州立公园、运河等，吸引了大量自然旅游爱好者。弗雷德里克县休闲部（The Frederick County Department of Recreation）和公园管理局共同开发了包含19个公园在内的项目，项目提供了野餐、徒步、骑行、钓鱼和球技等游憩活动。虽然该县的公园主要服务于当地居民，游客也可以使用休闲娱乐设施。马里兰州的凯托克廷山公园、戴维营，以及超过40.2公里的徒步游径，每年都能够吸引超过70万的旅游者来此休闲游憩。

三是宗教旅游者。弗雷德里克县有一些宗教景点，主要包括卢尔德石窟（Grotto of Lourdes）、圣伊丽莎白·安·塞顿国家神殿（National Shrine of St.Elizabeth Ann Seton）和圣玛利亚学院（Santa Maria College）等，吸引了全美乃至世界部分虔诚的宗教信仰者。其中，圣伊丽莎白·安·塞顿国家神殿坐落于埃米茨堡，为世界各地的游客提供了观看短片、参观游览博物馆和历史遗址遗迹的机会。

四是寻根问祖者。随着婴儿潮开始减缓，越来越多的人开始追溯他们的祖先。弗雷德里克县像马里兰州一样，有着深厚的历史，对寻根问祖者有着较强的吸引力。县图书馆系统和相关网站资源为此类旅游者提供了便利。

五是家庭旅游者。区域范围内的家庭旅游者是风景道的一类特殊的细分市场。此类游客多为重游率较高的周末旅游者，他们在餐饮和零售商品上的消费较多。该地区丰富多样的游憩活动，是吸引游客重复游览的重要原因。

12.3 开发建设

12.3.1 愿景与目标

2004年，由拉德纳（Lardner）、克莱因（Klein）等景观建筑师为马里兰州弗雷德里克县编制了《15号国道–凯托克廷山风景道廊道管理计划》（Corridor Management Plan for the US 15 Catoctin Mountain Scenic Byway），提出将凯托克廷山风景道定位为一条山地游憩型风景道，其发展愿景是：“成为以公园景观、经过保护的农场风光、果园风貌，以及凯托克廷山自然风光为背景的极具吸引力的道路；成为提供进入历史遗址遗迹、复兴的城市、历史场所，以及美国南北战争场景地的通道；成为能够串联游径、野营地、野餐地、公园，以及旅游商业设施等的通道，为游客提供一个愉悦和安全的凯托克廷山风景道驾车体验。”

为了实现这一愿景，2004年风景道委员会制定了如下分目标来支持和推动愿景的落实（表12–5）。

12.3.2 规划原则

凯托克廷山风景道规划遵循道路灵活性设计、安全性与可达性、游憩活动丰富化、多利益主体合作，以及资源保护性开发等原则。

道路灵活性设计原则。凯托克廷山风景道穿越农业景观区、森林湿地区，同时，部分路段还承担着当地城市交通干道的作用。为了控制过多游客对风景道廊道内环境造成的不利影响，成为一条更安全和更有吸引力的风景道，在规划设计中强调了在综合统筹各方面因素基础上的灵活性设计。对道路初建时期所遗留下来的破损路面、地基以及路基、排水设施、非连续及危险车行道等，要在尽可能保护历史元素和风貌的基础上，通过灵活性设计，降低事故发生率，提高

凯托克廷山风景道分目标及战略举措　　表12-5

分目标	描述	战略
1. 资源保护与提升目标	风景道的吸引力来自所经区域的资源品质，因此要使凯托克廷山风景道能够具有永久的吸引性，必须对其廊道资源进行保护和提升，主要通过联合各级政府、相关组织以及志愿者，使风景道的内在品质得到保护	1-1同已有的土地信托机构和保护组织建立风景道保护评估项目； 1-2增加更多耕地进入农业土地保护区域，特别是优先考虑弗雷德里克北边的土地，因为这些区域在风景道沿线易被看到； 1-3增加由州或者县购买发展权的土地，作为县的农业土地保护项目； 1-4考虑将从风景道上能看到的土地，划入农村遗产地区发展私人森林保护项目，即与私人土地者合作发展森林管理计划，保护凯托克廷山风景道沿线的森林； 1-5设计项目来改善水质量，提高森林、湿地和水生栖息地，恢复受到威胁和危害的物种，减少侵入，保护公开场地，与现有流域相关保护研究工作相协调
2. 旅游和游客管理目标	旅游和游客管理的目的是帮助游客顺利进行和完成风景道景观观赏、游憩、购物以及住宿、餐饮等旅游活动，提高旅游者的旅游满意度，最终实现该地区的旅游发展和经济发展	2-1制定风景道Logo，在地图和宣传册上标注风景道的吸引物和设施； 2-2建立凯托克廷山风景道网站，直接与区域的设施、旅游网站相链接； 2-3开发风景道沿线巴士旅游指南； 2-4为家庭或团队准备联合票务选择，即旅游景点打包票务类型，并允许成员自主选择想要参加的活动和景点； 2-5在游客中心进行联合营销，增加其他地区旅游景点的宣传册，或者提供一个小地图展示附近的设施； 2-6确保凯托克廷山风景道的相关活动都包括在内； 2-7在县的节庆活动中展示凯托克廷山风景道； 2-8与马里兰州旅游发展办公室（Maryland Office of Tourism Development, MOTD）和其他机构合作保护场地，建造新的游客中心，在游客中心发布风景道相关营销信息
3. 解说和教育目标	一个清晰且引人注目的有关风景道解说以及故事说明等，能够吸引游客花更多时间流连于此，延长了风景道游客停留时间，能够增加该地的旅游收入。这一分目标的实现有赖于国家公园与当地社区合作	3-1现阶段已经确定了以“解说和教育”为目标的主题； 3-2制作风景道专属的视觉标识，建立风景道寻路标识系统，通过协调新的设计和置换路旁设计特征，使风景道整个延伸至县内的标识指示都具有一致性； 3-3除标识牌考虑解说和教育，建议修建解说停车点和休息区，在这里提供解说教育服务
4. 交通/交通安全目标	对于风景道旅游者来说，安全驾驶是获得一段具有吸引力的、体验风景道的风景、自然、游憩和历史景观经历的首要条件	4-1制定和采取一套风景道具体的设计指引，以帮助项目人员和其他利益相关者，了解道路品质，使得开发项目决策得以运作； 4-2在技术与设计上，遵循环境敏感性要求，对道路各个分段部分做出符合安全要求的调整与改造，包括路口转弯、路肩、车道宽度和道路标识牌等内容

资料来源：Lardner/Klein Landscape Architects, P.C. etc. Corridor Management Plan for the US 15 Catoctin Mountain Scenic Byway[R]. 2004, April.

道路品质。

安全性与可达性原则。风景道安全性设计，主要体现在对路侧安全设施的提升和道路引导标识系统的完善等方面。同时，还应建立紧急救助系统和紧急救助机制，以充分保障游客安全。此外，凯托克廷山风景道作为游憩型风景道，强调对风景道廊道范围内众多景区景点和吸引物的可达性，这也是强化游憩品质的重要方面。

游憩活动丰富化原则。凯托克廷山风景道以突出的游憩品质而入选国家风景道。以自然、景观、历史文化等资源为依托，强化丰富性、多样化、个性化的休闲游憩活动的开发，完善游憩服务设施建设，给游客带来更多愉悦而快乐的游憩体验，是该风景道规划建设一直强调和遵循的原则。

多利益主体合作原则。凯托克廷山风景道沿途经过多个市县，分成了四个路段。为此，规划建设强调多利益主体合作原则。风景道廊道的管理与维护工作分别由每一路段所经地区的相关部门全权负责。同时，鼓励志愿者、社区居民以及土地拥有者积极参与规划建设，保障了风景道健康、理性和可持续的发展。

资源保护性开发原则。凯托克廷山风景道有着丰富多样的资源，如自然类的森林、湿地和农业景观等；历史文化类的南北战争遗迹和宗教教堂等；游憩类的各种活动及设施等。因此，风景道规划建设中十分注重对各种资源的保护，强调设计遵从自然，少量地新建景观，尽量减少人工建设给景观环境带来的破坏。

12.3.3 建设要素

一、道路工程

凯托克廷山风景道无论是初始修建阶段，还是多年来不断的改造提升中，在道路工程规划设计都十分注重遵循风景道特点，与原有道路在规模、范围和比例上相互兼容。

凯托克廷山风景道的修复与重建工作，主要从资金、管理等方面进行考量，马里兰州公路局将整个道路规划项目任务分成了短期任务、中长期任务和长期任务，并对每一阶段的施工时间和任务内容作出了规定（表12-6）。

道路选线。凯托克廷山风景道选线上，首先，强调道路线形与自然地形特征及周围景观的相融合。例如，依据“在实际效用上应最大限度保留地形与景观的契合度”要求，在弗雷德里克高速公路北边新规划的交叉口，注重交会处坡道与景观的适应性。其次，强调作为一条游憩型风景道，道路线形确定，应当能够增加更多的游憩机会，以方便游客进入重要的游憩区。

道路路面。考虑到风景道游览者，往往是希望通过缓慢的驾驶来更好地欣赏沿线的风景。凯托克廷山风景道在路面安全性改造提升中，当道路中央隔离带宽度变窄或道路行驶加速度增加时，要考虑在道路中央隔离带增加隔离物（如存在于15号国道廊道内的石面障碍物等），以保障道路行驶安全。此外，路面的重新铺设、重建和修复强调不应该破坏或偏离风景道本底特质。

桥梁构筑物。凯托克廷山风景道沿线有多座桥梁，是风景道景观的重要组成部分。新建桥梁主要为用于连通公路的立交桥（天桥），强调要注重凸显特色且与环境相融合。如梅里特公园道（Merritt Parkway）桥梁设计，就十分突出了桥梁与周围环境相融合。对于旧桥，则通过更换原始结构或重建相似细节的桥梁，以满足兼容性和协调性要求，从而使得桥梁风格符合风景道品质要求。此外，强调桥梁和栏杆扶手的美学处理，包括建筑细节，将美学理念结合到桥墩、桥台和栏杆设计中。

凯托克廷山风景道规划阶段　　表12-6

阶段	任务
短期项目（5年内）	• 改进15号国道中心线的安全性，将前灯的使用，应用在这一改进中； • 路口信号灯改进； • 拓宽道路宽度，增加15号国道左转车道； • 临近15号国道的辅助道路改进，延长罗斯蒙特大道（Rosemont Avenue）的加速车道； • 修建15号国道埃米茨堡游客中心
中期项目（5—10年）	• 15号国道与335号马里兰州州内公路交叉口修建； • 从汉森维尔里车道（Hansonville Lane）到韦尔蒂路（Welty Road），改善转弯控制和交叉口的修复； • 为15号国道北边界（15号国道与26号马里兰州州内公路交叉口处），增加一个坡道
长期项目（超过10年）	• 开展《I 270—15号国道多式联运廊道研究——从蒙哥马利县（Montgomery County）谢迪格罗夫路（Shady Grove Road）到比格福斯特路以北》规划研究，以发展道路转换项目的规划研究和舒缓廊道沿线的交通密集度为主要研究内容； • 将城市内部26号马里兰州州内公路和比格福斯特路之间的15号国道从4车道扩宽到6车道，并且在莫诺卡和比格斯特福特路的克里斯多夫路口修建交叉口； • 15号国道、355号马里兰州州内公路交叉口，截止到莫诺卡西和克里斯多夫路口的交叉口修建后完全关闭

资料来源：Lardner/Klein Landscape Architects, P.C. etc. Corridor Management Plan for the US 15 Catoctin Mountain Scenic Byway:Chapter 2: The Catoctin Mountain Scenic Byway[R]. 2004, April: Page2-8-Page2-10.

边坡。凯托克廷山风景道边坡设计，主要考虑道路分级和排水功能。一般采用强化风景道特征的方式对道路分级和排水进行规划设计。强调实现道路稳固性的同时，减少花费，并使得外观更好看。

同时，通过采用生物边坡的稳定方式，而非结构性方式，实现对相连的斜坡改进或改善排水模式，以满足兼容协调性。排水应尽可能与自然相融合，要依据土壤和岩石条件或陡或放宽斜坡，加强自然排水。此外，还强调雨水管理设施设计应当成为自然景观的一部分。

路肩。路肩的视觉处理对于风景道来说十分重要。路肩，特别是铺设路肩较宽时，几乎相当于一条额外的旅游路线。然而，这可能导致驾驶速度过快以及其他不安全的驾驶习惯等问题。当路肩狭窄时，可增强路肩草坪，这样，车辆可安全地停放在草坪路肩上。

草坪式路肩能够增加道路的田园感。多孔网格草坪往往被铺设在风景道沿线及靠近国家公园区域。同时尽量减少大面积沥青路肩带来的不良视觉冲击力。

道路交通控制设备。交通控制设备包括常规的标识和信号。凯托克廷山风景道交通控制设备建设提出了以下要求：一是交通控制设备要选择规模适宜的标识、障碍、信号控制箱。二是设计上，交通控制设备不能超过规定的大小，要减少与背景环境的视觉冲突，以达到兼容性与协调性。三是颜色上，森林环境中的交通控制设备，可考虑用深色或喷涂标识和装置，以减少视觉冲突。四是路侧灯光照明设施，应尽量减少夜间照明污染。

二、游憩服务设施

凯托克廷山风景道沿线游憩服务设施有：观景平台、道路引导标识、解说设施，以及交通连接设施、住宿和餐饮设施。

（一）观景平台

凯托克廷山风景道沿线设置有一定数量的简易观景平台，以供游客观赏风景道的自然景观。观景平台修建主要以当地自然材料为主，并与停车场配套设置。

（二）引导标识

凯托克廷山风景道引导标识，主要包括入口标识、地点名称、寻路标识和交通标识等（图12–2）。引导标识的作用是确保旅游者能够轻松地进入风景道廊道区域，前往旅游景区景点，找到旅游服务设施，以及景区所推荐的游览线路。引导标识设计遵循了以下原则：控制引导标识的数量和规模，以有效地传递必要的信息，同时减少对景观干扰；引导标识牌尺度与大小，应该与道路设计速度相一致；应尽量拆除或迁移现有广告牌，减少对引导标识的干扰，以改善风景道视觉质量。

引导标识系统规划与建设工作，由地方规划部门和区域政府会同当地司法管辖区共同协调。通过道路标识系统的物理标记和路旁信息提示，能够强化网页上的寻路信息。

（三）解说设施

凯托克廷山风景道解说设施的目标是：促进居民与游客对风景道，以及弗雷德里克县历史和文化认知及欣赏；保护凯托克廷山风景道独特的景观，以及历史场地及社区；引导游客到访风景道廊道区域内历史品质和吸引力较强的县市内的村镇、商业和旅游景点游览。

凯托克廷山风景道解说原则主要有：一真实性。通过解说，真实地呈现凯托克廷山风景道状况，实现对社区和区域资源的正确解读；二隐私性。解说涉及

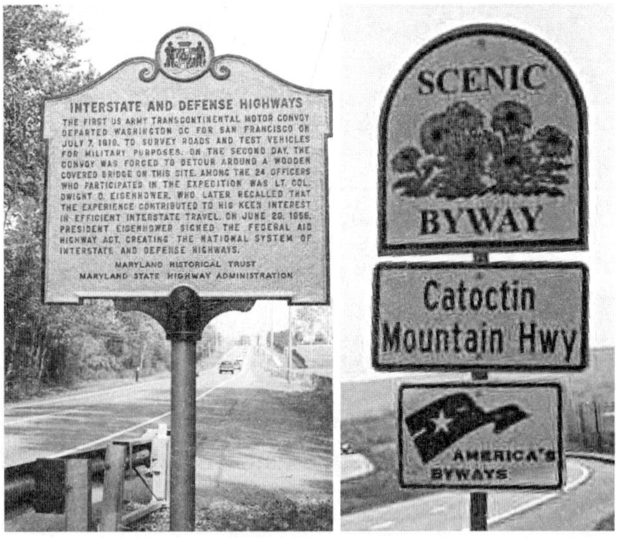

图12–2 凯托克廷山风景道引导标识

内容需考虑和尊重当地居民隐私，对私人资源的解说，则需要获得资源拥有者的授权同意；三安全性。风景道沿线的安全性将是最需要优先考虑的因素。解说设施设计与建设需在保障安全行车环境下实施；四趣味性。通过风景道路侧各种设施，以及解说设施等，激发游客和当地居民对景观、社区和资源的兴趣；五探索性。风景道要能够促进和方便游客对风景道，以及该县自然与文化资源的探索。

凯托克廷山风景道解说系统有五个解说主题。一是第一山 / 第一边疆。凯托克廷山是马里兰州皮德蒙特县和蓝岭县的分界线。在世界所有最古老的山中，阿巴拉契亚以其绵长的南北山脊为主要景观特征，随着地形地质的变化，变幻出了不同的山脊风貌，使其拥有了“第一边疆”美称，而壮观的地貌、河流和峡谷还曾经是南北战争期间山区重要的防御点。现在，这些山地资源为巴尔的摩–华盛顿大都会地区的居民提供了体验其广袤原生态自然景观的机会；二是农业用地。弗雷德里克农业景观是这一地区最稳定、最繁荣的景象。在这一区域，19世纪的农业文化景观仍然清晰可见。现代农业，尽管已不繁荣，而且已经适应了快速变化的土地使用模式和市场需求，但仍然有其独特的吸引力；三是社区生活。弗雷德里克县的小村庄与周围的农业景观紧密联系在一起，提供服务、市场和社区联系，以及加工农作物的场地。该区域见证了工业经济的变革以及广袤的农业景观中的生活方式；四是文化交会点。弗雷德里克县成为来自不同地方的、有着不同文化传统的人的居住地。一些来自东部地区的人，有着各自的宗教信仰，习惯于南方的种植文化；而来自北方的人，则有着独立的农业传统。但经过几代发展后，这些文化融合交织在一起，形成了兼具两种文化特色的农业景观和社会文化景观；五是战争。凯托克廷山在诸多不同年代的战争中扮演着重要角色，包括独立战争和南北战争。马里兰州在地理和哲学上都处于边界状态，文化传统的冲突产生了对统一、政权、奴隶和其他问题的不同观点。因此，这一区域不论是在战争层面还是政治层面都是一个战场。

解说受众。解说既有指引和说明的功能，同时也具有教育功能。由于游客兴趣点不同，并不是每一个游客都希望通过解说来获得对旅游地的了解，也不是每一位游客都需要解说提供的旅游指引帮助（如熟悉这一区域的多次游的游客或者当地居民），因此，解说应当更多地定位在那些对解说感兴趣以及需要解说的游客上。凯托克廷山风景道解说受众包括：

小学生：年龄较小的学生正处于最具好奇心和探索心的时期，学习欲望较强。因此，以4–8年级的学生为目标，将解说内容作为基础课程，并列入马里兰公立学校的教育内容标准，使解说设施激发其对所学知识的记忆，最终促进家庭旅游的发展。

当地居民：与凯托克廷山风景道相关的释义和教育将不断强化当地居民对该县的历史、特征、自然和农业景观的认知。这有助于巩固和提高社区居民对本地的自豪感，并进一步促进居民对风景道资源的保护，提高社区生活质量。

弗雷德里克县游客：通过风景道解说和教育，外地游客将会获得对弗雷德里克县的第一印象。解说将向游客传递旅游目的地的生活和旅游体验内容，向游客介绍来此旅游的多种理由，激发游客再次旅游的兴趣并保障游客旅游的顺利。

过境旅游者：风景道沿线的解说和教育将为途经此地的旅游者，展示该区域的生活品质和质量。这会给过境旅游者留下印象，并建立和强化弗雷德里克县的区域形象，吸引其来此旅游。

解说途径。凯托克廷山风景道具有两种解说途径。一是游客信息中心亭：在游客进入风景道的入口，有游客信息中心或者信息亭，为游客提供旅行方向、旅行线路等指引。游客中心不仅要有信息展示，还有旅游宣传册。二是解说牌：解说牌用于解说某一个重要的景点、特殊的趣味地点或者道路内在品质等，它通常在没有必要设置或不方便设置信息亭时使用。通常情况下，解说牌与信息亭在游客中心一起使用，或者在景观观赏点用于景点介绍和观赏信息提示时使用。凯托克廷山风景道沿线主要的游憩景点、景观点均有解说牌。

（四）交通连接设施

交通连接设施主要包括路侧停靠点、绿道和休闲游径以及历史游径。

路侧停靠点。这一设施不是单纯为了驾驶者停车使用，它更重要的功能是鼓励驾驶者离开公路，去欣赏风景道沿途的美丽景观，以及当地旅游信息、艺术工作和设施的展示等。路侧停靠点应建立在风景道两侧。目前，凯托克廷山较大的停靠点位于佩恩山（Payne Mountain）北部和东巴斯福德路（East Basford Road）南部，同时，弗雷德里克县北行方向和弗雷德里克县南行方向也是修建路侧停靠点的备选点。

绿道和休闲游径。凯托克廷山风景道区域内有诸多绿道和休闲游径，有的甚至穿越了风景道，范围最广的是切萨皮克和俄亥俄州运河（C&O）运河系统。另一个范围较广的绿道系统沿着原有的电车路修建。从电车路到弗雷德里克县，绿道实现了风景道重要资源的串联。

历史游径。凯托克廷风景道拥有丰富的历史遗产资源，一方面是关于南北战争主题的游径，另一方面是关于社区历史文化传统的老街道路。15号国道公路是南北战争旅游线路的重要路段。此外，沿线还新建了一系列进入历史城区中心和风景道社区的环线游径。

（五）住宿和餐饮设施

凯托克廷山风景道的餐饮与住宿设施主要集中在弗雷德里克县内。弗雷德里克县内过夜设施包括酒店、宾馆以及舱室等。酒店包括国家连锁酒店和当地商业酒店。游客来到凯托克廷山风景道旅游，可有多种不同的饮食选择，包括家庭旅馆餐饮、教堂餐饮、酒吧、民族美食及地方美食。除食物品质的保证以外，诸多餐厅还会提供独特的就餐环境。此外，在弗雷德里克县以及该区域内其他社区、城镇酒店，还提供了一定数量的会议设施，可供当地作家、艺术家以及各领域的咨询顾问在风景道沿线召开小规模且成本合理的研讨会。

为了游客能够更好地享受凯托克廷山的自然风光，开展户外游憩活动，公园内还修建了野餐区。野餐区一般提供大面积的草地作为活动场地，同时，在其附近修建有长椅、野餐桌，可供游客进行野餐。该设施对于儿童、老人或是残障人士很重要。

三、景观小品与植物配置

（一）景观小品。风景道景观组成元素除生态植物类以外，另一个重要组成部分就是建筑景观小品，其作用是增加风景道的灵动性、趣味性和观赏性。凯托克廷山风景道沿线建筑景观小品的设计与建造，遵循了灵活性设计原则，主要体现在材料上以本地材料为主，就地取材；颜色上，多使用自然色彩，如森林棕色等，充分考虑与背景环境的融合性；形态设计上，根据所依地势地形，因地制宜修建，使视觉效果更具有连贯性；同时，某些景观设计上，还充分考虑了当地历史环境与发展，使建筑体现历史并传承历史。

（二）植物配置。凯托克廷山风景道制定完整全面的路边植物计划，来提升路侧景观绿化。以当地传统植物为主，屏蔽杂乱景观视线的同时，实现了交通稳静化，最终实现游客在风景道上获得预想的旅游体验。

植物配置设计原则。一是将植被设计成微景观，配合公路驾驶速度，同时能够使游客充分感受道路安全区域，植物配置应当遵从主道路，如15号国道的设计；二是植被之间的间距需固定，且距离不应过远，以使驾驶者降低行车速度；三是沿着道路边缘将植物栽种在中央和安全区域外面。

根据凯托克廷山风景道道路及社区状况，结合当地生态环境和生态植被特征等，对这一区域的生态绿化总结，如表12-7所示。

在US 15公路和毗邻的住宅或商业发展区域里种植的树木，多使用原生植物，且植物选择与使用不拘泥于单一物种。此外，通过制定奖励政策与奖励机制，鼓励业主在其土地上种植植物。风景道生态景观的绿化，不仅可以减少经济发展带来的负面影响，还能使风景道上的每个人都获益。

此外，为了更好地保护风景道沿线的鹿，提出要专门建立植被管理计划，以限制草坪面积，最大限度地利用草甸灌木和树木，更好地解决生态环境问题。同时，还需要制定专门的鹿管理策略，以尽量减少鹿与汽车碰撞概率，例如使用定制的鹿围栏，以确保风景道附近的树木种植生长高度被修剪在啃牧线上方，保证鹿无法在道路两侧啃食，并从公路上设置足够的

凯托克廷山风景道绿化植物 表12-7

栽种区域	使用植被	作用
道路右侧 住宅社区	原生植物 原生松树 雪松 同混合较大的落叶乔木	• 阻挡视线和降低公路上的噪声 • 使用多种不同物种，强化公园路特征 • 减少对凯托克廷山风景道发展的影响 • 在廊道重要地点加强视觉兴趣点设计 • 草皮控制和土地稳固、解决浅斜坡水土流失等问题 • 陡峭斜坡侵蚀问题 • 在城镇进入口、陡峭堤坝，桥梁沿岸，或者重要的吸引物，使用色彩丰富的植被吸引游客注意力
道路沿线 道路右侧	本地野花 草皮 藤本植物 地面覆盖物 其他低增长草本或木本植物	

资料来源：Lardner/Klein Landscape Architects, P.C. etc. Corridor Management Plan for the US 15 Catoctin Mountain Scenic Byway:Chapter 4: Byway Management Strategies[R]. 2004, April: Page4-54-Page4-58.

安全距离等，来保护鹿的安全。

四、产品与线路

（一）产品设计

凯托克廷山风景道旅游产品主要有三类，分别为户外游憩产品、解说教育产品以及自驾游览产品。

1. 户外游憩产品。凯托克廷山风景道丰富的自然环境资源、历史文化资源以及游憩资源为风景道沿线开展多种游憩活动提供了资源基础，为游客提供了丰富多彩的游憩活动项目，包括远足、骑行、垂钓、狩猎以及购物等。

2. 解说教育产品。凯托克廷山风景道沿线遗留了诸多值得参观、探索和学习的历史遗迹，弗雷德里克县的发展历程、南北战争战场游径以及老街等，均是具有历史文化价值的旅游景点。另外，游客还能体验到历史发展过程中留下来的民族文化和宗教文化的遗址遗迹景观。最著名的就是弗雷德里克县内的历史文化线路：南北战争战场游径——展现了历史上葛底斯堡战役（Battle of Gettysbway）的遗址遗迹；老街风景道（Old Main Streets Scenic Byway）——带领游客探索古色古香的卡罗尔村庄（Carol Village）和弗雷德里克县城，使游客能充分感受和体会该地区的历史文化和民族特征；另外，还有切萨皮克和俄亥俄州运河风景道（C&O Canal Scenic Byway），可探索古运河的历史文化。

3. 自驾游览产品。凯托克廷山风景道所在区域，以及道路沿线所展示的良好自然品质和景观品质，为旅游者的自驾观光提供了条件。包括道路两侧不同的地理和植被景观、风景河道景观、瀑布山地景观，以及其他风景道的景观等。凯托克廷山风景道沿线最大的特点就是道路两侧拥有不同的地理和植被景观，西边的景观以丘陵和急深溪流为主，东边的景观则是以河谷为主，为自驾游观景提供了独特体验。同时，风景道沿线可以欣赏到莫诺卡西河道风景、洛夫山山谷风景、坎宁安瀑布景观，以及佩恩山全景等，这些珍贵的资源和游憩道路是开发自驾观光游览产品的重要依托。

（二）线路设计

凯托克廷山风景道有一条经典线路，该线路起点为马里兰州波因特夫罗克斯城，终点为埃米茨堡，沿途经过了最能彰显马里兰州历史、文化和地理的城市和村庄。该线路将凯托克廷山风景道沿线上最具自然观赏价值和历史考古文化价值的景点串联起来，既可以充分领略该区域的风光美景，也可以开展历史文化教育旅游活动。

该线路旅行总里程为104.8公里。

线路起点波因特夫罗克斯城是古朴的城镇，位于波托马克河东北岸。从此向北可到达卡罗尔顿马诺庄园农场，是欣赏广阔农田和迷人乡村的最佳地点。

继续向北行驶，就可以到达遗址区域，这里有南北战争国家博物馆等主参观点。再向北可进入弗雷德里克县城中心，游客可以进行多种活动。之后可参观希弗施塔特建筑博物馆和罗斯希尔庄园。从罗斯希尔庄园出来，接着向北，可以到达方廷岩公园自然中心。该景点是重要的自然栖息地，同时也集中展示了约1000年前的多个部落建筑。

再向北行驶，即可到达凯托克廷火炉。不远处是凯托克廷山野生动植物保护区和动物园和运河瀑布州立公园。在77号州际公路的北边是凯托克廷山公园，在这里，可感受公园带来的自然气息与美景，以及参观历史道路。接下来，沿着坎宁安瀑布以东的法科斯威路，穿过风景道，进入瑟蒙特镇。返回风景道，继续沿着东北方向行驶，就是圣伊丽莎白·安·塞顿国家神殿和卢尔德圣母教堂。风景道的最后一站是埃米茨堡，它曾经是历史上社会和商业活动的中心，有一定的社会历史代表性。

五、品牌与营销

依据《凯托克廷山风景道廊道管理计划》中营销与推广部分，凯托克廷山风景道营销设计了一套连续的、相互关联的宣传材料，以对风景道沿线旅游景点、旅游设施、事件活动等进行整体营销。

（一）营销目标

为实现风景道的可持续发展与影响力的扩大，凯托克廷山风景道营销计划提出了五个营销目标：将风景道本身作为旅游目的地进行宣传促销和推广；提升美国国内以及国际上对风景道内在品质的认知；扩大风景道的知名度以及认同度；巩固现有合作伙伴关系，同时，寻求新的伙伴关系；获得额外的资金资助，以支持风景道运营及发展。

（二）营销策略

凯托克廷山风景道营销采用了背驮式营销和旅游产品包两种策略，针对每种营销策略，均有具体的活动开展方式及说明。

背驮式营销。该营销策略是指充分利用政府、企业、地方组织等相关机构与部门的资源，各尽其责，采取多种合作方式对风景道进行营销推广。具体来说，主要有以下五个方面：一是推进马里兰旅游发展部门与旅游组织合作，建立伙伴关系，提供区域市场营销和联合推广的机会；二是鼓励在游客服务中心和服务区进行广告宣传，修建信息亭等基础设施；三是建议马里兰州旅游发展办公室举办或参加各种不同的商贸展示会，促进马里兰旅游商贸交流；四是使用电子和公共关系营销，给游客发送营销信息；五是将风景道网站搭载到马里兰州旅游发展营销网站平台。

旅游产品包。该策略是指将风景道资源、设施及活动，通过整合包装成为旅游产品包进行整体营销推广的策略。主要有以下四个方面：一是将风景道整体打包为旅游产品进行营销，招徕更多旅游者，并延长旅游停留时间；二是灵活设计旅游产品包，将不同类型的旅游景点进行有机组合，以吸引不同兴趣爱好的团队游客，并为游客提供自主选择机会；三是区域游客中心可以提供个人门票，以及提供该地区旅游产品包；四是针对乘坐游览车和观光巴士的团队游客的营销，营销材料制作须考虑独立的旅游巴士运营商和参加展销会的大财团的需求。

（三）营销方式

凯托克廷山风景道营销方式主要有以下三方面，即媒体营销、网络营销和节庆活动营销。

媒体营销。强调采取创造性的公众关系技巧，以提高风景道营销宣传力度。充分利用媒体进行营销，鼓励媒体多宣传凯托克廷山风景道及旅游景区景点的历史文化等特色故事，提升知名度和信誉度。媒体营销中要重视电子媒介及报纸、杂志、媒体的利用。重要的是，要充分利用媒体发布和第三方出版研究作品，来对风景道、旅游景区景点和特色物产进行有效的营销宣传。

网络营销。凯托克廷山风景道网络营销主要是依托伊密斯伯格网（www. emmitsburg.net）设置自己的网页。为吸引游客的关注，在对游客搜索习惯基本要素充分考虑的基础上，来设计网页。网页列出了风景道沿线及廊道地区餐饮、住宿、酒店、博物馆、事件和旅游景点等信息，并提供了地方企业的联系信息，使得旅游者可根据自己兴趣，便捷地寻找到更多的信息。同时，网页还为游客提供地图及引导，便于他们更容易找到旅游路线。此外，风景道网页还实现了链接到其他组织、搜寻机构、酒店预订、旅游目的地等网站，能够为风景道旅游者提供旅行规划、食宿、旅游景点和节庆活动等的更新信息。

节庆活动营销。凯托克廷山风景道开展一系列主题突出、内容丰富、趣味性强的节庆活动。如每年9月中下旬举办的弗雷德里克博览会（The Great Frederick Fair）是风景道所属的弗雷德里克县最重要和最盛大的节庆活动之一，活动历时10天左右，被誉为弗雷德里克县“秋天最美的日子”。博览会期间，举办的音乐会、农产品展览、手工制品展览、歌舞狂欢表演、收割比赛等一系列精彩的活动，不仅受到游客青睐，更是对弗雷德里克县经济发展、社会文明和风俗文化的最佳展示。此外，温伯格艺术节（The Weinberg Arts Festival）也是一个极具特色的节庆活动。该活动于每年8月、9月和10月在弗雷德里克县温伯格中心举办。期间推出专业音乐会、舞蹈表演、戏剧演出、经典电影等系列艺术展演，在丰富地方民众文化生活、提升精神品质的同时，吸引了大量游客参与。

12.4 管理营运

12.4.1 管理体制

凯托克廷山风景道作为马里兰州境内的国家风景道，其管理工作由国家、州与地方、非政府组织等三个层面共同进行，管理组织结构如图12–3所示。

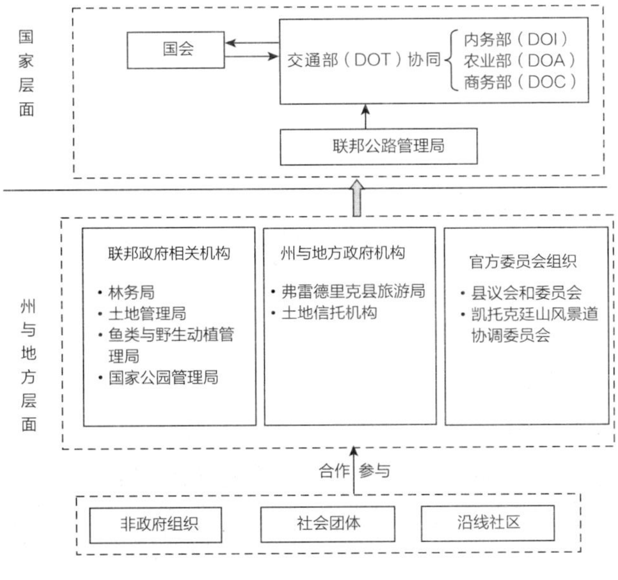

图12–3 凯托克廷山风景道管理组织结构

资料来源：Lardner/Klein Landscape Architects, P.C. etc.Corridor Management Plan for the US 15 Catoctin Mountain Scenic Byway, Chapter 5:Implementation[R]. 2004, April:Page 5-5–Page 5-11.

国家层面，即在美国国会授权下，由交通部协同内务部、农业部以及商务部宏观指导风景道的发展，并指定联邦公路管理局对其进行直接政策指导与管理。

州与地方层面，风景道路的管理工作主要由弗雷德里克县旅游局、地方土地信托机构、国家公园管理局和马里兰州自然资源部、县历史保护委员会、凯托克廷山风景道协调委员会等共同负责。

弗雷德里克县旅游局致力于促进和发展旅游业，其工作任务与职责主要是：负责与风景道相关的旅游促销和营销活动（包括确定优先旅游推广和营销行动，广告及宣传、网站开发建立等），以及风景道解释性说明活动的规划。其中，解释规划由国家公园管理局和县历史保护委员会，以及当地社团共同合作，旅游局在合作中起领导作用，国家公园管理局和历史委员会以及历史社团则分别负责自然和历史资源解释与保护。

国家公园管理局主要工作是对切萨皮克和特拉华州运河和凯托克廷山公园，以及其他公园进行协调管理。同时，与马里兰州自然资源部门合作，保护现有的公共公园和林地，以及与其相连的土地。县历史委员会则负责风景道沿线历史保护活动。

地区间的土地信托机构主要负责风景道沿线土地利用和所经州县农田保护等。土地信托机构具有非农业用地保护项目资格的土地保护地役权，鼓励土地所有者自愿将保护风景道沿线土地作为地役权保护地。

凯托克廷山风景道协调委员会主要职责则是为风景道申报国家提名、向联邦公路管理局申请资金支持、开展早期组织活动，制定长远的规划安排。

一些非营利性组织，在风景道筹集资金、配合政府管理与规划工作、土地地役权的交付以及土地保护利用等方面，起到了重要作用，主要包括非政府组织、社会志愿者、沿线社区等。

12.4.2 资金资助

12.4.2.1 资金来源

凯托克廷山风景道作为一条品质优良的国家风景道，在其规划发展过程中获得了各种资金与融资支持。资金主要来源于联邦政府层面和其他资金资助，其中，来自联邦政府层面的资金是主要的资金来源。

（1）联邦政府层面资助

这一层面的资金来源可细分为国家风景道基金、国会拨款和联邦政府层面的其他资金等三个方面。

国家风景道基金。作为国家风景道，凯托克廷山风景道获得来自联邦公路管理局的国家风景道基金。

国会拨款资金。主要用于促进旅游业和经济发展相关项目，范围主要在农村地区。资金用于提供项目技术援助，帮助受助人在承接房屋、社区设施、社区和农村经济发展等领域的发展，制定或提高当地自我发展能力。如2003年，美国农业部农村社区发展计划（Rural Community Development Initiative），为农村社区发展计划拨款约600万美元，这一资助资金需要20%的配套资金。

联邦政府资金主要有：

美国农业部资金。通过国营和私营林业计划，提供资金资助，以更好地利用和促进森林管理。同时，美国农业部自然资源保护局还提供了技术和财政支持，以保护和恢复湿地生态。

土地和水资源保护基金（Land and Water Conservation Fund）。土地和水资源保护基金提供配套补助金，为联邦、州和地方政府购买土地、水资源和湿地等提供资金支持，以支持国家和地方政府对市民户外休憩区和设施的购置与发展。该计划旨在创建和维护全美范围内高品质的休憩场所与设施，并鼓励民间对保护和维修休憩设施进行投资。

北美湿地保护法资金。这些资金用于资助美国、加拿大和墨西哥的湿地保护项目，资助额度从5万美元至1亿美元不等。主要是为湿地项目或保护湿地/高地栖息地提供资金。

国家鱼类和野生动植物基金会资金。该基金会提供资金，用于保护陆地上和海洋里的鱼类、野生动物和植物种群等。通过相互尊重的伙伴关系、可持续的方案以及更好的教育等，来保护和改善切萨皮克湾流域野生动植物资源，同时，建立了公民参与管理制度。

（2）其他资金

凯托克廷山风景道其他资金主要来自地方政府、社区、社会团体以及个人等的资金资助，其中，最为主要的是两个地方层面的社区资助计划：

一是社区发展整体补助计划。这一计划主要为风景道整体环境改造、社区环境改造、低收入和中等收入者提供资金支持和补助等。地方政府补助主要包括提供住房、建立公共设施和开展经济发展活动等。

二是社区传统计划。该计划是一个持续的项目，主要是为以帮助现有社区全面发展、实现社区振兴、实施提高市民生活为目的的项目，提供财政援助。

12.4.2.2 国家风景道基金资助

凯托克廷山风景道作为“国家风景道”，1992—2012年间，共计有4年获得国家风景道基金资助，资助总额达到254480美元。

2005年，凯托克廷山风景道被认定为“国家风景道”，当年首次获得了国家风景道基金44480美元，约占当年全美对所有国家风景道资助的0.2%，主要用于对凯托克廷山风景道的宣传营销。2006年获得国家风景道基金60000美元，约占当年全美对所有国家风景道资助的0.23%，主要用于资助对凯托克廷山风景道门户区提升和寻路项目。2007年获得国家风景道基金25000美元，约占当年全美对所有国家风景道资助的0.08%，主要用于资助对凯托克廷山风景道廊道管理计划实施。2008年获得国家风景道基金125000美元，约占当年全美对所有国家风景道资助的0.32%，主要用于资助对凯托克廷山风景道廊道管理计划实施和弗雷德里克乡村游客中心解说展览。

2008年以后，国家风景道基金没有再对凯托克廷山风景道提供专门的资金资助。

第六部分

文化型风景道

第13章　伍德沃德大街（Woodward Avenue）

如果说百老汇=剧院，拉斯维加斯地带=霓虹灯和赌场，罗迪欧大道=高级时尚与珠宝，那么伍德沃德大街=汽车。伍德沃德这一汽车城，将世界放在了汽车轮子上。伍德沃德大街作为美国汽车文化遗产体现在其沿线著名的工业综合体、办公楼、居民区、世界闻名的博物馆和文化机构。行驶在这条43.5公里的道路上，你可以拥有一段极具乐趣和教育意义，以及富有运动性的体验，这便是美国人对汽车的热爱。

If Broadway = Theater, Vegas Strip = Neon and Casinos, Rodeo Drive = High Fashion and Jewelry, then Woodward = The Automobile. The Motor City and, in particular, Woodward Avenue put the world on wheels. The impact of America's automobile heritage is represented along this corridor in famed industrials complexes, office buildings, residential mansions, world-renowned museums and cultural institutions. Cruise up this 27-mile byway for a fun, educational and sporting experience that defines America's love for the automobile.

——美国国家风景道计划对伍德沃德大街的评价

资料来源：National Scenic Byways Program Collection of America's Byways® Designated by U.S. Secretary of Transportation.

伍德沃德大街机动车遗产游径（Woodward Avenue M-1-Automotive Heritage Trail，以下简称伍德沃德大街）廊道内具有丰富的资源，作为一条具有较大影响力的文化型风景道，其文化和历史品质突出，同时展现了一定的自然品质。该风景道于2002年入选为国家风景道，成为美国国家风景道体系中为数不多的一条城市文化型风景道。伍德沃德大街是汽车工业诞生的地方，也是世界汽车文化的重要发源地，具有重要的历史文化价值，并对底特律城（Detroit City）的发展起到了至关重要的作用。与此同时，伍德沃德大街为外来游客提供旅游体验机会，提供文化遗产观览、户外游憩活动等游憩产品，成为具有丰富的历史文化内涵的旅游目的地。

13.1 概况与发展历程

13.1.1 概况

伍德沃德大街，位于美国北部的密歇根州，是城市交通干道，具有近百年的历史，是汽车工业诞生的地方，也是世界汽车文化的重要发源地，对底特律城的发展起到了重要作用。与此同时，伍德沃德大街还为外来游客提供丰富的汽车文化体验场所和机会，成为著名的美国汽车文明的历史文化旅游目的地。这段长达43.5公里的街道从美国密歇根州自东南向西北方向延伸，连接了底特律城与庞蒂亚克城（Pontiac），跨越了韦恩县（Wayne）和奥克兰县（Oakland）两县，穿越多个市政区和街区，是密歇根州第一条受到联邦公路管理局盛誉的车行道（图13-1）。因此，基于其突出的历史文化价值和重要性，于1999年被指定为“密歇根遗产线路”，2002年又入选为“国家风景道”。

13.1.2 发展历程

伍德沃德大街的形成与发展经过了一个较为漫长的过程，是伴随着底特律城的建设与更新，而逐步发展成为美国著名的城市文化型风景道。

18世纪早期，底特律城因其所处底特律河的优越地理位置，使这里成为美洲土著部落的聚集地之一。

图13-1 伍德沃德大街地理位置

资料来源：M-1（Michigan highway）[EB/OL]. https://en.wikipedia.org/wiki/M-1_(Michigan_highway)，2017.

现如今伍德沃德大街所在的地区原为法国及英国的殖民地，当时的土著居民所使用的萨吉诺小径（Saginaw Trail）是密歇根州从东南到西北的主要贸易和交通运输线路，也是伍德沃德大街的雏形。

19世纪初，底特律城发生了一场火灾，此后，整座城市只剩下一处石制建筑及底特律城堡。随后的城市建设中，奥古斯塔斯·伍德沃德（Agustus Woodward）担负起了城市规划和建设的重任，并制定了包括六边形、环形广场以及宽阔大道等在内的城市规划方案，这一方案为伍德沃德大街的发展奠定了基础；1824年，伍德沃德大街扩建至庞蒂亚克城，统治者立法要求在该地建设收费公路；19世纪中期，政府因无力承担伍德沃德大街维修费用，逐渐将其转让给了私人公司。与此同时，汽车产业逐渐壮大，并带动了相关企业发展，促进了地区社会经济的进步。与此同时，占地140公顷著名的帕尔默公园（Palmer Park）沿着伍德沃德大街修建，并成为底特律城的重要公共休闲场所，也为伍德沃德大街成为重要的休闲游憩地提供了条件。

20世纪初，随着汽车产业不断发展，人们对道路的需求越来越高，道路建设技术水平也不断提升。伍德沃德大街到庞蒂亚克城的道路沥青铺面完成，并拓宽为8车道的大街，福特、通用、克莱斯勒等品牌纷纷驻扎于此。而汽车工业以及相关产业的繁荣发展，也促进了底特律城的不断发展，仅1910年到1920年间，城市的人口就从465766人增长了993678人，人口总数约增长了两倍。到1920年代初，底特律城的伍德沃德大街已成为美国最繁华的中心地之一。伍德沃德大街每10个小时就有约18000辆车从此经过，它曾取代了纽约时代广场的百老汇，成为最繁忙的城市中心地，并创造了该城市43%的财富。

20世纪60年代后期，美国《国家环境政策法案》出台，通过运输法案要求综合协调交通运输功能、环境生态保护、社区价值的理念，强调道路设计中要综合考虑各因素，伍德沃德大街作为城市文化型街区的发展与保护问题受到重视。自20世纪90年代以来，伍德沃德大街发展进入了一个新阶段，具有近百年历史的伍德沃德大街沿线认定了300余处历史遗址场地。

13.2 基本条件

13.2.1 交通分析

伍德沃德大街作为线性旅游吸引物，有着较好的道路可达性。风景道外部交通连接设施十分便利，通过底特律新城机场可以航空方式进入，而通过特拉克铁路则可以铁路方式进入。风景道内部交通连接设施也很发达，底特律城有不同等级的出租车服务及租赁公司，适合不同需求、不同收入的游客；此外，人行道系统和自行车设施等完善，自行车租赁服务也很便利，游客可以非常便利地骑着自行车进入并游览伍德沃德大街。

值得一提的是，伍德沃德大街的大部分区域是限制商业车辆进入的，并对商业车辆进行较为严格的管制。

13.2.2 品质分析

伍德沃德大街廊道区域内的文化和历史品质较为突出，其中历史品质表现在汽车遗产和音乐，以及建筑、设施、场地和沿线的重要地标方面；而文化品质则主要表现在建筑、设施、场地以及节庆、典礼、游行、集会等文化元素，对风景道历史上发生的事件有贡献的方面。此外，其独特的自然资源也展现出一定的自然品质。

一、历史品质

伍德沃德大街是城市交通干道，有着近百年的历史，是世界汽车文化的发源地。300余处历史遗址，在世界、全美、密歇根州以及现有土著居民中都有着重要意义，其中有7处国家地标建筑、269处州级或联邦指定保护单位，以及37处历史街区。这些历史场所多以教堂、历史街区、古建筑等形式得以保存。例如，汽车城建筑（Motown Building）及斯图贝克工厂（Studebaker Plant）都是展现汽车及音乐历史文化的重要场地。福特高原公园（Ford Highland Park）是密歇根州历史上最著名的建筑，也是美国五大著名建筑之一，还是工业大众化生产的场地，是现代的集中生产线。

二、文化品质

伍德沃德大街作为汽车文明的发源地以及社区活动中心，在创造资本和财富的同时，更是衍生出多元文化，吸引了大批居民到此定居，并保存了丰富的社区文化。其文化品质主要以公共建筑实体和节庆活动的形式得以保存和延续。公共建筑实体主要包括博物馆、戏院、文化艺术中心及图书馆，如克兰布鲁克艺术博物馆（Cranbrook Art Museum）、底特律公共图书馆（Detroit Public Library）、福克斯剧院（Fox Theatre）、新底特律科学中心（New Detroit Science Center）等。

三、自然品质

伍德沃德大街坐落于底特律城，底特律河流经其南段，沿途有着优美的自然风景。该地区设有美国第一个国际野生物避难所——底特律河国际野生动植物保护区（Detroit River International Wildlife Refuge），其位于鸟类迁徙至加拿大的迁徙廊道线路上，是29种水鸟和300多种迁徙鸟类的栖息地。岛屿、湿地、沼泽、浅滩以及滨河景观都具有较高的自然品质。

13.2.3 市场分析

伍德沃德大街所在区域是汽车工业的诞生地，也是世界汽车文化历史的重要发源地，为外来游客提供文化遗产观览、户外游憩活动等机会，因此，能够吸引不同区域和层面的游客。

从空间区域看：伍德沃德大街的客源市场可以分为三级：该风景道所属的密歇根州及周边地区，是最稳固、最主要的一级市场；美国境内其他州的游客是二级客源市场；世界范围内对美国汽车文明感兴趣的游客是三级客源市场。

从属性上来讲：伍德沃德大街的客源市场可分为汽车文化爱好者、城市户外游憩者，以及美食与文化艺术爱好者。首先，伍德沃德大街对汽车文化爱好者有着巨大的吸引力；其次，伍德沃德大街作为文化城市型风景道，凭借底特律河和野生物避难所良好的自然环境条件，对城市户外游憩者有着较好的吸引力；再次，伍德沃德大街开发了丰富主题的美食，营造了浓厚的文化艺术氛围，受到美食与文化艺术爱好者的青睐。

13.3 开发建设

13.3.1 目标与形象定位

2006年出台的《伍德沃德大街廊道管理计划》（Woodward Avenue Corridor Management Plan）在对道路交通分析、道路资源品质评价分析、市场分析进行研究的基础上提出了发展目标与战略。总体目标是：维护包括道路及其周边社区在内的整个地区的活力，实现道路与周围环境的可持续发展。具体来讲：通过保护、提升及维护廊道的内在品质，提升审美价值并提供友好的步行空间，规划成为旅游目的地，吸引并扩展新的业务支持，有效组织合作管理等使分目标予以实现，同时为使每一个分目标能够实现又制定了相应的战略（表13-1）。

13.3.2 规划设计理念

伍德沃德大街作为城市历史文化街区，具有重要的历史文化资源价值，其规划与设计原则除强调灵活性设计外，也强调了资源原真性、保护性、文化活化以及多利益主体合作等原则。

灵活性设计原则。强调在道路工程建设中因地制宜地使用各道路建设指标，包括协调设计和超标设计。由于伍德沃德大街作为城市历史文化型街道，有

伍德沃德大街规划目标及其战略　表13-1

总目标	维护包括道路及其周边社区在内的整个地区的活力，同时实现道路与周围环境的可持续发展
分目标	战略
1. 保护、提升和维护风景道内在品质	1-1明确和记录所有历史、文化和游憩资源； 1-2创造机会，协调各社区、邻里协会、非政府组织和其他私人组织之间的关系； 1-3提供机会，加强伍德沃德大街文化机构和节庆组织者之间的合作，营销提升其内在资源，提升合作和参与的机会
2. 伍德沃德大街审美价值的提升，并提供友好的步行空间	2-1为社区、邻里街区等非政府组织提供资源、信息和机会，并提升廊道； 2-2明确廊道沿线11个社区的物质性和社会性发展战略
3. 伍德沃德大街作为旅游目的地	3-1创造、提升营销规划； 3-2提升旅游质量，通过应用旅游设施等营销
4. 提升风景道资源吸引力和扩展新业务，使伍德沃德大街成为密歇根文化、遗产和经济活动中心	4-1开发并提升旅游经济基础，提升现有的旅游设施并创造高就业率的旅游岗位
5. 以有效的合作组织形式管理风景道	5-1采取行动鼓励伍德沃德遗产小组有效地实施廊道管理计划； 5-2保证基金供给，实施项目提升

资料来源：Woodward Heritage Team. Woodward Avenue Corridor Management Plan-update [R]. 2006，9:21-25.

着百年历史，道路整体已经形成，但是因年代久远而导致的道路使用过度等问题需要在维护改建中予以解决。这就要求在改建过程中，既要充分考虑原有道路状况，又要充分考虑现有道路技术标准和道路景观特色，做到改建既符合道路使用要求，又能突出历史文化资源保护和道路景观特色。

原真性原则。作为城市历史文化街区，伍德沃德大街有着见证了汽车从诞生到兴盛发展的珍贵的历史文化资源，真实地呈现出不同发展时期的状况，并为旅游者提供了难忘的体验，因此资源的原真性保护就极为重要。

保护性原则。伍德沃德大街历史文化品质需要得到完整的保护，同时，道路作为社区的主要公共场所，又必须为居民日常生活提供充分的服务功能，因此，需要强调在资源保护的前提下，进行道路更新发展和改造升级。

文化活化原则。伍德沃德大街沿线保留有大量不同时期的建筑、博物馆、教堂等，这些资源多为静态的历史文化遗产，因而，需要采取较为灵活的措施加以活化，以再现汽车繁荣时代的胜景，同时丰富游客的旅游体验。

多利益主体合作原则。作为城市干道的伍德沃德大街，涉及众多的利益主体，需要多利益主体之间的通力合作与协作，以实现道路、社区和环境之间的可持续发展。

13.3.3 建设要素

一、道路工程

路线选择。作为城市历史文化型街区，在更新和改建中，除了需要考虑道路在城市中的布局合理性、交通安全性和方便适用性以外，还应当综合、全面地考虑道路规划建设的主题和意义。道路路线选择应能够串联起该区域最具历史文化价值的景区景点，通过灵活性设计街道线路走向，最大化观赏当地的历史文化景观，实现道路通行与道路景观的综合最优。

伍德沃德大街在进行更新和改建时，在线路选择中提出了以“历史文化景观观赏最大化”为主的理念。伍德沃德大街廊道区域内的汽车文化是其最为突出的历史文化景观，表现在建筑、设施、场地以及沿线的重要地标方面，其中最有特色和价值的是众多的汽车产业遗址。

伍德沃德大街为了更好地展示汽车文化景观，在道路线路安排设计上，有意识地将汽车文化遗址考虑进来，使道路沿线能够经过最多、最具有观赏价值的汽车遗址景点，并专门形成了“汽车遗产游径与公共艺术之旅”和“汽车工厂诞生地之旅”等旅行线路。

道路平面几何。伍德沃德大街作为底特律城市主干道，支撑着城市交通系统的运行，同时也是社区居民生活的公共空间。因此，伍德沃德大街更新和改建工作，必须综合考虑社区居民生活、道路周边环境、工程技术难度、工期以及资金等众多因素条件。

为了提升道路的功能，满足社区多样化需求，以及高效、健康、经济和社区协调发展等多目标，伍德沃德大街道路工程提升改造，以综合关联性设计（CSS）理念为指导，因地制宜地对部分路段、部分道路元素进行提升改造。主要措施包括了增加路宽、增设非机动车道（自行车道和人行道），并将重点提升改造路段分为四个区域，分别为：城市、郊区、城郊混合带、I-696立体交叉带（表13-2）。

伍德沃德大街路侧要素规划主要是针对路侧安全设施提升和标识标线改造（图13-2），与此同时，还包括提升街景的规划建设、美化市容、更新路缘石等。

路侧安全设施。伍德沃德大街安全设施提升主要涉及照明、交通信号灯、路旁行道树等。伍德沃德大街不仅是城市主干道，同时也是社区居民生活的公共空间，其照明设施、交通信号灯以及路旁行道树等设施是影响道路安全的主要因素，因此，密歇根州交通部致力于这些设施，尤其是交通信号灯的改造提升，以实现街道的交通和道路安全性的提升。

图13-2 伍德沃德大街标识牌

路侧标识标线。一方面结合道路改造中对于路侧交通安全设施的设计，对机动车道的方向加以标识，方便自驾车出行；另一方面，在非机动车道辅以相应的标识牌和解说牌，为非机动车使用者提供服务。

二、游憩服务设施

伍德沃德大街游憩服务设施的规划设计中，综合考虑了道路的文化体验和观赏性，以及驾乘人员、游客和道路沿线社区居民的需求，实现了交通、旅游、休闲、购物、教育、生态和环保的综合最优。伍德沃德大街的游憩服务设施主要包括：道路引导标识、解说设施、住宿和餐饮设施、交通连接设施以及其他户外游憩设施等。

（一）道路引导标识。伍德沃德大街的道路标识，在不影响城市基本交通引导的前提下，统一道路标识风格与样式，采用了特色Logo，形成了一套完整地体现伍德沃德大街历史文化内涵的标识系统，为更

伍德沃德大街无机动车规划区域及措施　　表13-2

区域	城市（Urban）	郊区（Suburban）	城郊混合带（Hybrid）	I-696立体交叉（Grade Separation）
提升措施	• 消除外部车道； • 迁移路旁停车场； • 扩宽人行道横截面，宽度不低于2.4米； • 增加1.5米路侧自行车道	• 消除外部车道； • 扩宽人行道横截面；宽度不低于2.4米； • 增加3.7米独立的自行车道； • 提升改造街景	• 消除外部车道； • 迁移路旁停车场； • 扩宽人行道横截面，宽度不低于2.4米； • 增加3.7米独立的自行车道； • 在各停车场间，增加1.2-1.8米的景观隔离带	• 在伍德沃德大街与主体构筑物之间，增加14座自行车桥； • 为自行车骑行者提供空间； • 自行车与人行道相分离

资料来源：Woodward Avenue non-motorized plan [EB/OL]. http:\\www.giffelswebster.com.

好地引导游客游览发挥了重要作用。

（二）解说设施。伍德沃德大街的解说设施包括游客中心、解说标识、博物馆与展览馆等三部分。

游客中心。道路沿线共设有三处游客中心，为游客提供旅游信息服务，即底特律城地铁协会及旅游办事处（Detroit Metro Convention & Visitor Bureau）、底特律墨西哥镇国际欢迎中心（Detroit Mexican Town International Welcome Center），底特律城区欢迎中心（Detroit Downtown Welcome Center）。

解说标识。主要是对历史街区、文化遗址遗迹、城市地标景观等历史和文化内涵进行说明和展示。

博物馆及展览馆。伍德沃德大街沿线存有多处展现其独特历史文化的古老建筑物，主要包括汽车工业遗址、教堂等。其中，汽车工业遗址由于保留了不同历史时期的风貌和特征，部分已经进行了功能转换，被改造成博物馆、艺术展览馆和剧院等公共场所。

（三）住宿和餐饮设施。由于地处历史上繁盛一时的城市地区，伍德沃德大街沿线建有餐饮、住宿及购物服务等完善的接待服务设施。

住宿设施。伍德沃德大街沿线有着从汽车旅馆到高级宾馆等不同类型和等级的住宿设施，且主要分布在庞蒂亚克、伯明翰，以及底特律城等地。

餐饮设施。由于历史上汽车制造等产业的繁荣，底特律城吸引了大量外来人员，包括亚裔、非裔及墨西哥裔的居民，饮食口味趋于多样化，道路沿线分布着众多的、多元化的餐饮设施。

购物设施。伍德沃德大街也是城市历史文化街区，购物是其一大特色。道路沿线规划建设了大量的别具特色的购物点，涵盖汽车、饰品、家庭用品、男士服装、女士时装、个性化服务以及专业服务等多方面，以满足游客的不同需求。同时，风景道管理委员会还对这些购物点进行了统一规划管理，为游客提供宾至如归的购物引导服务。

（四）交通连接设施。主要包括停车场与游径慢行系统。

停车场。伍德沃德大街地处城市市区，为了满足本市居民通勤和旅游者游览的需要，尤其是徒步游览的需要，沿途规划建设了大批停车场。伍德沃德大街的停车场主要是依托城市的各项功能设施而建，包括办公楼、景区景点、公园以及商场等，同时，规划建设了一批路边停车场，供游客或居民临时停车使用。

游径慢行系统。通过大量的自行车换乘设施规划建设，为步行者及自行车骑行者提供便捷的交通换乘和良好的旅行体验。为了满足旅游者步行游览的需要，伍德沃德大街专门编制了非机动车规划（Woodward Avenue non-motorrized Plan），包括规划建设了13.2公里长的枫树道路，以在满足步行者及自行车骑行者旅行体验的同时，加强与道路沿线社区的联系。通过非机动车规划的编制，对慢行系统进行了提升和改造，提升措施主要有：减少车行道的数量，尽可能地加宽人行道；在道路两侧均增加专用自行车设施；对机动车行驶速度进行限制，限制车速为56.3公里/小时等。

（五）户外游憩设施。伍德沃德大街在户外游憩设施规划建设方面，突出城市型风景道的优势，不强调进行新设施的建设，充分利用道路沿线已有的游憩设施（如游憩公园、花园、动物园、健身场所、游乐园与游戏区和城市露天剧场等）进行提升改造。

三、景观与环保

伍德沃德大街在改造建设过程中，注重将道路工程项目建设与周边环境保护协调统一。对历史文化景观的保护，坚持以“最少的规划和最大的保护”为指导原则，充分利用道路沿线已有的历史遗留建筑，辅以汽车文化景观小品，营造了独具特色的汽车工业和历史文化主题的道路景观。同时，利用历史遗留建筑小品，或保留原有功能，提供服务，或整修提升，成为追忆往昔的载体；通过提升景观小品的历史文化特征，与伍德沃德大街发展历程契合紧密，强化了旅游者对该道路的认同感。

伍德沃德大街将道路工程建设与历史文化环境保护有机协调统一起来，其具体措施如表13-3所示。

四、产品与线路

（一）产品设计

作为旅游目的地，为了丰富社区居民的日常休闲生活，以及丰富外来游客旅游体验，伍德沃德大街为

道路工程建设与历史文化环境保护措施　　表13-3

	主要方式	基本措施
工程建设	减少能源消耗	严格控制交通信号灯的数量与位置 安装节能灯 规划公交优先车道 相关机构出入通道的共同使用
	减少资源消耗	优先使用当地的工程材料，包括改扩建遗留的建筑材料 较少的路灯柱或悬吊式路灯系统设计 可回收材料的再利用
环境保护	减少对环境破坏	为保护街道原有历史遗迹而灵活地改移位线 设置围栏保护路旁行道树 透水路面车行道 相互连接的生态排水管 最大限度地减少施工痕迹
	支持健康城市社区生活	文化古迹和历史资源的翻新和保护 多样性的植物选择与栽种 降噪、减振路面材料 街道公共艺术 紧急车辆出入口 独立自行车道 废物桶和回收桶

资料来源：Woodward Avenue Corridor Management Plan-update [Z]. Woodward Heritage Team, December 2006.

当地居民和外地旅游者提供了多种旅游产品，主要包括汽车文化遗产游览产品、户外游憩活动产品、节庆活动产品三类。

汽车文化遗产游览产品。汽车产业曾经是底特律城最大产业，因此，廊道范围内保留了多处知名汽车企业的办公场所，很多汽车制造业及相关的零件生产企业（如福特汽车、通用汽车总部、奥克兰汽车分部、克莱斯勒公司等）都位于伍德沃德大街廊道范围内。目前这些建筑物虽已失去原有的功能，但保留了历史时期的风貌和特征，部分已作为博物馆、艺术展览馆、戏院等公共场所对公众开放，部分作为底特律城的地标式建筑景观得以保护和留存。

户外游憩活动产品。为提供丰富的公共活动空间及户外活动机会，伍德沃德大街的规划者编制了《非机动车规划》，开发了自行车和徒步旅游项目。同时，借助其城市街道空间、邻近底特律河和野生物避难所的地理位置，开发了很多户外游憩活动，为市民及外地游客提供休闲游憩机会，如自驾车游、骑行、徒步游、游艇、滑冰、市区攀岩、野外观察等。

节庆活动产品。社区文化与汽车文化是伍德沃德大街地区文化体系的核心，围绕这些主题，开展了各式各样的节庆活动，如底特律艺术节（Detroit Festival of Arts）、底特律乡村舞会（Detroit Hoedown）、底特律国际爵士音乐节（Detroit International Jazz Festival）、密歇根州博览会（Michigan State Fair）、底特律电子音乐节（Movement：Detroit's Electronic Music Festival）、美国北部国际汽车展览（North American International Auto Show）、伍德沃德之梦巡游节（Woodward Dream Cruise）等，既丰富了本地社区居民生活，也吸引了大量外地游客。

（二）线路设计

由于伍德沃德大街拥有丰富的游憩活动产品，如何根据游客的兴趣爱好及休闲时间，合理安排游览路线显得尤为必要，对伍德沃德大街设计了8条游览线路，每条线路都独具特色，具体如下：

1. 汽车遗产游径与公共艺术之旅。该主题之旅提供语音导览，可分为三段进行游览：底特律城闹市区历史建筑之旅，包括了在历史上发挥过重要作用的建筑及地标，如罗布斯科特大厦（Nuobusikete Building）、福克斯剧院等；底特律中心市区亮点之旅，主要包括世界级的文化机构，如查尔斯·H·赖特非裔美国人历史博物馆（Charles H. Wright African American Museum）；底特律城闹市区亮点之旅，主要包括能容纳13000人的剧场、三个体育场馆等。

2. 城市风景道户外之旅。该线路可骑行游览公共艺术品（操舵室、哈特广场、福特车库），步行游览文艺复兴中心、冬季花园，在希腊小镇用午餐，在钻石杰克河乘船游览，在卡莫利加公园观看底特律老虎队的棒球比赛；可游览美国最古老的动物园之一——底特律动物园；在伯明翰享用午餐后，开始克兰花园之旅；在罗亚尔欧克享用晚餐后，返回底特律城公园，参加疯狂夏夜音乐会。

3. 汽车工厂及音乐诞生地之旅。该游览线路提供了两条参考路线：第一条，汽车工厂诞生地线路：第一条城市高速公路—第一个交通照明灯—第一公里混凝土公路，体现伍德沃德大街作为世界上最能展现汽车发展史的地方，其意义非凡。第二条，音乐诞生地线路：伍德沃德大街上充满激情的艺术家与音乐家创作的美妙音乐不时响起的公共艺术路段，吸引了来自全世界的顶级音乐家。

4. 疯狂小孩专题游。这条专门为小孩设计的游览线路。在克兰布鲁克科学研究所和天文馆，进行科学、技术以及自然历史的探索；在底特律城闹市区的滨河区域—美国或拉斐特科尼岛—花园杯，开展滨河溜冰、观览手工艺以及享受当地美食。

5. 自行车及赛格威专题游。包含自行车主题游和底特律城赛格威区闹市之旅两条线路。

自行车主题游由操舵室提供，包括为不同水平的自行车爱好者提供一系列的向导式旅游服务，根据不同游客、企业、家庭等的兴趣，设计专门的主题线路。如底特律城建筑主题游、社区游乐设施主题游、汽车遗产主题游等；赛格威之旅是为游客提供以赛格威（Segway）电动车为交通工具的环城之旅。

6. 教堂专题游。教堂专题游选择了该地区最著名的两座教堂，一个是国家小花神社，另一个是庇护所。国家小花神社成立于1925年，是天主教的教区。其教堂是建筑装饰艺术风格的典范；庇护所是摆脱奴隶制于1984年成立的第一个公理教会，同时它还是地下铁道的庇护所。

7. 美食与娱乐专题游。美食与娱乐之旅又可分为四个板块。伯明翰午餐：沿着伯明翰街漫步，沿线到处都是不同风格的时尚餐厅；底特律城闹市区的休闲娱乐之旅：可在120家酒吧和餐馆以及多个公园内进行休闲娱乐；底特律城市夜生活与娱乐：享受底特律城最好的餐厅、最热闹的酒吧及俱乐部，享受特色的美食与饮品，欣赏夜景；罗亚尔欧克美食之旅：沿伍德沃德繁华迷人的大街，感受郊区小镇的活力，品尝罗亚尔欧克餐馆的美食，游览密歇根州最古老的农贸市场。

8. 河流之旅。河流主题游主要由两部分组成，一是底特律城公主游轮：游轮上的晚餐为游览底特律河提供了独特的体验；二是底特律河钻石杰克之旅：底特律河是美国和加拿大之间比较繁忙的航道，在其波光粼粼的水面上进行长达两个小时的巡航游览，游客将能够在船上欣赏蕴含了丰富历史故事的景点。

五、品牌与营销

伍德沃德大街营销计划目的是提高其市场知名度和美誉度，塑造风景道品牌和旅游目的地形象，增强社区认同感，以及带动沿线旅游业和社会经济发展。通过信息传播，使美国国内和国际游客确信到该风景道游览能够提升其旅行体验。作为一条城市文化型风景道，为吸引游客，伍德沃德大街制定了营销计划。

营销目标。伍德沃德大街营销规划的目标为：激起密歇根东南部以及密歇根州居民的自豪感并支持该风景道的发展；包装伍德沃德大街的内在品质，使其成为美国乃至国际性的旅游目的地；吸引美国及国际游客。

营销策略。伍德沃德大街通过创新营销，宣传其完善的游客设施，以促进其旅游发展。为实现上述营销目标，制定相应的营销策略，如表13–4所示。

伍德沃德大街营销策略 表13-4

◆ 为风景道建立一个游客中心（尤其是在福特高地公园），为进入风景道提供一个门户，同时提供停车场、公共游览车（或者特殊的风景道公交）、厕所、解说展览以及视频体验；
◆ 持续地调查游客需要看什么、听什么以及做什么是十分必要的，同时要分发并更新伍德沃德大街的地图；制定汽车诞生地的游览线路以及关于汽车、音乐等更多的线路；
◆ 针对游客及旅行者专门建立一个网站，并给予维护；
◆ 再创建一个网站，作为上一个专题网站语音导览、地图以及补充材料；
◆ 创建免费的风景道语音导览系统，尤其是关于汽车遗产、公共艺术、风景道内在品质的概览，并与合作者一道开发一系列文化产品；
◆ 倡导并寻求实现公共交通的方式，以服务游客及旅游者在整条风景道上体验其内在品质；
◆ 整理收集至少25个关于伍德沃德大街的传奇，同时提供风景道上其他具有吸引力的地方；
◆ 在整个街面上实现安置伍德沃德大街道路编号（M-1）的标记；
◆ 实现整条街区安置风景道创意标识标牌，以加强国家风景道的身份标识以及作为特殊的旅游吸引物；
◆ 持续开展一个公共艺术壁画项目，以实现在建筑、墙体以及整条街合适的位置上，展示伍德沃德大街的历史事件以及景区景点，并有助于游客了解风景道沿线的故事；
◆ 鼓励扩大“梦幻之旅”组织，并且容纳更多的文化机构及景点；
◆ 将印刷的材料及网站翻译成游客量最多（根据国际/营销研究）的前三个国家的语言；
◆ 鼓励在洗手间以及风景道文化设施的标识上使用国际化多语种符号；
◆ 将语音导览以及风景道的视频翻译成游客数量居前三名的国家的语言；
◆ 实施技术协助，在可行的地方设计特殊的功能，以服务于视力与听力有残疾的人士；
◆ 鼓励实现能够满足残疾人士需求的设施，使其能够体验风景道内在品质

资料来源：Woodward Heritage Team. Woodward Avenue Corridor Management Plan-update [R]. 2006，9:24-25.

13.4 管理营运

13.4.1 管理体制

自20世纪90年代以来，伍德沃德大街的发展进入了一个新阶段，其中高效的管理体制发挥了重要作用。伍德沃德大街规划与管理工作由国家、州与地方政府、非营利组织等三个层面共同完成，管理组织结构如图13-3所示。

国家层面，伍德沃德大街由交通部协同内务部、农业部以及商务部等，进行宏观指导并指定联邦公路管理局作为其直接管理部门，对其进行直接政策指导与管理。

州与地方层面，伍德沃德大街规划、管理与维护工作主要由密歇根州交通部、底特律城相关部门、伍德沃德大街行动委员会（Woodward Avenue Action Association，WA3）和伍德沃德遗产小组等共同负责。

其中，伍德沃德大街行动委员会为了科学、理性地指导伍德沃德大街计划与发展，组织编制了一系列计划，如发挥了主要作用的《伍德沃德大街廊道管理计划》。该计划是对伍德沃德大街进行规划管理的政策性指导文件，主要从宏观角度提出作为国家风景道，应做好哪些方面的规划、建设与保护等。从内容上，该计划主要包含了三个专项计划，即《非机动车计划》、《6—8公里段社区计划》（6 to 8 Mile/ Woodward Neighborhood Plan）、《公园区计划》（The Park District-A Vision for A Sustainable Livable Corridor）。这三个专项计划注重通过沿途社区及公园区两个区域的规划建设，进一步丰富伍德沃德大街作

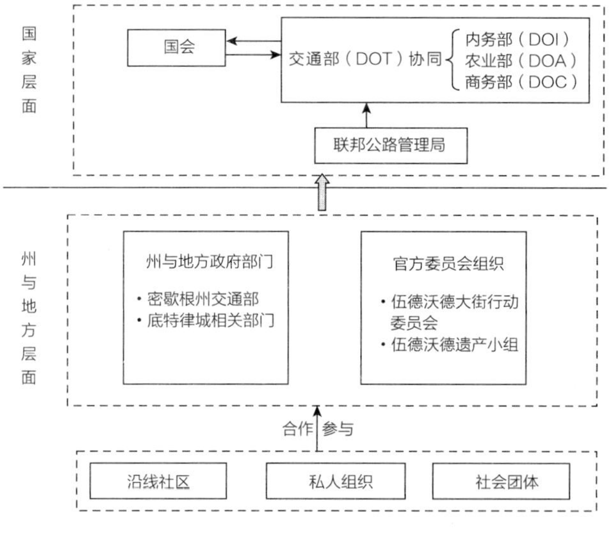

图13-3 伍德沃德大街管理组织结构

资料来源：Woodward Heritage Team. Woodward Avenue Corridor Management Plan-update [R]. 2006，9.

为城市历史文化型街区的特色。另，非机动车规划强调了步行化系统建设的重要性。

一些非营利组织，也积极参与到伍德沃德大街日常管理与维护中，主要包括沿线社区、私人组织、社团等，通过与政府相关部门的有效合作，为伍德沃德大街的发展提供了人力、物力和财力等方面的支持与保障。

13.4.2 资金资助

一、资金来源

伍德沃德大街风景道规划、建设及运营的资金主要来源于两个方面：一是国家风景道基金；二是相关利益团体、基金会、高校、志愿者、咨询机构以及企业等私有资金（表13-5）。

由表13-5可知，国家风景道基金资助，在伍德沃德大街短期项目建设中，发挥了作用；其次，民间基金会、社区以及其他利益相关团体对伍德沃德大街规划建设贡献也颇多。总的来说，伍德沃德大街规划建设中，由于多利益主体的共同参与、合作与支持，为其发展提供了资金保障。

二、国家风景道基金资助

2000年，伍德沃德大街首次获得国家风景道基金资助；2002年被认定为“国家风景道”。1992—2012年间，伍德沃德大街共计有8年获得国家风景道基金资助，为其建设与发展提供了资金保障。

从资助额度来看，2007年获得资助额度最多，达到845000美元；2003年获得资助额度最少，为25000美元，两者相差820000美元；8年中共计获得3481848

伍德沃德大街资金资助项目与来源　　表13-5

项目 短期1—3年	负责机构/组织	资金来源
目标1：保护、提升伍德沃德大街风景道资源		
历史资源调查	大学实习生	国家风景道基金、大学实习生
历史文档	自治市、历史机构等	大学匹配项目、志愿者、历史维护咨询、历史维护资助、国家风景道基金
保护策略	密歇根保护网络	国家风景道基金
文物宣传	韦恩县保护组织 密歇根历史保护网络	国家风景道基金
公共艺术调查	大学实习生	国家风景道基金、艺术与文化基金
巡航博物馆	可行性咨询	国家风景道基金
历史属性地图	韦恩县保护组织 密歇根历史保护网络	大学实习生
历史保护工作室	密歇根历史保护网络	国家风景道基金、注册费用
汽车城交流	汽车城	无费用
网站维护	—	大学实习生
世界遗产网站	保护规划者、密歇根保护网络、州保护办公室	国家风景道基金
文化机构/事件委员会	文化机构以及事件产生者	所有机构潜在的投入基金
儿童及青年的教育项目	韦恩县及奥克兰县中级学区、汽车城	国家风景道基金
双年度奖	伍德沃德之友	国家风景道基金、企业

续表

项目 短期1—3年	负责机构/组织	资金来源
目标2：伍德沃德大街审美价值的提升，并提供友好的步行空间		
伍德沃德大街清理奖	伍德沃德利益相关者、伍德沃德资产拥有者、成员及志愿者	企业
清洁冠军	县法院项目	基金会支持
物业清单	市政府法典执行办公室	无费用或少费用项目
公共空间提升	自治市、密歇根州交通部、伍德沃德大街行动委员会	密歇根交通部提升基金、国家风景道基金、自治市道路基金
设计指南	密歇根设计院、设计咨询机构	DTE资助
标识资助项目		社区基金会
风景道欢迎中心	亨利·福特高地公园	非营利设施中心、国家风景道基金
小型捐款项目	伍德沃德市、非营利区、社区	国家风景道基金、小型捐款者
项目审查进程	密歇根州交通部、伍德沃德技术部	无费用或少费用项目
风景道节庆活动	梦幻之旅	国家风景道基金、企业
目标3：伍德沃德作为一个旅游目的地		
营销策略	风景道文化机构、密歇根旅行机构、节庆组织	国家风景道计划基金、场馆及旅游景点
标牌制作	密歇根交通部、市/区组织	国家风景道基金
泛美风景道申请	风景道协调员	国家风景道基金
网站提升	咨询机构	国家风景道基金
壁画工程	伍德沃德技术部、资产所有者	艺术理事会
贡物	—	国家风景道基金、企业、基金会
语音导览	文化机构	国家风景道基金、文化机构基金、基金会
附属品供应	文化机构、密歇根旅行机构、企业赞助者	文化机构、密歇根旅行机构、企业
商品	批发采购者	销售所得
交通宣传	密歇根州交通部	克雷斯吉基金会
目标4：风景道资源提供吸引和扩展新业务的支持，使伍德沃德大街成为密歇根东南地区的文化、遗产和经济活动枢纽		
福特皮科特景点	T-PLEX	国家风景道基金
福特高地公园	亨利·福特高地公园	非营利设施中心、福特汽车公司、福特汽车基金会、克雷斯吉基金会、亨利·福特汽车城、国家风景道基金、美国财务保护组织
目标5：以有效的合作组织管理风景道		
寻求优秀人才	商会领导者	无费用或少费用项目
保留风景道协调员	—	国家风景道基金、基金会支持、商品出售

续表

项目 短期1—3年	负责机构/组织	资金来源
志愿者项目	—	国家风景道基金
基金竞选	—	部分竞选费用
通信计划/策略	通信咨询机构	国家风景道计划基金
项目 中长期项目（4—6年及以上）	负责机构	资金来源
联合售票	文化机构、节庆组织	—
服务操作工作室	韦恩县保护组织、文化机构、节事组织	国家风景道基金
公共空间提升	自治市、非营利管区、密歇根州交通部	密歇根州交通部基金、自治市配套基金
福特高地公园	亨利·福特高地公园、非营利设施中心	非营利设施中心、福特汽车公司、福特汽车基金会、克雷斯吉基金会、亨利·福特汽车城

资料来源：Woodward Heritage Team.Woodward Avenue Corridor Management Plan-update [R]. 2006，9:26-30.

美元，资助额度呈波动起伏状态，平均资助额度达到每年435231美元。

从资助占当年全美对所有国家级风景道资助比例来看，2007年占比最大，达到2.76%左右；2003年占比最小，约0.09%，平均资助占比1.50%左右；8年间获得资助总额约占相应年间全美对所有国家级风景道资助总额的1.58%。

从资金资助项目数看，共计资助了12个项目，其中，2007年获得资助项目最多，为4个，占比约为33.3%；最少的是获得1个，分别在2000年、2001年、2002年、2003年、2011年和2012年，占比均约为8.4%；从资金资助项目类型看，主要集中在伍德沃德大街廊道管理、解说信息、营销、资源保护四类。其中，廊道管理和解说信息项目最多，均为4个，占比约为33.3%；其次是营销项目为3个，占比约为25.0%；资源保护项目相对较少，为1个，占比约为8.4%。由此可以看出，伍德沃德大街发展中比较重视对道路廊道管理、解说信息的建设与发布、风景道营销与资源保护等（表13-6）。

13.5 借鉴与启示

伍德沃德大街是城市历史文化街区更新改造提升的一个成功案例，它在工程优化设计、历史文化资源与景观保护、多学科融合、公众参与等四方面的经验，具有重要的借鉴和启示意义。

一是在工程优化设计方面，城市历史文化街道不仅具有道路交通功能，还具有历史文化、景观美学、旅游游憩、社会服务等功能，这就要求道路的更新改造，需要从灵活性设计、宽容性设计和稳静化设计来实现道路安全提升；从美学设计角度出发来体现道路线形与周围景观、构造物的和谐；从可持续发展角度来实现道路环境、景观建筑和历史文化特征的保护。

二是在历史文化资源与景观保护方面，由于历史文化街区形成年代久远，具有深厚的文化积淀，因此，道路的更新改造提升在保护的前提下，应该综合考虑其道路交通功能、历史文化展示功能、景观环境功能，以及旅游游憩功能，做到规划设计的综合最优。首先应进行全面的资源分析，以此作为物质性及非物质性设计工作的依据；其次，针对道路所保留的、具有某历史时期工程设计技术印记的遗址遗迹，一要在功能完善的基础上进行原貌修复、再利用，二要将其加以保留，营造道路所固有的历史文化氛围。

三是在多学科融合方面，针对城市历史文化街道的特点，结合道路自身的地理位置、历史渊源和文化

国家风景道基金对伍德沃德大街资助区域、项目及类型　　表13-6

年份	州	项目	项目名称（编号）	项目性质
2000	MI	1个	密歇根州东南地区主要街道伍德沃德大街营销计划（SB-2000-MI-05）	营销
2001	MI	1个	密歇根州东南地区主要街道伍德沃德大街营销计划和实施（SB-2001-MI-04）	营销
2002	MI	1个	密歇根州东南地区主要街道伍德沃德大街营销计划和实施（SB-2002-MI-04）	营销
2003	MI	1个	伍德沃德大街廊道管理计划实施（SB-2003-MI-50）	廊道管理
2005	MI	2个	伍德沃德大街：风景道发展故事（SB-2005-MI-03） 伍德沃德大街廊道管理计划实施（SB-2005-MI-01）	解说信息、廊道管理
2007	MI	4个	伍德沃德大街廊道管理计划实施（SB-2007-MI-03） 伍德沃德大街：风景道发展故事（SB-2007-MI-12） 伍德沃德大街解说标识（SB-2007-MI-13） 伍德沃德大街汽车遗产保护（SB-2007-MI-05）	廊道管理、解说信息、资源保护
2011	MI	1个	伍德沃德大街“全街”廊道管理计划修正（SB-2011-MI-07）	廊道管理
2012	MI	1个	伍德沃德大街寻路标识（SB-2012-MI-05）	解说信息

注：SB：风景道；MI：密歇根州。
资料来源：National Scenic Byways Grant Totals by Year and State for 1992-2012[R]. http://www.bywaysonline.org/grants/funded/funded_report?report=award_total&format=pdf.

特色等独特优势，在道路更新改造提升中，组建由道路交通、规划设计、景观环境、历史文化、旅游游憩、艺术美学和雕塑艺术等构成的多学科专家团队，充分考虑了环境保护、凸显了社区价值和保障了公众利益，充分达到了交通运输、安全环保、公众利益和审美艺术等方面综合最优的目的。

四是在公众参与上，一方面公众是道路规划建设或者提升改造后的直接使用者与维护者，利益息息相关；另一方面相比普通的城市道路，历史文化街区的文化、资源和景观价值较大，更具唯一性和脆弱性，修护和保护工作范围更广、难度更大，因此，在道路更新改造提升中，更应该广泛吸纳社区公众的意见，鼓励他们积极参与到工程建设与维护中来。

第14章　国家历史路（The Historic National Road）

美国国家历史路是美国第一条由联邦政府资助修建的州际公路，它打开了美国的西部，成为具有文化多样性的移动廊道。通过风景道沿线的古典客栈、村庄和征税所等，游客能够体验到美国200多年的历史变迁。

The Historic National Road was the nation's first federally funded interstate highway. It opened the nation to the west and became a corridor for the movement of goods and people creating the great cultural diversity we treasure. Visitors experience a physical timeline including classic inns, tollhouses,diners and motels that trace 200 years of American history. Spanning mountain,rolling farmland and picturesque villages, the Historic National Road exhibits the nation's beauty and heritage and helps define the unique American experience.

——美国国家风景道计划对国家历史路的评价

资料来源：National Scenic Byways Program Collection of America's Byways® Designated by U.S. Secretary of Transportation.

美国国家历史路廊道内具有丰富的资源，作为一条具有较大影响力的文化型风景道，廊道内的历史文化品质突出，同时也展现了一定的风景、自然与游憩品质。该线路以独特的历史与文化品质，于2002年入选泛美风景道，成为美国国家风景道体系中的重要一员。国家历史路是第一条由联邦政府资助修建的州际公路，它穿越6个州，打开了国家的西部，并且成为人流与物流移动的廊道。国家历史路不仅仅是一条历史文化路，它的建设是一项工程壮举，并且对其所在区域产生了重大的社会影响，刺激了廊道沿线整体发展。此外，国家历史路是集乡土景观、建筑风格以及建造技术为一体的“教科书”，展示了美国美丽的景观和多样的遗产，成为美国境内颇受旅游者青睐的，具有历史文化底蕴以及优美自然景观的线性旅游目的地。

14.1 概况与发展历程

14.1.1 概况

国家历史路由三部分构成：①道路本身以及相关的公共路权，包括原始的线路以及随着时间推移不断修正过的线路；②风景道廊道视域范围（从车行道能够看到的地域），大多数情况下，除特殊的全景外，范围不超过3公里，包括城市和街景，以及与旅游体验相关的建筑；③旅游导向目的地，主要包括沿着风景道的旅行活动。

国家历史路廊道内具有丰富的资源，包括历史、文化、风景、自然、游憩等多方面的品质，其中以文化品质与历史品质最为突出，体现在三方面：

一是在这条路上能够追溯从1810年以前的美洲土著人与欧洲移民，直到20世纪60年代机动车快速增长时期的200多年的近代变迁史；二是从一系列的沿海殖民地，再到不断扩张日益多元化的国家，该风景道上独特的历史文化讲述着美国转型的故事；三是风景道沿途丰富且独具特色的文化主题，包括道路建筑文化、定居模式、旅行经历、文化多元性等。

该风景道是第一条由联邦政府资助修建的州际公路，它穿越6个州，自西向东依次为伊利诺伊州、印第安纳州、俄亥俄州、西弗吉尼亚州、宾夕法尼亚州、马里兰州，总长1326.3公里。游客能够通过穿越该风景道，体验沿途古典的客栈、餐馆以及汽车旅馆等，以此来追溯美国200多年的历史。

伊利诺伊州段——该段风景道长约264.9公里，沿途是连绵起伏的乡村、草原、小城镇等。小城镇主要街道上的商店、喷泉、博物馆以及古董展柜，对游客有着极大的吸引力，它们低声诉说着风景道早期的故事。

印第安纳州段——该段风景道长约90公里，游客沿着该段旅行，将看到19世纪40年代到20世纪40年代全盛时期的景观——有着传统街道的历史村庄以及田野与牧场。

俄亥俄州段（40号国道）——该段风景道建于19世纪20年代到30年代之间，游客在该段可以看到美国运输从铁路、汽车到飞机的发展变迁。

西弗吉尼亚州段——1863年，西弗吉尼亚州发展成为一个新州。在伍德县最高点能够俯瞰该风景道沿线的美丽景观，徒步穿越道路历史区域能够体验到一个世纪以前的生活方式，充满乐趣。

宾夕法尼亚州段——在国家历史路宾夕法尼亚段及相关的景点，能够看到法国人与印第安部落对峙期间的防御工事，以及历史遗留的旅馆、手推车等文化印记。

马里兰州段——该段风景道象征着冒险、自由与探索。从切萨皮克湾（Chesapeake Bay）到阿勒格尼山脉（Allegheny Mountains）的道路，是美国建设史的缩影。游客能够体验到200多年的美国文化，包括沿线的旅馆、酒馆、剧院、公园以及商店等。

14.1.2 发展历程

美国国家历史路目前已经成为举世闻名的文化型风景道。在其建设的第一个50年，国家历史路是西行最重要的公路，它在之后100多年的衰落与复兴更是展现了美国道路建设的历史，沿线厚重的历史文化反映了其真正的历史重要性。

1810年至1960年是该风景道发展历程中最重要的时期，它对于了解这些道路建成以前所发生的事件以及之后的40号国道建设史都具有重要的意义。其发展历程可分为以下四个阶段（图14-1）。

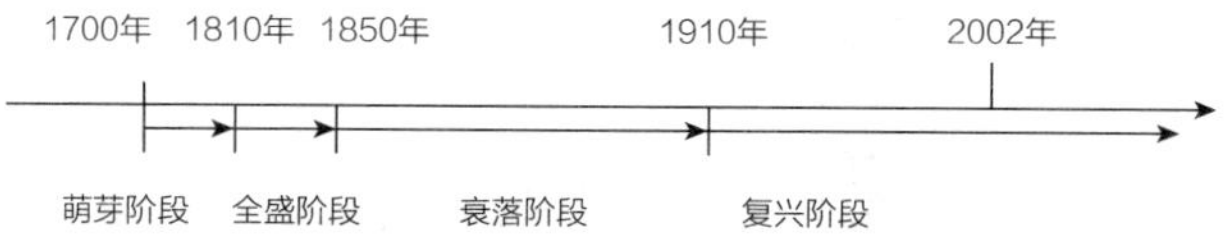

图14-1 国家历史路发展阶段

资料来源：Lardner/Klein Landscape Architects, P.C, John Milner Associates, etc.Maryland Historic National Road Scenic Byway Corridor Partnership Plan[R]. 2001;, Wikipedia, National oad.[EB/OL]. http://en.wikipedia.org/wiki/National_Road.

一、萌芽阶段（1700—1810年）

该风景道与早期土著人跋涉的众多的游径相连，这些游径包括连接纽约中部以及卡罗来纳山脉的5条国家游径。第一批进入该区域探险的欧洲人是以托马斯·克雷萨普（Thomas Cresap）等为首的拓荒者，在18世纪中期，欧洲人开始从宾夕法尼亚向南、西、东三个方向，以及切萨皮克湾西方向迁移。在这个时期内，他们没有在城市定居，而是在几个孤立的种植区生活。随着社会发展的需要，建设了一条穿越阿巴拉契亚山脉、连接巴尔的摩港（Baltimore Port）与蓬勃发展的西北地区之间的道路。

二、全盛阶段（1810—1850年）

在18世纪后期，美国人口开始增长，托马斯·杰斐逊（Thomas Jefferson）总统说服美国国会对西部进行大规模投资开发。1803年，路易斯安那购地案（Louisiana Purchase）使美国国土面积变成原来的两倍以上。与此同时，托马斯·杰弗逊总统派出路易斯与克拉克去开拓新的领土。此外，他鼓励在本土地区发展连接东部沿海与内陆的交通基础设施。为此，国家历史路迎来了全盛发展时期。国家历史路从坎伯兰向西段的建设是第一个由联邦政府投资的公路项目，而从巴尔的摩到坎伯兰东部的连接道路，在国家历史路建设之前就已经存在。国家历史路早期修建的目的之一，就是要将巴尔的摩的新兴人口与西部地区的新市场连接起来。

三、衰落阶段（1850—1910年）

进入19世纪下半叶，国家历史路建设逐渐走向衰落，其原因主要有二：一是铁路交通兴起。铁路与运河系统的发展，导致公路交通运输地位下降，国家历史路交通运量减少。二是南北战争影响。风景道廊道地区成为调兵遣将的场所，战争持续不断，阻碍了国家历史路发展。

四、“复兴”时期（1910年至今）

20世纪后半期，随着机动车的快速增长，自驾车时代的到来，同时，40号国道建成，国家历史路进入了复兴时期。风景道逐渐向着线性旅游目的地发展，道路沿线历史文化遗产保护得到高度重视。为此，对道路沿线古老建筑的创新性应用成为一个重要方面。例如，许多曾经的商业服务机构被改造成小商店、连锁餐馆和小酒馆，为往来的游客提供服务。

14.2 基本条件

14.2.1 交通分析*

国家历史路西起伊利诺伊州万达利亚（Vandalia）的卡斯卡斯基亚河（Kaskaskia River），接近51号国道和40号国道交会的立交桥。道路沿着新40号国道穿过伊利诺伊州中部向东延长（图14-2），总长1326.3公里。

伊利诺伊州段——道路西端起点位于卡斯卡斯基亚河，沿着新40号国道向东抵达印第安纳州，穿过特雷霍特（Terre Haute）和印第安纳波利斯（Indianapolis）。

印第安纳州段——在印第安纳波利斯东部，国家历史路利用了原40号国道路线，沿着西华盛顿和东华盛顿街建设（新40号国道沿着465号州际公路），在进入俄亥俄州之前，道路穿过了里士满（Richmond）。

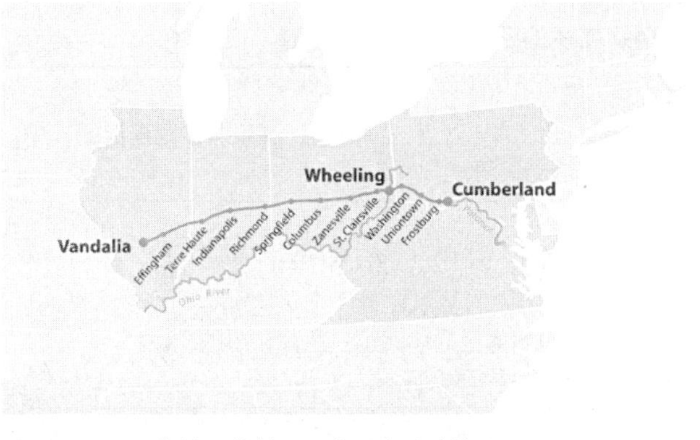

图14-2 1839年竣工的美国国家历史路路线

资料来源：Wikipedia, National Road.[EB/OL]. http://en.wikipedia.org/wiki/National_Road.

俄亥俄州段——道路继续沿着新40号国道，穿过了代顿（Dayton）、斯普林菲尔德（Springfield）、坎伯兰城。在俄亥俄州赞斯维尔（Zanesville）西部，除了40号国道绝大部分路段沿用了原有路线外，在华盛顿和莫里斯敦（Morristown），原有路基被70号州际公路覆盖。

西弗吉尼亚州段——道路向东跨过了俄亥俄河抵达西弗吉尼亚州的惠灵（Wheeling），即原国家历史路初建时的西端结束点。在西弗吉尼亚州延伸了24公里之后，国家历史路进入了宾夕法尼亚州。

宾夕法尼亚州段——在该段，道路穿过了宾夕法尼亚州西南部，向东南延伸出140公里，之后进入了马里兰州。

马里兰州段——在凯泽山脊（Keyser’s Ridge）东部，国家历史路利用新40号国道抵达坎伯兰城［原40号国道沿着68号州际公路（I-68）路线］。坎伯兰城本是道路的最东端，直到19世纪中叶，才将其建设为收费公路，延伸至巴尔的摩。

14.2.2 品质分析

国家历史路廊道内历史、文化品质十分突出，同时还展现了独特的风景、游憩与自然品质（表14-1）。

一、历史品质

国家历史路道路漫长并具有复杂性，诉说着其所属时代的历史故事，展现该风景道丰富的历史层次性。

（一）美洲土著人与欧洲移民时期（1810年前）

美洲土著人经常穿越于该区域，进行一年一度狩猎与捕鱼区域间的长途跋涉。而从18世纪中期，欧洲移民开始从宾夕法尼亚向南及从切萨皮克湾向西迁移。在这一时期，他们没有定居在城市，而是在几个孤立的种植区生活。现今，这些反映了欧洲移民当年

*由于国家历史路的道路交通分析资料和其交通流量以及道路通行能力的信息较为缺乏，本书主要阐述、介绍其线路所在区域以及该线路连接特征。

国家历史路品质 表14-1

品质	释义	具体要素
历史品质	其历史品质包括了过去200多年的历史遗产，从建筑物，以及特定历史时期人类活动痕迹三个层面，反映了其历史价值和意义	美洲土著人与欧洲移民时期（1810年前） • 美洲土著人游径； • 布拉多克路（Braddock's Road）； • 欧洲住宅及农场建筑物； • 军事碉堡； • 民间传说
		国家历史路全盛时期（1810—1850年） • 旅店、公寓； • 通行税征收处； • 小农庄； • 石桥； • 礼拜场所； • 纪念碑及纪念馆； • 里程标志牌
		农业与贸易时代（1850—1910年） • 住宅与商业设施； • 农庄； • 铁路产业； • 礼拜场所； • 纪念碑及纪念馆
		复兴时期（1910年至今） • 旅馆、车库与购物中心； • 礼拜场所； • 混凝土桥梁
文化品质	包括了民俗文化或传统文化，讲述了美国转型的故事，从一系列的沿海殖民地到不断扩大日益多元化的国家。主要有四个文化主题：道路建设文化、定居模式、旅行体验、多元文化	道路建设文化 • 道路建设是一项工程壮举，对该区域产生了重要的社会影响； • 道路建设者开创了其独特的文化； • 与道路建设相关的故事
		定居模式 • 道路计划催生了沿线城镇的发展，形成共同的定居模式； • 创建了一部最早的“社区规划”； • 代表着新的建筑形式与建筑艺术的区域
		旅行体验 • 与旅行相关的建筑与构筑物，如旅馆与酒店、饲料仓、温泉房、里程标记、车轮制造店，以及早期的机动车服务站等
		多元文化 • 美洲土著人经历了该区域最原始的状态，与该群体相关的资源，如地名、传说和考古景点； • 在18世纪与19世纪期间，英国沿海地区的移民及其后裔带来的文化； • 苏格兰、爱尔兰以及德国移民及后裔带来的文化
风景品质	景观特征是独特而引人入胜的，并且提供了愉快而最难忘的视觉体验，为沿线历史文化品质提供了视觉背景	• 阿勒格尼高原； • 山谷与山脊； • 滨海平原（Coastal Plain）
自然品质	有着独特的自然品质，其资源虽然有人类活动痕迹，但自然特征呈现出最小化干扰	• 州立公园； • 州立森林公园； • 野生动植物保护区

续表

品质	释义	具体要素
游憩品质	为户外游憩爱好者，全年提供了丰富的户外游憩活动	• 高尔夫； • 远足； • 冲浪； • 垂钓； • 观鸟； • 购物

资料来源：Lardner/Klein Landscape Architects, P.C, John Milner Associates, etc.Maryland Historic National Road Scenic Byway Corridor Partnership Plan[R]. 2001，5:4-1-4-32.

生产生活的历史遗迹依然保留着。这一时期重要的遗址遗迹主要有：

美洲土著人游径。现存的美洲土著人游径是从坎伯兰到历史上的“俄亥俄县”（the Ohio County），拥有该廊道区域内土著人活动的证据。

布拉多克路。这条道路于1755年由英国爱德华（Edward）将军开辟并拓展，目前仍有大量的考古与历史古迹保留在道路沿线地区。

欧洲住宅及农场建筑物。在风景道廊道内保留着少数孤立的与欧洲移民相关的历史遗址遗迹。这些遗址遗迹主要是服务于早期旅行者的路旁停留站及农舍，如克利尔维尤农场（Clear View Farm）等。

军事碉堡。该风景廊道上的碉堡，是法国人与印第安部落对峙期间的防御工事。

（二）国家历史路全盛时期（1810—1850年）

国家历史路是美国自东向西的重要道路，也是进入“古老西北”地区的交通要道（约1810—1850年）。至今，道路沿线仍然保留着许多遗址遗迹，包括里程碑、客栈、小酒馆及石拱桥等。这一时期重要的遗址遗迹主要有：

旅店及公寓。与当时大多数运输廊道一样，国家历史路上也存在着一些相距约1.6公里作为中途停留点的小旅馆。早期的旅馆不仅为游客与司机提供住宿，还为马、猪等提供饲料仓，如保留着的位于波普勒温泉酒店（Poplar Springs Hotel）背后的饲料仓。酒店早已消亡了，但饲料仓却保留了下来。作为交通廊道，国家历史路沿途保留着大量的中转站及停留设施，如南山酒店（South Mountain Inn）、弗林特斯通酒店（Flintstone Hotel），以及汤姆林森客栈（Tomlinson Inn）[亦被称为“石屋”（Stone House）]等（图14-3、图14-4）。

通行税征收处。联邦政府在国家历史路廊道沿线修建了许多通行税征收处。目前道路沿线仍保留着从约1835年持续到19世纪后期的部分通行税征收处。如马里兰州某公园内的通行税征收处，目前已修复后对公众开放。

小农庄。这一时期修建的农场规模较小。目

图14-3 弗林特斯通酒店

图14-4 汤姆林森客栈

前，风景道沿线还保留着建于18世纪的卡顿斯维尔（Catonsville）等小型农场。

石桥。风景道上的石桥展现了19世纪早期美国道路工程技术。目前这些石桥已不复原貌，但仍然是风景道沿线的地标性建筑。如莫诺卡西河（Monocacy River）上的石桥，以及建于1813年的卡斯尔曼（Casselman）河桥等。

礼拜场所。风景道沿线有着19世纪早期修建的宗教建筑，如圣彼得大教堂和圣若瑟修道院等。

纪念碑及纪念馆。风景道沿线具有许多国家地理标志和私人纪念物标志，以及一些公墓等。

里程标志牌。风景道廊道内有着众多的里程标志牌。这些标志牌主要是用铸铁（漆成白色）以及石材建造。沿线许多有着里程标志牌的游径已被列入“国家历史遗迹名录”，但有一些标志牌已经被移走或者丢失。

（三）农业与贸易时代（1850—1910年）

在1850—1910年间，由于铁路与运河系统的发展，促进了农业机械化的发展，以及工商业扩张时代的到来。尽管在此期间，国家历史路逐渐走向衰败，但与这一时代相关的众多历史遗址遗迹仍然保留着，如维多利亚大厦、住宅及商业楼宇，以及廊道视域范围内保护良好的农庄、历史街区等。此外，廊道区域内还保留了一些铁路与运河遗址。这一时期重要的遗址遗迹主要有：

住宅与商业设施。具有庞大规模与精细装饰的宽敞的维多利亚式房屋是廊道沿线比较吸引人的建筑（图14-5）。在维多利亚时代，由于农村经济与城市贸易的发展，使得廊道变得比过去更加宽阔了。

农庄。这一时期廊道区域内的一些农庄得到了很好的保护，如在霍华德县以及沿线的许多地方，都能够看得到宾夕法尼亚银行的储仓，以及一些风景优美的农庄（图14-6）。

铁路产业。铁路是这一时期的主要运输方式。坎伯兰市是一个主要的铁路枢纽中心，有较大的火车站场。20世纪50年代后期，每天有20余列旅客列车途径坎伯兰。美国的第一个火车站，就位于风景道沿线的埃利科特城（Ellicott City）。

图14-5 布恩斯伯勒的乔治梅斯纳住宅

图14-6 风景秀丽的宾夕法尼亚银行储仓及附近的温泉

礼拜场所。这一时期，风景道沿线建设了许多宗教建筑。根据这一特点，弗雷德里克和黑格斯敦等城市，在市中心开发了教堂徒步之旅，其中旅游吸引物就是修建于这一时期，甚至更早时期的教堂。

纪念碑及纪念馆。国家历史路沿线保留着这一时期许多的纪念碑及纪念馆。最好的纪念碑及纪念馆，是位于巴尔的摩市郊的多个大型公墓，如劳登公园内的巴尔的摩国家公墓，以及作为纪念馆用途的风景如画的达尔格伦教堂。

（四）复兴时期

自驾车时代始于1910年，汽车成为国民能够进行长距离旅行的必备工具。机动车数量的增加以及相关文化的出现，导致了风景道沿途与此相关的服务设施得以建设，如汽车旅馆、小木屋、观景台、路边收费站、车库，以及早期商业中心等。这一时期重要的遗址遗迹主要有：

旅馆、车库与购物中心。1910年至1950年，国家历史路是一条重要的旅游线路。道路沿线出现了一系列“路旁旅馆”（Road Houses），以满足游客住宿需求。如位于卡顿斯维尔的烛光旅馆（Candlelight Inn），带有观景台及加油站的希尔镇旅馆（Town Hill Hotel）等。目前，这一时期一些独具特色的旅店，已经转变为酒吧或者酒类专卖店等，至今仍营业着。此外，为了满足司机需求，机动车修理店开始在风景道沿线乡村、城镇及城市区域建设，尤其是在汽车容易抛锚的山脊地区有着更多的机动车修理店。如建于20世纪30年代的波兰山（Polish Mountain）上的汽车加油站、餐馆，以及观景塔等，都成为突出的地标性建筑。但在40号国道成为国家历史路的一段路后，由于道路沿途提供了更加便利的服务，以至于位于山脊地区的大多数汽车服务中心都被迫关闭了。许多古老的服务中心与车库被保留了下来，并保持了20世纪早期的特征，如史密斯修理店（Smith’s Repair Shop）、米勒兄弟车库（Miller Brothers Garage）等。此外，这一时期，一些购物中心和商业机构相继出现，如建于20世纪30年代的位于欧文顿（Irvington）的购物区。

礼拜场所。20世纪中期，随着机动车数量的增长，在国家历史路沿线兴起了又一轮教堂建设热潮。非裔美国人在廊道沿线建造了大量的教堂，这些教堂代表了新教派的兴起，如福音浸信会教堂（Gospel Baptist Church）。

混凝土桥梁。这一时期的桥梁构筑物是由混凝土筑造成的，如在绿岭州立林地（Green Ridge State Forest）间架于小河上，长度达24.1公里的桥梁。

二、文化品质

国家历史路不仅仅是一条历史路，其建设还是一项工程壮举，同时，带动了道路沿线发展，对所经地区社会经济发展产生了重大影响。国家历史路承载了文化价值传播的作用和功能。建造该道路初期，联邦政府旨在利用道路来促进内陆地区的发展，同时培养一种国家共同体的文化。至今，国家历史路所穿越的城镇仍以其历史文化而著称，这些文化已成为了珍贵的遗产。其文化主题有四方面：

道路建设文化。国家历史路所经地区地形复杂，穿越了阿巴拉契亚山脉，以及众多河流、山脊和山谷，道路建设难度大、时间长、人力物力投入大，且随着道路建设的开展，其英国及法国工作者把他们的家庭也带来了，并且移居到了当地的小城镇。因此，与道路建设相关的故事本身就是文化资源的一部分。

定居模式。国家历史路马里兰州段在美国早期是集全美的乡土景观、建筑风格以及建造技术为一体的“教科书”。为此，许多事物生动地展示了道路是如何改变文化，以及文化是如何影响道路的。道路建设催生了城镇沿路线聚落发展，在国家历史路沿线形成共同的定居模式。由于建筑形式与定居模式受到地形以及移居到该区域的民族群体的影响，因此，在每一段，每一个新区域都有着特定的建筑形式与建筑艺术。

旅行体验。游客的旅行体验也是国家历史路的文化资源。道路沿线与旅行相关的建筑与结构包括旅馆与酒店、饲料仓、温泉房、里程标志牌、车轮制造店，以及早期的机动车服务站等。不同时代游客的旅行体验对道路的发展产生了深刻影响。不同性别、年龄及经济阶层与种族的游客，以不同的方式体验着生活，有着不同的旅行经历。

多元文化。国家历史路廊道区域存在美洲土著人、欧洲殖民者和非裔美国人等多样的文化，保留了他们早期的商业遗址遗迹。美洲土著人代表着该区域最原始的文化形态，与其相关的资源包括地名、传说，以及尚未出土的考古景点等。到18世纪至19世纪，国家历史路沿海段的社区迎来了英国移民，而内陆岛屿段则迎来了苏格兰与爱尔兰以及德国的移民。这些移民定居下来并建设城镇，对国家历史路廊道区域的历史与文化产生了重要影响。同时，非裔美国人文化也是其重要的文化元素。

三、自然、风景与游憩品质

国家历史路廊道内除了具有历史文化品质外，其自然、风景、游憩品质也较高。

自然品质。在廊道区域范围内存在独特的自然品质。包括州立公园、州立森林公园以及野生动植物保护区，其中特征意义比较显著的当属锡德尔·希尔信息展览中心（Sideling Hill Information and Exhibit Center）以及纳罗斯海峡。

风景品质。风景资源能够为沿线的历史文化品质提供视觉上的背景。国家历史路廊道视域范围内有着丰富的风景资源，包括阿勒格尼高原——阿巴拉契亚高原的一部分，具有高耸且平坦的开阔风景区域；山谷与山脊——站在高山上可俯瞰山谷全景，且从每一个角度都能观赏到不同的迷人景观；蓝岭——位于马里兰州两个山岭之间，西临南山，东临凯托克廷山；滨海平原——风景优美的沿海平原。

游憩品质。国家历史路廊道内游憩资源为户外运动爱好者提供了全年的游憩活动，包括高尔夫球、远足、冲浪、垂钓、观鸟以及购物等。国家历史路在20世纪中期就成为一个旅游目的地，具有强大的游憩功能，沿线设置了大量的汽车旅馆、旅游小木屋、露营设施，以及车库等。

14.2.3 市场分析

国家历史路是与美国历史发展息息相关的一条文化型风景道，是具有较大影响力的线性旅游目的地，具有广阔的客源市场。

国内外市场。国际客源市场主要是指对美国历史文化有兴趣的游客，尤其是自驾车游客。美国国内市场分为两类：一是区域市场，即国家历史路所穿越的伊利诺伊州、印第安纳州、俄亥俄州、西弗吉尼亚州、宾夕法尼亚州以及马里兰州等6个州的客源市场；二是全美市场，即美国境内其他州的客源市场。美国本土每年约有几十万游客，开车或骑摩托车在这条历史路上感受美国百年的历史文化与独特景观。

目标市场属性。包括：历史文化游览者，即对美国文化有兴趣的旅游者；自驾车旅游者，如自驾车旅行者、摩托车骑行爱好者、自行车运动者、房车爱好者等；即各类对户外运动有兴趣的旅游者。

14.3 开发建设

14.3.1 目标与定位

2000年，国家历史路目标由公民咨询小组（CAG）在各州交通部的指导下制定。其目标主要是提升国家历史路风景廊道所特有的历史文化内在品质，为旅游者提供丰富的愉悦体验，促进廊道地区社会及经济发展。总体目标由社区提升、资源保护、解说目标、旅游与经济发展、交通运输、协调与管理、州际合作等7个分目标构成（表14–2）。

社区提升目标。保护历史特征并增强沿线每个城市社区、小城镇以及乡村小农庄的风貌及功能。具体措施是：重点落实濒危脆弱资源的保护工作，并发展一系列优先保护项目；鼓励城市社区以及资源内在品质不易识别的商业带的提升与再发展，并提供激励机制；为业主提供历史保护以及社区规划的信息，如指

国家历史路规划目标　　表14–2

分目标	内容
社区提升目标	保护历史特征并提升及优化沿线每个城市社区、小城镇，以及乡村小农庄的风貌及功能
资源保护目标	保护风景品质与自然环境，为沿线小城镇、村庄以及社区提供优美的环境背景
解说目标	通过主题集中方式，协调发展风景道沿线解说项目
旅游与经济发展目标	建立并促进国家历史路以一种更加休闲的方式穿越廊道沿线各州
交通运输目标	将国家历史路作为历史、风景旅游线路进行管理，同时服务于游客的交通出行，并提供进入当地社区的交通入口
协调管理目标	与风景道沿线正在进行的其他项目互动协调，以确保廊道的游览具有一个清晰的重点目标，同时拥有其他边线游览的机会
州际合作目标	加强与国家历史路联盟（National Road Alliance）及廊道内多个州的合作

资料来源：Lardner/Klein Landscape Architects, P.C, John Milner Associates, etc.Maryland Historic National Road Scenic Byway Corridor Partnership Plan[R]. 2001，5: Chapter 2-1-2-4.

导方针、可行性方案以及税收机制等，并对私人为保护工作所做的努力提供奖励。

资源保护目标。保护风景道廊道区域风景品质与自然环境，为沿线小城镇、村庄以及社区发展提供优美的环境。具体措施是：在风景道廊道风景品质与其他环境保护与历史保护目标重叠的区域，建立优先保护机制；建立简约可行的指导方针与激励机制，鼓励风景道沿线风景品质与历史品质敏感地区的土地利用；美化车行道等。

解说目标。通过主题集中方式，协调发展风景道沿线解说项目。具体措施是：充分利用风景道沿线已有设施，发展面向未来的解说项目，以及资料解说、游览以及展览场所；以尽可能包容的方式，认识风景道沿线文化与地理多样性；利用风景道沿线现有特征与元素（如里程碑、旅馆、温泉以及山脊等），讲述该区域的完整故事；发展小规模的解说设施（路边展览、解说亭、小型博物馆等等），用一种连贯的方式，对重要主题与次要主题进行解说，并鼓励游客沿该廊道进行游览。

旅游与经济发展目标。促进国家历史路沿线廊道地区旅游与经济发展。具体措施是：与多个机构与伙伴进行合作，创建无缝的旅游体验；与地方政府、业主、商业经营者以及地方历史团体合作，使游客能够更加舒适地游览沿线的小城镇与商业区；促进沿线与遗产旅游相关产业的发展；为国家历史路制定一个全面协调的营销战略。

交通运输目标。将国家历史路作为历史、风景旅游线路进行管理，同时，服务于游客交通出行，并提供进入当地社区的交通出入口。具体措施是：通过具体举措，使风景道与一般通勤道路区别开来（如低对比度的护栏、特殊的桥梁设计、以旅游者为导向的目的地标识、堤坝与排水的环境敏感性设计、路侧建筑保护等）；保护路旁的风景视野、历史遗迹，以及小城镇和乡村风貌，吸引游客驻足停留，感受乡村、城市社区和小城镇风光；建立协调一致的道路标识系统，便于游客游览；解决交通安全问题，使游客以安全舒适的方式享受风景道沿线的文化风光。

协调与管理目标。与风景道沿线在建项目协调。具体措施是：促进各州机构之间合作，尤其是加强与具有道路及路权日常管理责任的机构，以及相关营销机构的合作，以确保规划实施获得持续支持；充分认知每一位游客的旅游体验；组织构建非营利机构，作为永久的管理实体，推进国家历史路规划实施。

廊道所在各州加强协作。加强各州间合作，以及与国家历史路联盟的合作。具体措施是：各州向国家历史路联盟派出代表参加会议；完成泛美风景道的认定与维护工作；完成道路标识与解说设施的建设。

14.3.2 规划设计理念

国家历史路作为文化型泛美风景道，具有重要的历史文化资源价值，其规划与设计强调了综合最优化设计、历史文化遗产原真性保护、道路灵活性设计及多利益主体合作等理念。

综合最优化设计。强调综合最优，并整合多学科专业人员、相关利益主体共同协作，并鼓励公众积极参与，在国家历史路规划设计中注重跨区域统筹协作。同时，使廊道更好地与周围自然、社区环境相协调，更好地保护自然风景和地域历史文化资源。

历史文化遗产原真性保护。在遵循保护自然和历史，将美观与实用相结合的原则下，尽量保留现有景观资源；尽量完好地保持原有自然和文化景观的本色，呈现历史的真实风貌。必要时立法保护这些重要的有形资源以及无形的文化遗产。

道路灵活性设计。国家历史路是一条将景观与现代化融为一体的公路，对道路主体各路段选线、路面、坡度、最小曲线半径、护栏等方面，参照了《美国道路设计规范》（A Policy on Geometric Design of Highways and Streets）中的相关标准及规定，进行灵活性设计，以保证道路安全、畅通等功能，并实现不同交通方式之间的连接，同时，兼顾美学、历史、文化等价值，实现各种游憩活动有机组合，为游客提供较为丰富的游览、观光、游憩机会。灵活性设计，实现了道路与环境、社区的和谐共存，使道路可持续发展。

多利益主体合作。国家历史路受到包括各州交通部、公园管理局、林务局、历史文化保护协会等各部门及组织机构的制约，因此，作为具有复合功能的线性开放游憩空间，在规划设计进行的过程中，寻求了各相关部门的合作，积极争取社区公众与相关利益团体的支持。使其规划建设与开发在多利益主体间的合作中得以完成，才能获得科学、理性的开发并可持续发展。

14.3.3 建设要素

一、道路工程

国家历史路打开了美国的西部，成为人流与货物移动的廊道。该公路的建设是一项工程壮举，同时集乡土景观、建筑风格以及建造技术为一体，展示了美国的美丽风景和历史遗产。因此，在后期道路主体的提升改造中，注重在遵循《美国道路设计规范的》基础之上的灵活运用，重视在保障公路安全与交通功能的同时，最大化地实现道路与自然条件、人文环境的融合。

一般而言，对于文化型道路主体的改造提升，主要是针对旅游者游览风景道的特殊需求，对其进行局部灵活性的完善和改造提升。不能像一般道路提升改造那样，主要集中在对道路和路侧状态的改变，例如，扩宽车行道和路肩，增加导轨，减少树木以及改变道路方向等，因为这些技术通常都会对道路的历史文化品质和风景品质带来严重的破坏。国家历史路由于运营时间长，部分路段濒于废弃，需要进行适度提升改造，道路主体提升改造主要集中在道路路面和桥梁构筑物的修缮和维护（图14-7）。

路基路面。路面整修工作主要包括：重新铺设路面；在事故高发路段，增设变速车道及转弯车道；拥挤路段增加宽度以适应交通流量增加等。

桥梁构筑物。桥梁构筑物多建于不同的历史时期，随着时间的推移，桥梁构筑物原有的交通功能不断弱化，而旅游功能不断强化。出于安全以及现实需要等因素考虑，对桥梁构筑物进行了修缮和维护，并强化突出了不同历史时期的文化特征，使其成为历史文化景观（图14-8）。

斜坡。在有着较好的视觉效果的路段，重视对斜坡的加强和巩固。在山坡斜面上，通常使用“固土植

图14-7 国家历史路里程桩

图14-8 国家历史路沿线桥梁景观

物护坡”来稳固堤岸。

安全护栏。制定了严格的安全护栏体系规划。早期遗留下来的木护栏以及生锈的钢或者彩色镀锌护栏都被撤换掉，安装了经过碰撞试验达到联邦公路管理局要求的钢背木护栏，实现安全与美观兼具的效果。

二、游憩服务设施

国家历史路沿线提供游憩服务设施包括：观景设施、道路引导标识、解说设施、住宿与餐饮设施、加油站、汽车维修及租赁设施和交通连接设施等。

（一）观景设施。国家历史路沿线自然景观丰富，风光旖旎，为了满足旅游者观赏需要，风景道沿途设置了大量观景平台和观景房。观景设施设计强调为旅游者提供方便的进出入服务，观景平台通常都与停车场配套建设。

（二）道路引导标识。主要包括道路交通标识和国家历史路标识。对于国家历史路的道路交通来说，大多数城郊区域的单向街道、复杂的立面交叉口，以及随着道路从一个管辖区延伸至另一个管辖区时，线路的多次改变，都会干扰驾驶者的注意力，给新到的旅游者带来持续的困难挑战。因此，在风景道沿线设立了一定量的引导标识牌，为游客指引了正确的道路方向、限速以及获得附近旅游目的地的相关信息（图14-9）。

（三）解说设施。解说设施包括游客中心、解说标识、博物馆及展览馆三方面。

游客中心。在廊道沿途包括路旁以及景区景点附近，设置了大量的游客中心。游客中心内提供了种类繁多的风景道媒介资料，包括书籍、宣传册、旅游指南、明信片、步行导览、道路指南、旅游展览和电视节目，以及风景道网站等，为游客提供了丰富的信息服务。

解说标识。被设置在游客游览的地方，如城镇出入口、公园、博物馆、游径的起止点，以及历史文化遗址遗迹点等（图14-10）。例如，道路的入口处，往往是潜在游客穿过通道进入廊道的地方，游客容易

图14-9 国家历史路道路引导标识

图14-10 国家历史路解说设施

驻足停留，便于解说功能的发挥，对道路的起源和历史发展等进行很好的解说。

博物馆及展览馆。通过展览，可使游客易于理解国家历史路的历史故事，尤其是经过专业设计的内部展览，具有强大的解说功能，是解说设施的重要方面。

（四）住宿与餐饮设施。游客设施的建设，主要是通过对风景道沿途以及廊道范围内不同历史时期的建筑物进行功能转化、改造。例如，国家历史路上住宿与餐饮设施，包括了旅店、汽车旅馆、帐篷营地、餐馆、野餐地等，极具历史文化特色。这其中大部分旅店、餐馆与酒馆，以及购物中心等都是利用不同时期的历史建筑物改造而来的。通过把历史路上的商业服务机构改造为小旅店、酒店、商店等，收费站改造为小酒馆等，进行建筑功能转化。但是，与此同时，为了满足现代人自驾车需要，也建设了众多的汽车旅馆、帐篷营地，以及野餐区等。

（五）加油站、汽车维修及租赁。为了应对自驾车游客的大量涌入，风景道沿途修建了大量加油

站、车库和汽车维修与租赁店。这些设施中，一部分是利用道路上原有的加油站等改造或改建而来。与此同时，许多古老的服务中心与车库还依然存在，且保留着早期车库的特征，如史密斯修理店、米勒兄弟车库等。

（六）交通连接设施

停车场。国家历史路入口处提供了路线地图、服务方向及停车场信息。停车场为自驾车游客提供了停留及游览机会。其设计风格简约明快，设计中对场地交通量、交通工具类型及接待规模、大型交通工具的转弯线路等进行了充分考虑。

游径慢行系统。国家历史路沿线建有多条游径，俄亥俄州的游径网络最为完善，其中，以开拓者名字命名的“内马科林游径”（Nemacolin’s Trail）则最为著名。众多游径都适合自行车骑行，在游径沿线设置了一系列的节点和服务设施，提供餐饮补给、自行车租赁和乘运等服务。

三、景观美化与植物配置

景观美化。为了美化廊道景观，国家历史路制定了社区和风景道景观提升战略，内容包括：房屋和庭院外观美化与维护；消除冗余电线杆和电线；修建满足需要的垃圾堆放点；减少或消除现有杂乱广告牌；减少高空电线对视觉的冲击。将公用事业管线埋在地下或迁移这些管线，以改善和美化道路景观。但在将公用事业管线埋在地下时，要充分考虑成本因素。总的来说，在人口密度较高、经济发达地区时，进行管线埋地成本较高。而在历史遗址遗迹区、古村落和社区，以及景观别致的地点，将管线埋地是合适且必要的。有时，公用事业管线可以通过局部转移来改善提升景观质量，例如，将管线移到街道的另一侧，就能实现既不破坏整体景观又降低成本的效果。

植物配置。对路侧植被景观进行修缮和维护，以形成更加完整、和谐和美丽的风景，提升风景道风景品质。植物配置具体措施为：一是加强风景道沿线土地效用管理以减轻对风景审美和栖息地的影响；二是沿着道路边缘种植小型的花草和灌木，以增加植物色彩和多样性，以及柔化道路两侧生硬的直线边缘。一般情况下花树长不高，能够安全地靠近公用管道线栽种；三是对风景道路侧植物进行栽种或移植时，需考虑植物地域适宜性，以及是否会对其他公用事业管线的地下埋线带来干扰；此外，植物种植应该远离交叉路口，以免阻碍视线，制造交通安全隐患。

四、产品与线路

（一）产品设计

国家历史路廊道资源丰富而独特，加之客源市场多样化，使得旅游产品谱系宽泛化。在众多旅游产品中，其主导产品主要有四类：历史文化产品、自驾车产品、户外游憩产品和节庆产品。

一是历史文化产品。国家历史路最重要的资源价值以及游览价值在于它的历史文化，充分利用其200多年积淀的历史文化资源，形成历史文化产品。如将风景道作为美国历史发展的户外博物馆，对国内外游客开放，使其能够体验到丰富多彩的美国历史文化。

二是自驾车产品。国家历史路跨越6个州，沿线自然资源丰富，景观优美，地形变化多样，营造了丰富、持续、和谐的视觉体验。如沿途的阿勒格尼高原、山谷与山脊、蓝岭、皮德蒙特地区的东部和西部（The Eastern and Western Piedmont Region）以及滨海平原等呈现出了高原、山脉、平原等多种自然景观，具有丰富、持续与和谐的风景品质。因此，国家历史路上的自驾车产品深受国内外旅游者青睐。

三是户外游憩产品。国家历史路廊道内有着丰富的游憩资源，为户外运动爱好者提供了全年的游憩活动项目，包括高尔夫球、远足、冲浪、垂钓、观鸟等。同时风景道沿线还设置了大量的汽车旅馆、旅游小木屋、露营设施，以及停车场和汽车租赁服务店等游憩服务设施。

四是节庆产品。国家历史路作为具有一条与美国文化息息相关的风景道，其所穿越的6个州具有各自独特的节庆文化活动，加之道路自身具有丰富多样的文化，开发节庆活动产品具备很好的条件。开展各式各样的节庆文化活动，在丰富当地社区居民生活的同时，也能够作为吸引国外游客的游憩活动产品。

（二）线路设计

丰富的旅游产品，促进了多元化线路的设计，国家历史路有6条游览线路，每条线路都各具特色和精彩，旅行里程和时间长短不一。

1）国家历史路博物馆之旅（伊利诺伊州段）。该线路起点为林肯学院博物馆（Lincoln School Museum），终点为科林斯维尔历史博物馆（Collinsville Historical Museum）。该线路将带领游客体验位于伊利诺伊州国家历史路上的多个博物馆。它们能满足游客对于教育和机动车变迁发展，以及早期居民的生活方式等方面探求的欲望。该线路行程时间为一天，总里程为217.57公里。

2）历史路三日游（印第安纳州段）。该线路起点为里士满历史街区（Richmond Historic District），终点为特雷霍特。国家历史路讲述了一个关于美国的成长及沿着第一条国家公路扩张的故事。从俄亥俄州西部边境到伊利诺伊州东部之间，国家历史路为游客提供了丰富的旅行体验：乡村之美、小城的魅力以及城市的喧嚣。带有传统街道以及精美建筑的村庄，穿插在印第安纳州的农业景观之中。该线路行程时间为三天。

3）历史文化之旅（马里兰州段）。该线路起点为卡斯尔曼河大桥州立公园（Casselman River Bridge State Park），终点为巴尔的摩铁路博物馆（B & O Railroad Museum）。在这里能够体验美国丰富的历史文化和自然之美。该线路行程时间为两天。

4）自驾车观光之旅（俄亥俄州段）。该线路的起点为西杰斐逊（West Jefferson），终点为弗林特岭州立纪念碑（Flint Ridge State Memorial）。无论是开车通过公园还是步行穿过植物园，所游览的自然景观都是最好的。与此同时，在自然背景中更存在人造的奇迹。该线路行程时间为一天。

5）西弗吉尼亚之旅（西弗吉尼亚州段）。该线路起点为惠灵，终点为奥格尔斯比公园与度假村（Oglesbay Park and Resort）。游客在这段路上能够体验到优美的环境，了解美国发展过程中的各种转折性事件。该线路行程时间为一天。

6）宾夕法尼亚之旅（宾夕法尼亚州段）。该线路起点为古彼得斯堡通行税收费处（Old Petersburg Toll House），终点为历史悠久的桥梁（S桥）。该线路展现了国家历史路沿线交通运输的发展历程等。该线路行程时间为一天。

五、品牌与营销

国家历史路作为泛美风景道，知名度较高，营销中十分重视将风景道推向更广阔的市场，大力巩固相对稳定的周边市场，积极拓展并推进潜在客源市场；继续推进塑造“美国历史文化自驾观光体验”品牌形象。营销手段主要有以下方面：

媒介营销。充分利用自由媒体优势，多样化途径和媒介，进行广泛营销。如标牌、说明书、游客中心、汽车广播、录音游记、楼宇电视乃至课堂上的教材等。

网络营销。在充分利用传统营销手段的同时，更加重视互联网营销，大大提高了营销效率。互联网营销将风景道营销从本地扩展到全美乃至全世界，扩大了市场范围。通过专属网站的建立，实时报道了国家历史路最新信息。主要营销网站包括：

http://byways.org/explore/byways/2278、http://www.mdisfun.org/Pages/HISTORICNATIONALROAD.aspx、http://www.nationalroadpa.org/、http://visiteffinghamil.com/attractions_national_road.htm等。

节庆营销。结合各地丰富多彩的节庆文化，开展多样化的节庆营销。这些节庆活动为旅游者带来了独特的体验和无限的快乐与惊喜。如游乐货车、表演、集会、工艺品展示，以及儿童游戏等节庆活动，因此，节庆活动在淡季也吸引了大量的旅游者。

14.4 管理营运

14.4.1 管理体制

由于国家历史路跨越6个州，穿越地域辽阔，涉及机构众多，因此，建立一个高效的管理体制，是其建设和管理的根本保障。为了对国家历史路实施有效管理，在各级政府、相关部门和组织的大力

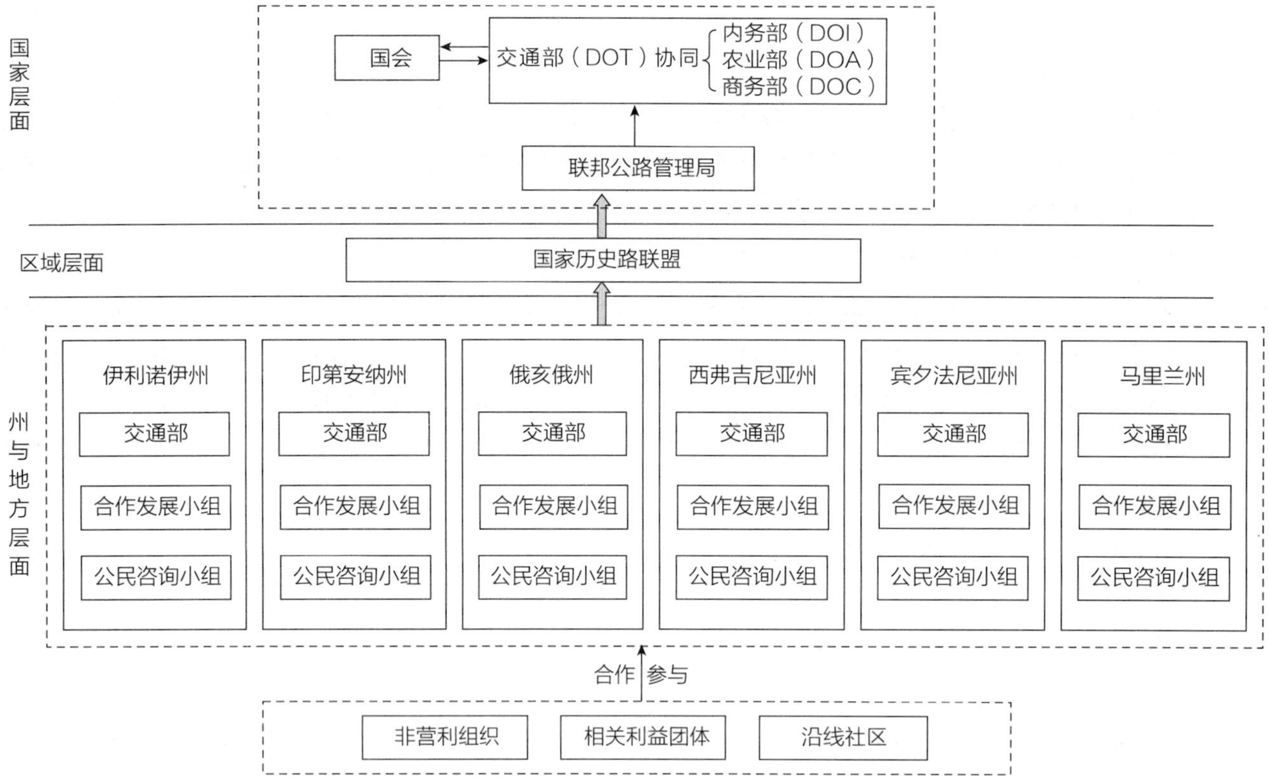

图14-11 国家历史路管理组织机构

资料来源：Lardner/Klein Landscape Architects, P.C, John Milner Associates, etc. Maryland Historic National Road Scenic Byway Corridor Parnership Plan[R]. 2001.

支持和配合下，建立了由国家、区域、州与地方政府、非营利组织等四个层面构成的管理组织结构（图14-11）。

国家层面，与纳入国家风景道计划的其他风景道一样，在美国国会授权下，由交通部协同内务部、农业部、商务部等，对国家历史路进行宏观管理，并指定联邦公路管理局作为其直接管理部门，对其进行直接政策指导与管理。

区域层面，成立了国家历史路联盟，以进行区域协调和管理。国家历史路联盟由国家历史路所穿越的6个州的相关代表组成。其工作职责主要是：指导各州结合实际，分别制定各自的风景道廊道管理计划；举行风景道例行会议；协调和组织泛美风景道申请与合作；风景道道路标识和解说设施的协调管理；组织进行风景道联合营销等。

州与地方层面，各州风景道管理主要由各州交通部牵头，联合国家历史路合作发展小组和公民咨询小组共同实施管理。在国家历史路联盟指导下，各州分别成立了国家历史路合作发展小组和公民咨询小组。

各州合作发展小组主要由州规划部、旅游发展办公室、州公路管理局、州历史信托机构，以及州自然资源部等组成。成员还包括景观建筑师、社区规划师、工程师、历史学家等多学科专家。

公民咨询小组主要由各市、县任命的代表，以及廊道区域内对规划及资源管理具有贡献的专家等组成。为了完成国家历史路规划建设目标，公民咨询小组又在四个主要战略领域内，分别建立了相应的下属委员会，即保护委员会（Preservation Committee）、提升改造委员会（Enhancement Committee）、解说及教育委员会（Interpretation and Education Committee），以及营销与促销委员会（Marketing and Promotion Committee）。以上每一个委员会的委员均吸纳了来自风景道沿线每一个司法管辖区及机构的代表。

合作发展小组与公民咨询小组主要以会议的方式进行会面和管理协调，其管理职责主要是：确定风景道愿景、目标；确保风景道内在品质保护和提升；为风景道规划实施，提供建议。

一些非营利组织，也积极参与到国家历史路日常管理维护中，主要包括非政府组织、相关利益团体与沿线社区公众等。它行通过与政府相关部门合作，来支持风景道发展。

14.4.2 资金资助

一、资金来源

风景道开发、维护和管理等工作的实施，离不开资金保障。国家历史路资金主要来源有：国家风景道基金、国家历史路专项保护资金和特别评估项目资金。

一是国家风景道基金。各州交通部可以向联邦公路管理局申请国家风景道基金。

二是国家历史路专项保护资金。国家历史路专项保护资金是对私有财产拥有者保护国家历史路的行动给予帮助和保护。

三是特别评估项目资金。这是为国家历史路维护和保护项目而创建的一个永久性资金。考虑到农村遗产项目没有充足的资金来完全满足国家历史路遗产保护的需要，所以建立特别评估项目资金。通过在国家历史路沿线城镇，创建新的"社会效益地区"，以使道路沿线社区可共同筹集资金。该资金主要运用在道路改造提升、标识标牌建设和为未来游客创建一个无缝对接的旅行体验而进行的交通条件改善等项目。

二、国家风景道基金资助

1999年，国家历史路首次获得国家风景道基金资助；2002年被认定为"泛美风景道"。1992—2012年间，国家历史路共计有14年获得国家风景道基金资助。

从资助额度来看，2006年获得资助额度最多，达到1778903美元；2012年获得资助额度最少，为75280美元，两者相差1703623美元；14年中共计获得6829439美元，资助额度呈平稳波动起伏状态，平均资助额度约为487817美元。

从资助占当年全美对所有国家级风景道资助比例来看，2006年占比最大，达到6.96%左右；2012年占比最小，约0.20%，平均资助占比1.81%左右；14年间获得资助总额约占相应年间全美对所有国家级风景道资助总额的1.61%。

从空间上看，国家风景道基金对国家历史路跨越的6个州均有资助，但资助分布不均，主要集中在俄亥俄州、伊利诺伊州、印第安纳州和马里兰州（表14-3）。

从资金资助项目类型看，主要集中在国家历史路廊道管理、解说信息、风景道设施、营销、游憩通道、资源保护、安全提升。其中，廊道管理项目最多，达32个，占比约为39.0%；其次为解说信息项目，达20个，占比约为24.4%；再者为风景道设施项目，达12个，占比约为14.6%；然后是营销项目为10个，占比约为12.2%；游憩通道、资源保护、安全提升项目较少，分别为4、3、1个，占比分别约为4.9%、3.7%、1.2%。由此可以看出：国家历史路比较重视道路廊道管理、解说标识的建设和信息发布、风景道设施的建设与维护、游憩通道建设、资源保护、安全提升等（表14-3）。

国家风景道基金对国家历史路资助区域、项目及类型　　表14-3

年份	州	项目	项目名称（编号、额度）	项目性质
2008	IL、IN、OH、PA、WV	8个	国家历史路印第安纳州段数字媒体解说中心（SB-2008-IN-02、$143704）、国家历史路伊利诺伊州段廊道管理计划实施（SB-2008-IL-04、$62000）、国家历史路国家历史路俄亥俄州段营销（SB-2008-OH-01、$56000）等	风景道设施、廊道管理、解说信息、营销
2009	IL、OH	2个	伊利诺伊州：国家历史路万达利亚解说中心（SB-2009-IL-04、$101750）、国家历史路俄亥俄州段西门户区修建（SB-2009-OH-03、$10500）	风景道设施

续表

年份	州	项目	项目名称（编号、额度）	项目性质
2010	MD、OH	2个	国家历史路马里兰州段：解说和提升国家历史路风景道周年纪念日意义（SB-2010-MD-02、$143246）、国家历史路俄亥俄州段廊道管理计划修正（SB-2010-OH-01、$80000）	廊道管理、解说信息
2011	MD、OH、PA	3个	国家历史路斯卡尔佩利（Scarpelli）地役权保护（SB-2011-MD-06、$485121）、国家历史路里程桩标识恢复和重置（SB-2011-OH-01、$36000）、国家历史路/劳雷尔海兰兹（Laurel Highlands）风景道：旅游巴士线路研究（SB-2011-PA-02、$72000）	游憩通道、资源保护
2012	IL、MD、OH	3个	国家历史路历史里程桩标识和解说标识（SB-2012-IL-04、$24800）、国家历史路解说标识（SB-2012-MD-07、$42480）、国家历史路俄亥俄州段东部门户区解说标识（SB-2012-OH-04、$8000）	解说信息

注：①SB：风景道；IL：伊利诺伊州；IN：印第安纳州；MD：马里兰州；OH：俄亥俄州；PA：宾夕法尼亚州；WV：西弗吉尼亚州；

②因某些年资助项目较多，考虑表格过长，影响阅读，故对当年资助项目数超过3个以上时，取资助额度在前三名的予以列举。

资料来源：National Scenic Byways Grant Totals by Year and State for 1992-2012[R], http://www.bywaysonline.org/grants/funded/funded_report?report=award_total&format=pdf.

第15章 切萨皮克乡村风景道（Chesapeake Country Scenic Byway）

来马里兰州东海岸体验生活，体验切萨皮克湾，观赏水手把他们的劳作成果带上岸。参观历史悠久的城镇，了解该地区丰富的历史和文化。穿越风景秀丽的农田，观看农民在多产的农田中劳作。让切萨皮克乡村风景道带你走进中部大西洋地区最后一个真正独特的景观，欣赏东海岸农民、水手以及商人们的工作生活。

Come celebrate life on Maryland's Eastern Shore. Experience the Chesapeake Bay and observe watermen bringing their bounty to shore. Visit historic towns and learn about the area's rich history and culture. Travel through scenic stretches of productive farmland and see farmers work their fields. Let the Chesapeake Country Scenic Byway introduce you to one of the last truly special landscapes of the Mid- Atlantic Region and gain an appreciation for the working life of the Eastern Shore's farmers, watermen and merchants.

——美国国家风景道计划对切萨皮克乡村风景道的评价

资料来源：National Scenic Byways Program Collection of America's Byways® Designated by U.S. Secretary of Transportation.

15.1 概况与发展历程

15.1.1 概况

切萨皮克乡村风景道总长为137.6公里，其廊道内拥有丰富的资源。作为一条乡村文化风景道，其沿线的文化品质突出，同时展现了一定的历史、自然、风景、游憩品质，如风景如画的乡村水路、海滨及内陆农家村庄。风景道所经地区以海洋渔业文化和农耕文化而著称，为游客提供了丰富的文化遗产和优美的乡村风貌，是广受游客欢迎的线性旅游目的地。该风景道是马里兰州东海岸的一条重要风景廊道，2002年6月因其突出的文化品质入选为国家风景道，成为美国国家风景道体系中的一员。

切萨皮克乡村风景道廊道范围包括以下四个部分：

道路本身——包括道路、基础设施，以及相关的可行驶通行权的区域。

道路视域景观——道路沿途视域范围内的城镇和乡村，包括沿途建筑以及其他可视的道路通行区的街道景观。

可游览的景点——包括任何对公众开放并与风景道主题相关的景点，这些景点与风景道相距较近，且驾驶易于抵达，具有明确与道路相关的路标信息。

廊道资源——包括任何与道路相邻或者相交叉的公园、绿道、公共土地、历史街区、休闲游径、水上游径以及野生动物避难所等。

切萨皮克乡村风景道以海洋渔业文化以及农耕文化而闻名，其中农耕是切萨皮克乡村地区的主要生活方式，是北美洲最古老的“工作景观”之一。切萨皮克乡村风景道穿越了东海岸的昆安斯县（Queen Anne's）、托尔伯特县（Talbot）、多切斯特县（Doreheste），连接了森特维尔（Centreville）、伊斯顿（Easton）、圣迈克尔斯（St. Michaels）、蒂尔曼岛（Tilghman Island）、费德勒尔斯堡（Federalsburg）等具有浓厚区域文化氛围的小城镇，此外，切萨皮克乡村风景道还将从美洲土著时代到现代的众多国家级海洋遗产和景观连接起来，使游客能够充分了解该区域丰富的航海历史、传统农业以及自然资源，享受从观鸟到自行车骑行，再到划船娱乐等休闲游憩的体验。

从景观特征来看，切萨皮克乡村风景道有三种景观类型：

水域景观。风景道穿越的地区河流、溪流、港口和沼泽广布，有些水域面积辽阔，长达数十甚至上百公里。这些独特的水域景观能够给旅游者带来完整体验，也是其风景内在品质的重要方面。

乡村景观。风景道也穿越了大片的乡村地区，沿途的乡村农舍、建筑、农业设施、农田构成了极为美丽的乡野景观。这些农田地区在历史上的农耕活动与现有的马里兰东部海岸农耕文化相符合。对这些农田景观的保护是该地区农业经济发展中需要关注的重要方面，同时，保护农田景观与旅游者的驾驶审美、愉悦体验一样重要。

城镇景观。风景道沿途的小城镇同样是该地区丰富的海洋和农耕文化遗产的重要组成部分。其城镇街道景观主要由建筑和道路沿线的景观组成。包括了从城镇到保护性农田区域的景观，以及穿过或者临近城镇基础设施的廊道和临近农田的城镇景观。

15.1.2 发展历程

切萨皮克乡村风景道廊道地区经历了千百年的人类迁移与定居演变，至今仍保留着从土著人、早期殖民、近代移民，到现代农业和海洋业发展的人类活动遗址遗迹，以及城镇变迁发展的记忆，同时一些殖民时期的独特文化传统、风俗以及技术，也都得以较为完整地保存。这些都成为切萨皮克风景道的重要资源，也成为吸引旅游者的重要旅游资源。

在人类定居发展历程中，切萨皮克港用于交通、渔业等的历史，至少可以追溯到13000年以前。1524年和1525年，意大利探险家和西班牙探险家首次到达切萨皮克湾，这是历史上欧洲探险家对切萨皮克湾进行的首次探索。16世纪末至17世纪初，英国殖民者先后多次来到切萨皮克湾，1607年至1609年间，英格兰探险家约翰·史密斯（John Smith）探索并绘制了切萨皮克海湾地图。18世纪末期到20世纪初，该地区因其优越的地理位置和交通优势，成为历史上的“兵家必争之地”，战火不断、争夺不断。随着20世纪中叶农业的兴起，以农业及海洋渔业为代表的产业不断发展，促进了该地区的经济繁荣和社会发展。

进入21世纪，随着贸易发展和地区间交流的需要，切萨皮克乡村风景道所在的安妮女王县（Queen Anne’s County）、塔尔博特县（Talbot County）、多切斯特县（Dorchester County）和卡罗琳县（Caroline County）等四县的交通运输业获得了较快发展。尤其在道路基础设施建设方面，取得了长足进展，如1949年至1952年间，建成了切萨皮克湾大桥。大桥位于安纳波利斯、马里兰州之间，极大便利了两地的交通往来。交通运输业的发展，也促进了农业、渔业和旅游业的发展，吸引了越来越多的旅游者来此休闲度假。风景道沿线如诗如画的乡村水路、历史悠久的海滨、内陆农家村庄，以及穿越以“海洋渔业文化和农耕文化”为主的人文景观，成为备受游客青睐的旅游地标。

2002年，切萨皮克乡村风景道因具有区域重要性的文化品质，以及丰富的自然、风景、历史、文化、考古等品质，被遴选为国家级风景道。相关管理部门从风景道资源保护、市场营销计划、解说计划和交通工程规划等方面，对风景道进行了改造提升，推动风景道走上规范化发展道路。2006年7月，美国国家公园管理局沿着17世纪史密斯历史性航行的路线，推出了“切萨皮克国家历史道路”。

15.2 基本条件

15.2.1 交通分析

道路状况与线路走向。切萨皮克乡村风景道由多条州内公路以及部分县内公路（如昆安斯、加罗林、多切斯特、托尔伯特等）组成。切萨皮克乡村风景道的道路交通，从昆安斯县西部至多切斯特县的东部，依据其交通特征进行分段，每段的路况及交通条件都具有各自的特点（图15-1，表15-1）。

交通安全与道路特征。切萨皮克乡村风景道多为双车道，几乎没有路肩，因此，为了提供安全有效的区域游客观赏历史文化观赏地区，并尽量减少对周围

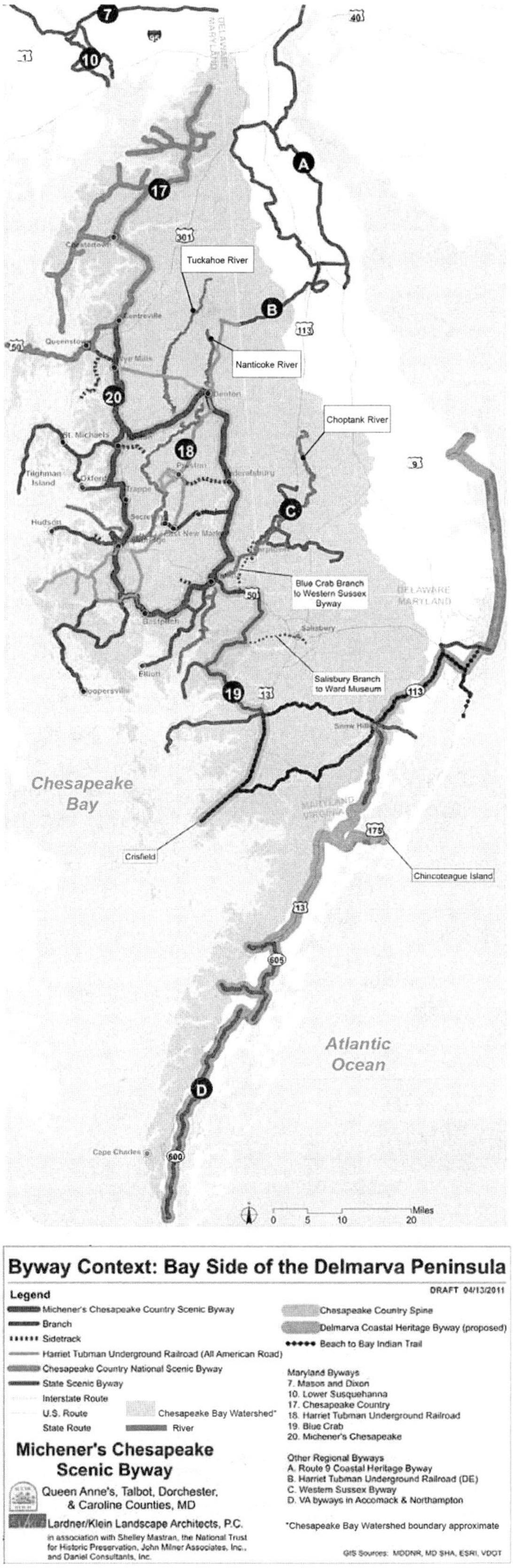

图15-1 切萨皮克乡村风景道线路走向（见彩图5）

资料来源：Lardner/Klein Landscape Architects, P.C. Chesapeake Country Scenic Byway Corridor Management Plan[R]. 2011，6.

交通的干扰，需要划出指定的安全区域。相关数据显示，切萨皮克乡村风景道穿过的主要区域有两个交叉路口需要提升安全：

213号州内公路与50号国道交叉口。这个十字路口是穿过海湾大桥后在美国50号国道东部的第一个信号交叉口。由于交通信号原因，交叉路口易产生追尾事故。为此，沙湾区已安装了多个预警警示牌和警示灯，以减少事故的发生次数。

331号州内公路与50号国道交叉口。这个路口位于伊斯顿中部。由于MD331公路的交通量相对较高，该交叉口在该地区的50号国道的红灯时间较长。为此应通过在US 50公路路面增加一层材料，以增加路面的防滑性，从而减少事故的发生。

15.2.2 品质分析

切萨皮克乡村风景道始于切萨皮克港德尔马瓦半岛（Delmarva Peninsula），穿越特拉华州、弗吉尼亚州、马里兰州东海岸，以及西部的切萨皮克湾和东大西洋等区域。风景道沿线资源丰富，历史、文化、自然、风景、游憩以及考古品质均有所体现，且以文化品质最为突出。

一、文化品质

切萨皮克乡村风景道文化品质主要包括：德尔马瓦半岛海洋与农耕文化、切萨皮克港口海洋文化和切萨皮克乡村文化。

德尔马瓦半岛海洋与农耕文化。德尔马瓦半岛有着值得游览的自然与文化资源，是马里兰州东海岸具有独特环境与独特文化的区域。该区域农业工具从犁开始演进，农业也从最低水平走出来，不断发展，逐渐出现了大规模的烟草和谷物种植。随着农业与交通技术进一步发展，果林和农场支撑着更大规模的农业。20世纪合作农业兴起，国家尺度的产业发展重新体现在区域谷物与家禽的发展中，进一步促进了农业成为德尔马瓦半岛不断衍生的生产景观。如今，德尔马瓦半岛继续支撑着美国和区域的农业发展，并成为区域经济的重要组成部分。历史上遗留下来的农业景观、自然和文化资源则通过保护和维护得以保存。

切萨皮克港口海洋文化。切萨皮克港曾是历史上生产力最强的港口，也是北美最大的河口，由约20万公里长的河流灌入，拥有约6500平方公里的水面。它的腹地囊括了6

切萨皮克乡村风景道各路段道路状况与交通条件 表15-1

道路名称	路段范围	车道数	道路路宽	路肩宽度	限速	日平均交通量	道路等级/性质
MD213	MD304森特维尔到MD662托尔伯特路段	双车道	7.3米	1.8—2.4米	48.3公里/每小时至88.5公里/每小时	6741辆（森特维尔）至14921辆（50号国道）	
MD662	50号国道（US 50）昆斯敦上的到伊斯顿、托尔伯特县以及华盛顿街路段	双车道	5.5—7.3米		64—80公里/每小时	860辆（昆斯敦）到1481辆（伊斯顿）	乡村地区车行道
华盛顿街	MD322到MD33，穿过托尔伯特县伊斯顿镇中心路段	双车道	6.7—7.3米		40—48公里/每小时		
MD33	华盛顿街（伊斯顿）到蒂尔曼岛（Tilghman' s Island）路段	双/三车道	7.3—10.9米	0—2.4米	40.2—80.5公里/每小时	2471—16511辆	乡村主要集散路
MD333	华盛顿街（伊斯顿）至位于牛津的牛津—贝尔维尤渡口路段（Oxford-Bellevue Ferry）	双车道	6.7—7.3米	0.6—1.2米	40.2—80.5公里/每小时	3182—7672辆	在牛津附近属于乡村主要集散路，在大部分路段属于乡村小动脉道路，到了伊斯顿则属于城市次干道
MD329	MD329至托尔伯特县贝尔维尤路（Oxford-Bellevue Road）路段	双车道	6.7米		64.4公里/每小时	1512辆	乡村主要集散路
贝尔维尤路	MD329至牛津—贝尔维尤渡口路段	双车道	6.7—7.3米		48.3—80.5公里/每小时		
MD331	伊斯顿华盛顿街至MD16加罗林县多佛桥（Dover Bridge）路段	双车道	7.3米	1.3—2.4米	30—50公里/每小时	11900辆	乡村次干道
MD318	MD16至MD313费德勒尔斯堡路段	双车道	7.3米	1.8—2.4米	80.5公里/每小时	5250—9800辆	乡村次干道
MD313	MD315（费德勒尔斯堡）途经MD404登顿夏普敦（Sharptown）沿线怀科米科县（Wicomico County），到达MD14埃尔多拉多（Eldorado）路段	双车道	7.3米	0.6—1.2米	56.3—80.5公里/每小时	3510—3950辆	乡村主要集散路

续表

道路名称	路段范围	车道数	道路路宽	路肩宽度	限速	日平均交通量	道路等级/性质
印第安小镇路（Indian Town Road）	MD14至MD331路段	双车道	6.1—6.7米		40.2公里/每小时		
埃利奥特路/纽马基特街	印第安小镇路-维也纳教会（Church St. in Vienna)至埃利奥特（Elliott）路段	双车道	6.1—7.3米		8—56.32公里/每小时		
亨利十字路口/格里菲斯尼克路（Griffith Neck Road）	埃利奥特路延伸至德库西桥路（Decoursey Bridge Road）路段	双车道	6.1—6.7米		40.2—56.3公里/每小时		
MD343	50号国道（剑桥）至哈德森托马斯（Hudson Thomas）路段	双车道	7.3米	1.3—1.8米	48.3—80.5公里/每小时	4341—7941辆	乡村次干道
梅普尔贝路/罗宾斯路/安德鲁斯路	MD16至MD336［接近安德鲁斯（Andrews）］路段	双车道	6.1—7.3米		56.3公里/每小时		
MD336	安德鲁斯至MD335路段	三车道	6.7—7.3米		80.5公里/每小时	700辆	乡村主要集散路
MD335	基华莱士路（Key Wallace Road）到胡珀岛（Hooper's Island）路段	双车道	6.7—7.3米		48.3—80.5公里/每小时	1381—1591辆	乡村次干道

资料来源：Lardner/Klein Landscape Architects, P.C.Chesapeake Country Scenic Byway Corridor Management Plan[Z] June 2011.

个州，16.5万平方公里的土地，具有极其复杂的水陆生态系统，3600多种动植物。

切萨皮克乡村文化。切萨皮克乡村文化与自然环境是美国最古老、最大生产性景观的组成部分。移民定居、农业、航海业、宗教，以及早期的交通网络都在该乡村得以保留和展现。千百年来形成的人类定居的生产生活方式（从土著人，到早期殖民再到现有移民；由农业经济和海洋经济共同形成的混合产业在城镇和乡村地区得以保留和传承）、独特的文化传统、风俗和生产技术等，也都得到了很好的保存。很多具有与人、地相关的历史文化和遗址遗迹都具有国家层面的重要性。例如，作为被称为“文化发源地”的地区，这里融合了欧洲人、非洲人和美洲土著人。

二、历史品质

切萨皮克乡村风景道廊道区域内生动地再现了东海岸人类土地利用和邻里关系的历史。切萨皮克港用

切萨皮克乡村风景道入选国家历史遗迹名录名单的历史遗产　　表15-2

加罗林县 CAROLINE COUNTY	多切斯特县 DORCHESTER COUNTY	托尔伯特县 TALBOT COUNTY	昆安斯县 QUEEN ANNE'S COUNTY
卡斯特大厅（Castle Hall） 登顿兵军械库（Denton Armory） 登顿历史街区（Denton Historic District） 奥克朗（Oak Lawn） 波特大厅（Potter Hall） 登顿校舍（Schoolhouse, Denton） 圣保罗圣公会（St. Paul's Episcopal Church） 尼克礼拜堂厅及场院（The Neck Meetinghouse & Yard）	伯利恒卫理公会主教教堂（Bethlehem Methodist Episcopal Church） 剑桥历史街区（Cambridge Historic District） 多彻斯特县法院大楼和监狱（Dorchester County Courthouse & Jail） 友谊大厅（Friendship Hall） 戈尔兹伯勒房屋（Goldsborough House）	巴纳比屋（Barnaby House） 伊斯顿历史街区（Easton Historic District） 圣约翰教堂圣迈克尔教区（St. John's Chapel of St Michae's Parish） 圣迈克尔历史街区（St Michael's Historic District） 圣麦克尔工厂（St Michael's Mill）	船长的房屋（Captain's Houses） 约翰 · H · 欧斯蒙船长的商店（Captain John H. Ozmon Store） 森特维尔军械库（Centreville Armory） 森特维尔历史街区（Centreville Historic District） 杰克逊房屋（Collins/Jackson House）

资料来源：Lardner/Klein Landscape Architects, P.C.Chesapeake Country Scenic Byway Corridor Management Plan[Z]. June 2011.

于交通、渔业等的历史悠久。该风景道历史和考古品质的重要性，在国家历史遗迹名录名单中可得以体现（表15-2）。

三、自然品质

该风景道廊道内自然资源丰富多样，尤以溪流、森林与湿地最为显著。

溪流。风景道沿线河流资源十分丰富，游客可通过主要游径到达切萨皮克湾，体验和欣赏其众多支流景观，如瓦伊（Wye）、迈尔斯（Miles）、洪安（Honga）、树雅芳（Tred Avon）、查普唐克（Choptank）、小查普唐克（Little Choptank）、楠蒂科克河（Nanticoke River）等。查普唐克是这其中最大的河流，有着4.8公里宽的入海口由登顿流经内陆，并一直延伸至特拉华；它还拥有最大的港口以及蒂尔曼岛的渔村。查普唐克河及其支流对沿河村镇的发展，起着至关重要的作用。查普唐克东南部是具有64公里长的楠蒂科克河，这条河是马里兰州最健康的河流，也是最后一条原生态河流。河流沿岸未开发的森林海岸、沼泽和湿地，为游客提供了休闲空间，无论是划船还是徒步，都能体验到一份闲适与宁静。

森林。这里森林广布，集中分布在瓦伊岛自然资源管理区、伍德野生动植物保护区、黑水国家野生动物避难所、林克伍德野生动物管理区，以及勒孔特野生动物管理区（Lecompte Wildlife Management Area）等区域。森林既能够维护湿地和海岸线生态完整，为动植物提供栖息地，也能够为游客提供休闲机会。

湿地。湿地资源在提升区域自然品质方面具有重要作用。该区域（东海岸）湿地类型有河口（咸水湿地）和沼泽（淡水湿地），有受潮汐影响和不受潮汐影响等不同类型。

四、风景品质

此风景道的风景品质主要体现在：林间河岸的湿地景观，如玛希侯溪（Marshyhope Greek）优美的湿地景观；辽阔的河流景观，如楠蒂科克河壮美的景观；自然与人文完美融合的景观，如瓦伊岛上的桥、格兰纳瑞溪（Granary Geek）野生区景观、华盛顿及哈德森街区的街景、牛津公园及码头、塔尔格曼岛、多佛桥景观、大湿地公园（Great Marsh Park）景观、维也纳公园（Vierma Park）水面景观等。

五、游憩品质

该风景道廊道内休闲游憩资源遍布，在切萨皮克乡村风景道沿线寻找各类游憩机会就如在其沿线找到水一样简单。该区域保留着4个国家公园、9个野生动植物保护区以及自然资源管理区，以及遍布的市、县及区域公园等。广泛的游憩活动在这些区域中分布，游客可通过不同的连接游径，拥有完全不同的体验。

例如，直接与马里兰州东海岸航海遗产相关的休闲游憩活动，包括航海、划船、皮艇、游艇及其他船舶活动等；直接与亚特兰蒂斯中部区域的打猎和捕鱼相关的休闲游憩活动等；托尔伯特、加罗林和多切斯特县之间的自行车骑行游径以及骑马和狩猎活动等。

15.2.3 市场分析

马里兰州东海岸对于游客来讲是一个极具吸引力，且渴望到达的旅游目的地。它与华盛顿、巴尔的摩、费城等大都市区相邻，具有较强的可进入性。该风景道廊道保留了独特的自然、海洋、乡村与农业特征，具有广泛而多样的客源市场。

从空间区域看。其客源市场可以分为三级：一级市场是马里兰州的客源市场。该市场最稳固且最主要；二级市场是以马里兰州为圆心，向外辐射的美国东海岸客源市场；三级市场是美国境内其他州对于美国乡村文化感兴趣的客源市场。

从属性看。切萨皮克乡村风景道资源丰富，是中部海岸地区（Mid-shore region）最好的资源区域，游览此地能够充分了解到该区域丰富的航海历史、传统农业以及自然资源，并体验观鸟、自行车骑行、水上娱乐等游憩活动。风景道旅游产品谱系宽广，能够满足不同旅游目的的游客需要，因此，其客源市场呈现多样化（表15-3）。

15.3 开发建设

15.3.1 目标与定位

切萨皮克乡村风景道将加罗林、多切斯特、昆安斯县及托尔伯特地区的居民联系起来，通过公众的努力维护，提升了其独特的生活方式。2011年6月发布的《切萨皮克乡村风景道廊道管理计划》中提出了总

切萨皮克乡村风景道细分市场及特征　　表15-3

细分市场	特征评价
文化旅游者	• 对于风景道、遗产区域、历史社区以及历史景点具有共同的兴趣的团体； • 年龄较大、富裕并且受过良好教育的旅游者； • 小团队旅游，如夫妻两人、几对夫妇、几个家庭或者朋友； • 对文化具有浓厚兴趣的旅游者，并寻求高品质的体验
活跃的退休人员与第二居所的居民	• 高品质的生活与轻松的氛围，深受退休人员以及在此拥有第二居所的人们的青睐
休闲划船游览者	• 沿该水道通向海湾的船坞是区域经济的重要组成部分； • 春、夏、秋三季，体验水上的另类生活方式； • 探索海岸线、河流及入口，在水边社区停留并参与活动
自然及游憩爱好者	• 拥有丰富的具有重要生态意义的自然景观； • 为自然与游憩爱好者提供观鸟、垂钓，以及划船、骑自行车等活动
周末探险者	• 紧邻西部区域大都市区的探险者； • 吸引周末短期游览者，休闲游憩者
家庭度假	• 东海岸是家庭度假旅游的圣地； • 丰富的产品与活动吸引并满足家庭旅游者的需求
目的地旅游者	• 在夏季，周末自驾车游客主要通往特拉华州、马里兰州，以及弗吉尼亚州海滩； • 一般不会在风景道停留，而是以穿越风景道自驾的方式进行观赏，为东海岸社区带来的收益不高
艺术与美食旅行者	• 风景道的美食及丰富的艺术与节庆活动可吸引部分游客； • 艺术家、摄影师，以及寻求不同个性及鲜明品质的游客

资料来源：Lardner/Klein Landscape Architects, P.C. Chesapeake Country Scenic Byway Corridor Management Plan[Z]. June 2011.

体目标及6个分目标。

总体目标。“通过切萨皮克乡村风景道的建设为整个马里兰州东海岸创建一个无缝的旅游体验区域，促进游客更多地滞留并进一步了解该区域，为马里兰州东部海岸发展活力作出贡献。通过风景道保护来促进区域发展，并通过对风景道丰富而多元的海洋与农业遗产文化的解说，保护乡村风貌，实现旅游可持续发展。”

分目标与策略。主要包括：保护与维护，资源提升，遗产、农业及生态旅游，解说，交通运输，以及管理目标等6方面（表15-4）。

15.3.2 建设要素

一、道路工程

道路工程设计涉及道路提升要点以及不同区域段道路提升改造。

（一）道路提升要点。对于切萨皮克乡村风景道道路的提升改造，风景道咨询委员会确定了以下要点：

沿线交通速度与安全问题。通过减少交通流量、保障行人安全、加强入口通道管理，以及交叉路口的创新性设计等措施，解决速度与安全问题，设计综合考虑乡村文化、风景、历史等资源状况的风景道慢行交通。

切萨皮克乡村风景道分目标与策略　　表15-4

分目标	策略	涉及要点
保护与维护	实施保护与维护规划，确保风景道内在品质的维持与提升，也包括对历史遗产、景观、城镇以及海岸线的保护与提升	• 保护郊区重要景观 • 大西洋中部电力工程 • 财产权利侵犯的感知 • 海平面上升 • 激励机制
资源提升	依据游客需求状况，增加风景道沿线设施数量并提升其品质。对重要海洋和农耕文化遗产进行解说，并为旅游者提供独特的旅游体验。通过提升和完善水上游览设施，为游客提供接近自然区域的机会	• 游客中心 • 公共水域通道 • 乡村区域与湿地 • 资助约翰·史密斯河探索中心建设
遗产、农业及生态旅游	通过解说教育方式，延长游客滞留时间，充分利用海洋遗产，农业和生态资源，增加户外游憩机会	• 农业经济困境 • 社区发展 • 区域主题活动 • 协调发展农业旅游、生态旅游与遗产旅游
解说	将风景道作为一种工具，通过有凝聚力的故事，增强公众对于国家海洋遗产的意识。通过对美洲土著人、非洲人等相关文化的解说，与游客产生共鸣	• 解说系统 • 讲解员 • 社会媒体技术
交通运输	对车行道与路侧进行管理。满足乘客、游客、自行车骑行者及行人等不同道路使用者的需求，同时维护风景道内在品质	• 控制流量、速度以及停车场 • 调整机动车与自行车道路肩宽度 • 加宽桥梁 • 建设并保护友好的步行环境
管理	通过四县区的努力合作，促进东海岸的遗产区域、风景道、水上游径、门户口岸，以及自然区域形成一个有机的网络	• 社区、跨县区、跨部门投资与合作 • 公众教育 • 基金资助 • 有效的区域组织机构 • 提升并推广“东海岸”区域品牌

资料来源：Lardner/Klein Landscape Architects, P.C. Chesapeake Country Scenic Byway Corridor Management Plan[Z]. June 2011.

车行道。应用综合敏感性设计方法，制定切萨皮克乡村风景道指导方针，以确保未来车行道的修建及沿线土地利用能够保留其风景线路的特征。

桥梁构筑物。对切萨皮克乡村风景道沿线存在的大量桥梁进行重新修筑时，应该保持其原有风格特色，并维持水面开阔的视野。使用合适材料维护其独特的视觉效果，同时保护墙面及坝肩，以保持风景道风格特征。在细节处理上，使用桥栏杆，维持景观视野的开阔。对于桥墩，考虑利用有色或者有纹理的混凝土以及木材坝肩。

（二）不同区域段道路提升改造。由于切萨皮克乡村风景道沿线区域特征差异显著，可以划分为乡村农业区、乡村海洋区、过渡区以及城市或村庄区等四个景观段。因此，不同区域段道路主体提升需采用不同标准与策略，使道路交通规划的提升符合综合最优化的设计原则（表15-5）。

安全护栏。在以乡村区域为主的风景道沿线，应尽量减少护栏的使用，以维护地方的特色，使游客更加接近自然土地。在必要时（如坡度大于4：1处），利用护栏起到屏障作用以控制车辆进入量；而在道路经过溪流及湿地处，安全护栏起到安全作用的同时，护栏风格与颜色应与周围环境相协调，如棕色或者暗灰色。钢背木作为一种较为质朴的乡村风格护栏材料，可以用于国家公园以及靠在海岸线的区域。

道路标识标线。切萨皮克乡村风景道标识标线主要包括：交叉口标识、线路转弯标识、线路转弯信号标识、确认标识、线路转弯标识以及线路确认标识。

二、游憩服务设施

在需要的情况下，为游客提供更好的游憩服务设施，既能增强该风景道接待能力，同时也能够通过发展并实施一定的技术来减轻游客体验过程中的视觉污染。切萨皮克乡村风景道沿线提供了大量各式各样的博物馆和景点，这些设施将有助于向游客讲述与该地区的海洋和农业遗产有关的故事。此外，包括酒店、住宿加（次日）早餐、餐馆和零售购物等在内的游客住宿设施一应俱全。

总体来看，主要设施包括：观景设施、道路引导设施、解说设施、游径慢行系统、住宿和餐饮设施、游览设施等。

（一）观景设施。为了观赏切萨皮克乡村风景道廊道内丰富的自然与风景资源，包括森林、溪流与湿地以及农业与海洋遗产景观等，在风景道沿途适宜的资源观赏点，设置了系列的有着浓郁乡野风格的观景平台，供游客停留观赏别具一格的优美风景。

（二）道路引导标识。道路引导标识是风景道上为旅游者顺利完成旅行，获得旅游体验而提供的必要的道路信息指引设施。道路引导标识的功能主要有三方面：一是帮助游客识别风景道路线；二是帮助游客确认自己的目的地和相关位置信息；三是帮助风景道确立主题形象（图15-2）。

切萨皮克乡村风景道景观分段区提升标准与策略　表15-5

分段区	提升标准与策略
乡村农业区	自然及文化景观特征显著，应限制人为要素（如车行道、桥梁等相关附属物）、路侧要素等的规模。桥梁护墙、栏杆，以及标识结构等人为要素的颜色及纹理，应尽量减少与乡村景观的视觉反差。桥梁栏杆应选择通透材质，以便于观赏开阔的水上景观
乡村海洋区	视野开阔的水面以及湿地景观。由于该区域的道路多被湿地与开阔的水面围绕，因此与这些景观、水景相关的颜色与纹理应与农业景观的有所不同
过渡区	过渡区的建筑及土地利用风貌在入口外应保持更多的乡村风格，而在入口内应具有明显的城市及乡村风格
城市或乡村区	城市与乡村区的设计是比较紧凑的，用不同的建筑风格与材料反映周围乡村景观。例如，在马里兰州东海岸，砖比石头更易获得。因此，砖作为主要的材料，被广泛应用于城市的墙壁、地基、关口、排水、桥梁等等。用当地建筑材料节省能源，减少市区的二氧化碳排放量。每个城镇也要充分展现其特有的建筑风格

资料来源：Lardner/Klein Landscape Architects, P.C. Chesapeake Country Scenic Byway Corridor Management Plan[Z]. June 2011.

图15-2 切萨皮克风景道道路引导标识

切萨皮克乡村风景道全线设置了风景道标识，形成一个连续的具有特色的标识系统，以突出乡村文化。此外，在风景道廊道区域还设置了旅游目的地指向标识，尤其是在游憩区域和交叉路口处，以引导游客前往目的地。

（三）解说设施。切萨皮克乡村风景道向游客展示了沿线廊道景观和文化。风景道串联社区、景区景点作为目的地，通过解说设施鼓励游客进行探索。为加强东海岸的游客体验，使之更加连贯，从而扩大游客和居民在东岸的观光和游览范围，解说设施成为必不可少的部分。切萨皮克乡村风景道解说规划建立在如表15-6所示原则之上。

为实现切萨皮克乡村风景道的解说规划目标，制定了相应的策略，即将风景道作为一种工具，通过有凝聚力的故事，增强公众对于国家海洋遗产和乡村文化遗产的保护意识，以及对当地文化的理解（表15-7）。

博物馆和教育中心。可以通过游览区域的博物馆和文化景点，使游客获得进一步的解说教育引导，以对廊道区域内在品质有更好的理解。这些解说设施主要分布于：（1）各类博物馆，如学术艺术博物馆、牛津博物馆、切萨皮克港口航海博物馆、理查德森航海博物馆、维也纳遗产博物馆；（2）各类教育中心，如查普坦河遗产中心、哈雷特杜博曼博物馆和教育中心、铸造厂与切萨皮克风景和文化景观中心等。

信息亭。室外游客信息亭将有助于游客明确道路方向和理解风景道，了解中海岸地区遗产和自然景点。此外，通过将公园的信息亭和自行车停车位相组合配套，为等候的乘客提供休息点。目前风景道沿线有三处这样的信息亭，分别位于怀米尔斯（Wye Mius）、伊斯顿和特拉普（Trapp）。

（四）游径慢行系统。切萨皮克风景道廊道区域内，人行步道主要设置在城市而非乡村区域。城市区域的步道主要是指城市步行街，数量较多，可保障行人出行安全；乡村区域建设少量游径，突出乡村廊道

切萨皮克乡村风景道解说规划原则　　表15-6

原则	具体释义
塑造特征	塑造切萨皮克乡村景观特征
清晰地沟通交流	在各网站将风景道作为一个整体，为游客提供清晰、准确的所需信息，以获得愉悦体验
探索性	鼓励游客旅行并使其成为有价值的目的地
真实性	展示真实的景观、社区风貌以及资源品质
精确性	确保解说的内容是经过细致研究，且准确无误的
使用不同风格	采用不同形式、不同风格的信息表达形式
体验性	通过生动的互动交流展示景观特色，使解说具有体验性
趣味性	使解说体验具有一定的趣味性，鼓励游客其游览以及重游的积极性
理解重要性	向游客传达切萨皮克湾多样的动态景观，加深其对生态重要性的理解，以及该区域对现实价值

资料来源：Lardner/Klein Landscape Architects, P.C. Chesapeake Country Scenic Byway Corridor Management Plan[Z]. June 2011.

解说策略　表15-7

策略一：统一切萨皮克乡村风景道解说主题
建立区域解说及营销委员会，负责审查区域范围内的解说主题，并发展一套独立的解说主题
策略二：视觉与图形标识
确定一个风景道图形标识，在此基础上，每一部分风景道的标识在设计时允许有差异
策略三：风景道展示
确定切萨皮克乡村风景道各分段解说主题与故事主线，分步骤分阶段地完成实施方案
策略四：切萨皮克乡村风景道营销性的主题故事与线路
准备一个关于切萨皮克独特的主题展示，以及能够代表该风景道的线路
策略五：风景道社区解说
为沿社区制定解说规划。展示应尽量全面，用风景道的主题讲述社区发展故事
策略六：附属解说资料
编制一套综合的附属解说资料来。如宣传册、指南以及风景道的地图等等
策略七：发展特殊事件解说项目
发展与风景道特殊事件相关的解说项目。在东海岸有多个能够吸引广大游客的年度事件；编制一套由解说事件及特殊项目构成的年历

资料来源：Lardner/Klein Landscape Architects, P.C.Chesapeake Country Scenic Byway Corridor Management Plan[Z]. June 2011.

特色；而在农业区域及海洋遗产区域开辟、建设的游径，则突出乡村或海洋文化特色，在起到分流目标的同时，使游客能够近距离体验乡村文化和海洋文化。

为了提升廊道区域内自行车线路的安全，在利用现有辅助路面的基础上，设计和修建了高质量的自行车道和自行车设施，并加强了日常维修。

（五）住宿和餐饮设施

住宿。切萨皮克乡村风景道沿线设置了丰富多样的过夜设施，如旅馆、汽车旅馆以及营地设施等。与此同时，还为游客提供了丰富的餐饮选择，包括海鲜餐馆、家庭烹饪、酒吧、民族美食以及各种高级餐厅等。这些相关信息可以通过风景道网站上查询与预订。

野餐区。乡野间的野餐郊游是颇受欢迎的一种方式，切萨皮克乡村风景道在沿线有多处适宜进行野餐的地点，尤其是在乡村农业区域、溪流与湿地游憩区域设置了众多的野餐区。野餐区有多种餐饮可供游客选择。

（六）游览设施。切萨皮克乡村风景道沿途设置了一些露天剧场。露天剧场是展示乡村文化的绝佳平台，农闲时节或者晚间，社区公众可利用露天剧场自娱自乐。廊道内具有丰富的节庆文化活动资源，利用露天剧场进行节庆展演，既促进了当地节庆文化发展，也给旅游者带来了丰富的体验。

此外，风景道沿线依托公园、游客中心设置一些游客公共休息室，如依托于卡罗琳县马丁纳州立公园（Martinak State Park）、卡罗琳县的茯苓州立公园（Tulkahoe State Park）和阿德金斯植物园（Adkins Botanical garden）、多尔切斯特县风帆游客中心（The visitor center at Sailwinds Park）、多尔切斯特县黑水国家野生动植物保护区游客中心（Blackwater National Wildlife refuqe）、塔尔博特县历史学会、贝尔维尤县公园等，设置了游客公共休息室。

三、景观美化与生态绿化

（一）景观美化。切萨皮克乡村风景道强调其景观和文化内涵地展示，廊道景观提升主要涉及以下三个方面：

提升道路本身。通过制定计划，以提升风景道路侧区域的景观品质，重点提升风景道路侧遭到破坏的自然、农业、历史景观。

美化廊道。与公共事业及电信公司合作，遮挡或美化现存影响廊道景观的设施，同时对未来的设施进行规划提升，以尽量减少其对风景道景观的影响。

规范广告牌。与地方政府、马里兰州公路管理局以及私人土地所有者合作，清除现存的广告牌以及违规标识，并禁止安装新的广告牌，净化和美化风景道廊道区域内的视觉空间。

（二）生态绿化。包括森林绿化、湿地环境和农业生态景观保护。森林、溪流与湿地都是该区域内典型的自然资源，是切萨皮克区域生态绿化的主要方面，激发游客对该区域动植物群体的探索。此外，风景道廊道区域内的农业景观也对生态绿化起到了重要的作用。

四、产品与线路

（一）产品设计

依托切萨皮克乡村风景道丰富文化资源和特色乡村景观，开发了以遗产文化旅游产品、乡村生态旅游产品、节庆文化产品和户外游憩产品等四类产品为主导的旅游产品体系。

1. 遗产文化旅游产品。切萨皮克乡村的文化与自然环境，是美国现存最大、最古老生产经济景观的重要组成部分。经过上千年的人类定居迁移历史演变，从土著人到早期殖民再到现有的移民，农业和海上经济的混合产业在城镇和乡村地区得以保留。从殖民时期至今，一些独特的文化传统、风俗以及技术，都得以较为完整地保存。因此，切萨皮克乡村风景道利用其独特的文化遗产资源，开发包括航海文化、农业文化等在内的遗产文化旅游产品。

2. 乡村生态旅游产品。切萨皮克乡村风景道穿过森林、溪流与湿地等优质的自然资源，景观美丽，吸引了游客去欣赏并感受探寻中海岸乡村地区的动植物群体以及优美的自然生态环境，形成独特的乡村生态旅游产品。

3. 节庆文化产品。针对切萨皮克乡村风景道的文化资源，遵循文化主题化与活化的原则，通过策划节庆活动的方式加以呈现，丰富旅游者游览经历，进而加深对遗产文化和历史的体验。重要的节庆活动包括：年度牛津日（Annual Oxford Day）、切萨皮克民间艺术节（Chesapeake Folk Festival）、牛津帆船赛（Oxford Regatta）、水禽节（Waterfowl Festival）、加罗林县农业博览会（Caroline County Agricultural Fair）、楠蒂科克河露营（Nanticoke River Jamboree）、剑桥与蟹库品尝节（Taste of Cambridge and Crab Cook-Off）、年度美洲土著人节（Annual Native American Festival）、剑桥大篷车交易会（Cambridge Schooner Rendezvous）等。

4. 户外游憩产品。切萨皮克乡村风景道廊道沿线有着丰富的休闲游憩资源，依据不同的区域游憩资源开发不同的游憩活动，在马里兰东海岸区域可以开发航海、划船、皮艇、游艇和其他活动；在中亚特兰蒂斯区域可以开发打猎和捕鱼的活动；在托尔伯特、加罗林和多切斯特县之间可开发自行车骑行以及骑马、狩猎活动等。

（二）线路设计

切萨皮克乡村风景道形成了四条富有吸引力的旅游线路，每条线路旅行里程和时间各有不同，里程为约为160—320公里，旅行时间一般为1—3天。

1. 历史·滨水·野外之旅。该线路起始点为切萨皮克—特拉华运河（Chesapeake & Delaware Canal），终点为史蒂文斯维尔（Stevensville）。路线活动多样而丰富，如美国早期历史遗迹、独立战争、水上娱乐、观鸟和野生动物观赏，或精心烹制的海鲜等，都能够在风景道廊道内找到。

2. 古教堂之旅。该线路起点为基督教堂（Christ Church），终点为圣弗朗西斯·泽维尔教堂（St. Francis Xavier Church）。在美国早期的殖民生活和建设中有着一个不同寻常的特点——宗教多元化。许多星罗棋布的教堂在精神启示、历史意义和建筑意义上保持着对现代的巨大影响。沿着切萨皮克乡村风景道，会发现整个廊道地区有着许多具有历史意义的地方。目前许多教堂仍然在使用，同时也把许多社区的居民凝聚起来。一些教堂只在祭拜或有特殊事件时才开放，但大多数教堂向公众开放。

3. 切萨皮克郡的美丽收获：水之旅。该线路起点为切萨皮克—特拉华运河，终点为切萨皮克勘探中心（Chesapeake Exploration Center）。该线路可根据游客喜好，自由延长停留时间，享受海湾美景，以及体验渔具制作、涉禽、划艇、皮艇之快乐。在切萨皮克乡村风景道有着丰富的休闲、体育、文化体验的游憩机会，这条路线只是该地区所提供的各种活动的一部分。

4. 观鸟之旅。该线路起点为切萨皮克市的切萨皮克与特拉华州运河博物馆，终点为爬行动物自然公园（Terrapin Nature Park）。廊道区域穿越了被称为大西洋迁飞的候鸟走廊，为野外探索提供了绝好的条件。观鸟者和自然爱好者可利用汽车、步行、自行车、皮艇或独木舟等各种方式，欣赏到乡野景观以及众多野生保护动物。

五、品牌与营销

依据《切萨皮克乡村风景道廊道管理计划》中营销计划，提出在战略层面上，采取区域联合营销，与周边风景道联合捆绑营销等方式，通过利用品牌效应，来提升切萨皮克乡村风景道营销成效。此外，马里兰州旅游发展办公室还专门制定了《马里兰州风景道营销计划》（表15-8），来推进州级风景道营销。这对切萨皮克乡村风景道营销也起到了很大的推进作用。

（一）营销目标

《切萨皮克乡村风景道廊道管理计划》中的营销计划，提出切萨皮克乡村风景道营销目标是：有机整合解说、教育等宣传手段，采取讲述故事的方式，将切萨皮克乡村风景道突出的海洋、农业和自然资源展示和传播给更多的游客，吸引他们参与到风景道休闲娱乐及乡村旅游体验中来。

（二）营销策略

切萨皮克乡村风景道营销策略，主要有三方面：

一是明确切萨皮克乡村风景道营销定位。在切萨皮克地区，现有三条风景道，即萨皮克乡村风景道、切萨皮克湾青蟹风景道及三州“海角之海角”风景

马里兰州旅游办公室风景道营销实施计划　　表15-8

冬季	
	制定包括马里兰州新品牌理念在内的营销宣传材料
春季、夏季	
	制作新指南； 绘制全州风景道地图； 设计自驾游线路，开通查询功能
	在马里兰州旅游办公室网站（http://www.visitmaryland.org/）上，开发马里兰州风景道及自驾游线路模块，扩展包括视频、照片、季节性信息、多条线路在内的互动地图（分期开发）
	进行春-夏-秋多季节，平面或立体广告宣传（每年度）
	通过脸书（Facebook）、推特（Twitter）和网络相册（Flickr）实施社会网络营销策略；
	在旅游交易会及消费者展览会上营销风景道（每年度）
	形成旅行作家、摄影家与摄像师的交互式网络（春-秋）
秋季	
	马里兰州旅游办公室，在年度报告中发布成绩评估（每年度）
次年春季	
	为所有网站相关信息，开发“智能手机”应用
	展开消费者研究，以调查其消费意识及产品开发可行性

资料来源：Lardner/Klein Landscape Architects, P.C. Chesapeake Country Scenic Byway Corridor Management Plan[Z]. June 2011.

道。因此，必须非常明确切萨皮克乡村风景道营销定位，开展针对性营销活动。

二是建立区域风景道联盟，联合营销。建立由马里兰州旅游办公室、区域遗产机构及规划机构共同组建的联合工作小组，联合营销风景道。联合工作小组每年至少要召开两次会议，来讨论基金资助申请、市场推广、年度大事件等合作事宜，以最大化地进行风景道联合营销。

三是对营销资料重要度进行评估。除互联网外，纸质宣传材料，游览指南等，也对招徕客源也具有十分重要的作用。既要编制马里兰州风景道指南，也要编制成本低、便于发放和携带的风景道营销资料，包括可携带地图，不同主题风景道线路等。更为重要的是要对营销资料重要度进行评估，使营销材料编制更具针对性和成效性。

（三）营销方式

在营销方式上，切萨皮克乡村风景道主要采用媒体营销和网络营销。

网络营销。利用马里兰州官方网站（www.chesapeakebyway.org），提供风景道廊道区域历史文化、文化景区景点及旅游线路等信息。与此同时，建立自己的专门网站，提供旅游资源、旅游景区景点、特色旅游线路等信息，如观鸟线，水上游览线、乡村线，历史文化线等。此外，通过设置网站链接，使网站与风景道沿线四县、马里兰州旅游办公室、地区历史、土地、水体等资源网站，进行链接，丰富与拓展营销宣传面。

媒体营销。通过脸书（Facebook）、推特（Twitter）和网络相册（Flickr）等实现社交媒体营销。切萨皮克乡村风景道网站利用这些社交媒体资源，创建脸书主页，使游客能够将风景道旅行体验进行及时分享，对风景道沿线节事活动进行宣传和内容更新。

15.4 管理营运

15.4.1 管理体制

切萨皮克乡村风景道位于马里兰州境内，其管理工作主要由国家、州与地方政府、非营利组织等三个

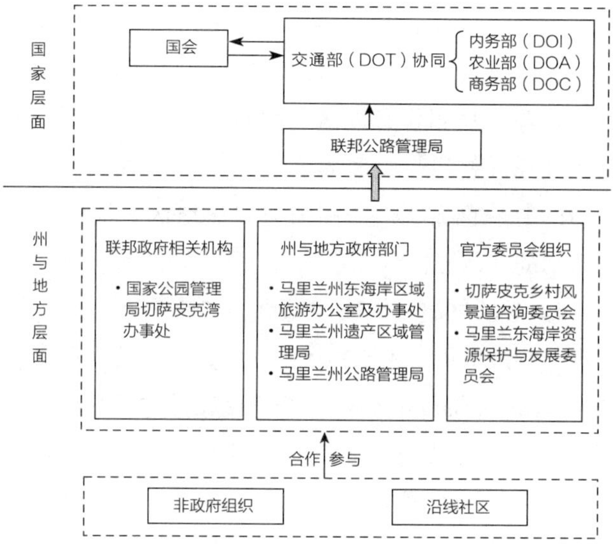

图15-3 切萨皮克乡村风景道管理组织结构

资料来源：Lardner/Klein Landscape Architects, P.C. Chesapeake Country Scenic Byway Corridor Management Plan[Z]. June 2011.

层面共同进行，管理组织结构如图15-3所示。

国家层面，切萨皮克乡村风景道，与纳入国家风景道计划的其他风景道基本保持一致，即在美国国会授权下，由交通部协同内务部、农业部以及商务部宏观指导风景道的发展，并指定联邦公路管理局作为其直属管理部门，对其进行直接政策指导与管理。

州与地方层面，切萨皮克乡村风景道廊道内存在多个组织机构对其进行支持与管理，主要是联邦政府相关机构、州与地方政府相关部门和组织三个方面，这些组织机构通过合理分工与合作，共同对切萨皮克乡村风景道进行管理与维护。

联邦政府相关机构。按照国家公园管理局的规定，切萨皮克湾入口以及水上游径网络都由国家公园管理局切萨皮克湾办公室负责。

州与地方政府相关部门。马里兰州东海岸区域旅游办公室及办事处通过合作，指导召开定期会议，在需要的时候协调各种活动，其中，东部海岸旅游区主要包括对风景道区域合作感兴趣的9个县。马里兰州公路管理局负责管理道路以及风景道路权，包括所有州际公路在内（几乎整条风景道线路）。

官方委员会组织。对切萨皮克乡村风景道管理起重要作用的官方委员会主要有三个，主要包括马里兰州遗产区域管理局、马里兰州东海岸资源保护与发展

委员会和切萨皮克乡村风景道咨询委员会。

切萨皮克乡村风景道沿线存在四个遗产区域组织，这四个组织定期会面，马里兰州遗产区域管理局负责活动的协调工作。

马里兰州东海岸资源保护与发展委员会主要致力于切萨皮克乡村风景道廊道内自然资源保护、社区发展以及东海岸经济发展等。

为规划发展切萨皮克乡村风景道，将各级政府相关机构和组织联系起来，成立一个州级合作性组织的作为管理风景道相关活动的“工作室”，成为该风景道发展的必然，切萨皮克乡村风景道咨询委员会在此背景下成立。该委员会每年召开七次讨论会，研究商讨切萨皮克乡村风景道不同地段规划进程，建立了两个公共的规划工作室，它们的主要职责是：确认规划进程方向，审查最初愿景、目标以及需要解决的事件；审查风景道以提升保护廊道作为重要遗产及生态旅游线路为目的的规划实施策略等。咨询委员会所有会议都向公众开放，同时对该风景道具有浓厚兴趣公众将被邀请加入咨询委员会。

一些非营利性组织，也积极参与到切萨皮克乡村风景道日常管理与维护中，主要是一些非政府组织，沿线社区与公众等，它们通过与政府相关部门合作，来支持风景道发展。

15.4.2 资金资助

一、资金来源

切萨皮克乡村风景道资金主要来源于两方面：一是联邦公路管理局为国家级风景道提供的专项基金；二是马里兰州为保护该风景道资源而制定的重点项目基金。

（一）国家风景道基金。切萨皮克乡村风景道，因具有“国家风景道”称号，联邦公路管理局为其规划、建设、管理及维护提供了国家风景道计划专项基金资助。

（二）马里兰州项目基金。在风景道规划、建设之时，马里兰州就为保护风景道廊道资源，提供了州层面资金资助，制定一系列相关的土地及历史文化保护举措，以更好地促进风景道廊道资源保护及发展。基金主要包括农业土地保护类项目、自然资源保护类项目、森林管理及援助类项目和历史文化保护类项目四类（表15-9）。

切萨皮克乡村风景道重点规划项目　　表15-9

种类	项目名称	要点
农业土地保护	马里兰州农业土地保护基金会项目	为马里兰州公民维护土地资源，控制农田划分及发展，遏制城市枯叶病传播及蔓延，保护开放空间农场及林地等提供资金资助
	乡村遗产项目	旨在限制为四县提供基金与私人土地的信托机构，以防其对农业土地以及自然产生不利影响
	转移发展权项目	通过该项目，土地所有者可出售或者转让发展权，从而保护开放空间土地或者农耕土地，限制各县增长区域的无序扩张
	州级农业认证项目	使各县保持本地农业土地转让税，平衡更多的地役权基金，鼓励土地利用规划，支持保护地役权的投资
自然资源保护	开放空间项目	在地方一级，给地方分配资金，帮助其购买土地，并建设或修复公园设施，以满足其特定土地空间保护与休闲游憩目的
	马里兰州环境保护信托项目	保护、提升、激发、延续其风景及环境的文化品质
	切萨皮克湾关键领域项目	创建州范围内关键区域委员会，以监督该区域的发展以及当地土地利用计划的实施
	遗产保护基金项目	为保护濒危动植物物种以及重要栖息地提供资金
	私有土地项目	为私人的土地提供保护，签订保护地役权协议，与地方、区域、州或者国家非营利信托组织享受同等待遇

续表

种类	项目名称	要点
森林管理及援助	森林管理计划项目	为森林土地私有者提供土地管理援助，包括长期的目标计划与资源容量管理
	森林遗产项目	主要是识别并保护重要森林土地，尤其是目前或未来面临转化为非林地用途的林地
	森林保护与管理协议项目	鼓励土地所有者，管理其土地，同时，以减少物业税评估作为回报，以15年作为一个期限
历史文化保护	马里兰州历史调查库项目	将调查所得信息，进行归档库存管理，以加深公众对马里兰州建筑、考古及文化资源的理解
	国家历史遗迹项目	该项目是联邦政府层面项目，组织认定区域、结构、物体及景点等在美国历史、考古、建筑、工程或者文化上的重要意义
	古迹保护资助项目	包括非资本古迹保护资助项目、地方认证政府资助、马里兰州历史古迹地役权保护信托项目、马里兰州历史古迹保护信托贷款项目等

资料来源：Lardner/Klein Landscape Architects, P.C. Chesapeake Country Scenic Byway Corridor Management Plan[Z]. June 2011.

二、国家风景道基金资助

切萨皮克乡村风景道于2002年被认定为“国家风景道”，当年便首次获得国家风景道基金资助。1992—2012年间，切萨皮克乡村风景道共计有5年获得国家风景道基金资助，成为其资金资助的主要来源与保障。

从资助额度来看，2007年获得资助额度最多，达到153000美元；2005年获得资助额度最少，为25000美元，两者相差128000美元；5年中共计获得316760美元，资助额度呈波动起伏状态，平均资助额度约63352美元。

从资助占当年全美对所有国家级风景道资助比例来看，2007年占比最大，约0.50%；2008年占比最小，约0.105%，平均资助占比0.21%左右；5年间获得资助总额约占相应年间全美对所有国家级风景道资助总额的0.21%。

从资金资助项目数看，共计资助了7个项目。其中，2007年资助项目最多，达到3个，占比约为42.8%；其他获得资助的4年均为1个，占比均约为14.3%；从资金资助项目类型看，主要集中在切萨皮克乡村风景道解说信息、廊道管理、风景道设施、资源保护四类。其中，解说信息项目最多，为3个，占比约42.8%；其次为廊道管理项目，为2个，占比约28.6%；风景道设施、资源保护项目较少，均为1个，占比均约为14.3%。由此可以看出，切萨皮克乡村风景道比较重视道路信息的解说、廊道管理、风景道设施的建设与维护、资源保护等（表15-10）。

国家风景道基金对切萨皮克乡村风景道资助区域、项目及类型　　表15-10

年份	州	项目	项目名称（编号）	项目性质
2002	MD	1个	切萨皮克乡村风景道解说项目（SB-2002-MD-02）	解说信息
2005	MD	1个	切萨皮克乡村风景道廊道管理计划实施（SB-2005-MD-02）	廊道管理
2007	MD	3个	切萨皮克乡村风景道廊道管理计划实施（SB-2007-MD-04） 切萨皮克乡村风景道农村遗产保护和教育手册（SB-2007-MD-12） 切萨皮克乡村风景道路侧博物馆：遗产壁画廊道维护（SB-2007-MD-10）	廊道管理、解说信息、资源保护
2008	MD	1个	切萨皮克乡村风景道城镇门户区建造（SB-2008-MD-10）	风景道设施
2011	MD	1个	切萨皮克乡村风景道（马里兰州）：米切纳（Michener）切萨皮克乡村解说项目（SB-2011-MD-04）	解说信息

注：SB：风景道；MD：马里兰州。

资料来源：National Scenic Byways Grant Totals by Year and State for 1992-2012[R]. http://www.bywaysonline.org/grants/funded/funded_report?report=award_total&format=pdf.

第七部分

考古型风景道

第16章 古人游径（Trail of the Ancients）

探索神奇的福科纳斯地质景观。在古人游径上选择起始点并开始难忘的旅程。自游自驾或冒险一点去远足、漂流，或者探索考古景点。古人游径带着你游览神奇的恐龙世界、巨大的怪石、高耸的山脉以及彩虹色的峡谷。此外，世界著名的梅萨维德国家公园以及莫纽门特谷地纳瓦霍部落公园也都在这条古人游径上。

Explore the magic called the Four Corners. Choose your beginning point and start your unforgettable journey on the Trail of the Ancients. Drive the byway by car, or be adventuresome and take a hike, raft a river, or explore an archaeological site. The Trail leads you to magical places of dinosaurs, huge rock formations, towering mountains and canyons of rainbow colors. World-renowned Mesa Verde National Park and Monument Valley Navajo Tribal Park are on The Trail of The Ancients.

——美国国家风景道计划对古人游径风景道的评价

资料来源：National Scenic Byways Program Collection of America's Byways® Designated by U.S. Secretary of Transportation.

古人游径位于美国科罗拉多州和犹他州境内，是美国第一条也是唯一的一条因考古品质而被认定为国家风景道。风景道具有突出的考古品质及西南印第安部落的历史文化品质，深受考古爱好者的青睐。该风景道穿越了美国国家级考古腹地、科罗拉多高原（Colorado Plateau）美丽而多元的自然景观区、犹他州东南部生动的沙漠景观区及福科纳斯地质景观区等。

16.1 概况与发展历程

16.1.1 概况

古人游径总长约772.5公里，1994年被认定为科罗拉多州州级风景道，2005年被认定为国家风景道。

该风景道由美洲原住民开拓，道路穿越美国国家级的考古腹地，沿途有大量的考古遗址遗迹、国家公园、国家保护区等，如举世闻名的梅萨维德国家公园（Mesa Verde National Park）、莫纽门特谷地纳瓦霍部落公园（Monument Valley Navajo Tribal Park）、福科纳斯纪念碑（Four Corners Monument）、圣胡安河（San Juan River），以及普韦布洛部落印第安遗址（Pueblo Tribal Indian Site）等。此外，风景道穿越的脆弱的沙漠生态区域，有着花栗鼠、大角羊等丰富的生物种类。

16.1.2 发展历程

古人游径的发展经历了一个漫长的过程，它是美国史前西南文化的典型代表，有着美国西南部美洲土著人的历史文化遗存、国家级的考古遗址遗迹地，这些奠定了风景道发展的本底和资源基础。

该地区历史最早可追溯至公元前7500年，古印第安人在此游牧生活。其后，古人类在周围建立了半永久性的避难所。到公元前1000年，美国西南著名的篮子制造者文化（Basketmaker Culture）在该地区产生。到12世纪末，梅萨维尔坦人（Messavertan）在该地区繁衍生息，并建造了至今仍闻名于世的巨大悬崖住宅，以及众多为后世所瞻仰的遗址遗迹。

20世纪初至20世纪中晚期，风景道所在地区掀起了一次次考古浪潮，迎来了一批又一批从世界各地到来的考古工作者。其中，1958年到1965年间，开展了美国规模最大的考古项目，即瓦德瑞尔·梅萨考古项目（Wetherill Mesa）。该项目对于全面挖掘、保护和利用该区域的历史遗存、文化遗迹，具有重要作用和意义。1966年，著名的梅萨维德国家公园被列入美国国家历史遗迹名录；1978年，又被列入世界遗产名录。

伴随着古人游径所在地区的考古及历史文化价值开发及利用，古人游径作为串联各类遗址遗迹的重要遗产廊道而得以加快发展。1994年，古人游径被认定为科罗拉多州州级风景道。1999年，相关部门编制了《古人游径廊道管理计划》，用以指导古人游径的规划、建设与管理。该计划涉及保护、公共教育、环境保护、游客行为管理等多方面。计划在对风景道历史、考古和风景品质评估基础上，针对每一品质提出了一系列行动方案，以引导和鼓励公众和廊道利益相关者合理保护与利用古人游径。2001年，为适应发展需要，相关管理部门对廊道管理计划进行了修编。该计划奠定了古人游径遴选为国家风景道的规划基础。2005年，因突出的考古品质，以及丰富的自然、历史、文化等品质，古人游径被认定为国家风景道，成为美国第一条也是唯一的一条考古型国家风景道。此后，科罗拉多州交通运输部及犹他州交通运输部等部门，专门制定了古人游径营销计划、解说计划，以及廊道资源保护与提升计划等，对风景道进行了系统而全面的改造提升，使得风景道廊道区域的遗址遗迹得以进一步保护。古人游径也成为一条深受历史及考古爱好者青睐的风景道。

16.2 基本条件

16.2.1 交通分析

古人游径穿越了印第安人的史前遗址—福科纳斯地区的科罗拉多高原，以及在公元1世纪至公元1300年间纳瓦霍人、尤特人和早期印第安人生活与耕种的地区。公元前1万年或更早以前，人们在福科纳斯地区狩猎和采集食物。该地区的地貌以砂岩峡谷、雪山、红岩景观和绿色山谷为主。沿途遗址点有：阿纳萨兹遗产中心（Anasazi Heritage Center）、洛瑞普韦布洛（Lowry Pueblo）、巴特勒冲蚀区（Butler Wash）以及穆勒峡谷（Mule Canyon）等。考古遗址、美洲原住民的土地或现代社区都在道路廊道范围内，道路多为平坦，部分路段崎岖不平。

道路状况与交通流量。古人游径大部分路段都能够通行旅游车辆，但在雨天时，风景道路况不佳。此外，风景道沿线的所有国家公园和州立公园都为游客进入该风景道提供了便捷的通道和充足停车位。在一些规模较小的遗址点和一些社区，也为游客进入风景道提供了便捷的通道和宽敞的停车场地。古人游径最高流量季节是从5月到10月中旬，9月到10月中旬尤其繁忙。

线路走向。古人游径主要是由国道、州内公路及县道串联而成，穿越了科罗拉多州和犹他州（表16-1）。

古人游客线路走向及道路状况　　表16-1

路段	路线走向
古人游径科罗拉多州段	福科纳斯—梅萨沃德印第安遗址
	科尔特斯—霍文威普
古人游径犹他州段	霍文威普—布拉夫和布兰丁
	布兰丁—自然桥国家纪念区
	大峡谷—莫纽门特谷地
	梅西肯哈特—福科纳斯

资料来源：COD7.Trail of the Ancients Corridor Management Plan[R]. 2009.

古人游径科罗拉多州段，主要由160号国道（US 160）、491号国道（US 491）、41号州内公路（SR 41）、145号州内公路（SR 145）、184号州内公路（SR 184）、27号县道（County Rd 27）、28号县道（County Rd 28）和10号县道（County Rd 10）等组成。古人游径在科罗拉多州内形成了一条环路，即：从福科纳斯出发，经达科尔特斯市（Cortes）、梅萨维德国家公园入口、百老汇路口、科罗拉多/犹他州边境，到达212号县道（RD 212），形成一个完整的环路（图16-1）。

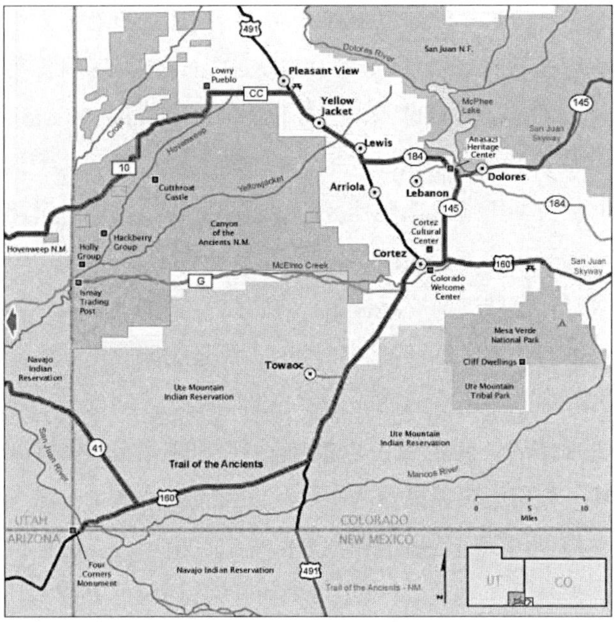

图16-1 古人游径科罗拉多州段交通线路

资料来源：https://www.fhwa.dot.gov/byways/byways/2597/maps/Colorado_Section.

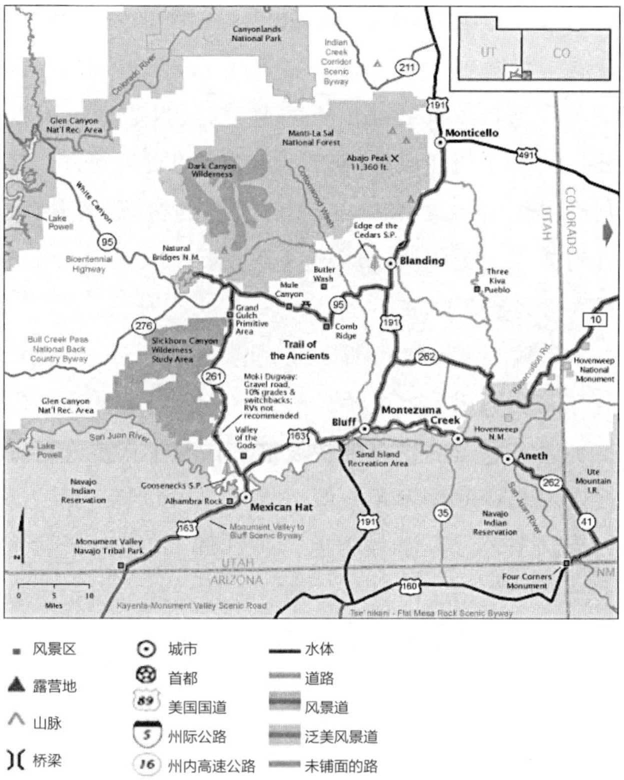

图16-2 古人游径犹他州段交通线路

资料来源：https://www.fhwa.dot.gov/byways/byways/2597/maps/Utah_Section.

古人游径犹他州段，主要由262号国道（US 262）、191号国道（US 191）、163号国道（US 163）、262号州内公路（SR 262）、95号州内公路（SR 95）、261号州内公路（SR 261）、275号州内公路（SR 275）、41号州内公路（SR 41）、10号县道（County Rd 10）、212号县道（County Rd212）、413号县道（County Rd 413）等组成。古人游径在犹他州内也形成了一个环路（图16-2）。

16.2.2 资源分析

古人游径以其独特的考古品质，而入选为国家风景道，同时，其廊道沿线的历史、文化、自然、风景品质也较高。

一、考古品质

古人游径沿线有着大量的遗址遗迹及古人类生活的踪迹，有着巨大的考古价值。这一地区的历史可追溯到公元200—1300年，普韦布洛人（Pueblo）在福科纳斯峡谷区域辉煌的文明遗迹。风景道沿线的峡谷及高山中还散布着犹特及纳瓦霍印第安人（Ute & Navajo Indian）的社区遗址遗迹，反映了他们的生活变迁及文明发展。在圣胡安河沿线还保存着可以追溯到800—2500年前的石刻艺术。在梅萨维德国家公园和奇姆尼罗克考古遗址（Chimney Rock Archaeological Site）可以捕捉到人类历史遗址遗迹。梅萨维德国家公园保存着逾4000处考古遗址，它们讲述着文明的戏剧性演变；在公园内有上百个历时8个世纪之久的古村庄及古房屋，其优美的建筑风貌及复杂的结构都力证了建造者的高超智慧。

二、历史与文化品质

古人游径区域内具有悠久的历史及文化品质。可追溯到美国建国前，甚至西班牙人到来之前的中美洲北部的久远历史。从沿线的锡达州立公园及博物馆（Edge of the Cedars State Park & Museum）、古代普韦布洛人文明地、大千谷原始地（Grand Gulch Primitive Area）、阿纳萨齐遗产中心（Anasazi Heritage Center）、巴特勒冲蚀区（Butler Wash）及穆莱峡谷（Mule Canyon）等遗址遗迹以及象形文字、岩画、陶片等文化遗存中，能够找到古代人生活的痕迹和历史文化符号。

三、自然与风景品质

古人游径还有着较为独特而丰富的自然及风景品

图16-3 古人游径沿线遗址遗迹

质。风景道穿越了白雪覆盖的高山、犹他州东南部的红石景观区、干旱的沙漠、科罗拉多州西南部郁郁葱葱的山谷及砂石峡谷、广袤的原野、令人赞叹的日落等。从自然条件来看，风景道廊道区域每年降雨量较小，生态系统脆弱。

16.2.3 市场分析

与其他类型的风景道相比，考古型风景道的客源市场较为单一和局限。古人游径客源市场主要为：一是该风景道所穿越的科罗拉多州和犹他州，以及周边地区的游客，他们对考古、历史文化和自然观光游览有所偏爱；二是美国境内及世界范围内，对考古有着浓厚兴趣的群体。

16.3 开发建设

16.3.1 愿景与目标

2009年更新的《古人游径廊道管理计划》提出古人游径的愿景为："从昔日通往未来，从探险到理解的一条风景道。"而分目标还涉及保护、公众教育、引导游客、规范装备以抵抗不利影响、减少故意破坏、利用废弃资源等方面，具体如表16-2所示。

16.3.2 建设要素

一、道路工程

古人游径风景道路面情况不佳，雨天时道路是泥泞的，只有部分路段是砾石路表面，而且由于其客源市场单一、资源不连贯，以及资金等原因，道路工程改造提升较少。

二、游憩服务设施

古人游径位于较偏远地区而非靠近市区，又以科学考察以及户外自驾产品为主要吸引物，为了节约投入和减少维护成本，路侧游憩服务设施应建设得较为简约，并且充分利用风景道沿途已有服务设施（表16-3）。

古人游径风景道规划目标及其策略　　表16-2

愿景	从昔日通往未来，从探险到理解的一条风景道
分目标	策略
1. 安全优质的设施	• 确认存在问题的路段（包括服务），创建引导式地图并增加风景道标识； • 明确解说设施存在的问题，编制带有符号标识的地图
2. 综合广泛的教育解说	• 利用先进技术，为用户提供教育机会； • 研发行动数据自动化系统（ADA），编制可进入遗址规划
3. 创建国家级地理导向的地图	• 为其他司法管辖区提供支持，并邀请其参与地图创建； • 为实施项目寻找资金支持； • 为项目提供媒体宣传
4. 超越考古视角开发利用风景道	• 调研并开发新的旅游吸引物； • 扩展新的教育项目。如与梅萨维德县（Mesa Verde Country）管辖的农业旅游项目寻求合作机会； • 扩展、教育并研究与社区间的联系

资料来源：CODT.Trail of the Ancients Corridor Management Plan[R]. 2009.

古人游径风景道设置的游憩服务设施　　表16-3

图标	设施名称	位置
	门票收取处	国家公园等
	营地	风景道沿线
	餐饮	科尔特斯、多洛雷斯、蒙蒂赛洛、布兰丁、梅西肯哈特（Mexican Hat）、莫纽门特谷地纳瓦霍部落公园、梅萨维德国家公园以及山谷部落公园
	加油站	科尔特斯、多洛雷斯、蒙蒂赛洛、布兰丁、梅西肯哈特及莫纽门特谷地纳瓦霍部落公园
	信息亭	所有的国家公园与部落公园以及纪念碑公园提供游客信息亭。游客中心设置在科罗拉多的科尔特斯及多洛雷斯，犹他州的蒙蒂赛洛及布兰丁。
	住宿	科尔特斯、多洛雷斯、蒙蒂赛洛、布兰丁、梅西肯哈特及莫纽门特谷地纳瓦霍部落公园
	公用电话	风景道沿线
	厕所	风景道沿线
	零售商店	科尔特斯、多洛雷斯、蒙蒂赛洛、布兰丁、梅西肯哈特及莫纽门特谷地纳瓦霍部落公园

资料来源：Trail of the Ancients[EB/OL]. http://byways.org/stories/63763.

但为了解说或阅读历史、文化和考古资源，风景道突出了对游客信息中心的规划建设。不仅在所有的国家\部落公园以及保护区公园都有游客信息中心，在科罗拉多的科尔特斯及多洛雷斯，犹他州的蒙蒂塞洛（Monticello）及布兰丁（Blanding）也设立了游客中心。此外，在一些重要遗址地也建设了遗产中心，如阿纳萨齐遗产中心（Anasazi Heritage Center）。该遗产中心建在科罗拉多州的多洛雷斯附近，通过展览、电影和互动体验（如碾玉米、编织、虚拟考古体验等）等来使游客探索体验古普韦布洛人、犹特人（Ute）、纳瓦霍人（Navajo）从古至今的生活方式。

风景道大部分路段包括一些小的景点，如阿纳萨齐人遗产中心、劳里普韦布洛（Lowry Pueblo）、巴特勒沃什（Butler Wash）和穆莱峡谷（Mule Canyon），都可以使旅游巴士十分便捷地抵达，且提供了充足的停车位。

需特别指出的是，由于古人游径风景道客源市场中，国际游客占有一定比例，因此，在设施和解说服务中为国际游客提供了特殊服务。如为非英语母语游客在悬崖（Bluff）社区提供了沙漠玫瑰酒店（Desert Rose Inn）等特殊住宿设施；莫纽门特谷地纳瓦霍部落公园（Monument Valley）的戈丁小屋（Gouldings Lodge），为满足非英语母语游客的需求而设计了专门网站；霍文威普和自然桥国家保护区（Hovenweep and Natural Bridges National Monuments）等景点，开发了多语种的视频及宣传册，以及通过坐落在遗址景点的"峡谷自然历史协会书店"（Canyonlands Natural History Association Book Store）出售多语种的出版物等。另外，沿线还有资源解说及其他服务设施。

三、产品与线路

（一）产品设计

古人游径以科罗拉多州及犹他州独特的考古资源及自然景观资源为依托，开发旅游产品。旅游产品主要为两类：一是以考古资源为依托，开发的考古遗址游览产品；二是以自然景观与风景道为依托，开发的自驾旅游产品。

考古遗址游览产品。主要以风景道廊道范围内的考古资源为依托，包括现存景点、遗址以及其他文化要素，如工具、陶片、岩画以及象形文字等，通过科学考察，了解古人生活痕迹和文明，主要考察点包括梅萨维德国家公园、奇姆尼罗克考古遗址、大干谷原始地、锡达州立公园边缘以及穆莱峡谷遗址等。

自驾观光产品。本产品主要以自然品质与风景品质为依托，开发自驾观光游产品。沿途白雪覆盖的高山、宏伟的红石景观、干旱的沙漠、郁郁葱葱的山谷及砂石峡谷，给游客以穿越感、震撼感，以及美的享受和体验。

（二）线路设计

该风景道推出了“古人游径考古之旅”旅游线路，起点为梅萨维德国家公园（位于科罗拉多州），终点为福科纳斯纪念碑（位于犹他州）。线路穿越大量的古人历史、遗址遗迹区。漫步在古人开拓的美洲土著文化之中，给游客带来难忘的探险之旅。

作为考古探险典型线路，该线路的总体特征为旅行时间较短，停留时间相对较长。

四、品牌与营销

古人游径由于客源市场较为单一且游客数量较少，因此，招徕客源和营销工作就具有十分重要的作用和意义。为此，风景道管理委员会为古人游径品牌推广制定了专门的营销计划。

（一）营销目标与策略

在《古人游径廊道管理计划》的营销计划与行动中，提出营销总目标是：提升其考古型旅游目的地的知名度，以吸引更多的客源。为实现该目标，又制定了三项分目标以及相应的营销策略。三项分目标分别是：进行综合的、全球化的营销与沟通；传递古人游径能够体验独一无二的品质；让游客能够感受和体验过去并收获大量信息。对应的营销策略如表16-4所示。

（二）营销方式

古人游径主要通过社区营销、网络营销和节庆活动营销三种营销方式来实现营销目标和策略。

社区营销。充分利用社区涉及面广的特点来对风景道进行宣传推广。风景道作为公共产品服务于社区居民及游客，因此，社区居民与游客是营销推广工作的直接受众。社区是居民及游客聚集的地方，以此进行全面覆盖的营销推广是最有效的。古人游径定期向当地社区民众进行风景道幻灯片展示，宣传风景道优秀品质及丰富活动，再通过社区广泛接触群众的优势，扩大受众面。同时，在社区营销中，强调要对社区范围内与风景道有着密切关系的民众群体进行调查研究，扩大并确定细分市场以进行精准营销。此外，在社区营销中，重视社区组织与科罗拉多州和犹他州各县相关机构的合作与协作，建立古人游径咨询机构，服务于风景道营销。如古人游径在科罗拉多州区域旅游主题营销中，成为营销推介的主题。与此同时，面向细分市场，还设计了摩托车、自行车、吉普车等多种游览线路进行营销推广。社区营销不仅使风景道获得了广泛的民众支持，也促进了社区的发展。

网络营销。网络营销受众面更广，是广泛吸引受众的有效手段。古人游径在对科罗拉多州官方网站及

古人游径营销目标与策略表　　表16-4

目标一：进行综合的、全球化的营销与沟通	
策略	1）在可能达到的范围内，进行全面覆盖的营销与推广 2）确保考古旅游者能够在廊道内，停留时间更长并且消费更多 3）为营销确定经济来源及公众支持 4）建立古人游径专门网站
目标二：传递古人游径能够体验独一无二的品质	
策略	1）通过调查研究，为古人游径确定国际营销项目 2）在营销过程中，将焦点集中在古人游径的独特性上
目标三：让游客能够感受和体验过去并收获大量信息	
策略	组织各种各样的节庆活动，开展农业旅游等多形式的业态，让游客可以充分参与其中，增强体验性

资料来源：CODT.Trail of the Ancients Corridor Management plan [R]. 2009.

其他相关网站发布信息精确性和可视性研究的基础上，制作了专门的宣传网站，介绍风景道品质资源、游览路线，并提供了地图和图片等信息。该网页同时链接在美国国家风景道网（www.fhwa.dot.gov/byways）以及科罗拉多州度假指南网（www.coloradodirectory.com）上。面向未来，还提出了要增加多语种解说，并追踪网站的国际访问，如德国、法国、日本、西班牙与意大利等国家网站访问量。与此同时，还要利用网络通信，发展古人游径卫星广播叙事节目，古人游径iPod音频下载或者其他传媒载体项目。

节庆活动营销。创新节庆活动营销方式，塑造古人游径是唯一的考古型风景道品牌形象。通过丰富的节庆活动，为游客营造了“你必须下车”和“你的停留时间必须超过一天”的理由。与此同时，还通过节庆活动和历史文化事件向游客讲述古人游径生动的故事，从而达到让游客体验过去，感知历史，获取知识的营销目标。如不定期举办的最著名的向日葵自行车大赛（Sunflower Bike Race）。

16.4 管理营运

16.4.1 管理体制

古人游径作为国家风景道，其管理工作主要由国家、州与地方，以及非营利组织等相关机构和团体组织共同实施，管理组织结构如图16-4所示。

国家层面，与纳入国家风景道计划的其他风景道基本保持一致，在美国国会的授权下，由交通部主导协同内务部、农业部以及商务部，对风景道实施宏观指导，并指定联邦公路管理局进行直接政策指导与管理。

州与地方层面，由联邦政府相关机构、州与地方政府相关部门和组织共同管理。主要是在科罗拉多州与犹他州交通部门、土地部门、旅游部门等领导下，官方委员会组织、非政府组织以及社区、公众等支持与参与下，共同实施管理工作。其中，州交通部门是古人游径重要的管理部门，主要负责维护和养护工作，并协助完成国家级风景道的申请工作，制定廊道管理计划等。

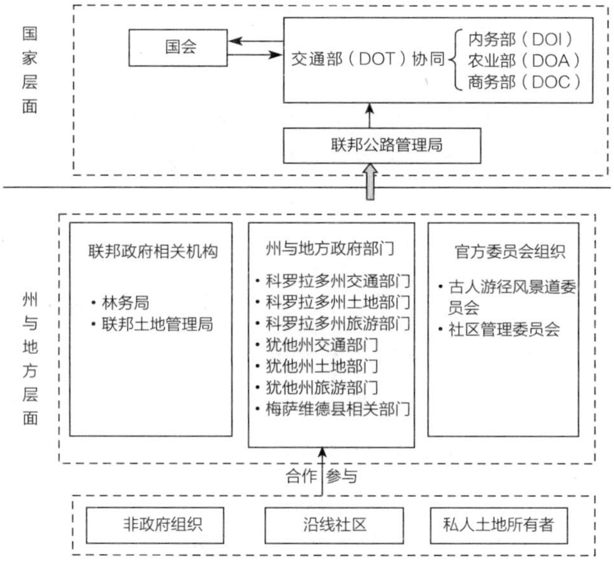

图16-4 古人游径风景道管理组织结构

资料来源：CODT.Trail of the Ancients Corridor Management Plan[R]. 2009.

非营利组织，也积极参与到了古人游径日常管理维护中，主要是沿线社区、地方商会、协会、民间基金会等一些非政府组织、社会团体与公众等，如曼斯菲尔德山谷商会（Mansfield Valley Chamber of Commerce）、科尔特斯当地的协会、梅萨维德县的商会等，尤其是沿线社区的公众参与，对风景道日常管理作用较大。

16.4.2 保护与管养

为保护与管养古人游径，利益相关者制订了相应的目标与行动（表16-5）。

16.4.3 资金资助

一、资金来源

古人游径作为国家风景道，其资金资助主要来源于联邦管理局为风景道建设提供的专项基金——国家风景道基金，占其所有资助资金总额的80%，是古人游径资助资金的主要来源，成为其可持续发展的重要保障。

其他20%的资金由州、地方政府及社会团体和个人共同负责，包括科罗拉多与犹他州的州级交通类项目基金、地方政府项目资金及社会团体协会基金等。在这些资金的支持下，确保了古人游径规划、设计、

古人游径保护与管养资源目标及行动计划　表16-5

目标一：建立内在的、持久的利益相关者合作关系	
策略	• 建立调查支持保护古人游径及其周边资源的组织 • 通过教育及其他能够实现的项目鼓励青年一代成为未来的组织者
行动计划	• 联系学校或其他组织，安排其保护行动计划 • 持续招募古人游径青年志愿者，扩大志愿者规模 • 创建一个青年试验性办公室，专门处理古人游径相关事件
评估基准点	• 规范相关组织的合作者会议 • 向公众展示一般性年度报告
目标二：保护资源及风景	
策略	• 进行古人游径可观赏性分析，招募志愿者作为拍摄者 • 发布一个公众评论计划，以回应风景道及其他区域产生的威胁、问题等
行动计划	• 确认风景道沿线濒危风景区 • 古人游径代表在公共媒体上发表评论 • 通过拍照的形式，志愿者如实记录该风景道 • 发布关于该风景道保护的公共声明
评估基准点	• 古人游径风景资源被保护 • 在支持古人游径发展问题上，获得较高的公共参与度
目标三：减少故意破坏行为或者因游憩带来的影响	
策略	• 在古人游径项目中要包括“文明参观”的视频 • 开发一个“认领一个风景道”项目 • 在古人游径网站上，增加故意破坏行为以及其他相关问题版块
行动计划	• 在古人游径的每一个媒体产品中，包含“文明参观”的视频 • 由协调者确认认领路段，处理当地社区组织以及公众关于认领的工作事宜 • 与法律执行部门合作，动用法律武器提升公众保护意识，并且在风景道的遗址点，对公众进行教育 • 在古人游径网站上，增加故意破坏行为及相关问题版块以报道故意破坏现象
评估基准点	• “文明参观”牌示在整个社区可见 • 在古人游径工作地图上，展示被认领的风景道路段 • 故意破坏现象的记录报道被纳入进程

资料来源：CODT.Trail of the Ancients Corridor Management Plan[R]. 2009.

改造和提升等，确保了对沿线各类资源的保护，及风景道开发管理与维护工作的正常进行。

二、国家风景道基金资助

古人游径于1996年首次获得国家风景道基金资助，2005年被认定为“国家风景道”。1992—2012年间，古人游径共计有10年获得国家风景道基金资助。

从资助额度来看，2012年获得资助额度最多，达到306231美元；2011年获得资助额度最少，为15000美元，两者相差291231美元；10年中共计获得904631美元，资助额度呈起伏状态，平均资助额度约90463.1美元。

从资助占当年全美对所有国家级风景道资助比例来看，2012年占比最大，约0.83%；2011年占比最小，约0.04%，平均资助占比0.31%左右；10年间获得资助总额约占相应年间全美对所有国家级风景道资助总额的0.30%。

从空间分布上看，国家风景道基金对古人游径的资助主要集中在科罗拉多和犹他州段，但新墨西哥州也对与古人游径有关的项目予以了资助。

从资金资助项目数看，共计资助了14个项目，其中，分别在2006年、2007年、2008年、2012年获得项目个数最多，均为2个，占比均为14.3%；资助项目最少为1个，分别在1996年、1997年、2005年、2009年、2010年和2011年获得，占比均为7.14%；从资金资助项目类型看，主要集中在古人游径廊道管理、风景道设施、解说信息、营销四类。其中，廊道管理项目最多，为5个，占比约35.7%；其次为风景道设施项目，为4个，占比约28.6%；再者为解说信息项目，为3个，占比21.4%；营销项目相对较少，为2个，占比14.3%。由此可以看出，古人游径比较重视道路廊道管理、风景道设施的建设与维护、解说、营销等（表16–6）。

国家风景道基金对古人游径资助区域、项目及类型　　表16–6

年份	州	项目	项目名称（编号）	项目性质
1996	CO	1个	古人游径廊道管理计划（SB-1996-CO-02）	廊道管理
1997	CO	1个	古人游径解说项目（SB-1997-CO-02）	解说信息
2005	CO	1个	古人游径营销计划（SB-2005-CO-04）	营销
2006	CO、UT	2个	古人游径廊道管理计划实施（SB-2006-CO-11） 古人游径廊道管理计划实施（SB-2006-UT-01）	廊道管理
2007	CO、UT	2个	古人游径组织管理（SB-2007-CO-10） 古人游径廊道管理计划实施（SB-2007-UT-03）	廊道管理
2008	NM、UT	2个	古人游径营销和北路体验解说项目（SB-2008-NM-09） 古人游径国家风景道廊道管理计划解说（SB-2008-UT-01）	营销、解说信息
2009	UT	1个	古人游径国家风景道福科纳斯公众项目（SB-2009-UT-03）	风景道设施
2010	CO	1个	古人游径科罗拉多州段：解说、营销、寻路项目（SB-2010-CO-01）	解说信息
2011	NM	1个	古人游径门户区解说亭（SB-2011-NM-04）	风景道设施
2012	CO、UT	2个	古人游径麦克尔莫峡谷（McElmo Flume）观景台（SB-2012-CO-02） 古人游径福科纳斯公众休憩区（SB-2012-UT-04）	风景道设施

注：SB：风景道；CO：科罗拉多州；NM：新墨西哥州；UT：犹他州。
资料来源：National Scenic Byways Grant Totals by Year and State for 1992-2012[R]. http://www.bywaysonline.org/grants/funded/funded_report?report=award_total&format=pdf.

参考文献

第1章

1. 余青，莫雯静. 风景道是生态文明的发展趋势［J］. 综合交通，2011，32（1）：74–78.
2. 余青，樊欣等. 国外风景道的理论与实践［J］. 旅游学刊，2006（5）：91–97.
3. http://assets.byways.org/asset_files/000/002/566/DesignatedByways.html.
4. Federal Highway Administration. An Assessment of the Feasibility of Developing a National Scenic Highway System：U.S.［R］. 1973.
5. Federal Highway Administration. An Analysis And Summary of The 1990 National Scenic Byways Study Inventory：U.S.［R］. 1990.
6. Federal Highway Administration. National Scenic Byways Study，Report to Congress：U.S.［R］. 1991.
7. U.S. Department of Transportation. Intermodal Surface Transportation Efficiency Act of 1991（ISTEA）：U.S.［S］. 1991.
8. National Scenic Byway Advisory Committee. Scenic Byway Advisory Committee Report：U.S.［R］. 1993.
9. Federal Highway Administration. National Scenic Byways Program：U.S.［S］. 1995.
10. U.S. Department of Transportation. Transportation Equity Act for the 21st Century Act of 1998（TEA–21）：U.S.［S］. 1998.
11. Federal Highway Administration. Byway Beginnings：Understanding, Inventorying, and Evaluating a Byway's Intrinsic Qualities：U.S.［R］. 1999.
12. U.S. Department of Transportation. Safe, Accountable, Flexible, Efficient Transportation Equity Act：A Legacy for Uses Act of 2005（SAFETEA–LU）：U.S.［S］. 2005.
13. Federal Highway Administration. FY 2008 National Scenic Byways Program Nominations Guide：U.S.［R］. 2008.
14. U.S. Secretary of Transportation.National Scenic Byways Program Collection of America's Byways［R］. 2012.
15. 董晶晶，何闽. 美国风景路规划中的资源整合策略［J］. 国际城市规划，2010,25（4）：177–120.
16. 莫雯静. 美国国家风景道评估体系变迁研究［D］. 北京交通大学，2011：31–122
17. 余青，莫雯静. 风景道是生态文明的发展趋势［J］. 综合交通，2011，32（1）：74–78.
18. 余青，胡晓苒，宋悦. 美国国家风景道体系与计划［J］. 中国园林. 2007（11）：73–77.
19. 余青，胡晓苒，刘志敏等. 风景道的规划设计：以鄂尔多斯风景道为例［J］. 旅游学刊，2007，22（10）.
20. 余青，吴必虎，刘志敏等. 风景道研究与规划实践综述［J］. 地理研，2007，26（6）.

第2章

1. Blue Ridge Parkway Association INC.Blue Ridge Parkway DIRECTORY & TRAVEL PLANNER [M]. Blue Ridge Parkway Association INC，2010.
2. 蓝岭风景道官方网站 [EB/OL]. http://blueridgeparkway.org.
3. The Blue Ridge：America's Longest Rural Parkway [EB/OL]. http://byways.org/explore/byways/2280/, 2009.
4. The Blue Ridge Parkway：Experience America's Favorite Drive [EB/OL]. http://www.blue--ridgeparkway.org/, 2009.
5. Camping Along The Parkway [EB/OL]. http://www.blueridgeparkway.org/Camping.htm, 2009.
6. Analyze the Existing America's Byways® Collection：Appendix F：Byway Themes [EB/OL]. http://www.bywaysonline.org/program/reports/analysis/appendix-f, 2009.
7. Blue Ridge Parkway Top 50, Asheville [EB/OL] .http://www. romantic Asheville.com/blue--ridge Parkway.htm.
8. Blue Ridge Skyline [EB/OL]. http://blueridgeskyline.com/index.php.
9. Places to stay while Visiting the Blue Ridge Parkway [EB/OL]. http://www.Virtual blueridge.com/places-to-stay, 2009.
10. Mountain Lack Conservancy & Hotel [EB/OL]. https：//www.bbb.org/western virginia/business-reviews/hotels/mountain-lake-conservancy-hotel-in-pembroke-va-9001957/.
11. National Scenic Byways Grant Totals by Year and State for 1992-2009 [R]. http://www.bywaysonline.org/grants/funded/funded_report?report=award_total&format=pdf.
12. 余青.作为公共产品的风景道及评估体系 [D]. 北京师范大学，2011.
13. GB/T 18972—2003,《旅游资源分类、调查与评价中华人民共和国国家标准》(简称“国标”)[S]. 北京：中华人民共和国国家质量监督检验检疫总局，2003.
14. 余青，宫连虎. 风景道游憩服务设施建设研究——以美国蓝岭风景道为例 [J]. 中外公路，2010，30(6)：14-19.
15. 余青，邱海莲. 基于词频的风景道产品谱系——以美国蓝岭风景道为例 [J]. 北京交通大学学报(社会科学版)，2014，13(1)：44-49，86.
16. 宫连虎. 美国国家风景道体系开发与管理研究——以蓝岭风景道为例 [D]. 北京交通大学，2010.

第3章

1. AASHTO .A Policy on Geometric Design of Highways and Streets [EB/OL]. http://ishare.iask.sina.com.cn/download/explain.php?fileid=23436796, 2001.
2. FHWA. Flexibility in Highway Design [EB/OL]. http://www.fhwa.dot.gov/environment/publications/flexibility/flexibility.pdf, 2012.
3. USDA. Scenic Byway-A design guide for road improvements [EB/OL]. http://context--sensitivesolutions.org/content/reading/byways_design/?, 2002.
4. The Historic Columbia River Highway Master Plan [EB/OL]. http://www.columbiariver--highway.com/, 2006.
5. 美国交通部联邦公路管理局，湖南省交通规划勘察设计院. 公路灵活性设计指南 [M]. 北京：人民交通出版社，2006.
6. Federal Highway Administration. Historic Columbia River Highway [EB/OL]. http://byways.org/explore/byways/2141
7. Oregon Department of Transportation, The Historic Columbia River Highway [EB/OL]. http://www.oregon.gov/ODOT/HWY/HCRH/, 2016

8. WordPress, Alx.Historic Columbia River Highway [EB/OL]. http://www.Columbiariver--highway.com/index.html.

第4章

1. 易圣涛. 美国公路之母——66号公路 [J]. 公路交通技术，2007，23（9）：131-132.
2. 董峰，Getty. 铁马红粉66号公路 [J] 钱经，2010，7（9）：124-127.
3. 曾翰. 66号公路解析美国梦 [J]. 文明，2010，10（11）：132-151.
4. 董峰. 美国大街66号公路 [J]. 汽车实用技术. 自驾游，2009，7（8）：88-99.
5. Lasry R, Szecket D. ROUTE66 [C]. ACM SIGGRAPH 99 Conference abstracts and applications. ACM, 1999：172.
6. ADOT.Historic Route 66 Corridor Management Plan [EB/OL]. 2005.
7. 美国风景道官方网站 [EB/OL]. http://byways.org/explore/byways .
8. 陈海沐，余青. 遗产文化型风景道节事活动设计及启示 [J]，旅游论坛，2011.

第5章

1. The Iowa Mississippi River Parkway Commission.Iowa Great River Road Corridor Management Plan [R]. 2006, 6.
2. Mississippi River Corridor–Tennessee Great River Road Tennessee Corridor Management Plan [R]. 2008, 11.
3. Mark Davis, Planning Director Purchase Area Development District &Mohammad Nouri, HNTB Corporation.Great River Road Corridor Management Plan [R]. 2009, 5.
4. Great River Road [EB/OL]. http://www.experiencemississippiriver.com/interpretive-centers.cfm.
5. Federal Highway Administration.Great River Road [EB/OL]. http://byways.org/explore/byways/2279.
6. State of Wisconsin Department of Transportation.Design Criteria for the Great River Road [S]. 2001.
7. Mississippi River Water Trail [EB/OL]. http://www.greatriverwatertrail.org/, 2008.
8. State of Wisconsin Department of Transportation etc.Great River road Bikeway（GRRB）[R] .
9. 2012 Discretionary Grant Program Award Data [EB/OL]. http://www.fhwa.dot.gov/discretionary/2012grantdata.cfm.

第6章

1. The North Shore Scenic Drive All–American Road Steering Committee.North Shore Scenic Drive All–American Road Corridor Management Plan [R]. 2003, June.
2. U.S. Secretary of Transportation.North Shore Scenic Drive [R].
3. The North Shore Scenic Drive All–American Road Steering Committee.Context Sensitive Design Case Study NO.12 Highway 61–Minnesoda [R].
4. THE CENTER FOR CHANGING LANDSCAPES UNIVERSITY OF MINNESOTA.GATEWAY DESIGNS FOR THE NORTH SHORE SCENIC DRIVE [R].
5. North Shore Scenic Drive [EB/OL]. http://byways.org/explore/byways/11185, 2017.
6. Minnesota State Highway 61 [EB/OL]. http://en.wikipedia.org/wiki/Minnesota_State_Highway_61, 2017.
7. Minnesota North Shore Visitor Guide [EB/OL]. http://www.northshoreinfo.com/, 2017.

第7章

1. The Beartooth All-American Road Steering Committee.Beartooth All American Road Corridor Management Plan [R]. 2002, January.
2. Beartooth Highway [EB/OL]. http://byways.org/explore/byways/2281, 2017.
3. Friends of the Beartooth All-American Road: Beartooth All--American Road-the wild side of yellowstone [EB/OL]. http://www.beartoothhighway.com/.
4. USDA. Scenic Byway-A Design Guide for Road Improvements [EB/OL]. http://contextsen--sitivesolutions.org/content/reading/byways_ design/?, 2002, 06.

第8章

1. Red Rock Scenic Byway [EB/OL]. http://byways.org/explore/byways/11209, 2017.
2. DMJM HAARIS.Red Rock Scenic Road Corridor Management Plan [R]. 2005, March 4.

第9章

1. Trail of The Mountain Spirits Scenic Byway Committee.THE TRAIL OF THE MOUNTAIN SPIRITS NATIONAL SCENIC BYWAY MARKETING PLAN [R]. 2006,November.
2. Trail of The Mountain Spirits Scenic Byway Committee.TRAIL OF THE MOUNTAIN SPIRITS SCENIC BYWAY CORRIDOR MANAGEMENT PLAN [R]. 2004, October.
3. FHWA National Scenic Byways Program.2005 National Scenic Byways Nomination [R]. 2005, March.
4. Trail of the Mountain Spirits Scenic Byway [EB/OL]. http://byways.org/explore/byways/2092, 2017.
5. U.S. Department of Transportation, Federal Highway Administration,Washington, D.C etc. Community Guide to Planning and Managing a Scenic Byway [R].
6. Tellett A.,Skwira-Brown K.,Newman C.Making the Grassroots Grow: Building and Maintaining Effective Byway Organizations, America's Byways Resource Center, Federal Highway Administration. 2003.

第10章

1. Illinois River Road [EB/OL]. http://byways.org/explore/byways/58611, 2017
2. Illinois Department of Transportation,Peoria Area Convention and Visitors Bureau etc.Illinois River Road: Route of the Voyageurs Corridor Management Plan [R]. 2005, 2.
3. Now the Journey is the part of the Destination [EB/OL]. http://www.illinois riverroad.org/.
4. Illinois River Road National Scenic Byway Economic Development Council for Central Illinois [EB/OL] .http://centralillinois.org/content/illinois-river-road-national-scenic-byway, 2012.
5. Illinois River Road: Route of the Voyageurs [EB/OL]. https: //en.wikipedia.org/wiki/Illinois_River_Road, 2017

第11章

1. Sage Community Resources,The Payette River Scenic Byway Corridor Management Plan [R] . 2001, September.
2. Payette River Scenic Byway [EB/OL]. http://byways.org/explore/byways/2037, 2017.
3. Payette River Scenic Byway [EB/OL]. http://www.sangres.com/idaho/scenicbyways/payette-river-byway.htm.

4. Payette River Scenic Byway [EB/OL]. http://www.idahobyways.gov/byways/Payette–riveraspx.
5. 柳晓霞.滨水型风景道规划设计研究 [D]. 北京交通大学，2009.

第12章

1. Lardner/Klein Landscape Architects, P.C.etc.Corridor Management Plan for the US 15 Catoctin Mountain Scenic Byway [R]. 2004, April.
2. Exploring the Journey Through Hallowed Ground Byway in Maryland [EB/OL]. http://byways.org/explore/byways/2343/itinerary/73207, 2005.
3. Upcoming Events [EB/OL]. http://www.emmitsburg.net/cmb/events.htm, 2009.
4. Catoctin Mountain Scenic Byway Plan Purpose EB/OL]. http://frederickcountymd.gov/index.aspx?NID=1446.
5. Catoctin Mountain Park, MD [EB/OL]. http://byways.org/explore/byways/69091/places/58855.
6. Catoctin Mountain Scenic Byway [EB/OL]. http://byways.org/stories/58917.

第13章

1. Federal Highway Administration. An Assessment of the Feasibility of Developing a National Scenic Highway System：U.S.[R]. 1973.
2. Federal Highway Administration. An Analysis And Summary of The 1990 National Scenic Byways Study Inventory：U.S.[R]. 1990.
3. Federal Highway Administration. National Scenic Byways Program：U.S. [S]. 1995.
4. FHWA.Flexibility in Highway Design [R]. 1997.
5. Federal Highway Administration. Byway Beginnings：Understanding, Inventorying, and Evaluating a Byway's Intrinsic Qualities：U.S.[R]. 1999.
6. Geometric Design Practices for European Roads [R]. U.S. Department of Transportation& FHWA.2001.
7. Timothy R N，Mary Schwartz，Leofwin Clark，etc．A Guide to Best Practices for Achieving Context Sensitive Solutions [R]. USA TRB．NCHRP Report 480.Washington D.C.，2002.
8. AASHTO/FHWA. Results of Joint AASHTO/FHWA Context Sensitive Solutions Strategic Planning Process Summary Report March 2007 [R]. 2007.
9. Federal Highway Administration. FY 2008 National Scenic Byways Program Nominations Guide：U.S.[R]. 2008.
10. 湖南省交通勘察设计院．公路灵活性设计指南 [M] 北京：人民交通出版社，2006
11. 王云．风景区公路景观美学评价与环境保护设计．中国科学研究院博士论文，2007，4.
12. 程建川，张健康，陈景雅等．简论道路综合敏感性设计理念 [J]．公路，2007，(7)：89–93．
13. 张瑛，程建川，张云翎．快速公交道路综合敏感性设计理念应用技术初探 [J]．常州工学院学报，2009，22 (3)：26–30.
14. 张瑛．基于综合敏感性设计方法的城市道路设计关键技术研究 [D]．东南大学硕士学位论文，2010.
15. 陆旭东，陈济丁．我国公路环保关联性设计的理念与实践 [J]．交通建设与管理，2010.
16. 张重禄，张映雪，宁向向等．基于CSD的常吉高速公路高路堤和高架桥方案比选 [J]．公路与汽运，2007，(3)：102–104.
17. 张映雪，张起森，陈先义，张重禄．基于CSD的常吉高速公路自然环境选线方案优化 [J]．中外公路，2007，27 (3)：1–4.

18. 张健康，陈景雅，高建新. 综合敏感性设计理念在宁常高速公路设计中的应用［J］. 公路，2008，(5)：125-129.
19. Woodward Avenue Corridor Management Plan-update［Z］. Woodward Heritage Team, December 2006.
20. 6 to 8 Mile/ Woodward Neighborhood Plan［Z］. WA3 and the 6 to 8 Mile Stakeholder Group,2009. 2-11.
21. Woodward Avenue non-motorized plan.［EB/OL］. http://www.giffelswebster.com/.
22. The Park District: A Vision for a Sustainable, Livable Corridor-The 6 to 8 Mile/Woodward District Revitalization Initiative［Z］. Woodward Avenue Action Association, Federal Highway Administration National Scenic Byway Program City of Detroit, 2-20.

第14章

1. Lardner/Klein Landscape Architects, P.C,John Milner Associates,etc.Maryland Historic National Road Scenic Byway Corridor Partnership Plan［R］. 2001
2. Federal Highway Administration.Historic National Road［EB/OL］. http://byways.org/explore/byways/2278, 2017.
3. Official Site of State of Maryland Tourism.Unique Sites Along the National Road.［EB/OL］. http://www.mdisfun.org/Pages/HISTORICNATIONALROAD.aspx,
4. Historic National Road-America's Road To Revolution.［EB/OL］. http://www.nationalroadpa.org/,2015.
5. Wikipedia,National Road.［EB/OL］. http://en.wikipedia.org/wiki/National_Road2017.

第15章

1. Lardner/Klein Landscape Architects, P.C. Chesapeake Country Scenic Byway Corridor Management Plan［R］. 2011,6.
2. Lardner/Klein Landscape Architects, P.C.Chesapeake Country Scenic Byway-TALBOT, CAROLINE AND DORCHESTER COUNTIES, MARYLAND［Z］. MAY 2010.
3. The Federal Highway Administration,Cecil County Kent County And Queen Anne's County. Chesapeake Country National Scenic BYWAY［EB/OL］. http://www.chesapeakebyway.org/,2011.
4. Federal Highway Administration.Chesapeake Country Scenic Byway［EB/OL］. http://byways.org/explore/byways/2261,2011.

第16章

1. CODT.Trail of the Ancients Corridor Management Plan［R］. 2009.
2. Trail of the Ancients［EB/OL］..https：//www.fhwa.dot.gov/byways/byways/2597/maps/Colorado_Section, 2017.
3. Trail of the Ancients［EB/OL］. https：//www.fhwa.dot.gov/byways/byways/2597/maps/Utah_Section, 2017.
4. Trail of the Ancients［EB/OL］. http://byways.org/stories/63763.
5. Trail of the Ancients［EB/OL］. https：//www.fhwa.dot.gov/byways/byways/2597, 2017.
6. Colorado Scenic Byways Map Trail of the Ancients Scenic Byway［EB/OL］. http://www.coloradodirectory.com/maps/ancients.html#areamaps, 2017.
7. Trail of The Ancients［EB/OL］. http://www.coloradodot.info/travel/scenic-byways/southwest/trail-ancients, 2017.
8. Trail of the Ancients［EB/OL］. http://en.wikipedia.org/wiki/Trail_of_the_Ancients, 2017.

索引

E

F

G

H

I

L

M

N

O

P

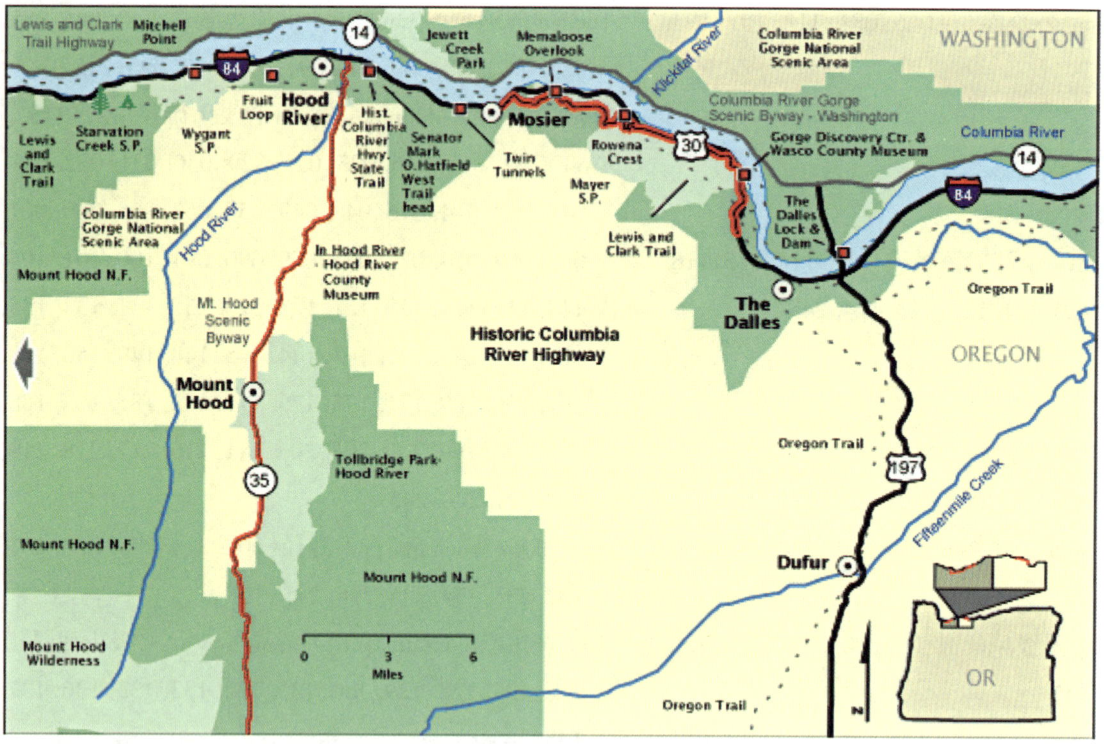

彩图1（见图3-1）

彩图2（见图3-2）

Lake Jeanette S.F.
ON
MINNESOTA
Kabetogama S.F.
Canoe Area Wilderness
Burntside S.F.
Canoe Area Wilderness
Brule Lake
12
Superior N.F.
Grand Portage National Monument
Grand Portage S.P.
Canada Border Crossing
Grand Portage S.F.
Grand Portage
61
Grand Portage Indian Reservation
Sturgeon River S.F.
1
Bear Island S.F.
Gabbro Lake
Isabelle Lake
Pat Bayle S.F.
Cascade River S.P.
Judge C.R. Magney S.P.
Isle Royale N.P.
169
21
Lake Isabelle S.F.
Superior National Forest
Grand Marais
Lutsen
Butterwort Cliffs Scientific & Natural Area
Temperance River S.P.
Superior N.F.
Superior N.F.
1
Caribou River Wayside
Tofte
Schroeder
16
2
Finland S.F.
In Grand Marais
- North Shore State Trail
Little Marais
George Manitou S.P.
MN
Superior National Forest Scenic Byway
15
Tettegouche S.P.
North Shore Scenic Drive
Cloquet River
2
Beaver Bay
Silver Bay
In Duluth
- Lake Superior Maritime Vis. Ctr.
- Leif Erikson Park
- Glensheen
- Kitchi-Gammi Park
Castle Danger
Split Rock Lighthouse S.P.
Cloquet Valley S.F.
0
10
20
Miles
N
Gooseberry Falls S.P.
Fond du Lac I.R.
Knife River
Two Harbors
In Two Harbors
- 3M/Dwan Museum
- Edna G. Tugboat
- Superior Hiking Trail
Apostle Islands NL
Lake Superior
Island Lake Reservoir
Skyline Parkway Scenic Byway
61
Stony Point
13
Copper Country S.F.
Duluth
America's Byways Resource Center
WISCONSIN
Porcupine Mtns. S. P.
MI
Rushing Rapids Parkway
35
Veterans Evergreen Memorial Drive
Black River Scenic Byway
2
Brule River S.F.
Chequamegon N.F.
64
Ottawa N.F.
景点
公园
山
城市
首都
野营地
野餐休息区
84
州际公路
40
国道
87
州道
特征段
美国小道
其他小道
其他道路
游径
水体
野生物避难所
荒野区
其他联邦土地
州土地
州界线
城市区
原始部落区
军队基地

彩图3（见图6-2）

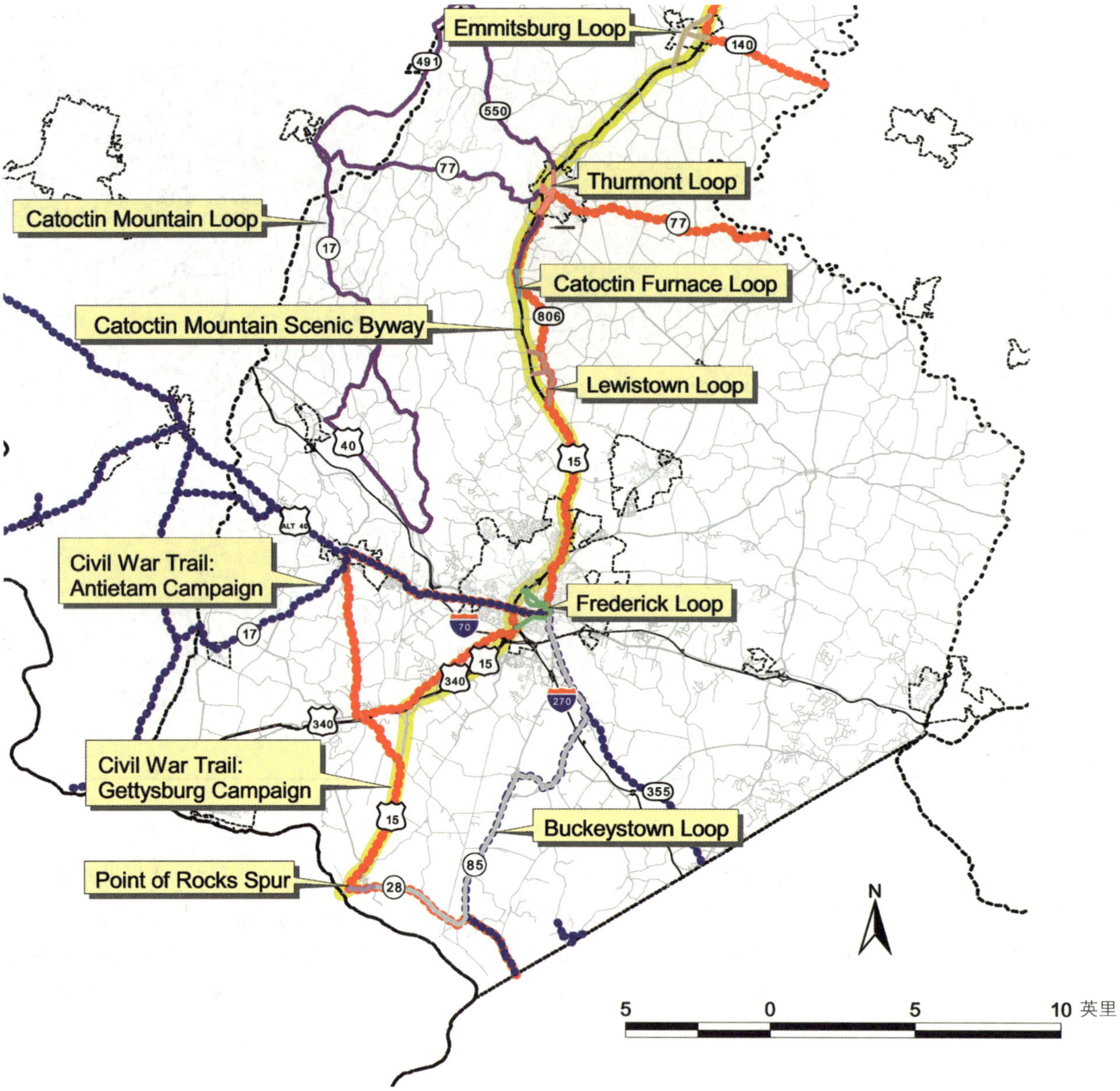
Emmitsburg Loop
140
491
550
77
Thurmont Loop
Catoctin Mountain Loop
77
17
Catoctin Furnace Loop
806
Catoctin Mountain Scenic Byway
Lewistown Loop
40
15
ALT 40
Civil War Trail:
Antietam Campaign
Frederick Loop
70
17
15
340
270
340
Civil War Trail:
Gettysburg Campaign
355
15
Buckeystown Loop
85
Point of Rocks Spur
28
N
5 0 5 10 英里

彩图4（见图12-1）

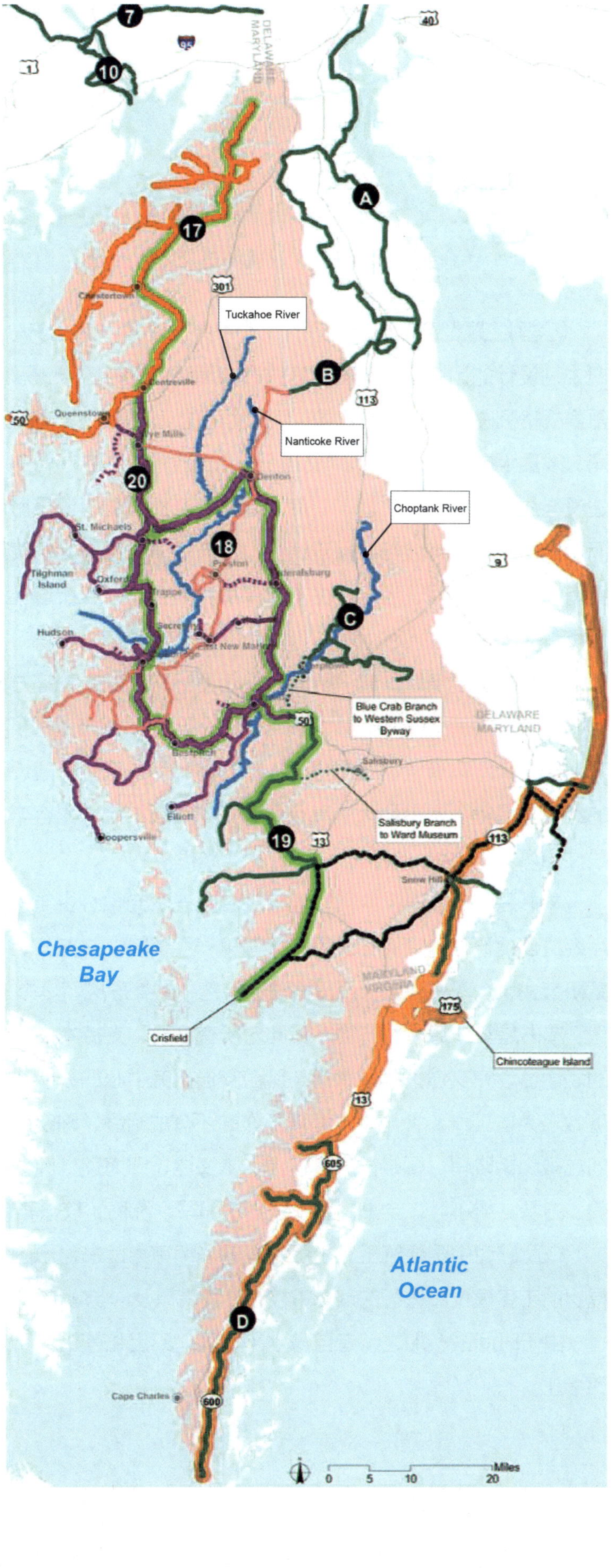
Tuckahoe River
Nanticoke River
Choptank River
Blue Crab Branch to Western Sussex Byway
Salisbury Branch to Ward Museum
Crisfield
Chincoteague Island
Chesapeake Bay
Atlantic Ocean
DELAWARE
MARYLAND
MARYLAND
VIRGINIA
Chestertown
Centreville
Queenstown
Denton
St. Michaels
Tilghman Island
Oxford
Preston
Federalsburg
Hudson
East New Market
Salisbury
Elliott
Hoopersville
Snow Hill
Cape Charles
Miles
0 5 10 20

彩图5（见图15-1）

后记

Postscript

《美国主题型风景道规划设计》一书是国内第一部系统总结美国主题型风景道规划设计的出版物。随着国家生态文明建设的不断推进，我国正处于发展的重要战略机遇期，由增量发展向存量优化过渡，迎来了“资源大整合、区域大协同、发展大融合”的时代。“交通+”、“旅游+”、“生态+”等大发展，促进道路建设与生态环境、文化遗产、旅游游憩、产业扶贫等深度融合成为时代趋势。而旅游公路、生态公路、景观道路、遗产廊道、绿道等各类泛风景道，因其所具有的交通、景观、游憩、生态、保护等复合功能，所遵循的生态、保护、融合及可持续发展等原则，顺应了时代发展的迫切需求，迎来了重大发展机遇。

本书从发展条件、建设要素、规划设计、管理运营等方面，对具有典型性的15条美国主题型风景道规划设计进行了全面系统梳理分析与理论总结，以期对我国各类泛风景道、生态景观、旅游游憩等的规划、建设及管理提供了较好的经验与借鉴。本书最大的亮点是理论与实践结合，内容丰富，案例翔实，实践性和可操作性强，具有较高理论和实践价值。

本书是北京交通大学风景道与旅游交通研究中心多年研究成果的集成，先后经过反复研讨，查阅和运用了大量第一手资料，并充分参考和吸收现有的最新研究成果，对书稿进行反复修改和完善，最终形成了本书的终稿。

本书是集体劳动的产物，在此对所有参与、支持本书工作的同仁表示衷心的感谢。北京交通大学风景道与旅游交通研究中心的魏宇、王海凤对全书的编著做了大量工作。参与本书编著工作的还有成昭静、陈晓艳、孙盼盼、韩淼、刘志敏、胡晓苒、柳晓霞、宫连虎、陈海沐、邱海莲、廉俊娇、刘小珺、俞顺美、方琴、梁小叶。全书由余青进行了编写、统稿、校核和审定。

在此感谢中国建筑工业出版社董苏华编审为此书付出的大量心血，为书稿提出的宝贵建议和进行的认真审校，使其得以及时与读者见面。

由于时间紧，加之编者自身水平有限，不足和差错在所难免，敬请读者批评指正。

余青

2018年5月16日